실전!
러스트로 배우는
리눅스 커널 프로그래밍
러스트 기초부러 리눅스 시스템 프로그래밍,
커널 모듈 제작과 디버깅까지

실전!
러스트로 배우는
리눅스 커널 프로그래밍
러스트 기초부터 리눅스 시스템 프로그래밍,
커널 모듈 제작과 디버깅까지

지은이 **김백기, 우충기**

펴낸이 **박찬규**   엮은이 **최용**   디자인 **북누리**   표지디자인 **Arowa & Arowana**

펴낸곳 **위키북스**   전화 **031-955-3658, 3659**   팩스 **031-955-3660**

주소 **경기도 파주시 문발로 115, 311호 (파주출판도시, 세종출판벤처타운)**

가격 **35,000**   페이지 **516**   책규격 **175 x 235mm**

초판 발행 **2024년 02월 27일**
ISBN **979-11-5839-488-2 (93000)**

등록번호 **제406-2006-000036호**   등록일자 **2006년 05월 19일**
홈페이지 **wikibook.co.kr**   전자우편 **wikibook@wikibook.co.kr**

실전!
러스트로 배우는
리눅스 커널 프로그래밍

러스트 기초부터 리눅스 시스템 프로그래밍,
커널 모듈 제작과 디버깅까지

김백기, 우충기 지음

위키북스

머리말 _ 김백기

현대 프로그래밍 언어들은 대부분 개발 생산성의 향상에 중점을 두고 진화해 왔습니다. 이러한 언어들은 사용자 친화적인 문법, 가비지 컬렉터와 같은 고급 기능을 갖추면서 개발자들에게 편리함을 제공하고 있습니다. 그러나 러스트는 이러한 흐름과는 다른 길을 걷고 있습니다. 개발 생산성보다는 프로그램의 성능과 메모리 안정성에 더 큰 중점을 두고 설계되었습니다. 그래서 타협 없는 방식으로 자신만의 길을 걸어왔습니다. 타협 없는 자기만의 방식, 이런 것을 우리는 "장인정신"이라고 부릅니다.

이 책은 러스트의 기본 개념부터 시작하여 리눅스 커널 개발에 이르는 폭넓은 주제를 다룹니다. 러스트 프로그래밍 언어의 기초부터 시작하여, 대규모 시스템 개발과 통합에 이르는 전문적인 노하우를 제공합니다. 독자들은 러스트의 기본 문법을 학습하고, 이를 바탕으로 복잡한 시스템을 효율적으로 구축하는 방법을 익힐 수 있습니다. 또한, 리눅스 시스템 프로그래밍에 관한 깊이 있는 지식을 습득하며, 러스트를 활용한 리눅스 커널 모듈 개발까지 다루어 실용적인 경험을 쌓을 수 있게 됩니다. 이 책은 이론과 실습을 결합한 접근 방식으로, 러스트를 활용한 실제 프로젝트에 바로 적용할 수 있는 다양한 예제들로 가득 차 있습니다. 이를 통해 독자들은 러스트를 통한 시스템 프로그래밍의 전문성을 한층 더 높일 수 있을 것입니다.

이 책은 러스트의 개념과 이론적 지식뿐만 아니라 실제 현업에서 필요한 실제 적용 사례와 다양한 예제를 담고 있습니다. 러스트가 왜 중요한지, 그리고 어떻게 사용할 수 있는지를 상세하게 설명합니다. 그리고 리눅스 커널과 시스템 프로그래밍을 자세히 설명합니다. 그뿐만 아니라 웹 어셈블리와 크로스플랫폼 개발과 같은 최신 주제들은 부록에서 다루고 있습니다. 그래서 책을 읽는 동안 독자들은 러스트의 핵심 개념을 배우고, 리눅스 시스템 프로그래밍 및 커널 아키텍처에 대한 이해를 높일 수 있습니다. 또한 러스트를 활용한 커널 모듈 개발과 성능 최적화 기법에 대해서도 심도 깊게 다룹니다. 아울러 러스트의 다양한 기능들은 비단 작은 규모의 소프트웨어뿐만 아니라 대규모 소프트웨어를 구축하는 데 큰 도움이 될 수 있습니다.

이 책은 여러분이 러스트로 프로젝트를 빠르게 수행해 볼 수 있도록 많은 부분을 고려하여 구성하였습니다. 이를 통해 러스트를 배우고 익혀, 더 나은 소프트웨어를 만드는 여러분 자신을 발견할 수 있기를 기대합니다. 나아가 여러분이 러스트의 세계에서 훌륭한 '러스타시안'이 되는 데 도움이 되길 진심으로 바랍니다.

이 책이 완성될 때까지 저를 기다려준 제 아내와 딸에게 감사의 마음을 전합니다.

여러분의 여정이 흥미롭고 보람찬 것이 되기를 바라며, 이 책을 여러분에게 바칩니다.

감사합니다.

머리말 _ 우충기

여러분께 《실전! 러스트로 배우는 리눅스 커널 프로그래밍》 책을 소개하게 되어 매우 기쁩니다.

이 책은 러스트 언어의 핵심 장점인 메모리 안전성, 뛰어난 성능, 그리고 병렬 처리 능력이 현대의 시스템 개발, 특히 리눅스 커널 프로그래밍에서 어떻게 활용될 수 있는지에 대해 집중적으로 다룹니다.

AI 같은 기술들의 눈부신 발전에도 불구하고 리눅스 커널과 시스템 분야의 전문성은 여전히 큰 가치를 가집니다.

예를 들어 요즘의 애플리케이션들은 대량의 데이터를 처리하고, 복잡한 알고리즘을 실행하기 위해 고성능의 컴퓨팅 자원이 필요합니다.

이러한 자원들을 안정적이고 효율적으로 관리하고 최적화하는 것이 리눅스 커널, 시스템 프로그래밍의 역할이며, 이는 애플리케이션의 안정성과 성능에 직접적인 영향을 미칩니다.

이러한 배경하에, 러스트 언어가 리눅스 커널 및 시스템 프로그래밍 분야에서 차지하는 중요성은 계속 커져가고 있습니다.

러스트 언어는 현재 '러스트 포 리눅스(Rust for Linux)' 프로젝트를 통해 리눅스 커널에 지속적으로 통합되고 있으며, 비록 아직 C 언어로 작성된 모든 리눅스 커널 모듈들을 러스트로 작성해 대체하는 것은 불가능하지만, 이 책에서는 이러한 제약이 있는 상황에서도 러스트가 리눅스 커널에 어떻게 적용될 수 있는지 그리고 그 과정에서 발생할 수 있는 도전 과제와 해결 방법은 어떤 것들이 있는지에 대해 배울 수 있을 것입니다.

부디 본 책이 러스트를 통한 리눅스 커널 개발의 깊이 있는 이해와 실질적인 적용 방법을 제공하는 도구가 되기를 희망합니다.

마지막으로 이 책을 집필하는 과정에서 많은 동료와 가족의 지원이 있었습니다.

특히 책 집필을 위해 고생 많이 하신 공동 저자 김백기 님과 위키북스의 박찬규 대표님께 감사 드리고, 주말에 집필로 인해 많은 시간을 함께 보내지 못한 점에 대해 와이프 정진아 씨와 아들 우건 군에게도 미안하고 감사한 마음을 전합니다.

추천사

S/W 개발자들에게 보안과 메모리 관리는 항상 구현 및 디버깅 단계에서 많은 노력을 요하는 분야입니다. 러스트는 이러한 개발자들의 고민을 해결해 줄 수 있는 프로그래밍 언어로서 다양한 시스템 프로그래밍 분야에 유용하게 활용될 수 있는 기술입니다. 이 책은 러스트의 다양한 특징과 장점들을 알기 쉽게 설명해주고 다양한 예제를 제공하여 개발자들이 쉽게 러스트에 친숙해지도록 해줍니다. 많은 개발자들이 이 책을 통해 현업에서 겪는 다양한 문제점들을 해결할 수 있기를 기대합니다.

– 강병권 (삼성전자 시니어 아키텍트)

리눅스 커널에 러스트 지원이 추가된 것은 전 세계에 있는 많은 개발자들의 기대와 관심을 모으고 있는 매우 혁신적인 시도입니다. 리눅스는 현재 가장 많은 디바이스에서 작동하고 있는 운영체제라 할 수 있을 것인데요. 여기에 러스트를 이용해서 기능을 추가할 수 있게 된 것은 향후 리눅스에 더욱 다양하고 새로운 기능이 추가됨은 물론이고 러스트에 관심 있는 개발자들과 러스트 생태계를 늘리는 데에도 크게 일조할 것으로 확신합니다. 이런 상황에서 러스트로 리눅스 커널을 개발할 수 있는 방법을 모두 다루는 이 책은 이 분야에 관심 있는 많은 개발자들에게 큰 도움이 될 것입니다.

– 권순선 (KLDP 설립/운영자 & 구글 글로벌 머신러닝 개발자 프로그램 리드)

Rust는 2022년 스택오버플로 개발자 설문 조사에서 7년 연속으로 가장 사랑받는 언어로 선정되었으며, 87%의 개발자들이 계속 사용하고자 하는 언어라고 답변했다. 본인이 근무하고 있는 아마존 웹 서비스(AWS)에서도 Rust의 고성능, 메모리 안전성 및 강화된 보안 기능을 활용하여 Firecracker 가상 머신 모니터(VMM), Bottlerocket 운영 체제, AWS Nitro System 구성 등 성능과 보안이 중요한 서비스에서 Rust를 적극적으로 적용하고 확대해 나가고 있다.

Rust의 인기와 활용도가 높아지고 있음에도 불구하고, 관련 서적은 여전히 제한적이며 대부분 번역본이다. 이러한 상황에서, 오랜 기간 '찐' 개발자로 인정받아 온 백기 님이 Rust 개발자를 위해 쓴 《실전! 러스트로 배우는 리눅스 커널 프로그래밍》은 개발자에게 희소식이다. 이책은 Rust의 강점을 개발자에게 익숙한 C++, Java와 비교하여 설명하고, 기본과정에서 심화 과정까지 실습 과정을 자세히 가이드하고 있다. 《실전! 러스트로 배우는 리눅스 커널 프로그래밍》은 Rust로 시스템 개발을 진행하고자 하는 개발자들에게 오랜 기간 바이블이 될 수 있을 것이라 믿는다.

– 김지영 (AWS / Ent & high tech팀 Solutions Architect manager)

들어가며

"거지 같다."

크리스마스를 단 세 시간 앞둔 어느 겨울날, 나는 자리에서 작은 소리로 한숨을 쉬었습니다. 내가 담당하는 시스템 모듈에서 알 수 없는 코어 덤프(coredump) 파일들이 생기는데, 도저히 원인을 못 찾아 나도 모르게 한숨이 나왔습니다. 딱히 크리스마스에 할 일이 있는 것은 아니지만 그래도 나만 불행하기는 더 싫었거든요. 나중에 알게 된 건데, 내가 담당했던 모듈에서 4바이트 정도의 작은 메모리 누수 문제가 있었고, 달랑 4바이트에 불과한 문제가 전체 시스템을 망가뜨렸습니다.

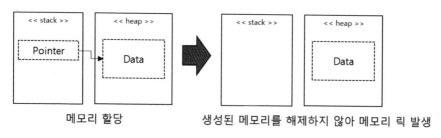

그림 0.1 개발자를 괴롭히는 메모리 누수 문제

그림 0.1은 개발자를 끊임없이 괴롭히는 메모리 누수 문제를 보여줍니다. 객체를 생성하기 위해 힙(Heap)에 데이터 메모리를 할당하고, 스택(Stack)에는 힙에 생성된 데이터 메모리를 참조하는 변수를 가지고 있습니다. 이후 개발자 실수로 힙에 생성된 데이터를 해제하지 않으면 생성된 데이터 메모리는 프로그램이 종료될 때까지 힙에 잔존하게 됩니다.

러스트는 메모리 안전성을 위해 태어난 언어입니다. 소유권(Ownership)과 수명(Lifetime)이라는 다른 언어에는 없는 독창적인 개념을 도입해 메모리 안전성 문제를 근원적으로 해결합니다. 그래서 그때의 저같이 메모리 문제로 인해 골치를 썩이는 프로그래머에게 한 줄기 빛과 같은 언어입니다. 그뿐만 아니라 C/C++와 동등한 수준의 성능을 제공하면서 안전성과 동시성을 만족하는 패러다임을 제시합니다. 그리고 함수형 언어에서 발전된 타입 시스템을 도입했고 클래스와 유사한 트레잇(Trait)이라는 개념을 도입했습니다. 그리고 C#의 장점이었던 async-await를 적극 도입해 비동기 프로그래밍도 쉽게 할 수 있습니다.

러스트는 메모리 안전성이 높다는 장점을 바탕으로 리눅스 커널 6.1에 일부 탑재될 예정입니다. 그뿐만 아니라 넷플릭스, 트위터, 이더리움, 솔라나[1] 등 다양한 시스템에 적용됐습니다. 특히 트위터에서는 자사의 인 메모리 캐시를 러스트로 재작성해 기존 멤캐시드(Memcached) 대비 8배 이상의 성능 향상을 달성했다[2]고 합니다.

1장에서는 러스트의 역사와 특징, 그리고 러스트로 무엇을 할 수 있는지를 소개합니다. 여러분은 이 장을 읽으면서 러스트가 어떻게 태어나게 됐는지, 러스트의 장점과 특징은 무엇인지, 그리고 러스트가 산업에서 어떻게 사용되는지를 배울 수 있습니다. 2장부터 6장까지는 러스트 문법을 배웁니다. 8장은 리눅스 커널에 대해 공부합니다. 나중에 설명하겠지만, 러스트는 강력한 메모리 안전성을 바탕으로 시스템 프로그래밍에 최적화된 언어입니다. 그래서 리누스 토발즈도 러스트를 리눅스 커널에 일부 포함하는 것을 동의했습니다[3]. 9장부터는 러스트로 시스템 프로그래밍과 커널 모듈을 개발하는 방법을 배울 것입니다.

여러분이 러스트가 C/C++ 개발자의 행복을 위해 제공하는 독창적인 아이디어와 다양한 메커니즘에 주목했으면 합니다. 메모리 문제를 겪는 모든 개발자에게 러스트가 첫눈처럼 다가오기를 바랍니다.

예제 파일

이 책의 예제 파일은 깃허브 저장소에서 관리됩니다. 아래 깃허브 저장소에서 예제 파일을 확인하고 내려받을 수 있습니다.

- 깃허브 저장소: https://github.com/wikibook/rust-linux-kernel

예제 파일이 변경될 경우 위 깃허브 저장소에 반영됩니다.

---

1   블록체인 개발사 솔라나랩스가 개발한 퍼블릭 블록체인 플랫폼
2   출처: https://www.p99conf.io/session/whoops-i-rewrote-it-in-rust/
3   출처: ⟨Linus Torvalds: Rust will go into Linux 6.1⟩, https://www.zdnet.com/article/linus-torvalds-rust-will-go-into-linux-6-1

러스트 소개

이 장에서는 러스트의 특징과 역사, 그리고 러스트 활용 사례들을 소개합니다. 다른 프로그래밍 언어 대비 차별화된 러스트의 장점에 대해서도 설명합니다. 1.4절에서는 개발 환경을 설정하고 Hello World! 프로젝트를 만들어 봅니다. 어려운 부분은 없으니 가벼운 마음으로 이번 장을 읽어주셨으면 합니다.

1.1 왜 러스트를 배워야 하는가?

개요

러스트는 메모리 안전성과 성능에 중점을 둔 차세대 프로그래밍 언어입니다.

자바나 C#에 익숙한 개발자라면 가비지 컬렉터(Garbage Collector)에 대해 들어봤을 것입니다. 가비지 컬렉터는 개발자가 직접 메모리를 수거하지 않아도 자동으로 메모리를 수거하는 훌륭한 메커니즘을 제공합니다. 그래서 일반적으로 메모리 안전성을 중점으로 둔 차세대 프로그래밍 언어들은 개발 편의성을 높이기 위해 가비지 컬렉터를 두는 경우가 많습니다. 덕분에 개발자는 메모리 회수를 고민할 필요 없이 코드를 작성할 수 있습니다. 하지만 가비지 컬렉터는 장점만 있는 것이 아닙니다. 구조상 메모리 수거를 위해 전체 시스템을 멈춰야 하기 때문에 사용자의 작동도 같이 멈추는 현상이 발생합니다. 그래서 반응성이 중요한 시스템에는 사용이 어려웠습니다.

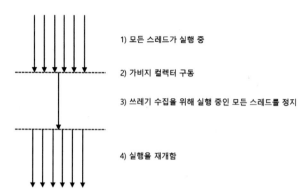

1) 모든 스레드가 실행 중

2) 가비지 컬렉터 구동

3) 쓰레기 수집을 위해 실행 중인 모든 스레드를 정지

4) 실행을 재개함

그림 1.1 가비지 컬렉터의 작동 방식

그림 1.1은 가비지 컬렉터의 작동 방식을 설명합니다. 가비지 컬렉터가 구동되면 쓰레기 수집을 위해 실행 중인 모든 스레드를 정지합니다. 그리고 쓰레기가 모두 정리되면 다시 실행을 재개합니다. 이때 성능과 반응성이 크게 떨어집니다.

러스트는 소유권과 수명이라는 독창적인 개념을 도입해 가비지 컬렉터 시스템의 단점을 해결했습니다. 내부적으로 RAII(Resource Acquisition Is Initialization)[1]를 사용해 가비지 컬렉터 없이도 메모리 안전성을 확보했습니다. 덕분에 가비지 컬렉터의 단점인 반응성 문제를 완벽히 해결할 수 있었습니다. 소유권과 수명은 3장에서 다시 설명합니다.

표 1.1 언어별 메모리 관리 방식 비교

	C/C++	자바/파이썬/C#	러스트
방식	개발자가 직접 관리	가비지 컬렉터	소유권
장점	단순	개발자가 메모리를 직접 관리 할 필요 없음	GC 방식의 단점인 반응성 문제를 개선
단점	개발자 실수로 메모리 문제를 일으키기 쉬움	메모리 수거를 위해 전체 시스템이 멈추는 현상 발생	순환 참조 대응이 어렵고, 소유권과 수명이라는 새로운 개념 이해 필요

표 1.1과 같이 러스트는 소유권이라는 개념을 통해 기존 방식의 장점을 흡수해 메모리 안전성을 구조적으로 해결했습니다. 순환 참조 문제가 여전히 남아 있지만 이를 해결하는 다양한 방법이 언어적으로 제공되므로 상용 제품을 만들 때 큰 걸림돌이 되지는 않습니다. 이에 관해서는 3장에서 다시 설명합니다.

---

1   RAII(Resource Acquisition Is Initialization) 개체 수명 및 리소스 관리 기법

러스트의 역사

러스트는 2006년 그레이든 호아레(Graydon Hoare)의 개인 프로젝트로 시작됐습니다. 이후 2009년 모질라 재단의 차기 웹 브라우저 엔진 프로젝트에 투입됐습니다. 그리고 2010년 처음으로 일반에 공개됐습니다. 모질라 정책에 따라 오픈 소스로 개발 중입니다.

러스트는 2016년부터 2022년까지 매년 스택오버플로(Stackoverflow) 설문조사에서 개발자가 가장 좋아하는 언어 중 하나로 선정되고 있습니다.

그림 1.2 2022년 스택오버플로우 선정 개발자가 가장 좋아하는 언어

러스트에는 귀여운 마스코트도 있습니다. 이름은 페리스(Ferris)이며 갑각류를 형상화했다고 합니다. 러스트 서적으로 유명한 《러스트 프로그래밍 공식 가이드》(제이펍, 2019)의 표지에도 페리스가 등장합니다.

그림 1.3 페리스[2]

1.2 러스트 특징

러스트는 C/C++ 개발자들이 당면한 다양한 문제를 창의적인 방식으로 해결했습니다. 개발자들은 프로젝트를 수행할 언어를 선택하는 과정에서 성능과 개발 편의성을 두고 항상 갈등해야 했습니다. 자바나 파이썬 같은 언어는 개발 편의성이 높지만 성능이 떨어지는 단점이 있고, C/C++는 성능이 뛰어나지만 메모리 안전성에 문제가 있습니다. 러스트는 이 둘 사이에 균형을 잘 잡고 있어 빠른 수행 속도를 자랑하면서도 개발 편의성을 높이는 다양한 기능을 제공합니다. 그리고 사용하기 편리한 패키징 관리 도구도 제공합니다.

러스트가 어렵다는 얘기도 많지만, 막상 러스트를 학습하다 보면 생각보다 어렵지 않다고 느끼는 분이 많습니다. 물론 소유권과 수명이라는 새로운 개념을 배워야 하지만 직관적으로 설계돼 있어 개념만 익히면 쉽게 응용할 수 있습니다. 시스템 프로그래밍에 대한 개념을 갖고 있다면 여러 가지 어려웠던 문제를 러스트를 활용해 더욱 쉽게 해결할 수 있습니다. 그러면 러스트의 특징을 간단히 살펴보겠습니다.

안전한 메모리 관리

러스트는 언어 차원에서 메모리 안전성을 고려한 차세대 언어입니다. 무분별한 참조를 하지 못하도록 컴파일 타임에 문제점들을 사전 분석해 런타임에서 발생할 메모리 문제점들을 사전에 검출합니다. 3장에서 설명할 소유권과 수명을 통해 컴파일 타임에 메모리 관리를 합니다. 그리고 버퍼 오버플로(buffer-overflow) 같은 메모리 침범 문제들을 쉽게 해결할 수 있게 다양한

2　출처: https://rustacean.net/

빌드 옵션을 제공합니다. 다음 그림 1.4는 버퍼 오버플로가 어떤 문제인지 설명하는 그림입니다. 8바이트로 설정된 버퍼에 10바이트가 넘는 데이터를 기입해 2바이트가 침범된 경우를 보여줍니다. 이 경우 스택이나 다른 변수에 잘못된 값이 들어갈 가능성이 생겨 시스템이 불안정하게 작동합니다.

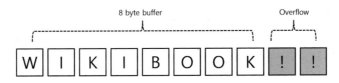

그림 1.4 버퍼 오버플로 문제 예시

러스트는 가비지 컬렉터가 없습니다. 가비지 컬렉터는 개발자가 메모리를 직접 관리할 필요가 없도록 시스템이 직접 모든 메모리를 관리합니다. 덕분에 자바나 파이썬과 같이 가비지 컬렉터가 있는 언어의 개발 생산성은 C/C++에 비해 엄청나게 높습니다. 하지만 공짜 점심은 어디에도 없습니다. 가비지 컬렉터는 메모리 수거 대상을 파악하기 위해 시스템 전체를 멈추고 참조 변수를 하나 하나 조사합니다. 그래서 반응성이 중요한 시스템에는 적용하기가 어렵습니다. 개발 생산성이 좋아진 만큼 단점도 분명히 있는 시스템입니다.

러스트는 가비지 컬렉터 없이도 메모리 관리를 할 수 있어 성능이 중요한 시스템에도 쉽게 응용할 수 있습니다.

철저한 오류 처리

러스트에는 예외(Exception)가 없습니다. 여러분이 자바에 익숙하다면 예외 처리를 잘 알고 있을 것입니다. 예외 처리(Exception Handling)는 예상치 못한 오류 발생 시 오류를 쉽게 대응하는 방안을 제시합니다. 예외 처리는 개발자의 편의를 돕는 훌륭한 기법입니다. 그렇지만 무분별하게 남용될 경우 실행 제어 흐름(Control Flow)을 이해하기 어렵게 만듭니다. 그뿐만 아니라 오류 발생 시 시스템을 잠시 멈추고 스택을 되감고 실행 제어 흐름을 핸들러(Handler)로 옮기는 작업이 시스템 성능에 악영향을 끼칩니다. 그림 1.5는 스택 되감기에서 발생하는 성능 부하를 설명합니다.

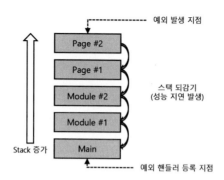

그림 1.5 예외가 발생할 때 이뤄지는 스택 되감기

러스트의 개발 철학은 '비용 없는 추상화(Abstraction without overhead)'입니다. 예외 처리는 개발 생산성을 높이지만 성능 문제를 야기할 수 있어 비용 없는 추상화라는 모토에 부합하지 않습니다.

러스트는 오류를 '복구 가능한 오류'와 '복구 불가능한 오류'로 나눕니다. 오류가 발생할 경우 Result<T, E>를 반환하는데, 반환된 오류를 직접 처리할 수도 있고 panic!을 발생시켜 프로그램을 명시적으로 즉각 종료할 수도 있습니다. 이 기법은 오류를 개발자가 철저히 관리할 수 있게 해 프로그램의 안전성을 보장합니다. 해당 내용은 4.2절에서 다시 설명합니다.

쉽고 편한 비동기 프로그래밍

개발자에게 가장 어려운 일 중 하나는 CPU 자원을 유연하고 효과적으로 활용하는 것입니다. 최신 하드웨어에는 CPU 코어가 여러 개 있지만, 대부분 프로그래밍 언어는 CPU 자원을 유연하게 관리할 수 있는 기법을 제공하지 않습니다. 그래서 개발자들은 CPU 자원을 관리하기 위해 어렵고 복잡한 기법을 사용해야 했습니다.

차세대 언어의 특징 중 하나는 비동기 프로그래밍을 쉽고 편하게 할 수 있다는 것입니다. C#을 경험해 본 독자라면 async/await라는 구문에 익숙할 것입니다. 러스트는 언어 차원에서 비동기 프로그래밍을 지원하며 async/await 또한 언어에 내장돼 있습니다. 한 가지 다른 점은 비동기 함수를 실행할 실행자(Executor)가 별도로 존재한다는 점입니다. 비동기로 실행할 함수는 Future 객체의 형태로 존재하는데, Future 객체는 생성 순간에는 아무것도 실행하지 않기에 실행자를 명시적으로 지정해야 합니다. 이때 실행자는 작은 스케줄러 역할을 수행합니다. Future는 스레드를 넘나들 수 있어 작동 중간에 잠시 멈추고 다른 스레드에서 재개하는 것도

가능합니다. 이러한 특징은 시스템이 CPU 자원을 유연하게 제어하게 해줍니다. 다음 그림 1.6
은 러스트의 비동기 작동 방식을 보여줍니다.

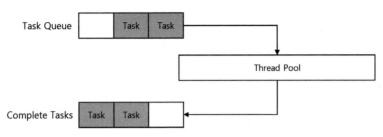

그림 1.6 러스트의 비동기 작동 방식

그림만으로 이해하기는 어렵기 때문에 간단한 예제를 살펴보겠습니다. 러스트 문법은 2장에서
다시 배울 것이니 모르는 문법이 나오더라도 느낌만 받아들이면 좋을 것 같습니다.

예제 1.1 간단한 비동기 코드 예제

```rust
use futures::executor::block_on;

async fn hello_world() {
    println!("hello, world!");
}

fn main() {
    let future = hello_world(); // 아무것도 출력되지 않습니다.
    block_on(future); // `future`가 실행되면 "hello, world!"가 출력됩니다.
}
```

예제 1.1과 같이 hello_world가 호출되는 순간 아무것도 출력되지 않습니다. 이후 future를
사용하는 시점에 async/await를 통해 함수가 다른 스케줄러에서 작동하게 처리할 수 있습니
다. 그러면 해당 함수가 실행되는 동안 다른 작업을 할 수 있습니다. 즉 네트워크로 데이터를
받아오는 동안 응용프로그램의 나머지 코드를 계속 실행할 수 있기에 일반 사용자는 성능 향상
을 피부로 느끼게 됩니다. 앞서 설명했다시피 러스트는 '비용 없는 추상화'를 모토로 설계됐기
때문에 async/await 사용에 대한 성능 오버헤드는 크지 않습니다. 해당 내용은 5장에서 자세
히 설명합니다.

편리한 패키지 관리 도구

대단위 애플리케이션은 혼자 개발하는 경우가 드물기 때문에 패키지 관리가 필수입니다. 러스트는 자체적으로 의존성 설정, 버전 관리, 업데이트 등 대단위 프로그램을 만들기 위해 필수적이며 다양한 기능을 가지는 카고(Cargo)라는 패키지 관리자를 제공합니다. 모듈은 크레이트(Crate)라는 단위로 묶여서 Crates.io를 통해 실행 파일이나 라이브러리 형태로 배포될 수 있습니다. 카고를 사용해 빌드, 패키지 배포, 버전 관리 등을 자동화하고 개발에 필요한 라이브러리를 쉽게 설치할 수 있습니다. 그리고 문서화 기능도 내장돼 있어 개발자가 러스트가 제안한 형식에 맞춰 주석을 작성하면 문서도 자동으로 만들어주는 등 다양한 기능이 제공됩니다.

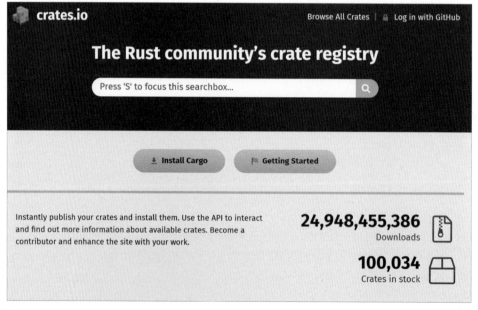

그림 1.7 crates.io (https://crates.io/)

Crates.io에는 매일같이 새로운 크레이트가 올라옵니다. 2023년 기준으로 10만 건이 넘는 다양한 크레이트가 제공되기 때문에 Crates.io를 사용하면 개발 일정을 크게 단축할 수 있습니다. 아울러 공개된 코드도 많기 때문에 러스트를 배우거나 새로운 아이디어를 얻는 데 최적의 공간입니다.

1.3 러스트로 무엇을 할 수 있나?

러스트는 '비용 없는 추상화'를 강조해 성능 하락을 최소화하면서도 안전하게 메모리를 관리할 수 있어, 많은 시스템 프로그래머가 C/C++의 대안으로 선택하고 있습니다. 시스템 프로그래밍뿐만 아니라 백엔드 시스템과 게임 엔진 등 다양한 분야에 활용됩니다.

러스트 포 리눅스 프로젝트

2022년 10월 6일, 리누스 토발즈는 러스트를 리눅스 6.1 커널에 통합[3]한다는 놀라운 발표를 했습니다. 초창기 리눅스는 C와 어셈블리 언어로 작성됐습니다. 한때 C++도 실험적으로 일부 채택되긴 했습니다. 결국 C++가 기존의 C와 어셈블리 언어를 대체하지는 못했습니다. 리누스는 메일링 리스트에 "C++는 끔찍한 언어다!"[4] 라는 악평을 남기기도 했습니다. 그런 관점에서 러스트는 리눅스에 통합되는 차세대 언어로 볼 수 있습니다.

러스트 포 리눅스(Rust for Linux)는 러스트로 리눅스 커널 모듈을 개발할 수 있도록 지원하는 프로젝트입니다. 종래 리눅스 커널은 C로 개발됐기 때문에 메모리 문제에서 벗어날 수 없었습니다. 러스트는 안전하고 실용적이며 병렬처리가 쉽다는 점이 커널 개발자에게 장점으로 다가왔습니다.

러스트 포 리눅스 프로젝트의 목표는 다음과 같습니다.

- 리눅스 커널에 러스트 지원을 추가
- 러스트로 커널의 신규 기능을 구현
- 장기적 목표로 C로 구현된 기존 리눅스 커널을 러스트로 대체

그림 1.8 러스트 포 리눅스 로고

러스트 포 리눅스에 관해서는 13장에서 다시 다룹니다.

---

3 출처: https://en.wikipedia.org/wiki/Rust_for_Linux, https://lwn.net/Articles/904681/

4 출처: https://medium.com/nerd-for-tech/linus-torvalds-c-is-really-a-terrible-language-2248b839bee3

구글의 차세대 운영체제 퓨시아

구글은 2016년 퓨시아(Fuchsia)라는 차세대 OS 프로젝트를 시작했습니다. 퓨시아는 PC를 포함해 다양한 디바이스를 대상으로 하며 지르콘(Zircon)이라는 마이크로커널을 사용합니다.

그림 1.9 퓨시아 OS 스크린숏(출처: 위키피디아)

러스트는 퓨시아의 메인 개발 언어 중 하나로 채택됐습니다. 퓨시아에서 러스트가 차지하는 비중이 C/C++ 대비 매년 증가하고 있습니다.

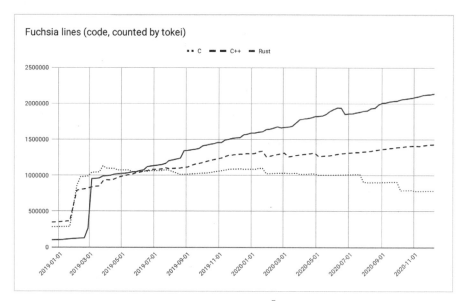

그림 1.10 러스트가 퓨시아 전체 소스코드에서 차지하는 비중(출처: 레딧[5])

---

5 출처: https://www.reddit.com/r/rust/comments/k9r3s4/fuchsia_lines_of_code_over_last_two_years_c_c_rust/

블록체인

러스트는 블록체인 분야에서도 범용적으로 사용되고 있습니다. 유명한 암호화폐인 솔라나 (SOLANA)는 러스트를 메인 언어로 채택해 다른 블록체인 대비 빠른 성능을 자랑합니다.

그림 1.11 블록체인의 러스트 활용 예

이더리움의 하드 포크 체인인 이더리움 클래식 또한 러스트를 주요 언어로 채택했습니다. 러스트는 웹 어셈블리(WebAssembly)로 포팅이 간편하기에 이더리움과 같은 웹 어셈블리 기반의 블록체인에서 쉽게 사용 가능합니다.

빠르고 안정적인 백엔드 시스템 개발

2020년 11월 24일, AWS는 자사 블로그에 "AWS가 러스트를 사랑하는 이유"[6]라는 글을 게재했습니다. AWS는 Amazon S3, EC2, Lambda 등 다양한 서비스에서 러스트를 지원하고 있습니다. AWS는 러스트가 시스템 안전성과 성능을 높이는 데 상당한 기여를 하고 있다고 밝혔습니다.

6   출처: https://aws.amazon.com/ko/blogs/opensource/why-aws-loves-rust-and-how-wed-like-to-help/

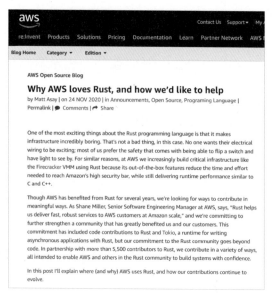

그림 1.12 "Why AWS loves Rust"

AWS뿐만 아니라 음성 채팅 메신저로 유명한 디스코드(Discord)도 러스트를 적극 활용하고 있습니다. 디스코드는 자사 블로그에 "Discord가 Go에서 Rust로 전환하는 이유"[7] 라는 글을 통해, 고(Go) 언어는 가비지 컬렉터가 구동될 때마다 시스템 전체가 멈추는 등 성능 지연이 발생하기에 자사의 성능 기준을 만족하기 어려워, 자사 시스템을 고에서 러스트로 전환했다고 밝혔습니다.

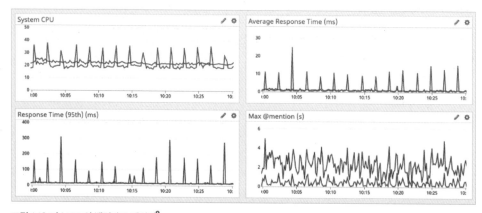

그림 1.13 디스코드의 벤치마크 데이터[8]

---

7 https://discord.com/blog/why-discord-is-switching-from-go-to-rust
8 출처: 디스코드 블로그

그림 1.13은 디스코드가 측정한 자사 시스템의 벤치마크 데이터입니다. 보라색이 고 언어로 구현된 기존 시스템이고 파란색이 러스트로 개발된 신규 시스템의 성능 측정 결과입니다. 고 언어는 2분을 주기로 응답 시간 그래프가 튀는(성능이 크게 떨어지는) 모습을 보입니다. 가비지 컬렉터가 작동해 시스템 전체가 정지하는 시점입니다. 반면에 러스트는 가비지 컬렉터가 없어 성능이 안정적입니다.

그 외 다양한 응용 사례

러스트를 사용해 개발된 OS도 있습니다. 레독스(Redox)는 커널을 포함해 파일 시스템, 셸, GUI 시스템 등 다양한 부분에 러스트를 활용했습니다.

그림 1.14 레독스 실행 화면[9]

그 외에 러스트 팬 사이트 중 하나인 awesome-rust[10]에는 애플리케이션, 개발 도구, AI, 게임 등 700종이 넘는 다양한 러스트 응용 사례가 올라와 있습니다. 러스트를 공부할 때 참고하면 도움이 될 것입니다.

그림 1.15 러스트로 작성된 게임 엔진(BEVY)

1.4 개발 환경 설정하기

이 책은 러스트 1.66 버전을 기준으로 작성했습니다[11]. 본격적으로 러스트를 배우기에 앞서 개발 환경을 구성하겠습니다. 간단한 코드는 러스트 플레이그라운드(Rust Playground)에서 테스트할 수 있지만, 로컬 PC에 개발 환경이 제대로 구축돼 있지 않으면 실습하기 어려운 예제도 있으니, 되도록 개발 환경을 구축하고 다음 장으로 넘어가기를 바랍니다.

리눅스 환경에 러스트 설치

터미널을 띄워 셸(shell)을 구동합니다. 셸에서 다음 명령어를 실행해 러스트 설치를 시작합니다. 다음과 같이 러스트 설치 CLI(Command Line Interface)가 실행됩니다.

```
$ curl --proto '=https' --tlsv1.2 -sSf https://sh.rustup.rs | sh
…(생략)
1) Proceed with installation(default)
```

---

11 탈고 후 버전 1.74.1(2023년 12월)로 테스트했고 문제없었습니다. 😊

```
2) Customize installation
3) Cancel installation
```

위와 같은 선택지가 나오면 1) default를 선택합니다. 그러면 러스트 패키지 파일을 다운로드합니다. 로컬 환경의 네트워크 상태에 따라 몇 분 정도 걸릴 수 있습니다. 다음과 같은 메시지가 출력되면 러스트 설치가 완료된 것입니다.

```
…(생략)
Rust is installed now. Great!
To get started you may need to restart your current shell.
This would reload your PATH environment variable to include
Cargo's bin directory($HOME/.cargo/bin).
```

다음 명령을 실행해 셸에 러스트 관련 환경 변수를 등록합니다.

```
$ source ~/.cargo/env
```

윈도우 환경에 러스트 설치

러스트 공식 사이트[12]에서 RUSTUP-INIT.EXE를 다운로드합니다. 이 파일은 32비트와 64비트로 제공되며 각자 사용하는 PC 환경에 맞게 다운로드하면 됩니다. 여기서는 64비트를 설치하겠습니다.

---

12 https://www.rust-lang.org/learn/get-started

```
C:\Users\spage\Downloads\

The Cargo home directory is located at:

  C:\Users\spage\.cargo

This can be modified with the CARGO_HOME environment variable.

The cargo, rustc, rustup and other commands will be added to
Cargo's bin directory, located at:

  C:\Users\spage\.cargo\bin


The Cargo home directory is located at:

  C:\Users\spage\.cargo

This can be modified with the CARGO_HOME environment variable.

The cargo, rustc, rustup and other commands will be added to
Cargo's bin directory, located at:

  C:\Users\spage\.cargo\bin

This path will then be added to your PATH environment variable by
modifying the HKEY_CURRENT_USER/Environment/PATH registry key.

You can uninstall at any time with rustup self uninstall and
these changes will be reverted.
```

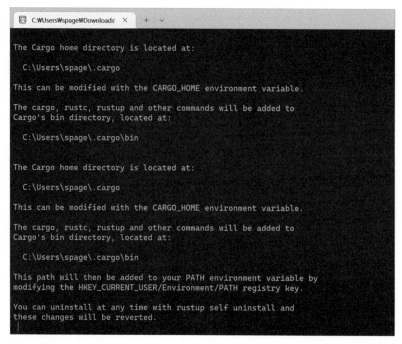

그림 1.16 윈도우 환경에 러스트 설치(1)

이 화면이 뜨면 엔터키를 입력합니다. 그러면 설치 파일을 다운로드하고 설치를 진행합니다.

```
C:\Users\spage\Downloads\
info: syncing channel updates for 'stable-x86_64-pc-windows-msvc'
info: latest update on 2022-12-15, rust version 1.66.0 (69f9c33d7 2022-12-12)
info: downloading component 'cargo'
info: downloading component 'clippy'
info: downloading component 'rust-docs'
info: downloading component 'rust-std'
info: downloading component 'rustc'
info: downloading component 'rustfmt'
info: installing component 'cargo'
info: installing component 'clippy'
info: installing component 'rust-docs'
 19.0 MiB /  19.0 MiB (100 %)   3.4 MiB/s in  4s ETA:  0s
info: installing component 'rust-std'
 27.1 MiB /  27.1 MiB (100 %)  18.2 MiB/s in  1s ETA:  0s
info: installing component 'rustc'
 65.4 MiB /  65.4 MiB (100 %)  19.8 MiB/s in  3s ETA:  0s
info: installing component 'rustfmt'
info: default toolchain set to 'stable-x86_64-pc-windows-msvc'

  stable-x86_64-pc-windows-msvc installed - rustc 1.66.0 (69f9c33d7 2022-12-12)


Rust is installed now. Great!

To get started you may need to restart your current shell.
This would reload its PATH environment variable to include
Cargo's bin directory (%USERPROFILE%\.cargo\bin).

Press the Enter key to continue.
```

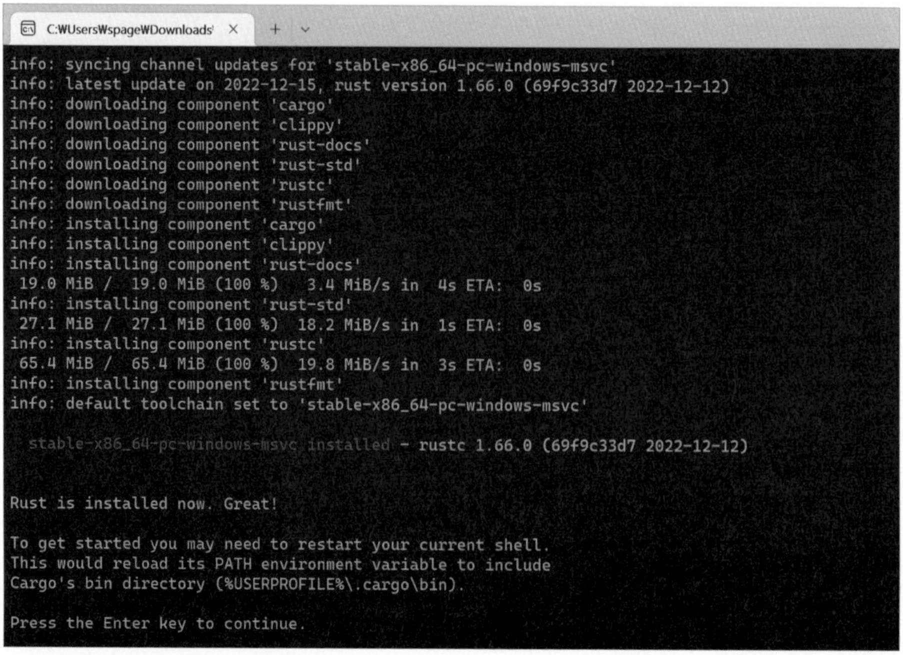

그림 1.17 윈도우 환경에 러스트 설치(2)

그림 1.17과 같이 뜨면 설치가 완료된 것입니다.

러스트 플레이그라운드

로컬 개발 환경을 셋업하기 어려운 환경이라면 웹 환경에서 간단한 러스트 코드를 테스트할 수 있습니다. 웹 브라우저를 열고 러스트 플레이그라운드에 접속합니다. 주소는 https://play. rust-lang.org/입니다. 구글에서 "러스트 플레이그라운드"로 검색해도 됩니다. 간단한 코드를 입력하고 상단에 [RUN] 버튼을 누르면 하단에 실행 결과가 나옵니다.

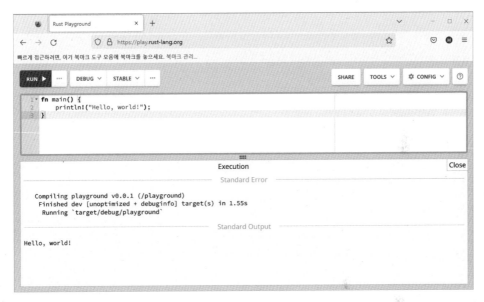

그림 1.18 러스트 플레이그라운드

1.5 Hello World

Hello World를 작성해 보겠습니다. 모든 예제는 리눅스 환경과 윈도우의 WSL 2[13]를 기준으로 작성했습니다. 대부분의 예제는 윈도우 환경에서 잘 작동하며 일부 리눅스 커널과 관련된 예제는 WSL2 환경에서 구동 가능합니다. 다만 이 책은 리눅스 커널의 전반적인 내용도 다루고 있어 리눅스 환경을 권장합니다. 셸에서 `cargo new` 명령을 입력해 `hello-world` 패키지를 생성합니다. 윈도우 환경이라면 "실행 → cmd"를 입력해 터미널을 실행할 수 있습니다.

---

13 Window Subsystem for Linux 2, 설치 방법은 MSDN 참고

```
$ cargo new hello-world
   Created binary(application) `hello-world` package
```

자동으로 생성된 패키지의 파일 구조는 다음과 같습니다.

```
hello-world
├── Cargo.toml
└── src
    └── main.rs
```

많은 파일이 자동으로 생성됐는데, 세부 파일에 관해서는 2장에서 다시 설명합니다. 자동으로 생성된 main.rs의 소스코드는 다음과 같습니다.

```
fn main() {
    println!("Hello, world!");
}
```

이제 hello-world 폴더로 이동합니다.

```
$ cd hello-world
```

터미널에서 cargo run을 입력해 hello-world를 실행합니다.

```
$ cargo run
   Compiling hello-world v0.1.0(/home/psbreeze/hello-world)
    Finished dev [unoptimized + debuginfo] target(s) in 0.13s
     Running `target/debug/hello-world`
Hello, world!
```

다음과 같이 러스트 컴파일러인 rustc를 직접 사용해 빌드하고 실행할 수도 있지만, 모듈 단위의 빌드, 통합 관리를 어렵게 만들기 때문에 권장하지는 않습니다.

```
$ rustc main.rs
$ ./main
Hello, world!
```

비주얼 스튜디오 코드로 러스트 코드 실행하기

비주얼 스튜디오 코드(Visual Studio Code, 이하 'VS Code')[14]를 사용하면 러스트 코드를 쉽게 작성하고 테스트할 수 있습니다. VS Code를 실행해 1_0_hello_world 폴더로 이동합니다.

처음에 다음과 같이 신뢰하는 폴더에 추가하겠느냐는 팝업이 한 번 뜰 수 있습니다. 체크해 신뢰하는 폴더로 설정합니다.

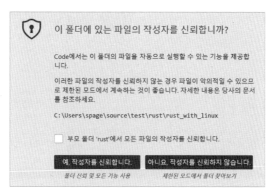

그림 1.19 신뢰하는 폴더 설정

main.rs 파일을 열어 내용을 확인합니다. Hello, world!를 출력하는 코드가 생성돼 있습니다.

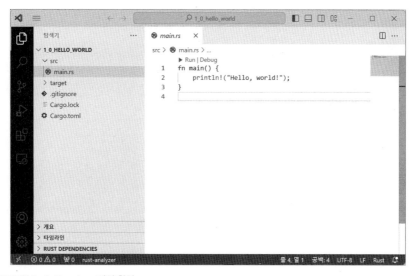

그림 1.20 VS Code로 main.rs 파일 확인

---

14 https://code.visualstudio.com/

러스트 플러그인이 설치돼 있지 않다면 다음 그림과 같이 좌측 하단의 네모난 아이콘을 클릭하거나 [Ctrl+Shift+X]를 입력해 [Extensions] 탭으로 이동합니다.

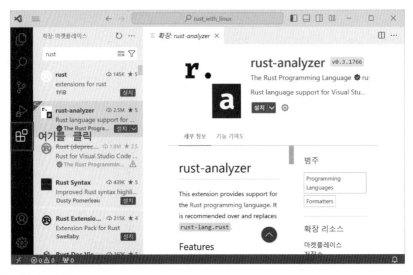

그림 1.21 extension 설치

다음 그림과 같이 'rust'를 검색해 rust-analyzer 플러그인을 설치합니다.

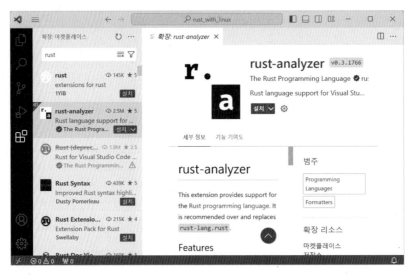

그림 1.22 rust-analyzer 설치

다시 `main.rs` 파일을 VS Code로 열어보면 상단에 [Run ┊ Debug] 버튼이 생긴 것을 확인할 수 있습니다.

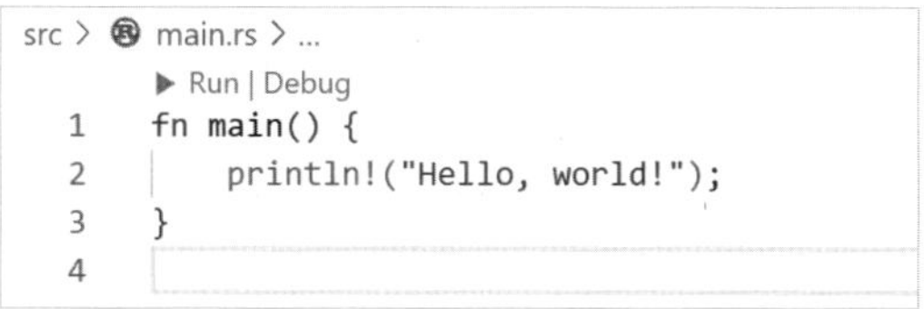

그림 1.23 [Run | Debug] 버튼

[Run]을 클릭하면 결과가 출력됩니다.

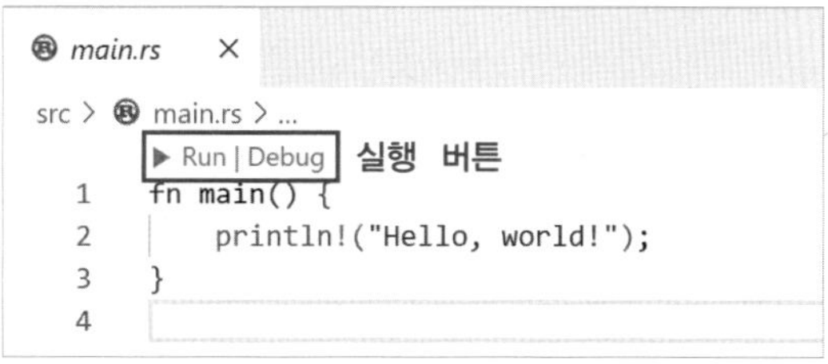

그림 1.24 VS Code에서 직접 실행

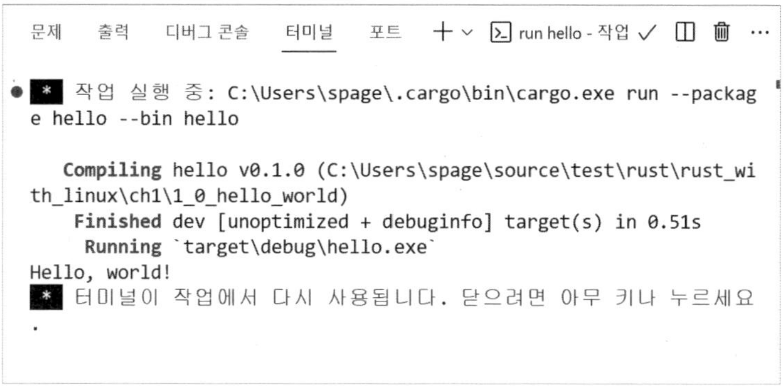

그림 1.25 실행 결과 출력

1.6 요약

러스트는 메모리 안전성과 빠른 속도를 자랑하는 차세대 언어입니다. async/await를 위시한 동시성 프로그래밍을 쉽게 할 수 있으며 개발을 도와주는 다양한 도구를 제공합니다.

이 장에서 배운 내용을 요약하면 다음과 같습니다.

- 왜 러스트를 배워야 하는가
- 러스트의 특징
- 개발 환경 설정

러스트 기초

이 장에서는 러스트 기초 문법과 구조체(struct), 열거형(enum)을 학습합니다. 2.1절에서 자료형, 불변성, 가변성 개념을 배우고 반복문, 제어문을 학습합니다. 그다음 소프트웨어를 구조화하기 위해 필수적인 Struct와 Enum을 배웁니다. 이후에는 예상하지 못한 상황이 발생할 때 적절한 예외 처리를 해 문제를 사전에 예방하는 방법을 공부합니다. 1장과 마찬가지로 특별히 어려운 부분은 없습니다. 예제 코드를 따라 하면서 차근차근 읽으면 러스트를 더 잘 이해할 수 있을 것입니다.

2.1 자료형

먼저 러스트의 자료형(data type)에 대해 알아봅니다. 자료형은 프로그래밍 언어에서 자료를 다루기 위해 미리 정해놓은 데이터의 유형을 말합니다. 일반적으로 정수(integer), 실수(float), 배열(array) 같은 것을 의미합니다. 튜플(tuple)과 같이 자바에는 없는 자료형도 있습니다. 다음 표 2.1은 러스트가 제공하는 자료형을 정리한 표입니다.

표 2.1 러스트가 제공하는 자료형

자료형	자료 크기	러스트 표기	자바 표기
8비트 정수	1바이트	i8	byte
16비트 정수	2바이트	i16	short

자료형	자료 크기	러스트 표기	자바 표기
32비트 정수	4바이트	i32	int
64비트 정수	8바이트	i64	long
32비트 실수	4바이트	f32	float
64비트 실수	8바이트	f64	double
불리언	1바이트	bool	boolean
문자	4바이트	char	char
튜플	가변	( )	없음
배열	가변	[ ]	[ ]

문자열(String)이 없다는 데 주의하기 바랍니다. 문자열은 std::string::String 내장 모듈로 제공됩니다. 내장 모듈과 트레잇은 4장에서 자세히 설명합니다.

자료형 확인하기

다음 예제 2.1은 자료형을 확인하는 간단한 예제입니다.

셸에서 cargo new data_type을 입력해 프로젝트를 생성합니다.

```
$ cargo new data_type
    Created binary (application) `data_type` package
```

main.rs 파일을 수정해 다음과 같이 변경합니다.

예제 2.1 자료형 확인

```
fn main() {
    let number = 30; // 32비트 정수, let number: i32 = 30;으로 선언해도 동일
    let long_number: i64 = 123456789123456789; // 64비트 정수
    let real = 10.22; // 실수
    let hangul_char = '러'; // 문자형

    println!("32비트 정수: {}", number);
    println!("64비트 정수: {}", long_number);
    println!("32비트 실수: {}", real);
```

```
    println!("문자: {}", hangul_char);
}
```

셀에서 cargo run을 실행해 결과를 확인합니다.

```
$ cargo run
( … 컴파일 로그 생략 … )


32비트 정수: 30
64비트 정수: 123456789123456789
32비트 실수: 10.22
문자: 러
```

자료형의 범위

각 자료형은 범위가 있으며 범위는 다음과 같이 MIN과 MAX 값을 통해 확인할 수 있습니다.

```
fn main() {
    // 정수형
    println!("i8: MIN = {}, MAX = {}", i8::MIN, i8::MAX);
    println!("i16: MIN = {}, MAX = {}", i16::MIN, i16::MAX);
    println!("i32: MIN = {}, MAX = {}", i32::MIN, i32::MAX);
    println!("i64: MIN = {}, MAX = {}", i64::MIN, i64::MAX);
    println!("i128: MIN = {}, MAX = {}", i128::MIN, i128::MAX);

    println!("u8: MIN = {}, MAX = {}", u8::MIN, u8::MAX);
    println!("u16: MIN = {}, MAX = {}", u16::MIN, u16::MAX);
    println!("u32: MIN = {}, MAX = {}", u32::MIN, u32::MAX);
    println!("u64: MIN = {}, MAX = {}", u64::MIN, u64::MAX);
    println!("u128: MIN = {}, MAX = {}", u128::MIN, u128::MAX);

    // 부동소수점형
    println!("f32: MIN = {}, MAX = {}", f32::MIN, f32::MAX);
    println!("f64: MIN = {}, MAX = {}", f64::MIN, f64::MAX);
}
```

실행 결과

```
i8: MIN = -128, MAX = 127
i16: MIN = -32768, MAX = 32767
i32: MIN = -2147483648, MAX = 2147483647
i64: MIN = -9223372036854775808, MAX = 9223372036854775807
i128: MIN = -170141183460469231731687303715884105728, MAX = 170141183460469231731687303715884105727
u8: MIN = 0, MAX = 255
u16: MIN = 0, MAX = 65535
u32: MIN = 0, MAX = 4294967295
u64: MIN = 0, MAX = 18446744073709551615
u128: MIN = 0, MAX = 340282366920938463463374607431768211455
f32: MIN = -34028235000000000000000000000000000000, MAX = 34028235000000000000000000000000000000
f64: MIN = -179769313486231570000000000000000000000000000000000000000000000000000000000000000000000000000000000000000000000000000000000000000000000000000000000000000000000000000000000000000000000000000000000000000000000000000000000000000000000000000000000000000000000000000000000000000000000000000000000000000000000, MAX = 179769313486231570000000000000000000000000000000000000000000000000000000000000000000000000000000000000000000000000000000000000000000000000000000000000000000000000000000000000000000000000000000000000000000000000000000000000000000000000000000000000000000000000000000000000000000000000000000000000000
```

자료형 범위를 초과했을 때 어떻게 작동할까

각 자료형의 범위를 벗어나면 어떻게 되는지 확인해 보겠습니다. C 언어에 익숙한 독자라면 오버플로가 발생해 예상치 못한 값이 나올 것이라고 예상할 것입니다.

```
fn main() {
    let mut a: i8 = i8::MAX;
    a = a + 1; // MAX 초과
    println!("a = {}", a);
}
```

실행 결과

```
thread 'main' panicked at 'attempt to add with overflow', src/main.rs:3:9
```

실행 결과 오버플로에 의한 패닉이 발생해 시스템이 중단됐습니다. 러스트는 안전성을 중요하게 여겨, 디버그 모드에서 정수 오버플로를 체크하기 때문입니다. 오버플로가 발생하면 시스템이 예상치 못한 작동을 할 수 있으므로, 러스트는 이러한 상황을 위험하다고 판단하고 프로그램 실행을 멈춥니다.

릴리스 모드에서는 성능상 사유로 오버플로 체크를 하지 않습니다. 그래서 디버그 모드에서 전반적인 작동을 확인한 후 릴리스 모드로 변경해 배포하는 것을 추천합니다.

오류가 발생할 경우의 대응 방법은 4.2절을 참고하세요.

튜플

튜플은 여러 가지 형식의 자료를 담는 자료형입니다. 괄호 () 키워드를 사용해 튜플을 선언하고 쉼표로 자료를 구분 짓습니다. main.rs 파일을 수정해 다음 예제 2.2의 코드를 입력합니다. 셸에서 cargo new tuple을 실행해 새로운 프로젝트를 생성하기를 권장하지만, 기존의 프로젝트를 재활용해도 상관없습니다.

예제 2.2 튜플

```
fn main() {
    let tuple = (1, 2, 3);
    println!("tuple: {}, {}, {}", tuple.0, tuple.1, tuple.2);
}
```

cargo run을 실행하면 다음과 같은 결과가 출력됩니다.

```
tuple: 1, 2, 3
```

다음 예제 2.3과 같이 명시적으로 튜플의 자료를 선언하고 각 원소를 직접 참조할 수 있습니다.

예제 2.3 튜플의 원소 직접 참조하기

```
fn main() {
    // (i32, char, bool) 타입의 튜플 (x, y, z)를 선언하고, 각각의 값으로 (1, 'a', true)를
    할당합니다.
    let (x, y, z) : (i32, char, bool) = (1, 'a', true);
```

```
    // println! 매크로를 사용해 x, y, z의 값을 콘솔에 출력합니다.
    println!("x={}, y={}, z={}", x, y, z);
}
```

실행 결과

```
x=1, y=a, z=true
```

배열

배열은 고정된 크기를 가지는 자료의 집합으로, 대괄호([ ])로 나타냅니다. 여러 가지 자료형을 담을 수 있는 튜플과 달리, 배열은 하나의 자료형만 선언할 수 있습니다. 파이썬이나 자바스크립트 같은 동적 언어는 [ ]가 리스트를 의미하기에 동적으로 크기를 변경할 수 있지만, 러스트는 C나 자바처럼 배열의 크기가 고정되며 변경이 불가능하다는 점을 주의하세요.

예제 2.4 배열 출력

```
fn main() {
    // 정수 배열 arr을 선언하고 [1, 2, 3, 4, 5]로 초기화합니다.
    let arr = [1, 2, 3, 4, 5];

    // 배열 arr의 각 요소에 대해 반복합니다.
    for a in arr {
        // 현재 요소의 값을 콘솔에 출력합니다.
        print!("{},", a);
    }
    // println!을 사용하여 다음 라인으로 이동합니다.
    println!("");
}
```

실행 결과

```
1,2,3,4,5,
```

다음 예제 2.5와 같이 배열의 타입과 크기를 직접 선언하고 배열의 인덱스(index)를 직접 참조할 수 있습니다.

예제 2.5 배열의 인덱스 직접 참조

```
fn main() {
    let arr: [i32; 5] = [1, 2, 3, 4, 5]; // i32 타입을 가지는 5개 원소

    for i in 0..arr.len() {
        print!("{},", arr[i]);
    }
    println!("");
}
```

실행 결과

```
1,2,3,4,5,
```

C나 C++에 익숙한 독자라면 버퍼 오버플로(Buffer Overflow) 문제에 익숙할 것입니다. 버퍼 오버플로 문제는 선언된 버퍼의 크기 이상으로 데이터가 들어갈 경우 스택이나 다른 변수에 값을 덮어쓰는 문제입니다. 러스트는 버퍼 오버플로 문제를 해결하기 위해 컴파일 타임과 런타임에 문제점을 검출해 버퍼 오버플로 문제를 미연에 방지합니다.

다음 예제 2.6은 버퍼 오버플로 문제를 러스트가 어떻게 대응하는지 보여주는 예제입니다. 배열의 인덱스를 벗어난 위치에 값을 기록해 버퍼 오버플로 문제를 일으킵니다. 여기서 배열에 값을 쓰기 위해 사용한 mut 키워드는 2.2절에서 다시 설명합니다.

예제 2.6 버퍼 오버플로 테스트

```
fn main() {
    let mut arr: [i32; 5] = [1, 2, 3, 4, 5]; // i32 타입을 가지는 5개 원소
    arr[6] = 7; // 6번 인덱스에 값을 기입

    println!("arr[6]={}", arr[6]); // 6번 인덱스를 참조
}
```

빌드하면 다음과 같이 컴파일 오류가 발생합니다.

예제 2.7 버퍼 오버플로 문제를 컴파일 타임에 발견

```
error: this operation will panic at runtime
 --> src/main.rs:3:5
```

```
  3 │     arr[6] = 7; // 6번 인덱스에 값을 기입
    │     ^^^^^^ index out of bounds: the length is 5 but the index is 6
    │
    = note: `#[deny(unconditional_panic)]` on by default
error: this operation will panic at runtime
  --> src/main.rs:5:27
    │
  5 │     println!("arr[6]={}", arr[6]);
    │                          ^^^^^^ index out of bounds: the length is 5 but the index is 6
```

이번에는 숫자를 하나 입력받아 해당 숫자에 해당하는 배열 값을 출력하는 예제를 작성해 보겠습니다. 입력을 받기 위해 io::stdin().read_line() 함수를 사용합니다. 그리고 입력받은 문자열을 숫자로 변환하기 위해 String::parse() 함수를 호출합니다.

예제 2.8 버퍼 오버플로 문제를 런타임에 발견

```rust
use std::io; // std::io 패키지 로드

fn main() {
    let mut arr: [i32; 5] = [1, 2, 3, 4, 5]; // i32 타입을 가지는 5개 원소

    println!("숫자를 입력해주세요.");
    let mut read = String::new(); // 입력값을 저장할 문자열 데이터 생성
    io::stdin().read_line(&mut read).unwrap(); // 키보드 입력을 읽습니다.
    let index: i32 = read.trim().parse().unwrap(); // 문자열을 숫자로 변환합니다.

    println!("arr[{}]={}", index, arr[index as usize]);
}
```

실행 결과는 다음과 같습니다. 0~4 사이의 정상적인 숫자를 입력하면 원하는 값을 반환합니다. 한번 0을 입력해 보겠습니다. 그러면 0번 인덱스 값인 1이 출력됩니다.

```
숫자를 입력해주세요.
0
arr[0]=1
```

이번에는 6을 입력해 보겠습니다.

```
숫자를 입력해주세요.
6
thread 'main' panicked at 'index out of bounds: the len is 5 but the index is 6', src/
main.rs:11:35
note: run with `RUST_BACKTRACE=1` environment variable to display a backtrace
```

index out of bounds 오류가 발생했습니다. 오류 내용은 배열의 크기가 5인데 6번 인덱스가 요청됐다는 내용입니다. 리눅스 환경이라면 cargo run 앞에 RUST_BACKTRACE=1 환경 변수를 추가하면 됩니다. RUST_BACKTRACE를 추가해 다시 실행해 보겠습니다.

```
$ RUST_BACKTRACE=1 cargo run
숫자를 입력해주세요.
6
thread 'main' panicked at 'index out of bounds: the len is 5 but the index is 6', src/
main.rs:11:35
stack backtrace:
   0: rust_begin_unwind
             at /rustc/69f9c33d71c871fc16ac445211281c6e7a340943/library/std/src/
panicking.rs:575:5
   1: core::panicking::panic_fmt
             at /rustc/69f9c33d71c871fc16ac445211281c6e7a340943/library/core/src/
panicking.rs:65:14
   2: core::panicking::panic_bounds_check
             at /rustc/69f9c33d71c871fc16ac445211281c6e7a340943/library/core/src/
panicking.rs:151:5
   3: array4::main
             at ./src/main.rs:11:35
   4: core::ops::function::FnOnce::call_once
             at /rustc/69f9c33d71c871fc16ac445211281c6e7a340943/library/core/src/ops/
function.rs:251:5
note: Some details are omitted, run with `RUST_BACKTRACE=full` for a verbose backtrace.
```

백트레이스(backtrace)가 출력됐습니다. main.rs 파일 11번째 라인에 오류가 있다는 내용입니다. 윈도우에서 테스트하거나 RUST_BACKTRACE 환경 변수를 항상 1로 설정하고 싶다면 다음과 같은 코드를 main에 추가하면 됩니다.

```
fn main() {
std::env::set_var("RUST_BACKTRACE", "1"); // RUST_BACKTRACE 활성화
}
```

문자열

str 타입

러스트에서는 문자열을 정의하기 위해 str 타입과 String 타입을 사용합니다. str 자료형은 문자열 슬라이싱을 표현하는 기본 자료형이며 불변(immutable) 자료형입니다. 이 자료형은 메모리에 저장된 문자열의 주소를 참조로 사용하기 때문에 항상 &str 형태로 사용됩니다.

다음은 str 자료형을 사용하는 간단한 예제입니다.

예제 2.9 문자열을 슬라이싱하는 예제

```
fn main() {
    // 문자열 리터럴을 사용해 s 생성
    let s: &str = "Hello 러스트!";

    // s 값 출력
    println!("문자열: {}", s);

    // 문자열 슬라이싱
    let slice: &str = &s[0..5];
    println!("슬라이스: {}", slice);
}
```

실행 결과
문자열: Hello 러스트! 슬라이스: Hello

위의 예제에서 &my_string[0..5] 부분은 문자열을 슬라이싱(slicing)하는 부분으로 문자열의 앞에서 5글자를 선택하는 역할을 합니다.

str 자료형에는 trim()과 to_lowercase(), to_uppercase()와 같은 함수가 있습니다. trim()은 빈 공간을 잘라내는 역할을 하며, to_lowercase()와 to_uppercase()는 대문자를 소문자로, 소문자를 대문자로 변환합니다.

예제 2.10 문자열을 변환

```
fn main() {
    let s: &str = " Hello Rust ";
    println!("{}", s.trim()); // 앞뒤 빈 공간 제거
    println!("{}", s.to_lowercase()); // 소문자로
    println!("{}", s.to_uppercase()); // 대문자로
}
```

실행 결과

```
Hello Rust
 hello rust
 HELLO RUST
```

String

String은 문자열을 동적으로 힙 메모리에 저장하는 자료형으로, 문자열의 크기를 유연하게 동적으로 늘리거나 줄일 수 있습니다. 문자열을 생성하려면 String::from()이나 String::new() 메서드를 사용합니다.

다음은 String을 생성하고 문자열을 추가하는 간단한 예제입니다.

예제 2.11 String을 생성하고 문자열을 추가

```
fn main() {
    let mut s = String::from("Hello"); // Hello로 String 생성
    println!("{}", s);
    s.push_str(" Rust!"); // s 뒤에 Rust! 추가
    println!("{}", s);
}
```

실행 결과

```
Hello
Hello Rust!
```

String은 이 외에도 문자열 조작과 처리에 유용한 다양한 기능을 제공합니다. String에 대한 자세한 설명은 4장에서 다시 설명합니다.

2.2 불변성과 가변성

러스트의 모든 변수는 기본적으로 불변성(immutable)이라는 성질을 갖습니다. 불변성은 한 번 변수가 생성되면 더 이상 값을 변경하지 못한다는 것을 의미합니다. 반대로 가변성(mutable)은 변수의 값을 여러 번 변경할 수 있다는 의미입니다. 자바 언어에 익숙한 독자라면 final이라는 키워드를 알고 있을 것입니다. 한번 값이 정해지면 더 이상 변경이 안 된다는 의미입니다. 러스트의 모든 변수는 기본적으로 자바의 final을 선언한 것과 유사하게 작동합니다. 변수의 값이 변경될 경우 다음과 같이 컴파일 오류가 발생합니다.

예제 2.12 불변 변수에 값을 쓰는 오류

```
fn main() {
    let var = 1; // 불변 변수 생성
    var = 2; // 컴파일 오류 발생
}
```

```
                              실행 결과
error[E0384]: cannot assign twice to immutable variable `var`
 --> src/main.rs:3:5
  |
2 |     let var = 1;
  |         ---
  |         |
  |         first assignment to `var`
  |         help: consider making this binding mutable: `mut var`
3 |     var = 2; // 컴파일 오류 발생
  |     ^^^^^^^ cannot assign twice to immutable variable
```

불변 변수에 두 번 수정이 발생했다는 메시지가 뜨며 컴파일 오류가 발생합니다. 다음과 같이 mut 키워드를 추가하면 정상적으로 작동합니다.

```
fn main() {
    let mut var = 1; // mut을 사용하면 값을 수정할 수 있습니다.
    println!("수정 전={}", var);
    var = 2;
    println!("수정 후={}", var);
}
```

실행 결과
수정 전=1
수정 후=2

언뜻 보면 매번 mut 키워드를 추가해야 하니 조금 불편해 보입니다. 그리고 직관적으로 보이지도 않습니다. 러스트를 처음 배우는 분은 대부분 불편해합니다. 하지만 러스트가 불변성을 기본으로 채택함으로써 얻는 이득이 훨씬 더 많습니다. 변수의 가변성은 병렬처리를 어렵게 만듭니다. 두 개 이상의 스레드(thread)가 동시에 하나의 변수를 공유할 때 한 스레드에서 변경된 값이 다른 스레드에는 치명적인 오류를 만들 수 있습니다. 이것을 경쟁 상태(race condition) 문제라고 합니다.

예를 들어 그림 2.1과 같이 은행에서 두 사람이 동시에 만 원을 입금하는 경우를 상상해 보겠습니다. 현재 잔고가 17만 원 있습니다. 이때 두 사람이 각각 만 원, 즉 2만 원을 동시에 입금했습니다. 그럼 19만 원이 돼야 하지만, 결과는 19만 원이 아닌 18만 원이 됐습니다. '잔고'라는 공유 변수 자원에 두 스레드가 경쟁해 큰 문제를 만든 것입니다.

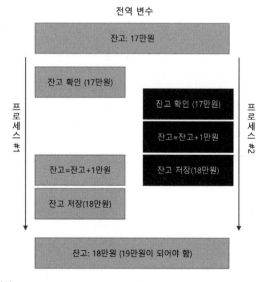

그림 2.1 경쟁 상태 문제 예시

얼핏 보면 '내가 만들 소프트웨어에서도 경쟁 상태 문제가 발생할까?'라는 생각도 들 수 있지만, 이는 대규모 시스템을 구축할 때 꼭 한두 번씩 터지는 문제로 유명합니다.

러스트는 경쟁 상태 문제를 공유 자원을 최소화하는 방향으로 해결했습니다. 공유 자원이 적다면 경쟁 상태 문제가 발생할 확률도 자연히 낮아지기 때문입니다. 사실 이러한 언어적 특징은 스칼라(scala)와 같은 함수형 언어의 특징입니다. 함수형 언어는 모든 함수는 동일한 파라미터를 입력할 경우 언제 어떤 상황에도 동일한 반환값을 보장합니다. 이를 무상태 함수(stateless function)라고도 합니다. 무상태 함수를 만들기 위해 함수형 언어는 변수의 상태를 변경하는 것을 금지했습니다. 상태 변경이 불가능해지면서 경쟁 상태 문제에서 해방됐습니다. 이는 병렬 처리를 쉽게 만들고 전체적인 분산 시스템 구조를 단순화합니다.

하지만 불변성이 장점만 있는 것은 아닙니다. 다른 함수나 모듈에 변수를 공유하기 어렵게 만들고 코드 로직이 복잡해지기 때문에 불변성을 이해해야만 코드를 분석할 수 있습니다. 그뿐만 아니라 필연적으로 값을 복제할 수밖에 없고, 그로 인해 성능과 메모리 자원을 불필요하게 소모하는 경우도 발생합니다. 병렬 처리가 중요하지 않은 시스템이라면 이러한 특징은 단점으로 다가올 수밖에 없습니다.

불변성과 가변성은 장단점이 분명하기에 개발할 시스템의 요구사항에 따라 취사선택해야 합니다.

표 2.2 불변 변수와 가변 변수의 장단점

	불변 변수	가변 변수
장점	병렬 처리가 용이해 대규모 시스템에 적합	단일 스레드 시스템에 적합
단점	코드 로직이 복잡해지고 값을 복제하는 과정에서 자원 비효율 발생	병렬 처리가 어려우며 경쟁 상태 문제 발생
주요 언어	스칼라(Scala), 러스트 등	C, 자바 등

섀도잉

불변 변수는 병렬 처리 환경에서 시스템의 전체 구조를 단순하게 만들어주는 장점이 있습니다. 하지만 코드 로직을 복잡하게 만든다는 단점도 분명히 존재합니다. 이 경우 억지로 mut 키워드를 여기저기 붙여 가변 변수로 선언하고 당장의 문제를 해결할 수도 있지만, 그렇게 하면 없어도 될 버그가 생기는 치명적인 단점이 발생할 수 있습니다.

러스트는 새도잉(Shadowing)이라는 기법을 제공합니다. 새도잉의 필요성을 설명하기 위해 불변성을 위반하는 간단한 예제를 하나 만들어 보겠습니다. 셸에 cargo new shadowing을 입력해 새로운 프로젝트를 하나 생성합니다.

다음 예제 2.13은 불변성을 위반합니다. 그래서 컴파일 에러가 발생합니다.

예제 2.13 불변성 위반 예제

```
fn main() {
    let var = 1;
    println!("var={}", var);
    var = var + 1; // 컴파일 오류 발생
    println!("var={}", var);
}
```

예상대로 컴파일 오류가 발생했습니다.

```
error[E0384]: cannot assign twice to immutable variable `var`
  --> src/main.rs:4:5
   |
2  |     let var = 1;
   |         ---
   |         |
   |         first assignment to `var`
   |         help: consider making this binding mutable: `mut var`
3  |     println!("var={}", var);
4  |     var = var + 1; // 컴파일 오류 발생
   |     ^^^^^^^^^^^^^ cannot assign twice to immutable variable
```

앞서 배웠듯이 mut 키워드를 사용해 불변 변수를 가변 변수로 바꿔 당장 눈앞에 보이는 컴파일 오류를 해결할 수도 있습니다. 하지만 가변 변수는 다중 스레드 환경에서 예상치 못한 문제를 만들 수 있기 때문에 가변 변수의 사용은 최소화해야 합니다. 다음과 같이 mut 대신 let을 추가해 보겠습니다. 수정된 코드는 다음과 같습니다.

예제 2.14 섀도잉

```
fn main() {
    let var = 1;
    println!("var={}", var);
    let var = var + 1; // 기존의 var는 소멸되며 var라는 새로운 변수가 생성
    println!("var={}", var);
}
```

실행 결과
var=1
var=2

얼핏 보면 처음 생성된 var를 재활용하는 것처럼 보이기도 합니다. 하지만 변수의 이름만 같을 뿐, 예전 변수는 소멸되고 새로운 변수가 생성되므로 mut 키워드와는 완전히 다른 방식으로 작동합니다. 예를 들어 예제 2.15와 같이 정수형 변수를 섀도잉하고 문자열 변수로 바꿔치기할 수도 있습니다.

예제 2.15 다른 자료형으로 섀도잉

```
fn main() {
    let var = 1;
    println!("var={}", var);
    let var = String::from("기존 var를 섀도잉");
    println!("var={}", var);
}
```

실행 결과
var=1
var=기존 var를 섀도잉

2.3 제어문

제어문은 조건식의 상태가 참(true)인지 거짓(false)인지에 따라 프로그램의 흐름을 제어하는 구문입니다. 일반적으로 조건문, 반복문, 분기문 등이 있습니다.

if

if 표현식은 조건식의 상태에 따라 실행 여부를 결정합니다. 보통 `if-else`의 형태를 가집니다. 다른 언어와 크게 다르지 않으므로 다른 언어에 익숙한 독자라면 쉽게 이해할 수 있을 것이라 생각합니다.

간단한 예제를 하나 살펴보겠습니다.

예제 2.16 if 표현식

```
fn main() {
    let condition = true;
    if condition == true { // condition이 true일 경우 작동
        println!("조건이 참입니다.");
    } else {
        println!("조건이 거짓입니다.");
    }
}
```

실행 결과

```
조건이 참입니다.
```

러스트는 if 표현식을 let 구문에서 사용할 수 있는 유연한 방법도 제공합니다. 이는 다른 언어에는 없는 러스트만의 재미난 특징입니다.

글로 설명하기는 어려우니 한번 예제를 살펴보겠습니다. `let-if` 사용 시 세미콜론을 붙이지 않는다는 점에 주의하기 바랍니다. 그리고 `let-if`가 종료되는 중괄호 끝에는 세미콜론을 꼭 붙여야 합니다. 문법이 조금 혼란스러울 수도 있습니다. 이 내용은 함수 부분에서 다시 설명합니다.

예제 2.17 let-if예제

```
fn main() {
    let condition = true;
    let ret = if condition == true {
        String::from("조건이 참입니다.") // ;을 붙이면 컴파일 오류가 발생합니다.
    } else {
        String::from("조건이 거짓입니다.") // ;을 붙이면 컴파일 오류가 발생합니다.
```

```
    }; // 여기는 ;을 붙여야 합니다.
    println!("ret={}", ret);
}
```

```
ret=조건이 참입니다.
```

match

다른 언어에 익숙한 독자라면 switch 표현식을 알고 있을 것입니다. switch는 하나의 조건을 받아 여러 구문으로 분기하는 강력한 표현식입니다. 러스트에는 switch보다 더 강력한 match 표현식이 있습니다.

예제 2.18은 match 표현식을 보여줍니다.

예제 2.18 match 표현식

```
fn main() {
    let var = 1;
    match var { // var 값을 사용해 분기합니다
        1 => println!("하나"),
        2 => println!("둘"),
        _ => println!("기타"),
    }
}
```

```
하나
```

switch에 익숙한 독자라면 다른 언어와 크게 차이가 없다고 느낄지도 모릅니다. default 조건은 _ 변경자(placeholder)를 사용합니다.

let-if와 마찬가지로 match도 let과 같이 사용할 수 있습니다. 마지막 중괄호 뒤에는 꼭 세미콜론을 붙여야 한다는 점에 주의하세요. 다음 예제 2.19는 let-match를 사용하는 예제입니다.

예제 2.19 let–match 예제

```
fn main() {
    let var = 1;
    let ret = match var { // match의 결과를 ret에 저장합니다.
        1 => String::from("하나"),
        2 => String::from("둘"),
        _ => String::from("기타"),
    }; // 세미콜론을 붙여야 합니다.
    println!("ret={}", ret);
}
```

실행 결과
ret=하나

2.4 반복문

러스트는 loop, for, while이라는 3가지 형태의 반복문을 제공합니다. 각각의 반복문은 장단점이 있으며 주어진 요구사항에 맞게 취사선택하면 좋습니다.

loop

loop는 명시적으로 break를 실행하거나 프로그램을 강제로 중단할 때까지 코드 블록을 반복해 실행하는 반복문입니다. 다음 예제 2.20은 loop를 사용하는 예제입니다.

예제 2.20 loop 예제

```
use std::io;

fn main() {
    loop { // 다른 언어의 while (true)와 같습니다.
        println!("숫자를 입력해주세요. 0을 입력하면 종료합니다");
        let mut read = String::new();
        io::stdin().read_line(&mut read).unwrap();
        let val: i32 = read.trim().parse().unwrap();

        if val == 0 {
```

```
        break; // 종료
    }

    println!("입력={}", val);
  }
}
```

```
숫자를 입력해주세요. 0을 입력하면 종료합니다
23
입력=23
숫자를 입력해주세요. 0을 입력하면 종료합니다
0
```

for

for 반복자(iterator)가 주어질 때 반복자의 각 요소를 순회하는 표현식입니다. `for-in` 형식을 사용합니다. 간단한 예제를 하나 살펴보겠습니다.

예제 2.21 for 예제

```
fn main() {
    let arr = [1, 2, 3, 4, 5];
    for a in arr { // arr을 순회합니다.
        print!("{}, ", a);
    }
}
```

```
1, 2, 3, 4, 5,
```

다음 예제와 같이 in 뒤에 `0..n` 기법을 사용해 특정 횟수를 반복하게 만들 수도 있습니다.

예제 2.22 for 특정 횟수 반복

```
fn main() {
    for a in 0..5 { // 5회 반복
        print!("{},", a);
```

```
    }
}
```

실행 결과

```
0,1,2,3,4,
```

while

while은 조건식을 입력받을 수 있는 반복문입니다. 직관적이고 다른 언어와 크게 다르지 않아 가볍게 넘어가겠습니다. 다음은 while을 사용하는 예제입니다.

예제 2.23 while 예제

```
fn main() {
    let mut counter = 0;

    while counter < 5 { // counter가 5 미만일 때까지 반복합니다.
        print!("{},", counter);
        counter += 1;
    }
}
```

실행 결과

```
0,1,2,3,4,
```

2.5 함수

함수(function)는 특별한 목적의 작업을 수행하기 위해 독립적으로 구현된 코드의 집합을 의미합니다. 일반적으로 동일한 구조의 코드를 하나의 함수로 분리해 코드를 재사용합니다. 그렇게 되면 전체 코드의 구조가 단순해지며 재사용성이 높아집니다. 그리고 가독성도 크게 좋아집니다. 또한, 프로그램에 문제가 발생했을 때 디버깅도 용이해집니다.

러스트는 fn 키워드로 함수를 선언할 수 있습니다. 러스트는 함수 이름에 스네이크 케이스 (snake case)를 사용하는 것을 권장합니다. 스네이크 케이스는 소문자와 _를 이용해 이름을 짓는 명명법입니다.

숫자 두 개를 입력받고 합을 출력하는 간단한 예제를 하나 살펴보겠습니다.

예제 2.24 숫자 두 개를 입력받는 함수

```
fn main() {
    add(1, 2);
}


fn add(x: i32, y: i32) {
    println!("{}+{}={}", x, y, (x + y));
}
```

실행 결과
1+2=3

값을 반환하는 함수도 만들 수 있습니다. 반환값의 타입은 화살표(->)로 선언해야 하며, 반환값에는 세미콜론을 붙이면 안 됩니다. 다음 예제 2.25는 숫자 두 개의 합을 반환하는 함수입니다.

예제 2.25 반환값을 가지는 함수

```
fn main() {
    let ret = add(1, 2);
    println!("1+2={}", ret);
}


fn add(x: i32, y: i32) -> i32 { // i32를 반환하는 함수입니다.
    x + y // 세미콜론이 없습니다
}
```

실행 결과
1+2=3

let과 {}를 함께 사용해 익명 함수(anonymous function)를 만들 수 있습니다. 다음 예제 2.26은 간단한 익명 함수를 보여줍니다.

예제 2.26 익명 함수

```
fn main() {
    let x = 1;
    let y = 2;
    let ret = { // 익명함수의 반환값을 ret에 저장합니다.
        x + y // 세미콜론이 없습니다.
    }; // 세미콜론이 필요합니다.

    println!("{}+{}={}", x, y, ret);
}
```

실행 결과
1+2=3

2.6 클로저

자바스크립트에 익숙한 독자라면 클로저(closure)를 들어봤을 것입니다. 클로저는 단어 그대로 어떤 것을 '닫아주는' 역할을 합니다. 코드를 작성할 때, 특히 함수 내부에서 외부 범위의 변수를 조작하거나 사용해야 하는 경우가 많습니다. 러스트의 클로저는 이러한 작업을 간편하게 해줍니다. 함수처럼 호출할 수 있지만 주변 범위의 변수를 '캡처'하고 사용할 수 있는 익명 함수로, 이를 통해 코드를 보다 유연하게 만들 수 있습니다.

클로저는 || 키워드를 사용해 표현합니다. 간단한 예제를 살펴보겠습니다.

예제 2.27 클로저를 사용하는 간단한 예제

```
fn main() {
    let mut x = 5;
    let mut inc = || {
        x += 1;
    };
    inc();
    println!("변수 x: {}", x);
}
```

실행 결과
변수 x: 6

|| 사이에 파라미터를 정의할 수 있습니다. 다음은 y라는 새로운 파라미터를 추가한 예제입니다.

예제 2.28 파라미터가 추가된 클로저

```rust
fn main() {
    let x = 10;
    let add = |y| x + y; // add는 클로저 함수가 됩니다.
    println!("10 + 5 = {}", add(5));
}
```

실행 결과
10 + 5 = 15

move 키워드를 사용해 클로저의 소유권을 이전할 수 있습니다. 다음은 문자열 변수 s의 소유권을 클로저에 이전하는 예제입니다.

예제 2.29 move 키워드를 사용해 소유권을 클로저에 이전

```rust
fn main() {
    let s = String::from("Hello");
    let f = move || { // move 클로저는 소유권을 이전합니다.
        println!("s: {}", s); // 여기서 s의 소유권을 가져갑니다.
    };

    f();
    println!("s: {}", s); // 컴파일 오류: s의 소유권이 없습니다.
}
```

컴파일 결과
3 | let f = move || { // move 클로저는 소유권을 이전합니다.
| ------- value moved into closure here
4 | println!("s: {}", s); // 여기서 s의 소유권을 가져갑니다.
| - variable moved due to use in closure
8 | println!("s: {}", s); // 컴파일 오류: s의 소유권이 없습니다.
| ^ value borrowed here after move

2.7   n번째 수를 출력하는 피보나치 함수 만들기

지금까지 학습한 내용을 종합해 간단한 프로그램을 만들어 보겠습니다. 피보나치 함수는 첫째와 둘째 항이 1이고, 그 뒤의 모든 항은 앞 두 항의 합인 수열입니다. 예를 들어 1, 1, 2, 3, 5, 8과 같이 앞의 수와 현재 수를 합해 다음 숫자가 정해지는 방식입니다. 다음 그림 2.2는 피보나치 수열이 어떤 식으로 생성되는지 보여줍니다.

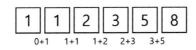

그림 2.2 피보나치 수열

러스트로 n 번째 수를 출력하는 피보나치 함수를 만들어 보겠습니다. 먼저 셸에 `cargo new fibo`를 입력해 `fibo` 프로젝트를 생성합니다. 그리고 숫자를 하나 입력받아 그 값을 출력하는 코드를 작성해 봅니다. 아래 코드를 컴파일하면 사용하지 않은 변수가 있다는 경고 메시지가 출력되는데 여기서는 무시해도 괜찮습니다.

예제 2.30 숫자를 입력받아 출력

```
use std::io; // 입출력 관련 기능을 사용하기 위해 std::io 라이브러리를 가져옵니다.

fn main() {
    println!("n번째 수를 입력해주세요.");

    let mut n = String::new(); // 사용자 입력을 받기 위한 가변 문자열 변수 n을 선언하고
초기화합니다.
    io::stdin().read_line(&mut n); // 표준 입력(stdin)으로부터 한 줄을 읽어서 n에 저장합니다.
    let n: i32 = n.trim().parse().unwrap(); // n을 앞뒤 공백을 제거하고(i.e., trim), i32로
변환합니다. unwrap()은 결과가 Err일 경우 패닉을 일으킵니다.
    println!("입력 수: {}", n);
}
```

`cargo run`으로 실행합니다.

```
n번째 수를 입력해주세요.
10
입력 수: 10
```

이제 입력받은 수를 fibo 함수에 전달해 보겠습니다. fibo 함수는 아직 특별히 하는 것 없이 받은 숫자를 그대로 반환합니다.

```
fn fibo(n: i32) -> i32 {
    n
}
```

테스트 코드는 개발 과정에서 매우 중요한 역할을 합니다. 테스트코드는 소프트웨어 개발 과정에서 발생할 수 있는 버그와 오류를 사전에 감지하고 수정하여, 최종 제품의 안정성과 신뢰성을 보장하기 위해 반드시 필요합니다.

이제 간단한 테스트 코드를 만들겠습니다. #[test]라는 지시자를 함수 위에 추가하면 테스트에만 작동하는 함수를 만들 수 있습니다.

```
#[test]
fn fibo_test() {
    assert_eq!(fibo(6), 8); // 6번째 수열은 8이어야 함
}
```

지금까지는 cargo run으로 실행했지만, 테스트 코드는 cargo test로 실행해야 합니다. 셸에서 cargo test로 테스트 코드를 실행하겠습니다.

```
$ cargo test
( ... 컴파일 로그 생략 ... )

running 1 test
test fibo_test ... FAILED
failures:
---- it_works stdout ----
thread ' fibo_test' panicked at 'assertion failed: `(left == right)`
  left: `6`,
 right: `8`', src/main.rs:21:5
```

8이 반환돼야 하지만 6이 반환됐다는 오류가 발생하고 테스트가 실패했습니다. 테스트를 성공시키기 위해, 입력값이 무엇이든 8을 반환하도록 fibo 함수를 수정하겠습니다.

```
fn fibo(n: i32) -> i32 {
    if n == 6 {
        8
    } else {
        n
    }
}
```

cargo test를 수행하면 다음과 같이 테스트가 성공합니다.

```
running 1 test
test fibo_test ... ok
```

테스트를 수정해 7을 입력하면 13이 반환되는지 확인해 보겠습니다.

```
#[test]
fn fibo_test() {
    assert_eq!(fibo(6), 8); // 6번째 수열은 8이어야 함
    assert_eq!(fibo(7), 13); // 7번째 수열은 13이어야 함
}
```

테스트는 실패할 것입니다.

```
thread 'fibo_test' panicked at 'assertion failed: `(left == right)`
  left: `7`,
 right: `13`', src/main.rs:27:5
```

예상대로 테스트가 실패했습니다. 이제 fibo 함수를 구현하겠습니다.

```
fn fibo(n: i32) -> i32 {
    let mut next = 0;        // 다음 피보나치 수를 저장할 변수
    let mut t1 = 1;          // 피보나치 수열의 첫 번째 항목
    let mut t2 = 1;          // 피보나치 수열의 두 번째 항목
    let mut counter = 2;     // 피보나치 수열의 현재 위치를 추적하는 카운터. 이미 2개의
항목(1, 1)이 있으므로 2로 시작
```

```
    print!("1, 1, ");          // 피보나치 수열의 처음 두 수를 출력
    while counter < n {        // n번째까지의 피보나치 수열을 계산
        next = t1 + t2;        // 다음 피보나치 수를 계산
        t1 = t2;               // t1을 t2로 업데이트
        t2 = next;             // t2를 다음 피보나치 수로 업데이트
        print!("{}, ", next);  // 다음 피보나치 수를 출력

        counter += 1;          // 카운터 증가
    }
    println!("");

    next // 계산된 피보나치 수를 반환. 반환값 뒤에는 세미콜론을 붙이지 않음에 주의.
}
```

cargo test로 테스트를 실행해 보겠습니다.

```
running 1 test
test fibo_test ... ok
```

테스트가 성공했습니다. 예제 2.30 의 main 함수를 재사용해 프로그램을 완성하고 컴파일합니다. 이제 셸에 cargo run을 입력해 프로그램을 실행해 보겠습니다.

```
$ cargo run
( ... 컴파일 로그 생략 ... )

n번째 수를 입력해주세요.
7
입력 수: 7
1, 1, 2, 3, 5, 8, 13,
결과: 13
```

우리가 원했던 값이 나왔습니다! 전체 소스코드는 다음과 같습니다.

예제 2.31 전체 소스코드

```
use std::io;

fn fibo(n: i32) -> i32 {
```

```
        let mut next = 0;
        let mut t1 = 1; // 처음은 1, 1로 시작
        let mut t2 = 1;
        let mut counter = 2;

        print!("1, 1, ");
        while counter < n {
            next = t1 + t2;
            t1 = t2;
            t2 = next;
            print!("{}, ", next);

            counter += 1;
        }
        println!("");

        next // 세미콜론 주의
}

fn main() {
    println!("n번째 수를 입력해주세요.");

    let mut n = String::new();
    io::stdin().read_line(&mut n);
    let n: i32 = n.trim().parse().unwrap();
    println!("입력 수: {}", n);

    let ret = fibo(n);
    println!("결과: {}", ret);
}

#[test]
fn fibo_test() {
    assert_eq!(fibo(6), 8); // 6번째 수열은 8이어야 함
    assert_eq!(fibo(7), 13); // 7번째 수열은 13이어야 함
}
```

이제 프로그램을 구조화하는 데 필요한 도구인 구조체와 열거형으로 넘어가겠습니다.

2.8 구조체

구조체(struct)는 여러 자료형을 효율적으로 처리하기 위해 한데 모아 사용자가 새롭게 정의하는 자료형입니다. 구조체는 각 구성요소에 이름을 정할 수 있기 때문에 튜플보다 유연하게 사용할 수 있습니다.

구조체를 정의하려면 struct 키워드와 함께 새로운 구조체 이름을 입력하면 됩니다. C/C++의 구조체와 문법이 비슷하므로 C/C++에 익숙한 독자라면 쉽게 넘어갈 수 있을 것입니다.

구조체 정의

학생 계정을 담는 구조체를 만들어 보겠습니다. 학생 계정에는 이름과 이메일, 그리고 아이디가 있습니다. 이 자료를 하나의 구조체로 묶어보겠습니다.

예제 2.32 학생 계정을 담는 구조체

```
struct Student {
    id: i32,
    name: String,
    email: String,
}
```

앞서 함수명은 스네이크 케이스를 따라 이름 짓는다고 했는데, 구조체는 카멜 표기법(camel case)을 따라 이름을 짓습니다. 카멜 표기법은 띄어쓰기 없이 대문자와 소문자를 조합해 명명하는 표기법입니다.

이제 다음과 같이 Student를 생성하는 함수를 추가합니다. 구조체의 인스턴스(instance)는 구조체 이름을 쓰고 { }의 형태로 생성합니다. 예제 2.33은 학생 계정을 생성하는 함수입니다.

예제 2.33 학생 계정 생성 함수

```
fn create_student(id: i32, name: String, email: String) -> Student {
    Student { // Student 인스턴스 생성
        id: id,
        name: name,
        email: email,
    } // 세미콜론이 없다는 데 주의해 주세요.
}
```

사용자로부터 입력을 받아 Student 구조체를 채워보겠습니다.

```rust
use std::io;

fn main() {
    println!("학번을 입력해주세요.");
    let mut id = String::new();
    io::stdin().read_line(&mut id);
    let id: i32 = id.trim().parse().unwrap();

    println!("이름을 입력해주세요.");
    let mut name = String::new();
    io::stdin().read_line(&mut name);
    let name = name.trim().to_string(); // 공백 제거

    println!("이메일을 입력해주세요.");
    let mut email = String::new();
    io::stdin().read_line(&mut email);
    let email = email.trim().to_string(); // 공백 제거

    let stu = create_student(id, name, email); // 학생 인스턴스 생성
    println!("학번={}, 이름={}, 이메일={}", stu.id, stu.name, stu.email); // 인스턴스의 내부
값 참조
}
```

실행 결과
학번을 입력해주세요. 1 이름을 입력해주세요. luna 이메일을 입력해주세요. luna@luna.com 학번=1, 이름=luna, 이메일=luna@luna.com

간단하죠? 이제 러스트만의 장점 몇 가지를 더 보여드리겠습니다. 러스트는 다른 언어들의 장점을 받아들여 러스트만의 독특한 개념을 만들었습니다. 프로그램을 작성할 때는 종종 구조체의 디버깅을 위해 구조체의 모든 값을 출력해야 하는 경우가 있습니다. 위 예제 2.33만 하더라

도 복잡한 println! 매크로를 사용하고 있습니다. 한번 위의 println! 매크로를 다음과 같이 변경해 보겠습니다. :? 지시자는 Debug 포맷을 기본 출력 포맷으로 지정하겠다는 의미입니다.

```
println!("stu={:?}", stu);
```

빌드해 보면 다음과 같이 빌드 오류가 발생합니다.

```
error[E0277]: `Student` doesn't implement `Debug`
  --> src/main.rs:37:26
   |
37 |     println!("stu={:?}", stu);
   |                          ^^^ `Student` cannot be formatted using `{:?}`
```

Student에 지정된 디버그 포맷이 없다는 오류입니다. 러스트는 이럴 때를 대비해 어노테이션 (annotation) 기능을 제공합니다. #[derive(Debug)] 어노테이션은 구조체의 디버그 포매터를 지정해 줍니다. Student 구조체를 다음과 같이 수정하겠습니다.

예제 2.34 Debug 어노테이션

```
// `Debug` 트레잇을 구현하도록 지시하는 derive 어노테이션. 이를 통해 Student 구조체
인스턴스를 디버깅 정보로 쉽게 출력할 수 있습니다.
#[derive(Debug)]
struct Student {
    id: i32,
    name: String,
    email: String,
}
```

이제 다시 시도하면 컴파일 오류는 사라지고 다음과 같이 정상적으로 출력됩니다.

```
[출력 결과]
stu=Student { id: 1, name: "luna", email: "luna@luna.com" }
```

구조체 메서드

구조체 메서드(method)는 구조체의 인스턴스와 함께 사용되는 함수입니다. 파이썬을 사용해
본 독자라면 파이썬의 클래스 메서드와 비슷하다고 느낄 수도 있습니다. 첫 번째 파라미터는
&self입니다. &self는 메서드를 호출하는 구조체의 인스턴스를 의미합니다.

성적을 담는 구조체를 하나 만들고 score에 따라 A, B, C를 반환하는 get_grade 메서드를 추가
하겠습니다.

예제 2.35 구조체 메서드

```rust
struct Score {
    score: i32,
}


impl Score {
    fn get_grade(&self) -> String {
        if self.score > 90 {
            String::from("A")
        } else if self.score > 80 {
            String::from("B")
        } else {
            String::from("C")
        }
    }
}
```

테스트를 위해 테스트 코드를 작성하겠습니다. 테스트 코드는 #[test] 지시자를 사용하면 됩
니다.

```rust
// 테스트 함수를 정의하기 위한 #[test] 어트리뷰트
#[test]
fn test_get_grade() {
    // Score 구조체 인스턴스 생성, 점수는 100
    let score = Score {
        score: 100,
    };
```

```
    // score.get_grade()가 "A"를 반환하는지 검사
    assert_eq!(score.get_grade(), "A");

    // Score 구조체 인스턴스 생성, 점수는 80
    let score = Score {
        score: 80,
    };
    // score.get_grade()가 "B"를 반환하는지 검사
    assert_eq!(score.get_grade(), "B");
}
```

`cargo test` 로 실행해 보겠습니다.

```
$ cargo test
running 1 test
test test_get_grade ... ok
```

연관 함수

String::from 같은 함수를 보면 구조체의 인스턴스 없이도 호출이 가능합니다. 이러한 함수를 연관 함수(associated functions)라고 부릅니다. 자바의 static 함수를 생각하면 이해하기 쉬울 것입니다. 연관 함수는 &self 파라미터 없이 함수를 선언하면 됩니다. 간단한 예제를 살펴보겠습니다. String::from 함수와 유사하게 Score::from 함수는 입력받은 score로 Score 인스턴스를 생성하는 연관 함수입니다. 테스트 코드도 함께 수정하겠습니다.

예제 2.36 연관 함수

```
impl Score {
    ( ... 생략 ... )
    fn from(score: i32) -> Score {
        Score { score: score }
    }
}


#[test]
fn test_get_grade() {
```

```
    assert_eq!(Score::from(100).get_grade(), "A"); // Score::from 함수 호출
    assert_eq!(Score::from(80).get_grade(), "B");
}
```

결과는 예제 2.35와 동일합니다.

2.9   열거형

열거형(enum)은 열거자(enumerator)라고 부르는 고정된 식별자를 나열하고 한데 묶어 사용
하는 사용자 정의 형식입니다. 이렇게 쓰니 조금 어려워 보이지만, 열거형 자체는 다른 언어에
도 있는 개념이라 익숙할 것입니다. 다만 러스트의 열거형은 다른 언어의 열거형과는 달리 상
당히 유연한 구조를 제공합니다. 찬찬히 열거형을 살펴보겠습니다.

열거형은 enum 키워드로 간단히 선언할 수 있습니다. 예제 2.37은 열거형을 어떻게 정의하는
지 보여줍니다.

예제 2.37 열거형

```
enum SchoolKind {
    Elementary,
    Middle,
    High
}
```

다른 언어의 열거형과 다른 점은 열거자마다 각각 다른 자료형을 지정할 수도 있다는 점입니
다. 예를 들어 다음 예제 2.38과 같이 ElementarySchool과 MiddleSchool이라는 구조체를
SchoolKind의 열거자에 각각 할당할 수 있습니다.

예제 2.38 열거형 확장

```
struct ElementarySchool {
    room: String,
}

struct MiddleSchool {
    teacher: String,
```

```
}

struct HighSchool {
    id: i32,
}

enum SchoolKind {
    Elementary(ElementarySchool), // Elementary에는 ElementarySchool 구조체를 할당
    Middle(MiddleSchool), // Middle에는 MiddleSchool 구조체를 할당
    High(HighSchool) // High에는 HighSchool 구조체를 할당
}
```

열거형에도 구조체와 마찬가지로 메서드 확장이 가능합니다. 러스트의 열거형은 다른 언어보다 훨씬 유연한 기능을 제공합니다. 이러한 특징은 대규모 응용 프로그램을 개발할 때 큰 장점으로 다가옵니다. 예를 들어 서버 간 통신을 하는 프로토콜을 개발한다고 해 보겠습니다. 일반적으로 프로토콜 헤더에는 명령어와 파라미터가 전달됩니다. 이 경우 다음과 같이 러스트의 열거형을 사용하면 손쉽게 확장할 수 있습니다.

예제 2.39 열거형을 사용해 프로토콜 만들기

```
// Message라는 열거형을 정의하며, 4가지 가능한 값을 가집니다.
enum Message {
    Quit,           // Quit 액션을 나타내는 열거형 멤버
    List(i32),      // List 액션과 함께 i32 값을 가지는 열거형 멤버
    Put(String),    // Put 액션과 함께 문자열 값을 가지는 열거형 멤버
    Get(i32),       // Get 액션과 함께 i32 값을 가지는 열거형 멤버
}

// Message 열거형에 대한 메서드를 구현합니다.
impl Message {
    // execute 메서드는 Message 열거형의 인스턴스에 따라 특정 작업을 수행합니다.
    fn execute(&self) {
        match self { // self에 따라 분기합니다.
            Message::Quit => println!("Quit"),          // Quit인 경우
            Message::List(val) => println!("List: {}", val), // List인 경우, val 출력
            Message::Put(val) => println!("Put: {}", val),   // Put인 경우, val 출력
            Message::Get(val) => println!("Get: {}", val),   // Get인 경우, val 출력
        }
```

```
    }
}

fn main() {
    let m = Message::Put(String::from("/root/"));
    m.execute();

    let m = Message::List(33);
    m.execute();
}
```

실행 결과

```
Put: /root/
List: 33
```

Option 열거형

Option 열거형은 값이 있을 수도 있고 없을 수도 있는 경우 사용되는 열거형입니다. 러스트는 널(null)이 없기 때문에, 값이 없을 수도 있는 경우 사용되는 열거형으로 생각하면 좋습니다. 간단한 예제를 살펴보겠습니다.

예제 2.40 Option 열거형

```
// Option 열거형의 Some 값을 사용해 정수 99를 싸고 있음
let some_number = Some(99);

// Option 열거형의 Some 값을 사용해 문자열 "러스트"를 감싸고 있음
let some_string = Some("러스트");

// i32 타입의 Option 열거형을 사용해 None 값을 가지고 있음. 값이 없을 수 있는 상황을 표현
let can_be_none: Option<i32> = None;
```

Some은 값이 있는 경우를 의미합니다. 반대로 None은 값이 없는 경우를 의미합니다. 기본 자료형은 값이 없는 경우가 고려되지 않기 때문에 Option은 기본 자료형과 호환되지 않습니다. 그래서 Option 열거형을 사용해 값을 지정한 경우에는 match 키워드를 함께 사용해 값을 추출합니다.

```
fn print_optional(val: Option<String>) {
    match val { // Option에 정의된 값을 추출
        Some(val) => println!("{}", val),
        None => println!("None"),
    }
}

fn main() {
    let some_string = Some(String::from("러스트"));
    let none_string: Option<String> = None;

    print_optional(some_string);
    print_optional(none_string);
}
```

실행 결과
러스트 None

러스트가 널 참조를 포기함으로써 얻는 것은 무엇이었을까요? 널 참조가 있는 언어들은 널 값이 들어간 변수를 참조하는 시점에 에러가 발생합니다. 보통 `NullPointerException`이나 `segmentation fault`와 같은 방식입니다. 개발자들은 널 참조 시 발생하는 오류에 지긋지긋해 졌습니다. 그래서 모든 파라미터 값에 널이 있는지 검사해야만 했습니다.

심지어 널 참조 개념을 최초로 정의한 영국의 토니 호어(Tony Hoare) 교수조차 널 참조를 만든 것이 자신의 '10억 달러짜리 실수'[1]라고 말하기도 했습니다. 러스트는 널이 없기 때문에 널 참조에서 자유롭습니다. 그것이 프로그램을 더욱 안전하게 만듭니다.

2.10 구조체로 연결 리스트 만들기

연결 리스트(linked list)는 구슬을 실로 꿰듯 한 줄로 자료를 연결하는 방법으로 자료를 저장 하는 자료구조입니다. 다음 그림을 보면 선과 박스가 있습니다. 박스는 노드(node)라고 부릅

---

1   Null References: The Billion Dollar Mistake – Tony Hoare, https://www.youtube.com/watch?v=ybrQvs4x0Ps

니다. 하나의 노드는 자료와 다음 노드의 참조 위치를 담습니다. 그림과 같이 자료를 담고 있는 노드들이 하나로 연결됩니다.

그림 2.3 연결 리스트

러스트의 구조체를 활용해 단일 연결 리스트를 만들어 보겠습니다. 단일 연결 리스트는 그림 2.3과 같이 각 노드에 다음 노드의 참조 위치 하나만 담고 있는 자료구조를 말합니다. 비슷하게 하나의 노드에 양방향의 참조 위치를 가지는 구조도 있는데, 이를 이중 연결 리스트라고 부릅니다. 연결 리스트는 자료를 찾는 데 O(n)의 시간 복잡도를 가집니다. 하지만 노드를 삭제하거나 추가할 때 O(1)의 시간만 소요되므로 자료의 추가·삭제가 빈번하게 일어나는 시스템에 좋은 자료구조입니다. 보통 커널의 메모리 관리에도 사용되기 때문에 개념이 조금 어렵더라도 이해하고 넘어가는 것이 좋습니다.

먼저 i32 형식의 데이터와 다음 노드의 참조 값을 가지는 구조체 노드를 만들어 보겠습니다. 연결 리스트의 마지막 노드 값은 일반적으로 빈 값을 가집니다. 그리고 다음 노드가 있을 경우 해당 노드의 참조 값을 가집니다. 그래서 None을 받을 수 있도록 Option 열거형을 사용합니다. 그리고 동적 메모리를 관리하는 Box라는 구조체를 추가합니다. Box 구조체는 6장에서 다시 설명합니다.

예제 2.41 연결 리스트

```
struct Node {
    value: i32,              // 노드의 값을 저장하는 i32 타입의 필드
    next: Option<Box<Node>>,     // 다음 노드를 가리키는 필드. Option을 사용해 노드가 없을
수 있는 상황(예: 마지막 노드)을 처리
}
```

새로운 노드를 추가합니다. ref라는 키워드가 새로 나왔습니다. ref 키워드는 참조 값을 전달하는 키워드로 Box와 마찬가지로 3장에서 다시 설명합니다.

```
impl Node {
    fn append(&mut self, elem: i32) {
        match self.next {
```

```rust
            Some(ref mut next) => { // 값이 있을 경우
                next.append(elem);  // 마지막 노드를 찾기 위해 다음 노드로 이동
            }
            None => {               // 값이 없을 경우 마지막 노드로 간주
                let node = Node { // 마지막 노드에 값을 삽입
                    value: elem,
                    next: None,
                };
                self.next = Some(Box::new(node))
            }
        }
    }

    fn list(&self) {
        print!("{},", self.value);
        match self.next {
            Some(ref next) => next.list(), // 다음 노드로 이동
            None => {}
        }
    }
}
```

테스트할 수 있게 실행 코드를 작성합니다.

```rust
fn main() {
    let mut head = Node {
        value: 1,
        next: None,
    };

    for i in 2..10 {
        head.append(i);
    }

    head.list();
}
```

실행 결과
1,2,3,4,5,6,7,8,9,

사실 여전히 문제는 남아 있습니다. 연결 리스트는 빠른 삽입, 삭제가 장점인 자료구조입니다. O(1)이라는 훌륭한 시간 복잡도로 삽입, 삭제를 유연히 할 수 있습니다. 하지만 위의 코드는 그렇지 않습니다. 재귀 호출을 하며 삽입 위치를 찾습니다. 그래서 삽입에 필요한 시간 복잡도는 O(n)으로 굉장히 비효율적입니다. 이를 개선하려면 동적 메모리 할당에 대해 자세히 알아야 합니다. 아쉽게도 그 내용은 이 장의 범위를 벗어나므로 잠시 접어뒀다가 3장에서 동적 메모리 할당을 설명하고 위 문제를 개선하는 방법을 자세히 설명하겠습니다.

시간 복잡도란?

시간 복잡도(Time Complexity)는 알고리즘이 문제를 해결하는 데 걸리는 시간이 입력 크기에 따라 어떻게 변화하는지를 나타내는 개념입니다. 이는 알고리즘의 효율성을 평가하는 중요한 척도 중 하나입니다. 시간 복잡도는 대개 빅 오 표기법(Big O notation)을 사용해 표현됩니다. 이 표기법은 입력 크기가 커질 때 알고리즘의 실행 시간이 어떻게 증가하는지를 근사적으로 나타냅니다.

2.11 요약

이 장에서는 러스트 기초 문법과 구조체, 열거형을 학습했습니다. 2.1절에서 자료형, 불변성, 가변성 개념을 배우고 반복문, 제어문을 학습했습니다. 그리고 2.6절에서 피보나치 수열을 만들었습니다. 그다음 소프트웨어를 구조화하는 데 필수적인 Struct와 Enum을 배우고, 2장의 종합 예제로 연결 리스트를 만들었습니다.

이 장에서 배운 내용을 요약하면 다음과 같습니다.

- 러스트 기초 문법
- 구조체와 열거형

다음 장에서는 러스트의 메모리 관리 핵심인 소유권과 수명을 학습합니다.

03

소유권과 메모리 할당

이 장에서는 러스트의 가장 큰 특징 중 하나인 소유권을 학습합니다. 그리고 동적 메모리를 할당하는 방법을 배우고 빌림의 수명을 정의하는 라이프타임 지시자를 학습합니다. 이 장의 종합 예제로 이중 연결 리스트를 만들어 봅니다.

3.1   소유권

소유권(ownership)은 러스트의 가장 큰 특징 중 하나입니다. 소유권은 각 값에 대해 해당 값을 관리하는 고유한 소유자를 배정합니다. 그리고 컴파일러가 컴파일 타임에 소유권을 검증해 메모리 안전성을 보장합니다. 값은 소유자를 통해 대여할 수 있으며 이를 '빌림(borrow)'이라고 합니다. 빌림 기능을 통해 하나의 소유권에 대해 여러 개의 참조자를 만들 수 있습니다. 빌림을 사용하더라도 러스트의 컴파일러는 엄격한 소유권 규칙을 적용해 메모리 문제를 미연에 방지합니다.

러스트의 소유권 모델은 메모리 안전성, 성능, 코드 명확성, 동시성 등을 보장하지만, 배우기 어렵다는 단점이 있습니다. 또한 소유권을 유지하기 위해 코드 구조가 복잡해지는 단점도 있습니다.

소유권의 장점은 다음과 같습니다.

표 3.1 소유권의 장점

항목	설명
메모리 안전성	강력하고 엄격한 소유권 검사기를 통해 메모리 안전성을 보장하고 프로그램에서 발생 가능한 오류를 미연에 방지합니다.
성능	쓰레기 수집기의 오버헤드 없이 빠르고 효율적으로 메모리를 관리합니다.
스레드 안전성	소유권은 하나의 값을 하나의 스레드에만 접근 가능하도록 한정합니다. 그래서 안전한 동시성을 지원하며 자원 경쟁과 같은 문제점을 미연에 방지합니다.

단점은 다음과 같습니다.

표 3.2 소유권의 단점

항목	설명
학습 비용	소유권은 러스트만의 독창적인 개념으로 러스트에 익숙하지 않은 개발자는 소유권 모델을 배우는 데 시간이 걸릴 수 있습니다.
코드 구조 난해	소유권을 만족시키기 위해 코드 구조가 장황해지고 복잡해지는 단점이 있습니다.

간단한 예제로 시작하겠습니다. 다음 예제는 문자열 변수를 만들고 소유권을 다른 변수로 이관하는 예제입니다.

예제 3.1 소유권을 다른 변수로 이관하는 예

```
fn main() {
    // 새로운 문자열 변수를 생성
    let s1 = String::from("Hello Rust!");

    // s2로 소유권을 이동
    let s2 = s1;

    // s1은 소유권을 상실했기 때문에 s1에 접근하는 순간 컴파일 에러 발생
    println!("{}", s1);
}
```

컴파일 결과

```
9 |     println!("{}", s1);
  |                    ^^ value borrowed here after move
```

위 코드를 컴파일하면 컴파일 오류가 발생합니다. 소유권이 이관된 s1을 사용했다는 의미입니다. s1이 가지고 있던 소유권을 s2로 변경했으므로 s1을 더 이상 사용할 수 없습니다. 그림으로 보면 다음과 같습니다.

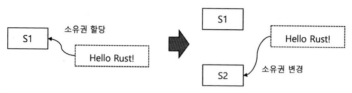

그림 3.1 소유권 이관

예제 3.1을 다음과 같이 수정하면 컴파일 오류가 해결됩니다. clone 함수를 사용해 s1의 값을 복제하면 소유권을 이관하지 않고도 s2에 값을 복제해 전달할 수 있습니다.

예제 3.2 clone을 사용해 값을 복제

```
fn main() {
    // 새로운 문자열 변수를 생성
    let s1 = String::from("Hello Rust!");

    // s1을 복제해 s2에 저장
    let s2 = s1.clone();

    // s1은 여전히 소유권을 가지고 있기 때문에 사용 가능
    println!("{}", s1);
}
```

실행 결과
Hello Rust!

그림으로 보면 다음과 같습니다. 값이 복제됐다는 것을 명심하기 바랍니다.

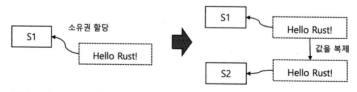

그림 3.2 clone 함수를 사용해 값을 복제

빌림

예제 3.2를 보면 값이 복제된다는 것을 알 수 있습니다. 새로운 값이 복제되기 때문에 메모리가 불필요하게 소요되고 복제된 값은 공유되지 않아 비효율적입니다. 특히 다른 함수에 값을 전달하는 경우 소유권을 상실하기 때문에 다음과 같은 문제가 추가로 발생합니다.

예제 3.3 함수 파라미터로 소유권을 전달

```
fn main() {
    let s = String::from("Hello");
    push_str(s); // push_str에 소유권이 이관
    println!("{}", s); // s를 사용하는 순간 컴파일 오류 발생
}

fn push_str(mut s: String) {
    s.push_str(" Rust!");
}
```

컴파일 결과

```
error[E0382]: borrow of moved value: `s`
3 |     push_str(s); // push_str에 소유권 이관
  |              - value moved here
4 |     println!("{}", s); // s를 사용하는 순간 컴파일 오류 발생
  |                    ^ value borrowed here after move
```

함수에 파라미터로 값을 전달할 경우 소유권도 함께 이전되기 때문에 변수의 재사용이 어려워지는 문제가 발생합니다. 예제 3.4와 같이 섀도잉 방식으로 소유권을 다시 받아오는 것도 한 가지 방법입니다.

예제 3.4 섀도잉으로 소유권을 다시 획득

```
fn main() {
    let s = String::from("Hello");
    let s = push_str(s); // push_str에 소유권을 전달하고, 섀도잉 방식으로 s를 획득
    println!("{}", s);
}

fn push_str(mut s: String) -> String {
```

```
    s.push_str(" Rust!");
    s
}
```

```
Hello rust!
```

또 다른 방법으로 빌림을 사용하는 방법이 있습니다. 빌림은 & 키워드를 사용해 정의할 수 있습니다.

예제 3.5 빌림을 사용해 소유권 공유

```
fn main() {
    let mut s = String::from("Hello");

    // s의 소유권을 push_str에 대여
    push_str(&mut s);

    // s는 소유권을 유지하고 있기에 정상 작동
    println!("{}", s);
}

fn push_str(s: &mut String) {
    s.push_str(" Rust!");
}
```

```
Hello Rust!
```

문자열인 s의 소유권을 이전하지 않고 참조를 전달해 문자열의 내용을 변경했습니다. 빌림을 사용하면 값은 전달하되 소유권을 유지하고 싶을 경우 유용하게 사용할 수 있습니다.

데이터 복제

예제 3.1을 다시 살펴보겠습니다. s1이 가지고 있던 문자열 데이터의 소유권을 s2로 이관했으니 s1은 더 이상 사용이 불가능합니다.

```
let s1 = String::from("Hello Rust!");
let s2 = s1; // 문자열 데이터의 소유권을 s2로 이관
```

그래서 clone 함수를 사용해 데이터를 복제했습니다. 그런데 다음 예제 3.6은 clone 함수를 사용하지 않고도 데이터를 복제합니다.

```
let mut x = 10;
let y = x; // x의 값을 복제
```

얼핏 보면 조금 이상해 보이기도 하지만, 이는 copy 트레잇(trait)이 이미 구현돼 있기 때문입니다.

예제 3.6 데이터를 복제하는 예제

```
fn main() {
    let mut x = 10;
    let y = x;

    println!("x: {} y: {}", x, y);

    x = 20; // x를 수정
    println!("x: {} y: {}", x, y);
}
```

실행 결과

```
x: 10 y: 10
x: 20 y: 10
```

copy 트레잇은 적용하고자 하는 자료형에 #[derive(Copy)]를 추가하면 됩니다. 다음 예제는 copy 트레잇을 사용하는 예입니다.

예제 3.7 copy 트레잇을 사용하는 예

```
#[derive(Copy, Clone)]
struct Student {
    age: i32,
}
```

```
fn main() {
    let mut s1 = Student { age: 10 };
    let s2 = s1; // s1을 복사해 s2에 저장

    println!("s1: {} s2: {}", s1.age, s2.age);

    s1.age = 20; // s1의 나이를 20으로 변경

    println!("s1: {} s2: {}", s1.age, s2.age);
}
```

실행 결과

```
s1: 10 s2: 10
s1: 20 s2: 10
```

Student 구조체에 copy 트레잇을 적용해 소유권을 이관하는 대신 값을 복제했습니다. 아쉽지만 Copy 트레잇은 모든 자료형에 적용이 어렵습니다. 대표적으로 String의 경우 copy 트레잇이 구현돼 있지 않아 String에 copy 트레잇을 적용하면 다음과 같이 컴파일 오류가 발생합니다.

```
#[derive(Copy, Clone)]
struct Student {
    age: i32,
    name: String, // String은 Copy 트레잇이 구현돼 있지 않음
}
```

컴파일 결과

```
4 |     name: String,
  |     ----------- this field does not implement `Copy`
```

이 경우 clone 함수를 명시적으로 사용해 값을 복제해야 합니다.

```
let s2 = s1.clone(); // s1을 명시적으로 복제해 s2에 저장
```

3.2   동적 메모리 할당

동적 메모리 할당은 런타임에 프로그램이 필요한 메모리를 할당하는 것을 말합니다. 보통 컴파일 타임에 프로그램의 정확한 메모리 사용량을 예측하기 어려운 경우 사용됩니다. 동적 메모리 할당은 유연하게 메모리를 관리할 수 있기 때문에 자료구조에 많이 사용됩니다. 대표적으로 연결 리스트가 있습니다.

러스트에서는 Box와 Rc를 사용해 동적 메모리를 할당받을 수 있습니다.

Box

Box를 사용해 힙 영역에 동적으로 메모리를 할당받을 수 있습니다. 일종의 스마트 포인터 역할을 합니다. 메모리를 할당받으려면 Box::new를 사용하고, 할당받은 메모리에 접근하려면 * 키워드를 사용합니다.

다음 예제는 Box를 사용해 정수형의 데이터를 힙에 할당받는 예제입니다.

예제 3.8 Box를 사용해 정수형 데이터를 생성하는 예

```
fn main() {
    let mut x = Box::new(10); // i32형식의 데이터를 힙에 할당
    println!("x: {}", x);

    *x = 20; // x를 변경
    println!("x: {}", x);
}
```

실행 결과
x: 10
x: 20

동적으로 생성한 x를 따로 해제해 주지 않아도 데이터가 더 이상 사용되지 않는 시점에 알아서 해제됩니다.

Rc

Rc는 레퍼런스 카운팅 포인터(reference-counting pointer)입니다. Rc로 관리되는 데이터는 공유가 가능해 여러 변수가 동일한 값을 참조할 수 있도록 합니다. 이때 Rc는 데이터를 참조하는 모든 변수들이 메모리에 존재하는 동안 해당 값을 해제하지 않습니다.

Box와 다른 점은 Box는 빌림 방식 외에는 공유가 불가능한 데 반해, Rc는 공유가 가능합니다. 그래서 여러 변수에 값을 공유해야 하는 경우 유연하게 사용할 수 있습니다.

다음 예제는 Rc를 사용하는 예제입니다. Rc::strong_count는 참조 횟수를 반환하는 유틸리티 함수입니다.

예제 3.9 Rc를 사용해 값을 공유

```rust
use std::rc::Rc;

struct Person {
    age: i32,
}

fn main() {
    // person을 공유 객체로 생성
    let person = Rc::new(Person { age: 10 });

    // person 복제
    let p1 = person.clone();
    println!("person: {} p1: {}", person.age, p1.age);
    println!("RefCount: {}", Rc::strong_count(&person));

    // person 복제
    let p2 = person.clone();
    println!("RefCount: {}", Rc::strong_count(&person));

    {
        // person 복제
        let p3 = person.clone();
        println!("RefCount: {}", Rc::strong_count(&person));
```

```
    // p3 소멸
  }

  println!("RefCount: {}", Rc::strong_count(&person));
}
```

실행 결과

```
person: 10 p1: 10
RefCount: 2
RefCount: 3
RefCount: 4
RefCount: 3
```

p3가 생성되고 소멸될 때 참조 횟수가 4에서 3으로 하나 줄었습니다. p3가 소멸되면서 공유 변수의 수가 하나 줄었기 때문입니다.

자료를 head 앞에 추가하는 연결 리스트 만들기

Rc를 사용하면 연결 리스트를 쉽게 만들 수 있습니다. 이미 2.10절에서 Box를 사용해 연결 리스트를 만들었습니다. Rc를 사용하면 데이터의 공유가 가능하기 때문에 Box를 사용한 것보다 더욱 유연하고 강력한 기능을 가진 연결 리스트를 만들 수 있습니다.

다음 예제는 p2 뒤에 p1을 연결하는 예제입니다. Option을 사용해 다음 노드가 있을 수도 있고 없을 수도 있다고 선언한 뒤, Rc를 사용해 공유 자원을 선언했습니다.

```
struct Person {
    (... 생략 ...)
    next: Option<Rc<Person>>,
}
```

사용할 때는 다음과 같이 Some과 clone을 조합해 다음 노드에 데이터를 연결합니다.

```
let p2 = Rc::new(Person {
    (... 생략 ...)
    next: Some(p1.clone()), // Rust의 다음 노드를 Luna로 설정
});
```

전체 소스코드는 다음과 같습니다.

예제 3.10 데이터를 연결하는 예

```rust
use std::rc::Rc; // 참조 카운팅 포인터인 Rc를 사용하기 위해 가져옵니다.

struct Person {
    name: String,          // 사람의 이름을 나타내는 문자열 필드
    age: i32,              // 사람의 나이를 나타내는 정수 필드
    next: Option<Rc<Person>>,   // 다음 노드(사람)를 가리키는 옵션 필드. Rc로 감싸여 있어
여러 곳에서 소유할 수 있음
}

fn main() {
    // p1 노드 생성
    let p1 = Rc::new(Person {
        name: String::from("Luna"),
        age: 30,
        next: None, // 다음 노드가 없음
    });

    // p2 노드 생성, 다음 노드로 p1을 가리킴
    let p2 = Rc::new(Person {
        name: String::from("Rust"),
        age: 28,
        next: Some(p1.clone()), // Rust의 다음 노드를 Luna로 설정. Rc::clone을 사용해 참조
카운트를 증가시킴
    });

    print!("{} -> ", p2.name); // p2의 이름 출력

    // p2의 다음 노드를 출력
    match &p2.next {
        Some(p) => {
            println!("{}", p.name); // 다음 노드가 있다면 그 이름을 출력
        },
        None => {}, // 다음 노드가 없다면 아무것도 하지 않음
    };
}
```

Rust -> Luna

이번에는 위의 코드를 사용해 새로운 노드를 head 앞에 추가하는 함수를 추가해 보겠습니다. head 앞에 새로운 노드를 만들어 붙이고 새로운 노드를 head로 변경합니다. Rc로 생성된 데이터는 clone 함수를 사용해 공유 상태로 전달합니다.

예제 3.11 새로운 노드를 head 앞에 추가

```
(... 구조체 생략 ...)

// 새로운 노드를 head 앞에 추가
fn push_front(head: Rc<Person>, name: String, age: i32) -> Rc<Person> {
    // 새로운 Person 노드를 생성합니다.
    // name과 age는 함수의 인자로 주어지며, next 필드는 기존 연결 리스트의 head를 가리키게
됩니다.
    let p = Rc::new(Person {
        name: name,
        age: age,
        next: Some(head.clone()), // 기존 head를 clone해 새 노드의 next로 설정
    });

    p.clone() // 새로 생성된 노드의 Rc를 클론해 반환합니다. 이제 이 노드가 새로운 head가
됩니다.
}

fn main() {
    let head = Rc::new(Person {
        name: String::from("Luna"),
        age: 30,
        next: None,
    });

    let head = push_front(head, String::from("Rust"), 10);
    let head = push_front(head, String::from("Wikibooks"), 20);

    let mut current = head.clone();
```

```
    loop {
        print!("{} -> ", current.name);
        current = match &current.next {
            Some(p) => p,
            None => break,
        }.clone();
    }
}
```

실행 결과

```
Wikibooks -> Rust -> Luna ->
```

RefCell

Rc는 범용성이 높지만 한 가지 단점이 있습니다. Rc는 불변성(immutable)을 가진 참조형이기에 공유 데이터를 변경할 수 없습니다. 그래서 다음과 같이 공유 데이터를 수정하려는 경우 컴파일 오류가 발생합니다.

예제 3.12 Rc로 선언된 데이터를 수정하려고 시도하는 예제

```
(... 구조체 생략 ...)

fn main() {
    let mut p1 = Rc::new(Person {
        name: String::from("Luna"),
        age: 30,
        next: None, // next는 수정 불가
    });

    let mut p2 = Rc::new(Person {
        name: String::from("Rust"),
        age: 10,
        next: None,
    });

    p1.next = Some(p2.clone()); // 컴파일 오류 발생
}
```

컴파일 결과는 아래와 같이 오류가 발생합니다.

컴파일 결과

```
(… 일부 내용 생략 …)
error[E0594]: cannot assign to data in an `Rc`
  --> src/main.rs:22:5
= help: trait `DerefMut` is required to modify through a dereference, but it is not
implemented for `Rc<Person>`
```

이러한 문제점을 해결하기 위해 러스트는 RefCell이라는 자료형을 제공합니다. RefCell은 변경 불가능한 변수를 임시로 변경 가능하게 해 주는 기능을 제공합니다. 그래서 Rc와 함께 쓰는 경우가 많습니다.

다음 예제는 RefCell을 사용해 Person 구조체의 next 노드 값을 런타임에 변경하는 예제입니다. * 키워드를 사용하면 RefCell로 선언한 자료에 접근할 수 있습니다.

예제 3.13 RefCell을 사용해 next의 참조값을 변경

```rust
use std::rc::Rc;        // 참조 카운팅 포인터인 Rc를 사용하기 위해 가져옵니다.
use std::cell::RefCell; // RefCell은 내부 가변성을 제공하며, 런타임에 빌림 규칙을 검사합니다.

struct Person {
    name: String,                          // 사람의 이름을 나타내는 문자열 필드
    age: i32,                              // 사람의 나이를 나타내는 정수 필드
    next: RefCell<Option<Rc<Person>>>,      // 다음 노드(사람)를 가리키는 필드. RefCell로
감싸여 있어 불변 참조에서도 수정 가능
}

fn main() {
    // p1 노드 생성
    let mut p1 = Rc::new(Person {
        name: String::from("Luna"),
        age: 30,
        next: RefCell::new(None), // 처음에는 다음 노드가 없음
    });

    // p2 노드 생성
    let mut p2 = Rc::new(Person {
```

```
        name: String::from("Rust"),
        age: 10,
        next: RefCell::new(None), // 처음에는 다음 노드가 없음
    });

    // p1의 next 필드에 대한 가변 참조를 얻음
    let mut next = p1.next.borrow_mut();
    *next = Some(p2.clone()); // p1 뒤에 p2를 추가해 연결 리스트를 연결
}
```

자료를 tail 뒤에 추가하는 연결 리스트 만들기

RefCell을 사용하면 데이터를 연결 리스트의 끝에 추가할 수 있습니다. 끝에 삽입하려면 실행 중에 tail이 가리키는 next 값을 변경해야 하므로 RefCell이 필요합니다.

다음 예제는 RefCell을 사용해 자료를 tail 뒤에 추가하는 연결 리스트의 예제입니다.

예제 3.14 자료를 tail 뒤에 추가하는 연결 리스트

```
(... 구조체 생략 ...)

fn push_back(tail: Rc<Person>, name: String, age: i32) -> Rc<Person> {
    // 새로운 Person 노드를 생성합니다.
    // name과 age는 함수의 인자로 주어지며, next 필드는 None으로 설정됩니다.
    let p = Rc::new(Person {
        name: name,
        age: age,
        next: RefCell::new(None), // 새 노드는 다음 노드가 없으므로 None으로 설정
    });

    // tail의 next 필드에 대한 가변 참조를 얻습니다. tail은 기존 리스트의 마지막 노드입니다.
    let mut next = tail.next.borrow_mut();
    *next = Some(p.clone()); // tail 뒤에 새로운 노드 p를 추가

    p // 새로 생성된 노드를 반환합니다. 이 노드는 이제 리스트의 새로운 마지막 노드가 됩니다.
}

fn main() {
    let mut head = Rc::new(Person {
```

```
        name: String::from("Luna"),
        age: 30,
        next: RefCell::new(None),
    });

    let tail = push_back(head.clone(), String::from("Rust"), 10);
    let tail = push_back(tail.clone(), String::from("Wikibooks"), 20);

    let mut current = head.clone();
    loop {
        print!("{} -> ", current.name);
        let t = current.clone();  // 다음 노드를 참조하기 위해 현재 노드를 복제
        current = match &(*(t.next.borrow_mut())) { // 다음 노드
            Some(p) => p,
            None => break,
        }.clone();
    }
}
```

실행 결과

```
Luna -> Rust -> Wikibooks ->
```

약한 참조

Rc는 참조 횟수를 추적해 참조 횟수가 0이 되면 데이터를 삭제합니다. 대부분의 경우 잘 작동하지만, 참조 횟수가 0이 되지 않는 경우도 있습니다. 대표적인 예가 순환 참조입니다. 순환 참조가 발생하면 참조 횟수가 0이 되지 않습니다.

다음 예제에서는 p1과 p2 사이에 순환 참조가 발생해 메모리 누수가 발생합니다. p3는 범위를 벗어날 때 Drop이 호출되지만, p1과 p2는 범위를 벗어나도 Drop이 호출되지 않습니다.

예제 3.15 순환 참조로 인해 메모리 누수가 발생

```
use std::rc::Rc;
use std::cell::RefCell;

struct Person {
```

```rust
    id: i32,
    next: RefCell<Option<Rc<Person>>>,
}

// 참조 횟수가 0이 되는 순간 호출됨
impl Drop for Person {
    fn drop(&mut self) {
        println!("p{} Drop!", self.id); // p1과 p2는 drop이 호출되지 않음
    }
}

fn main() {
    let mut p1 = Rc::new(Person {
        id: 1,
        next: RefCell::new(None),
    });

    let mut p2 = Rc::new(Person {
        id: 2,
        next: RefCell::new(None),
    });

    let mut p3 = Rc::new(Person {
        id: 3,
        next: RefCell::new(None),
    });

    let mut next = p1.next.borrow_mut();
    *next = Some(p2.clone()); // p1 뒤에 p2를 추가

    let mut next = p2.next.borrow_mut();
    *next = Some(p1.clone()); // p2 뒤에 p1을 추가

    println!("p1 RefCount: {} p2: RefCount: {}",
        Rc::strong_count(&p1), Rc::strong_count(&p2));

    // p3는 Drop이 호출되는데 p1과 p2는 Drop이 호출되지 않음
}
```

```
p1 RefCount: 2 p2: RefCount: 2
p3 Drop!
```

약한 참조 기법이 이러한 문제를 해결하는 데 도움이 됩니다. Rc 대신 Weak을 사용해 약한 참조를 만들면 순환 참조 문제를 쉽게 해결할 수 있습니다. 다음 예제는 약한 참조를 사용해 순환 참조 문제를 해결하는 방법을 보여줍니다.

예제 3.16 약한 참조를 사용해 순환 참조를 해결

```rust
use std::rc::{Rc, Weak};
use std::cell::RefCell;

struct Person {
    id: i32,
    next: RefCell<Option<Weak<Person>>>,
}

// 참조 횟수가 0이 되는 순간 호출됨
impl Drop for Person {
    fn drop(&mut self) {
        println!("p{} Drop!", self.id);
    }
}

fn main() {
    let mut p1 = Rc::new(Person {
        id: 1,
        next: RefCell::new(None),
    });

    let mut p2 = Rc::new(Person {
        id: 2,
        next: RefCell::new(None),
    });

    let mut next = p1.next.borrow_mut();
```

```
    *next = Some(Rc::downgrade(&p2)); // weak 방식으로 p2 추가

    let mut next = p2.next.borrow_mut();
    *next = Some(Rc::downgrade(&p1)); // weak 방식으로 p1 추가

    println!("p1 RefCount: {} p2: RefCount: {}",
        Rc::strong_count(&p1), Rc::strong_count(&p2));
}
```

실행 결과

```
p1 RefCount: 1 p2: RefCount: 1
p2 Drop!
p1 Drop!
```

Box와 Rc

러스트의 스마트 포인터인 Box와 Rc는 힙 메모리를 할당합니다. Box는 소유권을 가지고 가변 변수로 사용 가능합니다. 반면 Rc는 참조 횟수를 관리해 데이터를 여러 변수와 공유할 수 있지만, 불변성 때문에 변경이 불가능합니다.

외부 공유가 필요한 경우 Rc를 사용하고, 그렇지 않다면 Box를 사용하는 것이 효율적입니다. 수정이 불가능한 Rc 변수를 변경하려면 RefCell과 같은 기법을 사용해야 하며, 이로 인해 코드가 복잡해질 수 있습니다. 또한 참조 횟수 추적에 비용이 발생합니다.

Box와 Rc는 각각 장단점이 있으므로 프로그램의 요구사항에 따라 적절한 선택을 해야 합니다.

3.3   라이프타임 지시자

라이프타임(lifetime) 지시자는 변수를 대여할 때 대여 기간을 명시적으로 지정하기 위해 사용합니다. 라이프타임은 어퍼스트로피(')를 사용해 정의합니다.

함수에서 라이프타임 지시자를 사용할 때는 다음과 같은 문법을 사용합니다.

```
fn 함수이름<'a>(매개변수: &'a str) -> &'a str {
    (... 생략 ...)
}
```

위 코드에서 'a는 라이프타임 매개변수입니다. 매개변수는 아무 이름이나 지정할 수 있지만, 관례적으로 'a, 'b, 'c와 같은 알파벳을 사용합니다. 매개변수 참조는 &'a str 형식으로 선언됩니다. 이는 문자열 슬라이스를 참조하는데, 이 문자열 슬라이스의 라이프타임이 'a와 같다는 것을 의미합니다.

구조체에서 라이프타임 지시자를 사용할 때는 다음과 같은 문법을 사용합니다.

```
struct 구조체이름<'a> {
    변수: &'a str,
}
```

간단한 예제를 하나 살펴보겠습니다. 다음 예제는 s1과 s2 중 더 긴 문자열의 빌림을 반환하는 예제입니다.

예제 3.17 더 긴 문자열의 빌림을 반환하는 예

```
// 런타임에 판단해 빌림을 반환하는 케이스
// x, y, 반환 타입 모두 소멸 시점이 명확히 드러나지 않아 컴파일 오류 발생
fn longest(x: &str, y: &str) -> &str {
    if x.len() > y.len() {
        x
    } else {
        y
    }
}

fn main() {
    let s1 = String::from("Hello");
    let s2 = String::from("Rust");

    let result = longest(&s1, &s2);
    println!("{}와 {} 중 더 긴 문자열은 '{}'", s1, s2, result);
}
```

컴파일 결과

```
error[E0106]: missing lifetime specifier
 --> src/main.rs:3:33
```

```
  ¦
3 ¦ fn longest(x: &str, y: &str) -> &str {
  ¦                ----      ----      ^ expected named lifetime parameter
```

위 코드를 실행하면 라이프타임 매개변수가 없다는 컴파일 오류가 발생합니다. longest 함수
가 반환하는 빌림 변수는 생명주기가 매개변수와 동일하기 때문에 모두 같은 라이프타임 매개
변수를 사용해야 합니다. 이 경우 'a 라이프타임을 사용합니다. 다음과 같이 수정하면 정상적
으로 실행됩니다.

예제 3.18 라이프타임 지시자 사용 예

```
fn longest<'a>(x: &'a str, y: &'a str) -> &'a str {
    if x.len() > y.len() {
        x
    } else {
        y
    }
}
```

실행 결과

Hello와 Rust 중 더 긴 문자열은 Hello

정적 변수

정적 변수는 프로그램이 종료될 때까지 메모리에 유지되는 변수입니다. 정적 라이프타임 지시
자를 사용해 쉽게 생성할 수 있습니다. 특정 변수를 정적 변수로 만들려면 &'static 라이프타
임 키워드를 변수 앞에 붙입니다.

또 다른 방법은 변수를 전역으로 선언하고 static 키워드를 변수 이름 앞에 붙이는 것입니다.
다음 예제는 정적 변수를 만드는 두 가지 방법을 보여줍니다.

예제 3.19 정적 변수

```
static GLOBAL_CONST: i32 = 10; // 프로그램이 종료될 때까지 메모리에서 해제되지 않음

fn main() {
    let x: &'static str = "Hello Rust!";
```

```
    // x는 프로그램이 종료될 때까지 메모리에서 해제되지 않음
    println!("x: {}", x);
    println!("GLOBAL_CONST: {}", GLOBAL_CONST);
}
```

```
x: Hello Rust!
GLOBAL_CONST: 10
```

3.4   이중 연결 리스트 만들기

이 장의 종합 예제로 이중 연결 리스트를 만들어 보겠습니다. 이중 연결 리스트는 단일 연결 리스트와 달리 앞뒤 노드 포인터를 가지고 있어 양방향으로 데이터 추가 및 삭제할 수 있는 자료 구조입니다.

그림 3.3 이중 연결 리스트

다음 예제 3.20은 데이터 구조를 보여줍니다. 연결할 노드가 없을 수도 있기 때문에 Option을 사용해 빈 값을 허용하게 했습니다. 또한 Rc와 RefCell을 중첩해 데이터를 공유할 수 있으면서 수정도 가능하게 설정했습니다.

예제 3.20 이중 연결 리스트 – 데이터 구조

```
// NodeType을 Option<Rc<RefCell<Node>>>로 정의해, Node의 이전 노드와 다음 노드를 참조하는
타입을 나타냅니다.
// Rc와 RefCell을 사용하면 노드를 가변으로 공유할 수 있으며, None을 사용하면 마지막 노드를
표현할 수 있습니다.
type NodeType = Option<Rc<RefCell<Node>>>;

struct Node {
    item: i32,      // 노드에 저장된 정숫값
    prev: NodeType, // 이전 노드를 가리키는 옵셔널 포인터. 노드가 첫 번째 노드인 경우 None
    next: NodeType,  // 다음 노드를 가리키는 옵셔널 포인터. 노드가 마지막 노드인 경우 None
}
```

맨 뒤에 데이터를 추가하는 함수를 만들어 보겠습니다. 리스트에 데이터가 없을 경우 tail 노드가 없을 수 있으므로 tail 노드가 없다면 head와 tail을 새로 생성한 노드로 정의합니다. tail 노드가 있으면 tail 뒤에 노드를 추가하고 tail을 새로운 노드로 변경합니다.

예제 3.21 이중 연결 리스트 – 맨 뒤에 추가

```rust
fn push_back(&mut self, item: i32) {
    // 새로운 노드를 생성합니다. 이 노드는 주어진 item 값을 저장하며, prev와 next는 초기에
    None입니다.
    let node = Rc::new(RefCell::new(Node::new(item)));

    // tail이 있는지 확인합니다. tail이 있다면 새로운 노드를 리스트의 끝에 삽입합니다.
    if let Some(tail) = self.tail.take() {
        tail.borrow_mut().next = Some(Rc::clone(&node)); // 현재 tail의 next를 새 노드로
    설정합니다.
        node.borrow_mut().prev = Some(tail); // 새 노드의 prev를 현재 tail로 설정합니다.
        self.tail = Some(node); // 새 노드를 새로운 tail로 설정합니다.
    } else {
        // tail이 없다면 리스트가 비어 있으므로 head와 tail을 새 노드로 설정합니다.
        self.head = Some(Rc::clone(&node));
        self.tail = Some(node);
    }
}
```

맨 앞에 데이터를 추가하는 함수를 만들어 보겠습니다. push_back과 비슷한 방식으로 접근합니다. 데이터가 없을 경우 head 노드가 없을 수 있으므로 head 노드가 없다면 head와 tail을 새로 생성한 노드로 정의합니다. head 노드가 있으면 head 앞에 노드를 추가하고 head를 새로운 노드로 변경합니다.

예제 3.22 이중 연결 리스트 – 맨 앞에 추가

```rust
// 맨 앞에 추가
fn push_front(&mut self, item: i32) {
    let node = Rc::new(RefCell::new(Node::new(item)));

    // head가 있다면 맨 앞에 삽입
    if let Some(head) = self.head.take() {
```

```
        head.borrow_mut().prev = Some(Rc::clone(&node));
        node.borrow_mut().next = Some(head);
        self.head = Some(node);
    } else {
        self.head = Some(Rc::clone(&node)); // head가 없다면 head와 tail을 새로 정의
        self.tail = Some(node);
    }
}
```

전체 노드를 출력하는 함수를 만들어 보겠습니다. current 노드는 현재 노드를 의미합니다. current를 head로 지정한 후 다음 노드가 없을 때까지 current를 다음 노드로 이동합니다.

예제 3.23 이중 연결 리스트 – 전체 노드를 출력

```
// 전체 코드를 순회
fn print_all(&mut self) {
    let mut current = match &self.head {
        Some(n) => {
            n.clone()
        },
        None => {
            return;
        }
    };

    // 전체를 순회하면서 값을 출력
    loop {
        let t = current.clone();
        println!("item: {}", t.borrow().item);
        current = match &(t.borrow().next) {
            Some(n) => {
                n
            },
            None => break,
        }.clone();
    }
}
```

전체 소스코드는 다음과 같습니다.

예제 3.24 이중 연결 리스트 – 전체 코드

```rust
use std::cell::RefCell;
use std::rc::Rc;

// NodeType을 정의
type NodeType = Option<Rc<RefCell<Node>>>;

struct Node {
    item: i32,
    prev: NodeType,
    next: NodeType,
}

impl Node {
    fn new(item: i32) -> Self {
        Self {
            item,
            prev: None,
            next: None,
        }
    }
}

pub struct DoubleLinkedList {
    head: NodeType,
    tail: NodeType,
}

impl DoubleLinkedList {
    fn new() -> Self {
        Self {
            head: None,
            tail: None,
        }
    }
```

```rust
// 뒤에 삽입
fn push_back(& mut self, item: i32) {
    let node = Rc::new(RefCell::new(Node::new(item)));

    // tail이 있다면 맨 뒤에 삽입
    if let Some(tail) = self.tail.take() {
        tail.borrow_mut().next = Some(Rc::clone(&node));
        node.borrow_mut().prev = Some(tail);
        self.tail = Some(node);
    } else {
        self.head = Some(Rc::clone(&node));
        self.tail = Some(node);
    }
}


// 앞에 삽입
fn push_front(&mut self, item: i32) {
    let node = Rc::new(RefCell::new(Node::new(item)));

    // head가 있다면 맨 앞에 삽입
    if let Some(head) = self.head.take() {
        head.borrow_mut().prev = Some(Rc::clone(&node));
        node.borrow_mut().next = Some(head);
        self.head = Some(node);
    } else {
        self.head = Some(Rc::clone(&node));
        self.tail = Some(node);
    }
}

fn print_all(&mut self) {
    let mut current = match &self.head {
        Some(n) => {
            n.clone()
        },
        None => {
            return;
```

```
                }
            };

            // 전체를 순회하면서 값을 출력
            loop {
                let t = current.clone();
                println!("item: {}", t.borrow().item);
                current = match &(t.borrow().next) {
                    Some(n) => {
                        n
                    },
                    None => break,
                }.clone();
            }
        }
    }

    fn main() {
        let mut list = DoubleLinkedList::new();

        println!("뒤에 1,2,3 삽입");
        list.push_back(1);
        list.push_back(2);
        list.push_back(3);

        list.print_all();

        println!("맨 앞에 0 추가");
        list.push_front(0);
        list.print_all();
    }
```

실행 결과
뒤에 1,2,3 삽입 item: 1 item: 2 item: 3 맨 앞에 0 추가

```
item: 0
item: 1
item: 2
item: 3
```

3.5 요약

이 장에서는 리스트의 특징인 소유권과 빌림, 동적 메모리 할당과 라이프타임 지시자를 학습했습니다.

러스트는 소유권이라는 독창적인 방법을 사용해 가비지 컬렉터 없이 메모리 안전성을 유지할수 있습니다. 3.2절에서는 Box, Rc, RefCell을 사용해 동적으로 메모리를 생성하고 관리하는방법을 배웠습니다. 3.3절에서는 라이프타임 지시자를 사용해 빌림 변수의 수명을 제어하는방법을 학습했습니다. 이 장의 최종 예제로 이중 연결 리스트를 만들었습니다.

이 장에서 배운 내용을 요약하면 다음과 같습니다.

- 소유권
- 동적 메모리 할당
- 라이프타임 지시자

다음 장에서는 리스트의 심화 기능인 모듈화, 오류 처리, 컬렉션을 학습합니다.

04

러스트 심화

이 장에서는 러스트의 심화 기능인 모듈화, 가시성 제어, 오류 처리, 컬렉션 사용 방법을 배웁니다. 모듈화는 프로그램을 모듈 단위로 쪼개는 방법을 말합니다. 가시성은 모듈의 정보를 외부에 은닉하는 것을 의미합니다. 다음으로, 오류를 처리하는 방법을 학습하고 자료구조를 다루는 방법인 컬렉션을 학습합니다.

4.1 프로젝트 구조와 모듈화

러스트 프로젝트의 구조는 코드를 체계적으로 관리하고 유지 보수를 용이하게 하는 데 굉장히 중요합니다. 표준 러스트 프로젝트 구조는 src 디렉터리와 Cargo.toml 파일을 중심으로 구성됩니다. src 디렉터리에는 러스트의 소스코드 파일이 위치하는데, 특히 main.rs 또는 lib.rs 와 같은 엔트리 포인트 파일이 중요합니다. 이러한 파일들은 프로그램의 시작점을 정의합니다.

Cargo.toml 파일은 프로젝트의 메타데이터를 포함하며, 또한 프로젝트가 의존하는 외부 라이브러리나 패키지에 대한 정보를 명시합니다. 이 파일은 러스트의 패키지 관리자인 Cargo에 의해 참조되며, Cargo는 이 정보를 바탕으로 필요한 패키지를 다운로드하고 빌드 과정에서 이를 연결합니다.

러스트에서는 코드를 모듈로 구분해 관리합니다. 모듈은 mod.rs 파일이나 모듈의 이름과 동일한 .rs 파일로 정의할 수 있습니다. 이렇게 모듈을 통해 코드를 세분화하면 코드의 재사용성이 높아지고 관리하기 쉬워집니다. 각 패키지는 `Cargo.toml` 파일과 연관된 소스코드 디렉터리를 가지며 이는 Cargo의 기본 단위입니다.

큰 프로젝트의 경우 디렉터리를 체계적으로 구조화하는 것이 필수적입니다. 각 기능별로 모듈을 만들어서 관리하고 이러한 모듈을 하나의 디렉터리에 모아두면, 프로젝트의 구조가 명확해지고 가독성이 향상됩니다. 이렇게 구조화된 디렉터리를 통해 개발자는 프로젝트의 복잡성을 쉽게 이해하고 관리할 수 있으며, 팀원 간의 협업도 더 효과적으로 이룰 수 있습니다.

의존성 관리와 버전 컨트롤 또한 러스트 프로젝트에서 매우 중요한 부분입니다. `Cargo.toml` 파일 내의 의존성 섹션에 프로젝트가 필요로 하는 외부 패키지의 이름과 버전을 정확히 명시하면 Cargo는 이를 자동으로 관리합니다. 또한 `Cargo.lock` 파일을 통해 각 의존성의 정확한 버전이 기록되어, 다른 개발 환경에서도 동일한 조건과 환경으로 프로젝트를 빌드하고 실행할 수 있게 도와줍니다.

모듈화

모듈화는 프로그램을 작은 단위로 쪼개어 각각 독립적으로 구성할 수 있게 하는 구조를 말합니다. 모듈화는 프로그램을 유지 보수하기 쉽게 만들고 재사용성을 높이기 때문에 대단위 프로그램을 개발하기 위해 반드시 필요한 작업입니다. 그래서 모듈화를 통해 시스템에 맞게 모듈을 적절히 관리해 사용하면 프로그램 개발에 큰 도움이 될 수 있습니다.

러스트는 모듈화를 위해 `mod`와 `use`라는 키워드를 제공합니다. `use` 키워드는 지난 예제에서도 많이 사용된 키워드입니다. `use std::io`가 그 예입니다. 러스트의 모듈화 기법은 다음 절에서 천천히 설명하겠습니다.

모듈화의 장단점

모듈화의 장단점을 표에 정리했습니다. 먼저 모듈화에는 다음과 같은 장점이 있습니다.

표 4.1 모듈화의 장점

항목	내용
재사용성	하나의 모듈은 서로 다른 응용 프로그램에서 재사용 가능합니다. 개발자들은 이미 개발된 모듈을 재사용하여 새로운 기능을 구현할 수 있습니다.
유지 보수성	모듈화된 프로그램은 모듈마다 기능이 독립적으로 구성됩니다. 시스템에 문제가 발생할 경우 문제가 발생된 모듈만 수정하면 되기 때문에 유지 보수가 쉽습니다.
개발 생산성	모듈화가 잘 된 프로그램은 각각의 개발자가 본인이 맡은 모듈만 책임지기 때문에 협업이 용이합니다. 그래서 개발 생산성도 같이 좋아지는 장점이 있습니다.
자원 효율성	필요한 모듈만 로드하여 쓸 수 있기 때문에 메모리 사용량을 줄일 수 있습니다. 리눅스 커널의 경우 필요한 모듈만 로드할 수 있는 메커니즘을 제공하여 메모리 사용량을 줄였습니다.

하지만 모듈화는 다음과 같은 단점도 있습니다.

표 4.2 모듈화의 단점

항목	내용
성능 저하	하나의 프로그램과 시스템에서 각 모듈은 서로 독립적으로 구성됩니다. 그래서 모듈 간 통신하기 위한 비용이 추가로 들어갑니다. 단순 호출인 경우는 성능에 큰 영향을 주지 않을 수도 있지만, 상황에 따라 IPC(Inter Process Communication)를 해야 할 수도 있습니다. 이 경우는 성능에 직접적인 영향을 줍니다.
의존성 관리	적절한 모듈화는 프로그램의 유지 보수성과 재사용을 높이는 좋은 구조입니다. 하지만 과도한 모듈화는 모듈 간의 의존성 관리를 어렵게 만듭니다. 그래서 과도한 모듈화는 프로그램의 구조를 복잡하게 만들어 유지 보수성을 오히려 떨어뜨릴 수 있습니다.

간단한 모듈 만들어보기

먼저 라이브러리 크레이트를 만들어보겠습니다. 라이브러리 크레이트는 다른 사람이 자신의 프로젝트에 의존성을 추가할 수 있는 프로젝트를 말합니다.

지금까지는 cargo new [프로젝트명]으로 새로운 프로젝트를 생성했는데, 라이브러리 크레이트를 만들려면 --lib이라는 옵션을 추가해야 합니다. 숫자 두 개를 입력받아 더하기를 하는 간단한 라이브러리 크레이트를 만들어보겠습니다.

```
$ cargo new adder —lib
$ tree
├── Cargo.lock
├── Cargo.toml
├── src
│   └── lib.rs
```

main.rs 대신 lib.rs라는 파일이 생겼습니다. 자동으로 생성된 lib.rs 파일은 다음과 같습니다. 이전과는 다르게 fn main() 함수가 없고 test 코드가 생성된 것을 볼 수 있습니다.

예제 4.1 라이브러리 프로젝트의 기본 템플릿

```rust
// add 함수는 두 개의 usize 타입의 인수를 받아 그 합을 반환합니다.
pub fn add(left: usize, right: usize) -> usize {
    left + right // 두 인수의 합을 반환합니다.
}

// cfg(test) 어트리뷰트는 이어지는 코드가 테스트 환경에서만 컴파일되도록 합니다.
#[cfg(test)]
mod tests {
    use super::*; // 상위 스코프의 모든 항목을 현재 테스트 모듈로 가져옵니다.

    // it_works 함수는 테스트 함수입니다.
    #[test]
    fn it_works() {
        let result = add(2, 2); // add 함수에 2와 2를 전달하고 결과를 받습니다.
        assert_eq!(result, 4); // 결과가 4와 같은지 확인합니다. 테스트를 통과하면 아무런
출력이 없으며, 실패하면 패닉이 발생합니다.
    }
}
```

cargo run으로 실행해 보겠습니다. main 함수가 없기에 실행하면 다음과 같이 실행이 불가능하다는 오류 메시지가 나옵니다.

```
$ cargo run
error: a bin target must be available for `cargo run`
```

cargo test로 실행해 보겠습니다.

```
$ cargo test
test tests::it_works ... ok
```

잘 작동합니다. 이번에는 adder 모듈을 사용하는 calc 프로젝트를 만들겠습니다. 이번에는 라이브러리 프로젝트가 아니라 일반 프로젝트로 만들겠습니다. 셸에 cargo new calc를 입력해 새로운 프로젝트를 만듭니다.

```
$ cargo new calc
```

방금 만든 adder를 main.rs에 추가하고 add 함수를 사용해 보겠습니다.

예제 4.2 라이브러리를 사용하기   [파일명: calc/src/main.rs]

```rust
fn main() {
    let ret = adder::add(1, 2);
    println!("1+2={}", ret);
}
```

cargo run으로 실행하면 다음과 같이 빌드 오류가 발생합니다.

```
$ cargo run
error[E0433]: failed to resolve: use of undeclared crate or module `adder`
 --> src/main.rs:2:15
  |
2 |     let ret = adder::add(1, 2);
  |               ^^^^^ use of undeclared crate or module `adder`
```

adder라는 모듈을 찾을 수 없다는 내용입니다. 빌드 오류를 해결하기 위해 `Cargo.toml` 파일을 열어 의존성을 추가해야 합니다. `Cargo.toml` 파일을 열면 다음과 같이 패키지 정보가 나오는데, [dependency] 섹션에 다음 내용을 추가합니다.

```
[dependencies]
adder = { path = "../adder" }
```

이제 `cargo run`으로 실행해 보겠습니다.

```
$ cargo run
1+2=3
```

mod로 계층 구성하기

계층화 아키텍처(Layered Architecture)는 소프트웨어 시스템 설계 및 구현에서 널리 사용되는 설계 패턴 중 하나입니다. 이 아키텍처 패턴은 시스템을 여러 계층으로 나누고 각 계층이 특정 책임과 역할을 수행하도록 설계합니다. 이러한 계층화 구조는 백엔드 시스템뿐만 아니라 애플리케이션 및 응용 시스템에서도 적용 가능하며 여러 이점이 있습니다.

주요 특징 및 이점으로는 모듈화를 통해 각 계층이 독립적으로 개발, 테스트, 유지보수 가능하며 변경 또는 확장 시 해당 계층만 수정할 수 있어 모듈화를 강화합니다. 또한 각 계층의 재사용성을 높이며 다른 프로젝트나 시스템에서 동일한 계층을 활용할 수 있습니다.

일반적으로 사용되는 계층에는 표현 계층(Presentation Layer), 응용 계층(Application Layer), 데이터 계층(Data Layer)이 있으며, 각 계층은 특정 역할을 수행하고 상호작용함으로써 시스템의 기능을 제공합니다.

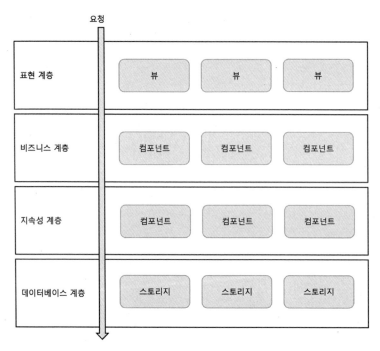

그림 4.1 계층화 아키텍처 예시

러스트에서는 mod를 사용해 위의 계층을 구성할 수 있습니다. cargo new mysystem -lib로 새로운 라이브러리 프로젝트를 생성합니다. 그리고 lib.rs 파일에 다음과 같이 presentation, business, database라는 3개의 서브 모듈을 추가합니다.

예제 4.3 mod로 계층 구성하기   [파일명: lib.rs]

```
// 프레젠테이션 레이어를 나타내는 모듈
mod presentation {
    // 뷰에 관련된 기능을 담당하는 모듈
    mod view {
        // 렌더링에 관련된 함수
        fn render() {
            println!("mysystem::presentation::view::render");
        }
    }
}

// 비즈니스 로직을 담당하는 모듈
```

```rust
mod business {
    // 사용자 관련 비즈니스 로직을 담당하는 모듈
    mod user {
        // 사용자 생성에 관련된 함수
        fn create() {
            println!("mysystem::business::user::create");
        }
    }
}

// 데이터베이스 작업을 담당하는 모듈
mod database {
    // 사용자 데이터 액세스 객체(DAO)를 나타내는 모듈
    mod user_dao {
        // 사용자 생성에 관련된 데이터베이스 함수
        fn create() {
            println!("mysystem::database::user_dao::create");
        }
    }
}
```

lib.rs 파일 하단에 다음과 같이 테스트 코드를 작성합니다.

```rust
#[test]
fn it_works() {
    presentation::view::render();
    business::user::create();
    database::user_dao::create();
}
```

cargo test로 실행해 봅니다. 다음과 같이 private으로 정의돼 있어 참조가 불가능하다는 오류가 발생할 것입니다.

```
error[E0603]: module `view` is private
  --> src/lib.rs:27:19
27 |     presentation::view::render();
   |                   ^^^^ private module
```

pub 키워드를 사용해 모듈의 가시성을 public으로 변경해 보겠습니다. 방법은 간단합니다. 원하는 함수와 모듈에 pub라는 선언만 추가하면 됩니다.

예제 4.4 가시성 설정

```rust
pub mod presentation {
    pub mod view {
        pub fn render() {
            println!("mysystem::presentation::view::render");
        }
    }
}

pub mod business {
    pub mod user {
        pub fn create() {
            println!("mysystem::business::user::create");
        }
    }
}

pub mod database {
    pub mod user_dao {
        pub fn create() {
            println!("mysystem::database::user_dao::create");
        }
    }
}
```

테스트를 다시 실행해 보겠습니다.

```
$ cargo test
running 1 test
test it_works ... ok
test result: ok. 1 passed; 0 failed; 0 ignored; 0 measured; 0 filtered out; finished in
0.00s
```

테스트가 성공했지만 println이 찍히지 않습니다. 사실 test 모드는 println 결과를 화면에 출력하지 않습니다. 화면에 println 결과를 출력하기 위해 -- --nocapture 옵션을 사용합니다.

```
$ cargo test -- --nocapture
running 1 test
mysystem::presentation::view::render
mysystem::business::user::create
mysystem::database::user_dao::create
test it_works ... ok
```

원하던 결과가 출력됐습니다.

위의 예제에는 또 다른 문제가 있습니다. 일반적으로 모듈화는 유지 보수성을 높이기 위해 사용되는 기법으로 모듈마다 서로 다른 역할과 책임이 부여됩니다. 그래서 위의 예제와 같이 한 파일에 몰아서 정의하는 경우는 많지 않습니다. 모듈 단위로 파일을 분리하겠습니다.

모듈 단위로 파일 분리

러스트에서는 폴더명과 파일명을 기준으로 모듈을 찾습니다. 예를 들어 business라는 모듈을 사용한다고 가정하겠습니다. 러스트는 business라는 모듈을 불러오기 위해 business라는 폴더가 있는지 확인합니다. business라는 폴더가 있고 mod.rs라는 파일이 있다면 해당 파일을 불러옵니다. 그다음 business.rs라는 파일이 있는지 찾습니다.

```
$ tree
.
├── Cargo.toml
└── src
    ├── business
    │   ├── business.rs
    ├── database
    │   ├── mod.rs
    ├── lib.rs
    └── presentation
        ├── presentation.rs
```

다음과 같이 `presentation.rs`, `business.rs`, `database.rs` 파일을 각각 만듭니다. 파일명으로 모듈을 분리했으므로 `mod presentation`과 같이 모듈명은 기입하지 않습니다.

예제 4.5 모듈 단위로 파일 분리   [파일명: presentation.rs]

```rust
pub mod view {
    pub fn render() {
        println!("mysystem::presentation::view::render");
    }
}
```

[파일명: business.rs]

```rust
pub mod user {
    pub fn create() {
        println!("mysystem::business::user::create");
    }
}
```

[파일명: database.rs]

```rust
pub mod user_dao {
    pub fn create() {
        println!("mysystem::database::user_dao::create");
    }
}
```

기존의 `lib.rs`에 있던 코드는 삭제하고 다음과 같이 `pub mod` 키워드를 사용해 서브 모듈을 public 권한으로 등록합니다.

예제 4.6 서브 모듈 등록   [파일명: lib.rs]

```rust
pub mod business;
pub mod presentation;
pub mod database;

#[test]
fn it_works() {
    presentation::view::render();
    business::user::create();
```

```
    database::user_dao::create();
}
```

시스템의 레이어 구조와 폴더 구조가 어느 정도 비슷해졌습니다. 그래도 레이어 구조와 폴더 구조는 맞추는 게 좋으니 모듈을 폴더 단위로 분리합니다.

presentation, business, database라는 폴더를 만들고 각 폴더에 mod.rs 파일을 만듭니다. 그리고 서브 모듈을 별개의 파일로 분리합니다.

예제 4.7 서브 모듈을 별개의 파일로 분리　　　　　　　　　　　　　　　[파일명: presentation/mod.rs]

```
pub mod view;
```

[파일명: presentation/view.rs]

```
pub fn render() {
    println!("mysystem::presentation::view::render");
}
```

[파일명: business/mod.rs]

```
pub mod user;
```

[파일명: business/user.rs]

```
pub fn create() {
    println!("mysystem::business::user::create");
}
```

[파일명: database/mod.rs]

```
pub mod user_dao;
```

[파일명: database/user_dao.rs]

```
pub fn create() {
    println!("mysystem::database::user_dao::create");
}
```

[파일명: lib.rs]

```
pub mod business;
pub mod presentation;
```

```
pub mod database;

#[test]
fn it_works() {
    presentation::view::render();
    business::user::create();
    database::user_dao::create();
}
```

결과는 동일합니다. 폴더 구조를 살펴보겠습니다. 처음에 정의한 레이어와 비슷해졌습니다.

```
├── src
│   ├── lib.rs
│   ├── business
│   │   ├── mod.rs
│   │   └── user.rs
│   ├── database
│   │   ├── mod.rs
│   │   └── user_dao.rs
│   └── presentation
│       ├── mod.rs
│       └── view.rs
```

use 사용하기

mysystem으로 돌아와서 presentation 레이어의 view 모듈에서 render()가 호출되면 business 레이어의 user 모듈의 create를 호출하도록 코드를 작성해 보겠습니다.

예제 4.8 use 없이 모듈을 호출할 때 발생하는 컴파일 오류   [파일명: presentation/view.rs]

```
pub fn render() {
    println!("mysystem::presentation::view::render");
    business::user::create(); // 빌드 오류 발생
}
```

실행 결과

```
error[E0433]: failed to resolve: use of undeclared crate or module `business`
3 |     business::user::create();
  |     ^^^^^^^^ use of undeclared crate or module `business`
```

위와 같이 빌드 오류가 발생했습니다. 각 모듈은 현재 위치를 기준으로 모듈을 찾으므로 러스트 컴파일러는 presentation/business/user.rs라는 파일을 찾을 것입니다. 파일 경로를 기준으로 보면 ../../business/user.rs 파일을 찾아야 합니다. ../와 같은 역할을 하는 키워드가 super입니다. 코드를 다음과 같이 바꿔 보겠습니다.

예제 4.9 super 키워드 사용　　　　　　　　　　　　　　[파일명: presentation/view.rs]

```
pub fn render() {
    println!("mysystem::presentation::view::render");
    super::super::business::user::create();
}
```

실행 결과

```
running 1 test
mysystem::presentation::view::render
mysystem::business::user::create
test it_works ... ok
```

잘 작동합니다. 다만 상위의 상위 폴더(../../)를 참조하기 위해 super::super::를 사용하는 것은 적절치 않아 보입니다. 이 경우 현재 크레이트를 기준으로 찾는 것이 나을 수 있습니다. crate라는 키워드를 사용해 크레이트를 기준으로 모듈을 찾아보겠습니다.

예제 4.10 crate 키워드 사용　　　　　　　　　　　　　　[파일명: presentation/view.rs]

```
pub fn render() {
    println!("mysystem::presentation::view::render");
    crate::business::user::create();
}
```

결과는 동일합니다.

가시성 제어

객체지향 언어에는 정보 은닉(information hiding)과 캡슐화(encapsulation) 개념이 있습니다. 정보 은닉은 객체의 속성과 메서드를 외부로 보호하는 것을 말합니다. 은닉은 객체의 속성이나 메서드에 직접 접근하지 못하게 차단해 개발자가 잘못된 조작을 하지 못하게 합니다. 그래서 시스템의 안정성을 높일 수 있습니다.

러스트는 가시성(visibility)이라는 방법으로 객체지향의 정보 은닉과 캡슐화를 지원합니다. 앞서 pub라는 키워드를 배웠습니다. pub는 모듈의 정보를 외부에 노출하는 기능을 제공합니다. 가시성은 모듈뿐만 아니라 함수와 구조체 등에도 적용 가능합니다.

러스트의 pub 키워드에는 다양한 기능이 있습니다. 지금까지는 외부에 정보를 공개하거나 차단하는 방법으로만 사용했지만, pub 키워드에 정보 제한자 기능을 사용해 대상을 한정할 수 있습니다.

표 4.3 러스트의 정보 제한자

제한자	내용
pub	정보를 제한 없이 외부에 공개합니다.
pub(in 대상 모듈)	제공된 경로에 한정해 정보를 제공합니다.
pub(crate)	현재 crate에 한정해 정보를 제공합니다.
pub(super)	상위 모듈에 정보를 제공합니다.
생략 혹은 pub(self)	정보를 외부에 공개하지 않습니다.

간단한 예제를 살펴보겠습니다.

예제 4.11 가시성 예제

```
pub mod my_module {
    // 이 함수는 외부에서 접근 가능합니다.
    pub fn public_fn() {
    }

    // 이 함수는 my_module에서만 접근 가능합니다.
    fn public_fn() {
    }
```

```
    // 이 함수는 현재 크레이트에 정보를 제공합니다.
    pub(crate) fn public_fn() {
    }

    // 이 함수는 상위 모듈에 정보를 제공합니다.
    pub(super) fn public_fn() {
    }
}
```

위와 같이 정보 제한자를 적절히 사용함으로써 가시성을 제한할 수 있습니다.

4.2 오류 처리

프로그램에는 예외 상황이나 입력 오류, 파일 입출력 오류, 네트워크 오류 등 다양한 오류가 발생할 수 있습니다. 오류 처리(exception handling)는 프로그램이 예상치 못한 상황에 대처하는 방법을 의미합니다. 오류 처리를 제대로 하지 못하면 프로그램의 신뢰성에 큰 악영향을 끼칩니다. 그래서 오류 처리는 프로그램이 정상적으로 실행되게 하는 데 중요합니다.

러스트는 복구 가능한 오류와 복구 불가능한 오류로 나누어 오류를 처리합니다. 복구 가능한 오류는 사용자에게 오류가 발생했다는 사실을 보고하고 예외 로직을 실행합니다. 예를 들어 숫자만 입력 가능한 상황에 문자가 들어왔다고 가정하겠습니다. 이 경우 "숫자를 입력해 주세요."라고 다시 프롬프트를 띄우고 숫자가 입력되기를 기다립니다. 반면에 복구 불가능한 오류는 메모리를 더 이상 할당받지 못한다든지, CPU가 잘못된 주솟값을 참조해 크래시가 발생한다든지 하는 상황을 의미합니다.

일반적인 다른 언어들은 두 가지 에러를 구분하지 않습니다. 그래서 개발자 자유도와 편의성이 높습니다. 하지만 예외 처리는 스택을 되돌리는 과정에서 큰 비용이 소모되기 때문에 성능 면에서 좋지 않습니다. 러스트는 '무비용 추상화'라는 모토에 맞게 이러한 오류를 복구 가능한 오류와 복구 불가능한 오류로 나눠 대응합니다.

복구 가능한 오류

러스트는 Result 열거형을 사용해 복구 가능한 오류를 제어합니다. Result 열거형은 다음과 같이 Ok와 Err라는 두 항목을 제공합니다.

```
enum Result<T, E> {
    Ok(T),
    Err(E),
}
```

T와 E는 제네릭 타입 파라미터입니다. 제네릭 타입은 클래스나 함수를 작성할 때 타입을 추상화하는 기법입니다. 제네릭 타입을 사용하면 하나의 클래스나 함수를 여러 타입에 적용할 수 있어 코드의 재사용성을 높일 수 있습니다. 예를 들어 하나의 배열 클래스를 정수 배열과 문자열 배열에 모두 사용할 수 있게 만들 수 있습니다. 제네릭 타입은 일반적으로 < >를 사용해 표현합니다.

위 예제에서 Ok(T)는 함수의 실행이 성공할 경우 반환됩니다. T는 함수 호출이 성공할 경우 반환될 값의 타입을 의미합니다. 반대로 Err(E)는 함수의 실행이 실패할 경우 반환됩니다. E는 오류의 타입을 의미합니다.

간단한 예제를 살펴보겠습니다. 다음 예제는 파일을 읽고 내용을 출력하는 예제입니다. 파일이 존재하면 파일의 핸들을 반환하고, 파일이 존재하지 않으면 오류를 출력하고 바로 종료합니다. panic!이 새로 등장하는데, 이는 복구 불가능한 오류를 만들 때 쓰는 매크로입니다. 복구 불가능한 오류는 113페이지에서 자세히 설명합니다.

예제 4.12 복구 가능한 오류 예제

```
// 파일 시스템 작업을 위한 File 구조체를 사용하기 위해 std::fs::File을 가져옵니다.
use std::fs::File;

fn main() {
    // "test.txt"라는 파일을 열려고 시도합니다.
    let result = File::open("test.txt");

    // result는 Result 타입이므로, 이를 통해 파일 열기의 성공 또는 실패를 확인할 수 있습니다.
    let f = match result {
```

```
    Ok(f) => f, // 파일 열기에 성공하면 File 인스턴스를 반환합니다.
    Err(err) => {
        // 파일 열기에 실패하면 에러 정보를 출력하고 프로그램을 종료합니다.
        panic!("파일 열기 실패: {:?}", err)
    },
};


    // 여기에 도달하면 파일 열기에 성공했음을 의미합니다.
    println!("파일 열기 성공");
}
```

실행 결과

```
thread 'main' panicked at '파일 열기 실패: Os { code: 2, kind: NotFound, message: "No such
file or directory" }', src/main.rs:8:13
```

test.txt라는 파일이 없어 파일 열기 실패 오류가 발생했습니다. test.txt라는 빈 파일을 만들고 다시 테스트해 보겠습니다. 리눅스 환경이라면 touch 명령어를 사용하고 윈도우 환경이라면 명령 프롬프트에 'fsutil file createnew test.txt 0'이라고 입력하면 됩니다.

```
$ touch test.2txt
$ cargo run
파일 열기 성공
```

File::open의 반환값은 Result<std::fs::File, std::io::Error>입니다. 그래서 위와 같이 match로 해당 Enum을 확인해 처리해야 합니다. match로 오류 처리를 하는 것은 문제 상황에 유연하게 대응할 수 있는 방안을 제시합니다. 하지만 코드가 장황해지는 단점이 있습니다. 러스트는 unwrap과 expect, 그리고 "?"라는 키워드를 제공해 match 없이도 쉽게 오류에 대응할 수 있게 해 줍니다.

unwrap

unwrap은 Result가 Ok(T)일 경우 T의 값을 반환합니다. 그래서 위의 예제를 다음과 같이 축약할 수 있습니다.

예제 4.13 unwrap 사용

```rust
// 파일 시스템 작업을 위한 File 구조체를 사용하기 위해 std::fs::File을 가져옵니다.
use std::fs::File;

fn main() {
    // "test.txt"라는 파일을 열려고 시도하며, 실패 시 패닉을 일으킵니다.
    // unwrap 메서드는 Result가 Ok 값이면 그 값을 반환하고, Err 값이면 패닉을 일으킵니다.
    let f = File::open("test.txt").unwrap();

    // 여기에 도달하면 파일 열기에 성공했음을 의미합니다.
    println!("파일 열기 성공");
}
```

실행 결과: test.txt 파일이 없을 경우

```
thread 'main' panicked at 'called `Result::unwrap()` on an `Err` value: Os { code: 2, kind:
NotFound, message: "No such file or directory" }', src/main.rs:4:36
```

실행 결과: test.txt 파일이 있을 경우

```
파일 열기 성공
```

expect

expect는 Result가 Err(E)일 경우 지정된 오류 메시지를 출력합니다. 그리고 unwrap과 마찬가지로 Ok(T)일 경우 T의 값을 반환합니다.

예제 4.14 expect 사용

```rust
// 파일 시스템 작업을 위한 File 구조체를 사용하기 위해 std::fs::File을 가져옵니다.
use std::fs::File;

fn main() {
    // "test.txt"라는 파일을 열려고 시도하며, 실패할 경우 "에러" 메시지와 함께 패닉을
일으킵니다.
    // expect 메서드는 Result의 Ok 값이면 그 값을 반환하고, Err 값이면 사용자 정의 에러
메시지와 함께 패닉을 일으킵니다.
    let f = File::open("test.txt").expect("에러");

    // 여기에 도달하면 파일 열기에 성공했음을 의미합니다.
```

```
    println!("파일 열기 성공");
}
```

실행 결과: test.txt 파일이 없을 경우

```
thread 'main' panicked at '에러: Os { code: 2, kind: NotFound, message: "No such file or
directory" }', src/main.rs:4:36
```

실행 결과: test.txt 파일이 있을 경우

파일 열기 성공

? 키워드와 함께 사용하는 오류 전파

자바를 다뤄 본 독자라면 오류가 발생할 가능성이 있는 함수를 작성할 때 함수를 호출하는 쪽에서 오류를 처리하도록 오류를 전파할 수 있음을 알고 있을 것입니다. 러스트도 자바와 마찬가지로 오류를 전파할 수 있습니다.

러스트는 Result<T, E>를 반환하는 방식으로 복구 가능한 오류를 처리합니다. 그래서 Result<T, E> 형을 반환하도록 함수를 구현하면 오류를 전파할 수 있습니다. 당연히 함수 내에 여러 가지 오류가 복합적으로 발생한다고 하더라도 동일한 형식으로 처리하면 됩니다.

다음 예제는 파일이 있으면 파일 핸들을 반환하고 파일이 없으면 오류를 반환하는 예제입니다.

예제 4.15 파일이 없으면 오류를 반환

```
// I/O 작업과 관련된 트레잇과 타입을 사용하기 위해 std::io를 가져옵니다.
// 파일 작업을 위해 std::fs::File을 가져옵니다.
use std::io;
use std::io::Read;
use std::fs::File;


// 파일에서 문자열을 읽어 반환하는 함수입니다.
// 파일 열기 또는 읽기 중 오류가 발생하면 오류를 반환합니다.
fn read_from_file(path: String) -> Result<String, io::Error> {
    let mut s = String::new();
    let mut f = match File::open(path) {
        Ok(f) => f,
        Err(e) => return Err(e), // 파일 열기 실패 시 오류 반환
    };
```

```
    match f.read_to_string(&mut s) {
        Ok(_len) => return Ok(s), // 파일 읽기 성공 시 내용 반환
        Err(e) => return Err(e),  // 파일 읽기 실패 시 오류 반환
    };
}

fn main() {
    // "test.txt" 파일을 읽으려 시도하고,
    // 실패하면 "파일 읽기 중 오류가 발생했습니다." 메시지와 함께 프로그램을 종료합니다.
    let ret = read_from_file(String::from("test.txt")).expect("파일 읽기 중 오류가
발생했습니다.");

    println!("test.txt: {}", ret);
}
```

실행 결과: test.txt 파일이 없을 경우

```
thread 'main' panicked at '파일 읽기 중 오류가 발생했습니다.: Os { code: 2, kind: NotFound,
message: "No such file or directory" }', src/main.rs:13:56
```

실행 결과: test.txt 파일에 hello라는 내용이 있을 경우

```
test.txt: hello
```

match 구문이 들어가니 코드가 장황해졌습니다. ? 키워드는 Result 타입의 값이 Ok이면 그 값을 반환하고, Err이면 즉시 함수에서 Err 값을 반환합니다. 따라서 이전 코드에서의 명시적인 match 문을 제거하고 코드를 간결하게 만들 수 있습니다. 결과는 위와 동일합니다.

```
use std::io;
use std::io::Read;
use std::fs::File;

// 파일에서 문자열을 읽어 반환하는 함수입니다.
// 파일 열기 또는 읽기 중 오류가 발생하면 오류를 반환합니다.
fn read_from_file(path: String) -> Result<String, io::Error> {
    let mut s = String::new();      // 읽은 문자열을 저장할 문자열 객체
    let mut f = File::open(path)?; // 파일 열기. 실패하면 즉시 오류 반환
    let _ret = f.read_to_string(&mut s)?; // 파일 읽기. 실패하면 즉시 오류 반환
```

```
    Ok(s) // 파일 읽기 성공 시 문자열 반환
}

fn main() {
    let ret = read_from_file(String::from("test.txt")).expect("파일이 없습니다.");
    println!("test.txt: {}", ret);
}
```

복구 불가능한 오류

복구 불가능한 오류는 프로그램이 더 이상 정상적으로 실행할 수 없는 상황을 의미합니다. 잘 못된 메모리를 참조한다든지, 시스템의 물리적 메모리가 부족해 더 이상 메모리를 할당받지 못 하는 상황과 같이 프로그램의 설계 단계에서 예측하지 못한 시스템 오류를 의미합니다.

다음 표는 복구 불가능한 오류 예시입니다. 그 외에도 다양한 복구 불가능한 오류가 있습니다.

표 4.4 복구 불가능한 오류의 예

항목	내용
잘못된 메모리 접근	허가되지 않은 메모리에 접근하거나 비정상적인 데이터가 기록된 메모리 블록에 접근할 때 발생합니다.
잘못된 배열 인덱스 참조	배열 크기를 벗어난 인덱스를 참조할 때 발생합니다.
잘못된 파일/소켓/파이프 접근	대상 자원이 존재하지 않거나 예기치 못한 상황이 발생해 더 이상 자원을 사용할 수 없는 상황이 발생했음에도 불구하고 프로그램이 해당 자원에 접근할 때 발생합니다.
시스템 메모리 부족	시스템의 물리적 메모리가 부족해 더 이상 메모리를 할당받지 못할 때 발생합니다.
0으로 나누기	0으로 나누기를 할 때 발생합니다.

0으로 나누기

'0으로 나누기'는 대표적인 복구 불가능한 오류입니다. 간단한 내용이니 바로 예제로 들어가겠 습니다.

예제 4.16 복구 불가능한 오류

```
fn div(a: i32, b: i32) -> i32 {
    a / b
}

fn main() {
    let ret = div(1, 0); // 1 나누기 0을 시도하다 오류 발생
    println!("ret: {}", ret);
}
```

실행 결과

```
thread 'main' panicked at 'attempt to divide by zero', src/main.rs:2:5
note: run with `RUST_BACKTRACE=1` environment variable to display a backtrace
```

보다시피 0으로 나누기를 시도하다 패닉이 발생했고 시스템이 즉시 중단됐습니다.

백트레이스 얻기

백트레이스(backtrace)를 얻기 위해 다음과 같이 RUST_BACKTRACE를 1로 설정하고 다시 실행해 보겠습니다. cargo run 앞에 RUST_BACKTRACE=1을 넣거나 환경변수에 RUST_BACKTRACE를 설정하면 됩니다.

```
$ RUST_BACKTRACE=1 cargo run
    Finished dev [unoptimized + debuginfo] target(s) in 0.08s
     Running `target/debug/error3`
thread 'main' panicked at 'attempt to divide by zero', src/main.rs:2:5

stack backtrace:
   0: rust_begin_unwind
             at /rustc/69f9c33d71c871fc16ac445211281c6e7a340943/library/std/src/
panicking.rs:575:5
   1: core::panicking::panic_fmt
             at /rustc/69f9c33d71c871fc16ac445211281c6e7a340943/library/core/src/
panicking.rs:65:14
   2: core::panicking::panic
             at /rustc/69f9c33d71c871fc16ac445211281c6e7a340943/library/core/src/
panicking.rs:115:5
```

```
  3: error3::div
            at ./src/main.rs:2:5
  4: error3::main
            at ./src/main.rs:6:15
  5: core::ops::function::FnOnce::call_once
            at /rustc/69f9c33d71c871fc16ac445211281c6e7a340943/library/core/src/ops/
function.rs:251:5
note: Some details are omitted, run with `RUST_BACKTRACE=full` for a verbose backtrace.
```

백트레이스는 프로그램에 오류가 발생할 경우 오류가 발생한 원인을 추적할 수 있도록 호출한 함수를 따라가며 오류가 발생한 위치를 찾는 방법입니다. 오류의 정보를 얻으려면 디버그 심벌이 필요합니다. `cargo build`를 사용하면 디버그 모드로 빌드되고 심벌이 패키지에 포함됩니다. 하지만 디버그 심벌로 인해 프로그램의 사이즈가 커지며 불필요한 정보들이 패키지에 포함되므로 릴리스 모드에는 기본적으로 디버그 심벌이 탑재되지 않습니다. 릴리스 모드로 실행한 결과는 다음과 같습니다.

```
$ RUST_BACKTRACE=1 cargo run --release
    Finished release [optimized] target(s) in 0.08s
    Running `target/release/error3`
thread 'main' panicked at 'attempt to divide by zero', src/main.rs:2:5
stack backtrace:
  0: rust_begin_unwind
            at /rustc/69f9c33d71c871fc16ac445211281c6e7a340943/library/std/src/
panicking.rs:575:5
  1: core::panicking::panic_fmt
            at /rustc/69f9c33d71c871fc16ac445211281c6e7a340943/library/core/src/
panicking.rs:65:14
  2: core::panicking::panic
            at /rustc/69f9c33d71c871fc16ac445211281c6e7a340943/library/core/src/
panicking.rs:115:5
  3: error3::main
note: Some details are omitted, run with `RUST_BACKTRACE=full` for a verbose backtrace.
```

main과 div의 코드 라인이 사라졌습니다. RUST_BACKTRACE=full로 설정하고 다시 실행해 봐도 main과 div의 코드 라인이 나오지 않습니다.

```
   15:     0x55a1a55aecdd - core::panicking::panic::h9ced3cf2f605ba6a
                           at /rustc/69f9c33d71c871fc16ac445211281c6e7a340943/library/
core/src/panicking.rs:115:5
   16:     0x55a1a55af02a - error3::main::ha16f9eb09d8fc19c
   17:     0x55a1a55af093 -
std::sys_common::backtrace::__rust_begin_short_backtrace::hec49d3d7ead3a3f1
```

릴리스 모드에서도 디버그 심벌을 탑재하고 싶다면 다음과 같이 Cargo.toml에 별도의 프로파일을 등록해 사용하면 됩니다.

[파일명: Cargo.toml]

```
[profile.release-with-debug]
inherits = "release"
debug = true
```

실행 방법은 cargo run 뒤에 --profile=release-with-debug라고 입력하면 됩니다.

```
$ RUST_BACKTRACE=1 cargo run --profile=release-with-symbol
   Compiling error3 v0.1.0 (~/rust_with_linux/ch4/4_17_error3)
    Finished release-with-symbol [optimized + debuginfo] target(s) in 0.57s
     Running `target/release-with-symbol/error3`
thread 'main' panicked at 'attempt to divide by zero', src/main.rs:2:5
stack backtrace:
(... 중간 생략...)
3: error3::div at ./src/main.rs:2:5
4: error3::main at ./src/main.rs:6:15
```

오류가 발생한 위치가 정확히 나오는 것을 확인할 수 있습니다.

panic!

panic!은 복구 불가능한 오류를 일으키려고 할 때 쓰입니다. 이미 108페이지에서 panic! 매크로에 관해 짧게 다뤘습니다. 위의 나누기 예제를 조금 수정해서 '0으로 나누기'를 시도할 때 panic!을 발생하는 예제를 만들어보겠습니다.

예제 4.17 panic! 예제

```rust
fn div(a: i32, b: i32) -> i32 {
    if b == 0 {
        panic!("0으로 나눌 수 없습니다.")
    }

    a / b
}

fn main() {
    let ret = div(1, 0);
    println!("ret: {}", ret);
}
```

실행 결과

```
thread 'main' panicked at '0으로 나눌 수 없습니다.', src/main.rs:3:9
```

복구 가능한 오류의 경우는 Result<T, E>를 반환해야만 만들 수 있었는데, 복구 불가능한 오류는 단순히 panic! 매크로만 호출하면 됩니다. panic! 매크로가 실행되면 프로그램이 바로 중단됩니다.

복구 가능한 오류 vs. 복구 불가능한 오류

복구 가능한 오류와 복구 불가능한 오류는 장단점이 뚜렷하기에 함수의 작동에 따라 적절히 취사선택하는 것이 좋습니다. 러스트 공식 가이드북에 따르면 복구 불가능한 오류를 발생시킬 경우 함수 명세나 가이드 페이지에 panic!이 발생할 수 있다고 명시하는 것을 권장합니다. 복구 가능한 오류의 경우 Result<T, E>를 반환하기에 호출자가 복구 가능한 오류가 발생할 수 있다는 것을 고려해 개발합니다. 복구 불가능한 오류는 조금 상황이 다릅니다. 어디에도 panic!이 발생한다는 것을 공지하지 않으면 함수의 호출자가 영문도 모른 채 panic!을 맞닥뜨리게 될 수 있기 때문입니다.

4.3 컬렉션

컬렉션(collection)은 자료를 관리하기 위한 매우 유용한 라이브러리입니다. 러스트의 컬렉션은
자료를 유동적으로 관리하기 위해 동적 메모리를 할당합니다. 각각의 컬렉션은 자료구조에 따라
적절한 알고리즘으로 관리됩니다. 러스트가 기본으로 제공하는 컬렉션은 다음과 같습니다.

표 4.5 컬렉션의 종류

카테고리	이름	내용
Sequence	Vec	크기 조정이 가능한 배열
	VecDeque	앞뒤 양쪽에 자료를 추가, 삭제할 수 있는 큐
	LinkedList	자료가 한 줄로 연결되게 관리하는 자료구조. 삽입, 삭제가 빈번하게 발생할 때 사용
Map	HashMap	key와 value의 쌍으로 이뤄진 자료를 관리하는 자료구조
	BTreeMap	B-Tree를 기반으로 하는 정렬된 Map
Set	HashSet	하나의 자료만 담을 수 있는 집합 구조
	BTreeSet	B-Tree를 기반으로 하는 정렬된 Set
기타	BinaryHeap	우선 순위 큐
	String	문자열

Vec

Vec는 벡터라고도 부릅니다. Vec는 메모리상에 서로 인접되게 구성되는 크기 조정이 가능한
배열입니다. 일반 배열은 고정된 크기를 가지며 크기의 변경이 불가능한 데 반해, 벡터는 미리
capacity만큼 공간을 할당하고 그 이상 자료가 추가되면 크기를 재조정하는 방식으로 작동합
니다. 인접 메모리를 사용하기에 랜덤 액세스 성능이 빠르다는 장점이 있으나, 자료를 검색할
때 모든 자료를 탐색한다는 단점이 있습니다. 시간 복잡도는 랜덤 액세스 성능은 O(1)이고 자
료 탐색과 중간에 삽입, 삭제 시 O(n)의 시간이 소요됩니다.

vec! 매크로

벡터는 Vec::new와 vec! 매크로를 사용해 만들 수 있습니다. 다음 예제는 벡터를 생성하고 값
을 추가하는 예제입니다.

예제 4.18 벡터 예제

```
fn main() {
    let mut v: Vec<i32> = Vec::new(); // 빈 i32 타입의 벡터 v를 생성합니다.

    for i in 1..10 { // 1부터 9까지의 숫자를 반복합니다.
        v.push(i);   // i 값을 벡터 v에 삽입합니다.
    }

    for d in &v { // 벡터 v의 각 요소에 대해 반복합니다.
        print!("{},", d);
    }
}
```

실행 결과

```
1,2,3,4,5,6,7,8,9,
```

Vec::new() 부분은 다음과 같이 vec![]로 대체할 수 있습니다.

```
let mut v: Vec<i32> = vec![]; // 빈 벡터
let mut v: Vec<i32> = vec![1, 2, 3]; // 1, 2, 3 초깃값을 가지는 벡터
```

벡터 개별 요소 읽기

벡터의 개별 요소를 참조하는 방법은 [] 연산자를 사용하는 방법과 get을 사용하는 방법이 있습니다. 두 방식은 약간 다르게 작동합니다. 간단한 예제를 통해 알아보겠습니다.

```
fn main() {
    let v = vec![1, 2, 3]; // i32 타입의 벡터 v를 생성하고 초깃값으로 1, 2, 3을 설정합니다.
    let one = v[0];        // 벡터의 첫 번째 요소를 one에 할당합니다.
    let two = v.get(1);    // 벡터의 두 번째 요소를 가져옵니다. Option 타입을 반환하므로
결과는 Some(2)입니다.

    println!("One: {:?}, Two: {:?}", one, two);
}
```

실행 결과

```
One: 1, Two: Some(2)
```

재미있는 결과가 나왔습니다. [] 연산자를 사용한 경우는 1이라는 i32 값이 반환됐는데, get 을 사용한 경우는 Option 열거형이 반환됐습니다. get 함수는 해당 인덱스에 값이 있는지 없는지 확인하고, 있다면 Some을, 없다면 None을 반환합니다.

```rust
fn main() {
    let v = vec![1, 2, 3];
    let nine = v.get(9); // 벡터 크기를 벗어나는 인덱스
    println!(" {:?}", nine);
}
```

실행 결과

```
None
```

get 대신 []를 사용해 위의 예제를 수정하면 배열의 크기를 넘어 참조를 시도했다는 index out of bounds panic!이 발생합니다.

```rust
fn main() {
    let v = vec![1, 2, 3];
    let nine = v[9]; // 배열의 크기를 벗어나는 인덱스

    println!("{:?}", nine);
}
```

실행 결과

```
thread 'main' panicked at 'index out of bounds: the len is 3 but the index is 9', src/
main.rs:3:16
```

벡터의 값 변경

벡터의 개별 요소 값을 변경하는 방법은 간단합니다. [] 연산자를 사용해 대상 요소를 선택한 후 값을 지정하면 됩니다.

```rust
fn main() {
    let mut v = vec![1, 2, 3];
    v[0] = 2;
    v[1] = 3;
```

```
    v[2] = 4;

    println!("{}, {}, {}", v[0], v[1], v[2]);
}
```

실행 결과

```
2, 3, 4
```

다음과 같이 참조 연산자를 사용해 값을 변경할 수 있습니다.

```
let mut v = vec![1, 2, 3];
for i in &mut v {
    *i += 1;
}
```

LinkedList

연결 리스트(linked list)는 자료가 한 줄로 연결되도록 관리하는 자료구조입니다. 벡터와는 다르게 인접된 메모리에 자료를 배치하지 않습니다. 그래서 랜덤 액세스 성능은 O(n)으로 벡터에 비해 성능이 떨어집니다. 다만 중간에 삽입, 삭제 시 O(1)이라는 뛰어난 성능을 보이기에 삽입, 삭제가 빈번한 시스템에 적용하면 좋습니다.

러스트의 LinkedList 트레잇은 연결 리스트 자료구조를 쉽게 사용할 수 있게 도와줍니다. 성능을 높이기 위해 각 요소가 양방향으로 연결된 이중 연결 리스트 구조를 활용합니다. 그리고 사용자 편의를 위해 다양하고 쉬운 API를 제공합니다.

예제를 살펴보겠습니다.

예제 4.19 연결 리스트 예제

```
use std::collections::LinkedList; // LinkedList 타입을 사용하기 위해 표준 라이브러리에서
가져옵니다.

fn main() {
    let mut list: LinkedList<i32> = LinkedList::new(); // i32 타입의 빈 연결 리스트를
생성합니다.
```

```
list.push_back(1); // 리스트의 뒤에 숫자 1을 추가합니다.
list.push_back(2); // 리스트의 뒤에 숫자 2를 추가합니다.
list.push_back(3); // 리스트의 뒤에 숫자 3을 추가합니다.

for i in &list { // 리스트의 각 요소에 대해 반복합니다.
    print!("{}, ", i);
}
}
```

실행 결과

```
1, 2, 3
```

리스트는 벡터와 다르게 인덱스를 사용해 값을 찾는 함수가 제공되지 않습니다. 그래서 원하는
인덱스의 값을 얻으려면 다음과 같이 전체 목록을 순회하거나 iterator의 nth() 함수로 데이
터를 획득해야 합니다.

```
use std::collections::LinkedList;

fn main() {
    let mut list: LinkedList<i32> = LinkedList::new();
    for i in 0..10 {
        list.push_back(i);
    }

    // 9번째 인덱스를 찾기
    let idx = 9;
    let mut i = 0;
    let mut target = 0;

    for data in &list {
        if i == idx {
            target = data;
        }

        i += 1;
    }
```

```
    println!("target: {:?}", target);
}
```

```
target: 9
```

iter()를 사용하는 방법은 다음과 같습니다. 실행 결과는 동일합니다.

```
list.iter().nth(9);
```

LinkedList 내부의 값 변경

LinkedList 내부의 값은 iter_mut() 함수를 사용해 변경할 수 있습니다. 다음 예제는 iter_mut()를 사용해 개별 항목의 값을 변경하는 예제입니다.

```
use std::collections::LinkedList;

fn main() {
    let mut list: LinkedList<i32> = LinkedList::new();
    for i in 0..10 {
        list.push_back(i);
    }

    for d in list.iter_mut() { // 수정 가능한 반복자를 획득합니다.
        *d += 10;
    }

    for d in list.iter() {
        print!("{:?}, ", d);
    }
}
```

```
10, 11, 12, 13, 14, 15, 16, 17, 18, 19,
```

HashMap

해시 맵(HashMap)은 키(key)와 값(value)의 쌍으로 이뤄진 자료를 관리하는 자료구조입니다. 키를 사용해 값을 쉽게 찾을 수 있기에 보통 캐시(cache)를 구현할 때 많이 사용합니다. 예를 들어 id를 사용해 사용자 계정 정보를 찾는다든가 할 때 유용하게 사용할 수 있습니다.

다음 예제는 해시 맵을 만들고 출력하는 예제입니다.

예제 4.20 해시 맵 예제

```rust
use std::collections::HashMap; // HashMap 타입을 사용하기 위해 표준 라이브러리에서
가져옵니다.

fn main() {
    let mut books: HashMap<i32, String> = HashMap::new(); // i32 타입의 키와 String 타입의
값을 가지는 빈 HashMap을 생성합니다.

    books.insert(10, String::from("Rust")); // 키 10과 값 "Rust"를 삽입합니다.
    books.insert(20, String::from("Java")); // 키 20과 값 "Java"를 삽입합니다.
    books.insert(30, String::from("Python")); // 키 30과 값 "Python"을 삽입합니다.

    for (key, value) in &books { // HashMap의 각 키와 값 쌍에 대해 반복합니다.
        println!("Key: {:?}, Value: {:?}", key, value);
    }
}
```

실행 결과

```
Key: 30, Value: "Python"
Key: 10, Value: "Rust"
Key: 20, Value: "Java"
```

키의 값을 가지고 오기

get() 함수를 사용하면 원하는 키의 값을 가지고 올 수 있습니다. 키는 빌림 형식이 돼야 하기에 & 연산자를 사용합니다.

```rust
use std::collections::HashMap;

fn main() {
```

```
    let mut books: HashMap<i32, String> = HashMap::new();

    books.insert(10, String::from("Rust"));
    books.insert(20, String::from("Java"));
    books.insert(30, String::from("Python"));

    let rust = books.get(&10);
    println!("key 10은 {:?}", rust);
}
```

실행 결과

key 10은 Rust

해시셋

해시셋(HashSet)은 집합을 의미합니다. 집합 내 모든 값은 중복되지 않고 고유(unique)한 값을 유지합니다. 보통 중복을 제거할 때 많이 사용합니다.

다음 예제는 해시셋을 만들고 중복을 제거하는 예제입니다.

예제 4.21 해시셋 예제

```
use std::collections::HashSet; // HashSet 타입을 사용하기 위해 표준 라이브러리에서 가져옵니다.

fn main() {
    let mut book: HashSet<String> = HashSet::new(); // String 타입의 값을 가지는 빈
HashSet을 생성합니다.

    book.insert(String::from("Rust")); // "Rust"라는 값을 삽입합니다.
    book.insert(String::from("Rust")); // "Rust"라는 같은 값을 삽입하려 하지만, HashSet은
중복을 허용하지 않으므로 이 값은 무시됩니다.
    book.insert(String::from("Rust")); // 마찬가지로 이 값도 무시됩니다.
    book.insert(String::from("Java")); // "Java"라는 값을 삽입합니다.

    for data in &book { // HashSet의 모든 값을 반복해 출력합니다.
        println!("{:?}", data);
    }
}
```

실행 결과
"Java" "Rust"

값이 있는지 확인하기

contains() 함수를 사용하면 값이 있는지를 확인할 수 있습니다. 위의 예제에 이어서 contains() 함수를 사용해 book에 "Python"이 있는지 조사해 보겠습니다.

```
if book.contains("Python") == false {
    println!("Python이 없습니다.")
}
```

실행 결과
Python이 없습니다.

BinaryHeap

이진 힙(BinaryHeap)은 다른 말로 우선순위 큐(Priority Queue)라고도 부릅니다. 이진 힙은 주어진 자료에서 가장 큰 값 혹은 가장 작은 값을 찾을 때 유용하게 사용됩니다. 이진 힙 알고리즘을 통해 자료가 정렬된 상태로 저장되며 최대, 최솟값을 찾을 때는 O(1), 새로운 값을 추가 및 삭제할 때는 O(logN)이라는 훌륭한 성능을 보장합니다.

다음 예는 이진 힙을 사용해 주어진 숫자를 정렬하는 예제입니다.

예제 4.22 이진 힙 예제

```
use std::collections::BinaryHeap; // BinaryHeap 타입을 사용하기 위해 표준 라이브러리에서
가져옵니다.

fn main() {
    let mut heap: BinaryHeap<i32> = BinaryHeap::new(); // i32 타입의 값을 가지는 빈
BinaryHeap을 생성합니다.
    heap.push(3); // 힙에 3을 삽입합니다.
    heap.push(9); // 힙에 9를 삽입합니다.
    heap.push(2); // 힙에 2를 삽입합니다.
```

```
    heap.push(5); // 힙에 5를 삽입합니다.

    while heap.is_empty() == false {      // 힙이 비어있지 않는 동안 반복합니다.
        print!("{:?}, ", heap.pop()); // 힙의 최댓값을 꺼내서 출력합니다. pop()은 Option<T>을
반환하므로 {:?}를 사용해 출력합니다.
    }
}
```

실행 결과

```
Some(9), Some(5), Some(3), Some(2),
```

String

문자열(String)은 내부적으로 벡터를 사용해 문자들을 관리합니다. 그래서 벡터가 제공하는
기능을 일부 사용할 수 있습니다. 사실 러스트에는 &str이라는 자료형을 제공합니다. str과
String은 유사하지만, 조금 다릅니다. str은 배열로 문자를 관리합니다. 그래서 크기를 늘리거
나 줄이는 것이 불가능합니다. 그리고 &str과 같이 빌림 형식을 취하는 것이 일반적인 사용법
입니다. String은 소유권을 가지고 있으며 크기를 동적으로 늘리거나 줄일 수 있습니다. 그래
서 str보다 유연하게 사용할 수 있습니다. String과 str 모두 UTF-8을 완벽히 지원합니다.

새로운 문자열 만들기

문자열은 String::new(), to_string(), String::from()으로 만들 수 있습니다. to_string()
과 String::from()은 동일합니다.

예제 4.23 문자열 예제

```
fn main() {
    let mut eng = String::new();
    eng.push_str("hello");
    let jpn = "こんにちは".to_string();   // 일본어
    let kor = String::from("안녕하세요"); // 한국어

    println!("{} {} {}", eng, jpn, kor);
}
```

실행 결과
hello こんにちは 안녕하세요

문자열 포매팅

format! 매크로를 사용해 포매팅(formatting)된 문자열을 만들 수 있습니다.

```rust
fn main() {
    let str = String::from("안녕");
    let idx = 123;
    let s = format!("{} {}", str, idx); // str과 idx를 결합합니다.
    println!("{}", s);
}
```

실행 결과
안녕 123

문자열 내 문자들을 탐색하기

chars() 함수를 사용해 문자열 내 문자들을 탐색할 수 있습니다.

```rust
fn main() {
    let txt = String::from("안녕하세요.");
    for c in txt.chars() { // txt 내의 문자들을 순회합니다.
        print!("{} ", c);
    }
}
```

실행 결과
안 녕 하 세 요 .

인코딩 변경하기

러스트는 기본적으로 UTF-8 인코딩을 사용합니다. UTF-8은 "Universal Character Set Transformation Format – 8-bit"의 약자로, 유니코드 문자를 표현하기 위한 가변 길이 문자 인코딩 방식입니다. 전 세계 대부분의 문자를 1부터 4바이트의 범위로 인코딩할 수 있습니다.

러스트의 String과 str 타입은 UTF-8로 인코딩된 문자열을 사용하는데, 이는 UTF-8이 웹 및 여러 프로그래밍 언어에서의 표준이며, 국제적인 애플리케이션에 적합하고, 메모리 안전에 도움을 주기 때문입니다.

UTF-8은 범용적이고 활용도가 높은 인코딩 방식입니다. 하지만 한국에서는 EUC-KR 인코딩도 아직 쓰입니다. EUC-KR은 한글을 표현하기 위해 고안된 2바이트 인코딩 방식으로, 초기 인터넷과 소프트웨어 환경에서 널리 사용됐습니다. 지금은 EUC-KR을 많이 사용하지 않지만, 오래된 시스템과의 호환을 위해 필요할 때가 있습니다.

그럼 UTF-8 인코딩을 EUC-KR로 바꾸고, 다시 EUC-KR을 UTF-8로 변환하는 예제를 작성해 보겠습니다.

인코딩 변환을 하려면 Cargo.toml에 encoding_rs를 추가해야 합니다.

[파일명: Cargo.toml]

```
[dependencies]
encoding_rs = "*"
```

EUC-KR로 인코딩하려면 다음과 같이 UTF-8 문자열을 바이트로 변환한 다음, EUC-KR 인코더에 변환을 요청하면 됩니다.

```
// UTF-8로 인코딩된 바이트로 변환
let utf8_bytes = utf8_string.as_bytes();
// EUC-KR로 인코딩
let (euc_kr_bytes, _, _) = EUC_KR.encode(utf8_string);
```

전체 코드는 다음과 같습니다.

예제 4.24 EUC-KR과 UTF-8 간 변환

```
extern crate encoding_rs;

use encoding_rs::{EUC_KR, UTF_8};
use std::str;

fn main() {
```

```
    let utf8_string = "안녕하세요";

    // UTF-8로 인코딩된 바이트로 변환
    let utf8_bytes = utf8_string.as_bytes();

    // EUC-KR로 인코딩
    let (euc_kr_bytes, _, _) = EUC_KR.encode(utf8_string);

    // 결과 출력
    println!("UTF-8: {:?}", utf8_bytes);
    println!("EUC-KR: {:?}", euc_kr_bytes);

    // EUC-KR 바이트 배열을 UTF-8 문자열로 디코딩
    let (utf8_string, _, _) = EUC_KR.decode(&euc_kr_bytes);

    // 결과 출력
    println!("EUC-KR to UTF-8: {}", utf8_string);
}
```

실행 결과

```
UTF-8: [236, 149, 136, 235, 133, 149, 237, 149, 152, 236, 132, 184, 236, 154, 148]
EUC-KR: [190, 200, 179, 231, 199, 207, 188, 188, 191, 228]
EUC-KR to UTF-8: 안녕하세요
```

컬렉션의 소유권

컬렉션에서도 '소유권'이라는 중요한 개념이 있습니다. iter()와 into_iter()는 둘 다 반복자를 생성하는 메서드지만, 작동 방식은 약간 다릅니다.

iter()는 불변 빌림(immutable borrow)을 사용해 반복자를 생성합니다. 간단한 예제를 살펴보겠습니다.

예제 4.25 iter()를 사용해 불변 빌림 반복자 생성

```
fn main() {
    let vec = vec![1, 2, 3];
    for item in vec.iter() { // vec의 불변 빌림 반복자 생성
```

```
        println!("{}", item);
    }

    println!("{:?}", vec); // vec 접근 가능
}
```

실행 결과
1
2
3
[1, 2, 3]

iter()를 사용했기 때문에 반복자가 실행되더라도 vec의 소유권은 여전히 남아 있습니다.

into_iter()는 iter()와는 달리 컬렉션의 소유권을 반복자로 이동합니다. 소유권 이동이 불편해 보일 수 있지만, 불필요한 변환 작업 없이 효율적으로 작동하기 때문에 때로는 유용합니다.

간단한 예제를 살펴보겠습니다.

예제 4.26 into_iter()를 사용해 소유권 이동

```
fn main() {
    let vec = vec![1, 2, 3];
    for item in vec.into_iter() {
        // vec의 소유권은 이동됐으므로 이후에 vec를 사용할 수 없음
        println!("{}", item);
    }

    println!("{:?}", vec);
}
```

컴파일 결과

```
2 |     let vec = vec![1, 2, 3];
  |         --- move occurs because `vec` has type `Vec<i32>`, which does not implement
the `Copy` trait
3 |     for item in vec.into_iter() {
  |                     ----------- `vec` moved due to this method call
```

```
...
8  |     println!("{:?}", vec);
   |                      ^^^ value borrowed here after move
```

`into_iter()`를 사용한 경우 명시적으로 소유권을 이동해 vec에 접근하는 순간 컴파일 오류가 발생합니다.

4.4 간단한 파일 기반 데이터베이스 만들기

4장의 종합 예제로 간단한 파일 기반 데이터베이스를 만들어 보겠습니다. 아이디와 나이, 이름을 받아 파일로 관리합니다. 자료 형태는 다음과 같습니다.

Id (4byte, i32)	age (4byte, i32)	name (가변,String)

그림 4.2 파일 구조

먼저 라이브러리 프로젝트를 하나 만들어보겠습니다. 셸에 `cargo new filedb -lib`를 실행해 라이브러리 프로젝트를 생성합니다. 그리고 `business::user`와 `database::file_db` 모듈을 생성합니다.

폴더 구조는 다음과 같습니다.

```
├── Cargo.toml
└── src
    ├── business
    │   ├── mod.rs
    │   └── user.rs
    ├── lib.rs
    └── database
        ├── file_db.rs
        └── mod.rs
```

각 `mod.rs`에는 모듈을 외부로 노출하는 코드가 필요합니다.

예제 4.27 모듈의 기본 가시성 설정　　　　　　　　　　　　　　　　　　　　　　　**[파일명: lib.rs]**

```
pub mod business;
pub mod database;
```

[파일명: business/mod.rs]

```
pub mod user;
```

[파일명: database/mod.rs]

```
pub mod file_db;
```

user 모듈에 User 구조체를 선언합니다. 구조체 내 모든 필드는 외부에서 접근 가능하도록 pub 키워드를 사용했습니다.

[파일명: business/user.rs]

```
pub struct User {
    pub id: i32,
    pub age: i32,
    pub name: String,
}
```

User 구조체를 관리하기 위해 UserManager를 추가하고 구조체 함수를 추가합니다. 생성, 삭제, 목록 조회, 아이디를 기반으로 찾기 기능이 필요하기에 해시맵 자료구조를 사용했습니다.

예제 4.28 UserManager : User 구조체를 관리하는 목적의 사용자 정의 구조체　　　　**[파일명: business/user.rs]**

```
pub struct UserManager {
    user_map: HashMap<i32, User> // 사용자 ID와 사용자 정보를 매핑하는 HashMap
}

impl UserManager {
    // 새 UserManager 인스턴스 생성
    pub fn new() -> UserManager {
        let mgr = UserManager {
            user_map: HashMap::new() // 빈 HashMap으로 초기화
        };
        mgr
```

```rust
    }

    // 사용자 추가 메서드
    pub fn add_user(&mut self, id: i32, age: i32, name: String) -> bool {
        let mut user = User {
            id: id,
            age: age,
            name: name,
        };

        self.user_map.entry(user.id).or_insert(user); // ID가 존재하면 갱신, 없으면 삽입
        true
    }

    // 사용자 제거 메서드
    pub fn remove_user(&mut self, id: i32) -> bool {
        if self.user_map.contains_key(&id) == false { // 해당 ID가 없으면 false 반환
            return false;
        }

        self.user_map.remove(&id); // 해당 ID로 사용자 제거
        true
    }

    // 특정 사용자 정보 조회 메서드
    pub fn get_user(&mut self, id: i32) -> Option<&User> {
        self.user_map.get(&id) // ID로 사용자 정보 반환
    }

    // 모든 사용자 정보를 반환하는 메서드
    pub fn get_all(&mut self) -> Vec<&User> {
        let mut v: Vec<&User> = Vec::new();

        for u in self.user_map.values() { // 모든 사용자를 순회하며 벡터에 추가
            v.push(&u);
        }

        return v; // 사용자 참조를 담은 벡터 반환
```

```
    }
}
```

테스트 코드를 작성해 보겠습니다.

```rust
use business::user::UserManager;
use business::user::User;

#[test]
fn it_works() {
    let mut user_mgr = UserManager::new();
    user_mgr.add_user(1, 20, String::from("러스트"));
    user_mgr.add_user(2, 30, String::from("책"));

    let user = match user_mgr.get_user(1) {
        Some(u) => u,
        _ => {
            panic!("사용자를 찾을 수 없습니다.");
        }
    };

    assert_eq!(user.id, 1);
    let all_user = user_mgr.get_all();
    for u in all_user.iter() {
        println!("id: {} age: {} name: {}", u.id, u.age, u.name);
    }

    println!("1번 러스트 삭제");
    user_mgr.remove_user(1);
    match user_mgr.get_ user(1) {
        Some(u) => {
            panic!("삭제가 실패했습니다.");
        },
        _ => ()
    };
```

```
    let all_user = user_mgr.get_all();
    for u in all_user.iter() {
        println!("id: {} age: {} name: {}", u.id, u.age, u.name);
    }
}
```

테스트 결과: — ——nocapture 옵션 사용

```
running 1 test
id: 1 age: 20 name: 러스트
id: 2 age: 30 name: 책
1번 러스트 삭제
id: 2 age: 30 name: 책
test it_works ... ok
test result: ok. 1 passed; 0 failed; 0 ignored; 0 measured; 0 filtered out; finished in
0.00s
```

사용자 정보를 파일에 저장하기 위해 **file_db** 모듈에 **save**와 **load** 기능을 추가합니다.

예제 4.29 file_db : 사용자 정보를 파일에 저장하는 모듈　　　　　　　　　　　[파일명: database/file_db.rs]

```rust
use std::fs;
use std::fs::File;
use std::io::Write;
use std::io::Error;

use crate::business::user::UserManager;
use crate::business::user::User;

// 사용자 목록을 파일에 저장하는 함수
pub fn save(file_name: String, user_vec: Vec<&User>) -> Result<(), Error> {
    let mut buffer = File::create(file_name).expect("파일을 열 수 없습니다."); // 파일 생성
    for u in user_vec.iter() {
        let f = format!("{} {} {}\n", u.id, u.age, u.name); // 사용자 정보 포매팅
        buffer.write(f.as_str().as_bytes())?; // 파일에 쓰기
    }

    Ok(())
}
```

```
// 파일에서 사용자 목록을 불러오는 함수
pub fn load(file_name: String) -> Vec
    let mut user_vec: Vec = Vec::new(); // 사용자 목록을 담을 벡터
    let txt = fs::read_to_string(file_name).expect("파일을 읽을 수 없습니다."); // 파일 읽기

    // 파일의 각 줄을 분석
    for ln in txt.split("\n") {
        if ln.len() == 0 {
            break;
        }

        let tok: Vec<&str> = ln.split(" ").collect(); // 공백으로 분리

        // 분리된 토큰을 사용해 사용자 정보 생성
        user_vec.push(User {
            id: tok[0].parse::<i32>().unwrap(),
            age: tok[1].parse::<i32>().unwrap(),
            name: tok[2].to_string(),
        });
    }

    user_vec // 사용자 벡터 반환
}
```

UserManager에 save와 load 함수를 추가합니다.

[파일명: business/user.rs]

```
use crate::database::file_db;

impl UserManager {
    (... 중간 생략 ...)
    pub fn save(&mut self) {
        file_db::save(String::from("file.db"), self.get_all());
    }

    pub fn load(&mut self) {
```

```
        let user_vec = file_db::load(String::from("file.db"));
        self.user_map = HashMap::new();

        for user in user_vec.iter() {
            self.add_user(user.id, user.age, user.name.clone());
        }
    }
}
```

테스트 코드를 작성하고 테스트를 실행해 보겠습니다.

[파일명: lib.rs]

```
#[test]
fn test_filedb() {
    let mut user_mgr = UserManager::new();
    user_mgr.add_user(1, 20, String::from("러스트"));
    user_mgr.add_user(2, 30, String::from("책"));

    user_mgr.save();

    let mut new_user_mgr = UserManager::new();
    new_user_mgr.load();

    let user = match new_user_mgr.get_user(1) {
        Some(u) => u,
        _ => {
            panic!("사용자를 찾을 수 없습니다.");
        }
    };

    assert_eq!(user.id, 1);
    let all_user = new_user_mgr.get_all();
    for u in all_user.iter() {
        println!("id: {} age: {} name: {}", u.id, u.age, u.name);
    }
}
```

테스트 결과: ─ ─nocapture 옵션 사용

id: 2 age: 30 name: 책
id: 1 age: 20 name: 러스트
test test_filedb ... ok

4.5 요약

이 장에서는 러스트의 심화 기능인 모듈화, 가시성 제어, 오류 처리, 컬렉션을 사용하는 방법을 배웠습니다. 4.1절에서 모듈화 방법과 가시성 제어 방법을 배우고 4.2절에서 복구 가능한 오류와 복구 불가능한 오류를 배웠습니다. 4.3절에서는 컬렉션을 사용해 자료를 관리하는 방법을 배우고 종합 예제로 간단한 파일 기반 데이터베이스를 만들어 보았습니다.

이 장에서 배운 내용을 요약하면 다음과 같습니다.

- 모듈화
- 가시성 제어
- 오류 처리
- 컬렉션

다음 장에서는 러스트의 동시성 기능과 입출력, 네트워킹 기법을 학습합니다.

05

동시성, 입출력, 네트워킹, IPC

이 장에서는 러스트가 자랑하는 동시성 기능을 학습합니다. 러스트는 async/await와 같이 현대 언어가 제공하는 동시성 기능을 지원합니다. 그리고 입출력과 네트워킹 기법을 배웁니다. 러스트는 tokio[1]와 같이 다양한 외부 크레이트를 사용해 입출력이나 네트워킹 모듈을 쉽게 작성할 수 있습니다. 그리고 간단한 웹 서버를 만들어 봅니다.

5.1 동시성

동시성(concurrency)과 병렬성(parallelism)은 비슷하지만 조금 다른 개념입니다. 동시성은 시스템이 여러 작업을 동시에 수행할 수 있는 능력을 말합니다. 예를 들면 여러분이 회사에서 이메일을 보내고 답변을 기다리는 동안 웹서핑을 하는 것과 비슷하다고 생각하면 됩니다. 실제로는 한 번에 한 가지 일밖에 못하지만, 개념적으로는 이메일 회신을 기다리는 동안 웹서핑을 할 수 있는 것처럼 여러 작업을 동시에 실행되는 것처럼 보이게 하는 것이 동시성입니다.

병렬성은 여러 작업을 실제로 동시에 수행하는 것을 말합니다. 동시성은 병렬로 실행하지 않더라도 작업이 수행되는 시간만 겹치면 동시성의 성질을 만족합니다. 반면에 병렬성은 반드시 모든 작업이 물리적으로 병렬화되어 실행돼야 합니다. 그래서 동시성은 논리적 개념이고 병렬성은 물리적 개념입니다.

---

1   tokio: https://tokio.rs/

다음 그림 5.1은 병렬성과 동시성의 차이를 보여줍니다. 순차(sequential) 실행은 한 번에 한 가지 일만 할 수 있습니다. 그래서 하나의 프로세스 작업이 끝나야 다음 프로세스를 실행합니다. 동시(concurrent) 실행은 두 프로세스가 하나의 코어를 공유하고 작업 시간을 분할해 동시에 수행하는 구조입니다. 동시에 수행되는 것처럼 보이지만, 하나의 CPU 코어를 공유해 사용하기 때문에 실제로는 한 번에 한 가지 작업밖에 할 수 없습니다. 그래서 두 프로세스의 전체 수행 시간은 순차 실행과 동일합니다. 병렬(parallel) 실행은 두 프로세스가 각각 독립적인 CPU 코어를 할당받아 병렬로 작업을 수행합니다. 그래서 병렬 실행 방식을 사용하려면 병렬 실행에 필요한 만큼 충분한 CPU 코어가 필요합니다. 전체 수행 시간은 병렬 실행 방식이 가장 빠릅니다.

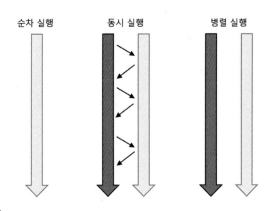

순차 실행   동시 실행   병렬 실행

그림 5.1 병렬성과 동시성

러스트는 동시성에서 발생하는 다양한 문제를 사전에 예방해 안전하게 동시성 프로그래밍을 할 수 있게 설계됐습니다. 특히 러스트의 자랑인 소유권은 변수의 공유를 막아 여러 스레드가 동시에 자료에 접근할 수 없도록 강제합니다. 그래서 변수는 한 번에 하나의 스레드에서만 접근할 수 있습니다. 이는 동기화 제어 기법이 불필요하다는 의미이며, 교착 상태나 경쟁 상태와 같은 무시무시한 동시성 문제의 발생 가능성이 다른 언어에 비해 현저히 낮다는 뜻입니다.

또한, 러스트는 동시성과 병렬성을 만족하기 위해 다양한 기능을 제공합니다. 개발자가 안전하고 효율적인 방식으로 동시성 프로그래밍을 할 수 있도록 스레드, 채널, **async/await** 등 다양한 기능을 제공합니다. 그뿐만 아니라 **tokio**와 같은 훌륭한 외부 크레이트도 쉽게 사용할 수 있습니다.

std::thread 사용하기

러스트는 std::thread 모듈을 사용해 스레드를 생성하고 제어할 수 있습니다. 스레드 간 통신은 채널이라는 모듈을 사용합니다. 채널이 제공하는 다양한 방법을 통해 스레드 간에 자료를 주고받을 수 있습니다.

다음 예제는 std::thread를 사용하는 간단한 예제입니다. spawn() 함수를 사용해 스레드에서 작동할 함수를 전달할 수 있습니다. || 키워드는 람다(lambda) 함수를 의미합니다. join() 함수를 사용해 스레드가 종료되기까지 대기할 수 있습니다.

예제 5.1 스레드 생성 예제

```rust
use std::thread;

fn main() {
    // 새로운 스레드를 생성하고 실행
    let handle = thread::spawn(|| {
        println!("스레드에서 실행"); // 새로 생성된 스레드에서 출력
    });

    handle.join().unwrap(); // 스레드가 완료될 때까지 대기 (종료 대기)
}
```

실행 결과
스레드에서 실행

스레드를 사용해 파일 읽기

I/O 작업은 시간이 오래 걸리는 경우가 많습니다. 메인 스레드에서 I/O 작업을 수행할 경우 반응성이 떨어질 수 있습니다. 이번에는 스레드를 사용해 파일을 읽는 예제를 작성해 보겠습니다. file.txt가 없으면 panic!이 발생하기 때문에 echo 등의 명령어로 file.txt를 준비합니다. 윈도우 OS를 사용한다면 메모장이나 VS Code를 사용해 file.txt를 생성할 수 있습니다.

예제 5.2 스레드를 사용해 파일을 읽는 예제

```rust
use std::fs::File;
use std::io::{BufReader, BufRead};
use std::thread;
```

```
fn main() {
    let handle = thread::spawn(|| { // 새로운 스레드를 생성하고 그 핸들을 받습니다.
        let file = File::open("file.txt").unwrap(); // "file.txt" 파일을 엽니다.
        let reader = BufReader::new(file); // 버퍼링을 사용해 파일을 읽습니다.
        for line in reader.lines() { // 파일의 각 줄을 순회합니다.
            let txt = line.unwrap(); // 줄을 텍스트로 읽습니다.
            println!("{}", txt);
        }
    });

    handle.join().unwrap(); // 스레드가 끝날 때까지 기다립니다.
}
```

실행 결과

```
$ echo "Hello World" > file.txt
$ cargo run
Hello World
```

스레드에서 발생하는 panic! 처리

위 예제 5.2로 다시 돌아가 보겠습니다. file.txt가 없다면 panic!이 발생합니다. 미리 만들
어둔 file.txt를 삭제하고 RUST_BACKTRACE=full을 사용해 cargo를 실행해 보겠습니다.

```
$ RUST_BACKTRACE=full cargo run

(... 중략 ...)
thread '<unnamed>' panicked at 'called `Result::unwrap()` on an `Err` value: Os { code: 2,
kind: NotFound, message: "No such file or directory" }', src/main.rs:7:43
stack backtrace:
(... 중략 ...)
  17:     0x555b53d66fce - thread2::main::{{closure}}::h0d3ace149ffa43a8
(... 중략 ...)
thread 'main' panicked at 'called `Result::unwrap()` on an `Err` value: Any { .. }', src/
main.rs:15:19
stack backtrace:
```

thread '<unnamed>'에서 panic!이 발생했고 panic!이 thread 'main'에까지 전파되어 프로그램이 종료됐습니다.

std::thread의 join 함수는 Result<T, E>를 반환합니다. 스레드 내부에서 panic!이 발생할 경우 복구 가능한 오류가 반환되기에 다음과 같이 match 구문을 사용해 오류를 처리할 수 있습니다.

```rust
use std::fs::File;
use std::io::{BufReader, BufRead};
use std::thread;

fn main() {
    let handle = thread::spawn(|| {
        let file = File::open("file.txt").unwrap();
        let reader = BufReader::new(file);
        for line in reader.lines() {
            let txt = line.unwrap();
            println!("{}", txt);
        }
    });

    match handle.join() { // join의 결과를 확인해 예외처리 합니다.
        Ok(_) => {},
        Err(e) => {
            println!("스레드 내부에서 오류가 발생했습니다. {:?}", e);
        }
    };
}
```

[실행 결과: file.txt가 없을 경우]

```
thread '<unnamed>' panicked at 'called `Result::unwrap()` on an `Err` value: Os { code: 2,
kind: NotFound, message: "No such file or directory" }', src/main.rs:7:43
스레드 내부에서 오류가 발생했습니다. Any { .. }
```

채널로 스레드 간 자료 주고받기

채널(channel)은 여러 스레드가 안전하게 데이터를 주고받을 수 있는 방법을 제공합니다. 러스트는 스레드에서 발생하는 여러 문제를 해결하기 위해 하나의 변수를 여러 스레드가 접근하는 것을 소유권을 통해 제한합니다. 이 때문에 데이터를 공유하려면 채널을 사용해야 합니다.

채널은 std::sync::mpsc의 channel() 함수를 사용해 생성합니다. 채널이 생성되면 송신자(transmitter)와 수신자(receiver)의 인스턴스가 튜플 형태로 반환됩니다. 송신자는 수신자에 값을 전달하는 데 사용되며 수신자는 송신자가 보낸 값을 읽는 데 사용됩니다. 참고로 mpsc는 복수 생성자(multiple producer), 단수 소비자(single consumer)의 약자입니다. 송신자는 복수가 될 수 있으나 소비자는 단 하나만 존재합니다.

다음 예제는 채널을 사용해 메인 스레드에 1부터 100까지의 합을 전달하는 예제입니다. move라는 새로운 키워드가 등장했습니다. move 클로저는 스레드가 tx 변수를 캡처해 소유권을 해당 스레드가 가지도록 해 주는 키워드입니다.

예제 5.3 채널을 사용해 1부터 100까지의 합을 전달하는 예제

```
use std::thread;
use std::sync::mpsc;

fn main() {
    // mpsc 채널을 생성합니다. tx는 송신자, rx는 수신자입니다.
    let (tx, rx) = mpsc::channel();

    thread::spawn(move || {
        let mut sum = 0;

        for i in 1..101 {
            sum = sum+ i;
        }

        // 계산된 합을 채널로 보냅니다.
        tx.send(sum).unwrap();
    });

    // 채널에서 메시지를 수신합니다.
```

```
    let sum = rx.recv().unwrap();
    println!("1부터 100까지의 합: {}", sum);
}
```

실행 결과

1부터 100까지의 합: 5050

다음 예제는 복수의 송신자를 사용하는 예제입니다. 송신자를 복제하기 위해
mpsc::Sender::clone() 함수를 사용합니다.

예제 5.4 복수 개의 송신자를 사용하는 예제

```
use std::thread;
use std::sync::mpsc;

fn main() {
    let (tx1, rx) = mpsc::channel();
    let tx2 = mpsc::Sender::clone(&tx1); // tx1 복제
    // 1부터 50까지의 합
    thread::spawn(move || {
        let mut sum = 0;
        for i in 1..51 {
            sum = sum + i;
        }
        tx1.send(sum).unwrap();
    });
    // 51부터 100까지의 합
    thread::spawn(move || {
        let mut sum = 0;
        for i in 51..101 {
            sum = sum + i;
        }
        tx2.send(sum).unwrap();
    });
    let mut sum = 0;
    for val in rx {
        println!("수신: {}", val);
        sum = sum + val;
```

```
    }
    println!("1부터 100까지의 합: {}", sum);
}
```

실행 결과

```
수신: 1275
수신: 3775
1부터 100까지의 합: 5050
```

async/await

러스트는 async/await라는 기법을 제공합니다. async/await 구문은 메인 스레드를 멈추지 않으면서도 동기식 프로그래밍과 유사한 방식으로 비동기 프로그래밍을 할 수 있는 기법을 제공합니다. 그래서 코드의 가독성을 높여 유지 보수성을 크게 개선할 수 있습니다.

async/await를 사용하려면 의존성에 future 크레이트를 추가해야 합니다. Cargo.toml 파일을 열어 [dependency] 다음에 future 크레이트를 추가합니다.

[파일명: Cargo.toml]

```
(... 중략 ...)
[dependencies]
futures = "0.3"
```

async/await를 사용하는 간단한 예제를 작성해 보겠습니다. 방법은 간단합니다. 비동기 호출하고자 하는 함수 앞에 async 키워드를 사용하면 됩니다. future의 수행은 futures 크레이트가 제공하는 block_on() 함수를 사용합니다.

예제 5.5 async/await 예제

```
use futures::executor::block_on;

// async 키워드를 사용해 비동기 함수를 정의합니다.
async fn hello_world() {
    println!("future 안에서 실행");
}
```

```
fn main() {
    let future = hello_world(); // 함수가 바로 호출되지 않습니다.
    println!("main 함수에서 실행");

    // future를 실행합니다. hello_world가 종료될 때까지 main thread는 멈춥니다.
    block_on(future);
    println!("future 종료 이후 실행");
}
```

실행 결과

```
main 함수에서 실행
future 안에서 실행
future 종료 이후 실행
```

hello_world의 호출을 시도했지만, 해당 함수가 실행되지 않았습니다. async로 지정된 함수는 바로 실행되지 않고 future를 반환합니다. future가 executor에 의해 구동되는 순간 실행됩니다.

다음 예제는 async/await를 사용해 1부터 100까지의 합을 반환하는 예제입니다. async 함수도 일반 함수와 동일한 방식으로 값을 반환할 수 있습니다.

예제 5.6 async/await를 사용해 1부터 100까지의 합을 반환하는 예제

```
use futures::executor::block_on;

// 비동기 함수를 정의합니다.
async fn calc_sum(start: i32, end: i32) -> i32 {
    let mut sum = 0;

    for i in start..=end {
        sum += i;
    }

    sum
}

fn main() {
    let future = calc_sum(1, 100);
```

```
    let sum = block_on(future);
    println!("1부터 100까지의 합: {}", sum);
}
```

실행 결과

1부터 100까지의 합: 5050

await 키워드: async 함수 안에서 async 함수를 호출하기

await 키워드를 사용하면 async 함수 안에서 다른 async 함수를 호출할 수 있습니다. await 키워드를 사용하면 현재 작동 중인 작업이 일시 중단되고 해당 스레드의 이벤트 루프에 제어권이 반환됩니다. 이벤트 루프는 대기 중인 future를 실행하고 실행 결과를 await를 사용한 async 함수에 전달합니다.

await를 사용하는 간단한 예제를 살펴보겠습니다. async로 지정된 calc_sum()을 호출하는 예제입니다.

예제 5.7 await를 사용해 다른 async 함수 호출하기

```
// start부터 end까지의 합을 계산하는 비동기 함수를 정의합니다.
async fn calc_sum(start: i32, end: i32) -> i32 {
    let mut sum = 0;

    for i in start..=end {
        sum += i;
    }

    sum
}

async fn calc() -> i32 {
    let sum1_50 = calc_sum(1, 50).await;      // await 키워드를 사용해 결과를 얻습니다.
    let sum51_100 = calc_sum(51, 100).await; // await 키워드를 사용해 결과를 얻습니다.
    let ret = sum1_50 + sum51_100;

    ret
}
```

async/await를 조합하면 동기식 코드와 비슷하게 비동기 코드를 작성할 수 있습니다. 이는 비동기 코드를 직관적으로 구현하는 방법을 제공하고 실행 흐름을 이해하기 쉽게 만듭니다.

하지만 장점만 있는 것은 아닙니다. 몇몇 future는 이벤트 루프를 공유하기 때문에 async 함수 안에서 스레드 관련 작업을 하면 이벤트 루프 안에 대기 중인 future의 실행에 영향을 줄 수 있습니다.

다음 예제는 async 함수 사용 중 발생할 수 있는 문제를 보여줍니다. sleep_10sec()과 calc_sum()이 동시에 실행되도록 join! 매크로를 사용했습니다. 기대했던 작동과 달리 sleep_10sec()이 실행되는 순간 thread::sleep()이 호출되어 이벤트 루프 스레드는 모든 작동이 멈춥니다. 그래서 calc_sum()이 실행되지 않습니다. 동시성의 기준에 맞추어 적어도 sleep_10sec()과 calc_sum()이 동시에 수행되는 것처럼 보여야 하는데, 그렇지 않습니다.

예제 5.8 비동기 함수 내에서 스레드 관련 작업을 할 때 발생하는 문제

```
use std::thread;
use std::time::Duration;
use futures::executor::block_on;

async fn sleep_10sec() {
    for i in 1..10 {
        println!(".");
        thread::sleep(Duration::from_millis(1000)); // 1초간 10회 대기
    }
}

async fn calc_sum(start: i32, end: i32) -> i32 {
    let mut sum = 0;
    for i in start..=end {
        println!("{} ", i);
        sum += i;
    }
    sum
}

async fn calc() -> i32 {
    let f1 = sleep_10sec();
```

```
    let f2 = calc_sum(1, 10);
    let (_, sum) = futures::join!(f1, f2); // f1과 f2가 끝나기를 기다립니다.
    sum
}


fn main() {
    let future = calc();
    let sum = block_on(future);
    println!("1부터 10까지의 합: {}", sum);
}
```

실행 결과

```
.........1 2 3 4 5 6 7 8 9 10
```

이러한 사유로 async 함수 안에서는 스레드 관련 API 호출을 신중하게 해야 합니다.
std::thread api를 직접 사용하는 대신 tokio 크레이트를 사용하는 방법이 있습니다. tokio
크레이트는 async/await를 사용하기 쉽게 만드는 다양한 기능을 제공합니다. 문제가 된
thread::sleep() 대신 tokio::time::sleep()을 사용하면 간단히 해결됩니다.

tokio 크레이트를 사용하려면 Cargo.toml 파일에 tokio 의존성을 추가해야 합니다.

[파일명: Cargo.toml]

```
(... 중략 ...)
[dependencies]
tokio = { version = "1.25.0", features = ["full"] }
```

그리고 async 키워드를 사용해 main 함수를 비동기 함수로 만들고 #[tokio::main]이라는 지
시자를 추가합니다.

```
#[tokio::main]
async fn main() {
    (... 중략 ...)
}
```

이제 tokio 크레이트를 사용할 준비가 됐습니다. 다음 예제는 예제 5.8의 문제를 수정한 예제입니다.

예제 5.9 tokio 크레이트를 사용해 스레드 문제 해결

```rust
use std::time::Duration;
use tokio::time;

async fn sleep_10sec() {
    for i in 1..10 {
        println!(".");
        time::sleep(Duration::from_millis(1000)).await; // 1초간 10회 대기
    }
}

async fn calc_sum(start: i32, end: i32) -> i32 {
    let mut sum = 0;
    for i in start..=end {
        println!("{} ", i);
        sum += i;
    }
    sum
}

async fn calc() -> i32 {
    let f1 = sleep_10sec();
    let f2 = calc_sum(1, 10);
    let (_, sum) = tokio::join!(f1, f2); // tokio::join을 사용해 비동기 함수를 대기합니다.
    sum
}

// tokio를 사용하는 비동기 메인 함수입니다.
#[tokio::main]
async fn main() {
    let sum = calc().await;
}
```

실행 결과

```
. 1 2 3 4 5 6 7 8 9 10 . . . . . . . . .
```

기대한 대로 sleep_10sec()과 calc_sum()이 동시에 수행됐습니다.

이벤트 루프

앞서 async/await와 채널 기능을 설명하면서 이벤트 루프(event loop)를 언급했습니다. 이벤트 루프는 비동기 프로그래밍에 흔히 사용되는 기법입니다. 일반적으로 이벤트 루프는 애플리케이션이 구동되는 동안 무한 반복되며 사용자 이벤트나 GUI 작업, I/O 등의 이벤트를 처리하는 데 사용됩니다.

다음 예제는 이벤트 루프를 설명하는 간단한 예제입니다. 사용자로부터 "quit"를 수신할 때까지 루프를 무한히 반복해 이벤트를 처리합니다.

예제 5.10 간단한 이벤트 루프 예제

```rust
use std::io;

fn main() {
    println!("아무 내용이나 입력하세요. quit를 입력하면 종료됩니다.");

    loop { // 무한 반복해 이벤트를 처리
        let mut buf = String::new();
        io::stdin().read_line(&mut buf).unwrap();

        let input = buf.trim();
        if input == "quit" { // 이벤트를 처리합니다.
            break;
        }

        println!("입력: {}", input);
    }
}
```

실행 결과

```
아무 내용이나 입력하세요. quit를 입력하면 종료됩니다.
dd
입력: dd
quit
```

이벤트 루프 모델과 스레드 모델은 장단점이 분명하기에 만들고자 하는 시스템에 맞게 취사선택하면 좋습니다. 다음 표 5.1은 이벤트 루프 모델과 스레드 모델의 장단점을 설명합니다.

표 5.1 이벤트 루프 모델과 스레드 모델의 장단점

	이벤트 루프	스레드
특징	단일 스레드를 사용하고 이벤트 큐에 수신된 이벤트를 애플리케이션이 종료될 때까지 무한 반복해 처리하는 방식.	스레드별로 작업이 할당되는 방식.
장점	최소한의 오버헤드로 많은 이벤트를 처리할 수 있음. 복잡한 동기화 메커니즘이 필요하지 않음.	CPU 코어가 충분할 경우 복수의 작업을 병렬화해 빠르게 전체 작업을 수행할 수 있음.
단점	단일 스레드를 사용하므로 CPU 연산이 많은 작업에는 적합하지 않음.	CPU 코어 개수를 넘어설 정도로 많은 양의 처리를 동시에 수행하면 컨텍스트 스위칭 비용이 발생해 성능이 지연될 가능성 있음. 복잡한 동기화 메커니즘이 필요.
사용 예	UI가 있는 애플리케이션, I/O 작업이 많은 서비스 등.	CPU 연산량이 많은 작업(알고리즘 등).

동시성 제어 기법

러스트는 소유권을 통해 하나의 자원은 하나의 스레드만 접근할 수 있도록 제한을 걸었습니다. 그런데 상황에 따라 여러 스레드가 하나의 자원을 동시에 공유해야 하는 경우도 발생할 수 있습니다. 러스트는 뮤텍스(mutex)와 세마포어(semaphore)와 같이 동시성을 제어할 수 있는 기법을 제공합니다.

뮤텍스

뮤텍스는 상호 배제(mutual exclusion)의 약자로, 여러 스레드가 공유 자원에 동시에 접근하지 못하도록 막는 데 사용하는 기법입니다. 뮤텍스는 잠금(lock)과 해제(unlock)의 두 가지 상태가 존재합니다. 뮤텍스가 어떤 자원을 잠그면 다른 스레드는 자원이 해제될 때까지 대기합니다. 하나의 자원은 하나의 스레드만 접근할 수 있어 효과적으로 동시성을 제어할 수 있습니다. 다만 개발자의 부주의로 해제하지 않을 경우 다른 스레드는 자원이 해제될 때까지 무한정 대기하는 상황이 발생할 수 있습니다. 이러한 상황을 교착 상태(deadlock)라고 합니다.

다음 예제는 뮤텍스를 사용해 100개의 스레드가 동시에 전역변수인 counter 변수에 접근하는 것을 제어하는 예제입니다. 자원에 접근하려면 * 키워드를 사용합니다. for 문에 _를 변수명으로 사용했는데, _는 변수 이름이 정의돼야 하는 부분에서 해당 변수를 생략하고자 할 때 사용합니다.

```rust
use std::thread;
use std::sync::Mutex;

static counter: Mutex<i32> = Mutex::new(0); // counter를 전역변수로 정의

fn inc_counter() {
    let mut num = counter.lock().unwrap();
    *num = *num + 1;
} // inc_counter를 벗어나는 순간 counter는 unlock됩니다.

fn main() {
    let mut thread_vec = vec![];

    for _ in 0..100 {
        let th = thread::spawn(inc_counter); // counter를 증가합니다.
        thread_vec.push(th);
    }

    for th in thread_vec {
        th.join().unwrap();
    }

    println!("결과: {}", *counter.lock().unwrap()); // counter 값을 획득합니다.
}
```

실행 결과
결과: 100

세마포어

세마포어는 복수의 제한된 자원에 다수의 스레드가 동시에 접근하는 것을 막는 동시성 제어 방법입니다. 뮤텍스와 비슷하게 보일 수도 있는데, 가장 큰 차이점은 세마포어는 복수의 자원을

보호하는 데 사용하는 기법이고 뮤텍스는 단일 자원을 보호하는 데 사용하는 기법입니다. 그리
고 세마포어는 스레드를 넘어 프로세스 간의 공유 자원을 보호하는 데도 사용할 수 있습니다.

세마포어를 사용하려면 tokio 크레이트를 사용해야 합니다. Cargo.toml에 tokio 관련 의존
성을 추가한 뒤 다음과 같이 예제를 작성합니다. 여러 스레드가 동시에 세마포어에 접근할 수
있도록 Arc<T>를 사용해 공유 변수로 만들었습니다. 세마포어는 뮤텍스와는 달리 임계 지점
(critical section)을 직접 지정해야 합니다. 그래서 permit이라는 변수를 추가해 획득 시점과
해제 시점을 직접 설정했습니다.

예제 5.11 세마포어를 사용해 동시성을 제어하는 예제

```rust
use std::sync::{Arc, Mutex};
use tokio::sync::Semaphore;

static counter: Mutex<i32> = Mutex::new(0); // 공유 카운터를 위한 뮤텍스

#[tokio::main]
async fn main() {
    // 동시에 2개의 스레드가 접근 가능하도록 세마포어 설정
    let semaphore = Arc::new(Semaphore::new(2));
    let mut future_vec = vec![];

    for _ in 0..100 {
        // 세마포어 획득
        let permit = semaphore.clone().acquire_owned().await.unwrap();
        let future = tokio::spawn(async move {
            let mut num = counter.lock().unwrap(); // 뮤텍스로부터 안전한 참조를 획득
            *num = *num + 1; // 카운터 증가

            drop(permit); // 세마포어 해제
        });
        future_vec.push(future); // 생성된 future를 벡터에 저장
    }

    for future in future_vec {
        future.await.unwrap(); // 모든 future가 완료될 때까지 대기
    }
```

```
    println!("결과: {}", *counter.lock().unwrap()); // 최종 결과 출력
}
```

실행 결과

결과: 100

Arc⟨T⟩ – Atomic Reference Count

Arc<T>는 원자적(atomic) 참조 카운트를 의미합니다. 3장에 소유권을 설명하면서 Rc<T>를 설명했습니다. Arc는 동시적 상황에서 사용 가능한 참조 카운팅 스마트 포인터입니다. 이름만 들어도 알 수 있듯이 여러 스레드에 걸쳐 데이터의 소유권을 공유하는 데 사용할 수 있습니다.

원자적이라는 뜻은 더 이상 쪼갤 수 없다는 뜻입니다. 그리고 하나의 원자적 작업은 부분적으로 실행되지 않고 중간에 다른 작업에 의해 수정되지 않습니다. 그러한 이유로 소프트웨어에서 '원자적이다'라는 것은 하나의 작업은 하나의 스레드에서만 수행 가능하다는 의미로 해석됩니다. Arc<T>는 참조 카운트를 원자적으로 수행함으로써 여러 스레드에서 동시에 접근하더라도 안전하게 참조 횟수를 관리할 수 있습니다. 참조 횟수 계산이 원자적이지 않다면 동시에 여러 스레드가 접근할 경우 자원 경쟁 문제가 발생해 예상하지 못한 문제가 발생할 수 있습니다.

뮤텍스 예제에서는 counter 변수를 공유하기 위해 전역변수로 선언했습니다. 이번에는 Arc<T>를 사용해 뮤텍스 예제를 수정해 보겠습니다. clone() 함수를 사용해 counter 변수를 스레드에 공유합니다.

예제 5.12 Arc를 사용해 스레드 간 자원을 공유하는 예제

```
use std::thread;
use std::sync::{Arc, Mutex};

fn main() {
    let counter = Arc::new(Mutex::new(0)); // 공유될 카운터를 Arc와 Mutex로 감싸줍니다.
    let mut thread_vec = vec![]; // 스레드를 저장할 벡터

    for _ in 0..100 {
        let _cnt = counter.clone(); // 현재 카운터의 클론을 생성합니다. Arc를 사용하면 여러
스레드 간에 안전하게 공유할 수 있습니다.
```

```
        let th = thread::spawn(move || {
            let mut num = _cnt.lock().unwrap(); // 뮤텍스로부터 안전하게 락을 얻어와 참조를
획득합니다.
            *num = *num + 1; // 카운터 값을 증가시킵니다.
        });
        thread_vec.push(th); // 각 스레드의 핸들을 벡터에 넣습니다.
    }

    for th in thread_vec {
        th.join().unwrap(); // 모든 스레드가 완료될 때까지 기다립니다.
    }

    println!("결과: {}", *counter.lock().unwrap()); // 최종 카운터 값을 출력합니다.
}
```

실행 결과

결과: 100

다중 스레드에서 발생하는 다양한 문제들

앞서 뮤텍스 부분에서 설명했듯이 다중 스레드 상황에서는 다양한 문제가 발생할 수 있습니다. 예컨대 뮤텍스의 잠금을 해제하지 않아 교착 상태가 발생할 수 있고 하나의 공유 자원을 여러 스레드에서 동시에 경쟁적으로 접근해 잘못된 결과를 초래할 수 있습니다.

교착 상태(Dead Lock)

교착 상태란 두 개 이상의 스레드가 각각 자원을 해제하기를 기다리느라 시스템이 정지되는 상황을 의미합니다. 교착 상태는 여러 스레드가 각각 공유 자원을 잠가둔 상태에서 다른 스레드가 보유한 공유 자원을 획득하려고 할 때 발생합니다.

다음 예제는 교착 상태가 발생하는 예제입니다.

예제 5.13 교착 상태가 발생하는 원인

```
use std::sync::{Mutex, Arc};
use std::thread;

fn main() {
```

```
    let lock_a = Arc::new(Mutex::new(0)); // lock_a를 생성합니다.
    let lock_b = Arc::new(Mutex::new(0)); // lock_b를 생성합니다.

    let lock_a_ref = lock_a.clone();
    let lock_b_ref = lock_b.clone();

    let thread1 = thread::spawn(move || { // 강제로 교착상태를 만듭니다.
        let a = lock_a.lock().unwrap();
        let b = lock_b_ref.lock().unwrap(); // lock_b는 thread2에 의해 잠겨있는 상태
    });

    let thread2 = thread::spawn(move || {
        let b = lock_b.lock().unwrap();
        let a = lock_a_ref.lock().unwrap(); // lock_a는 thread1에 의해 잠겨있는 상태
    });

    thread1.join().unwrap();
    thread2.join().unwrap();

    println!("프로그램 종료");
}
```

교착 상태를 미연에 방지하려면 뮤텍스를 신중하게 사용해야 합니다. 자원을 잠그고 해제하는 과정을 일관되게 함으로써, 개발자가 잠금과 해제의 순서를 실수하지 않게 하는 것이 좋습니다.

사실 스레드 간 공유되는 자원을 만들지 않도록 설계하는 것이 더 좋습니다. 러스트는 채널이라는 훌륭한 스레드 동기화 메커니즘을 제공합니다. 채널은 스레드 간에 안전하게 통신할 수 있어 교착 상태를 근본적으로 해결할 수 있습니다.

5.2 입출력

러스트는 다양한 입출력 기능을 제공합니다. 파일, 소켓, 파이프 등과 같은 기본적인 입출력 기능을 포함해 tokio와 같이 비동기식 입출력 기능을 제공하는 다양한 외부 크레이트가 존재합니다.

입출력은 기본적으로 동기식 입출력 방식과 비동기식 입출력 방식으로 구분됩니다. 동기식 입출력 방식은 입출력이 발생할 때마다 블로킹되어 기다리는 방식이고 비동기식 입출력 방식은 입출력이 발생하더라도 블로킹되지 않고 실행이 계속되는 방식입니다.

동기식 입출력

동기식 입출력 방식은 작업이 완료될 때까지 무한정 기다리는 방식입니다. 사실 여러분은 이미 동기식 입출력 방식을 경험했습니다. std::io의 File 모듈이 대표적인 동기식 입출력 방식입니다. 간단한 예제를 하나 살펴보겠습니다.

예제 5.14 동기식 입출력 방식의 예제

```rust
use std::fs::File;
use std::io::{Read, Write};

fn main() {
    let mut file = File::open("input.txt").unwrap();
    let mut contents = String::new();
    file.read_to_string(&mut contents).unwrap();
    // 파일을 읽을 때까지 대기합니다.

    println!("{}", contents);

    let mut file = File::create("output.txt").unwrap();
    file.write_all(contents.as_bytes()).unwrap();
    // 파일을 쓸 때까지 대기합니다.
}
```

실행 결과: input.txt에 hello world 작성

```
hello world
```

이 방식의 가장 큰 문제점은 입출력 작업이 완료될 때까지 메인 스레드가 블록되어 아무것도 하지 않는다는 것입니다. CPU 자원을 비효율적으로 사용하는 것입니다. 비동기식 입출력 방식은 동기식 입출력 방식의 단점을 보완합니다.

비동기식 입출력

비동기식 입출력 방식은 이벤트 루프 기법 등을 사용해 메인 스레드를 블록하지 않고도 입출력을 할 수 있는 방식입니다. tokio 크레이트는 비동기식 입출력을 쉽게 할 수 있는 다양한 API를 제공합니다. 다음 예제는 예제 5.14를 비동기식 방식으로 수정한 예제입니다. Cargo.toml에 tokio 의존성을 추가해야 합니다.

예제 5.15 tokio 크레이트를 사용한 비동기식 입출력 예제   [파일명: Cargo.toml]

```
[dependencies]
tokio = { version = "1.25.0", features = ["full"] }
```

[파일명: src/main.rs]

```
use tokio::fs::File;
use tokio::io::{AsyncReadExt, AsyncWriteExt};

#[tokio::main]
async fn main() {
    let mut file = File::open("input.txt").await.unwrap(); // 비동기 방식으로 file handle을
얻습니다.
    let mut contents = String::new();
    file.read_to_string(&mut contents).await.unwrap(); // 비동기 방식으로 file을 읽습니다.

    println!("{}", contents);

    let mut file = File::create("output.txt").await.unwrap(); // 비동기 방식으로 file을
생성합니다.
    file.write_all(contents.as_bytes()).await.unwrap(); // 비동기 방식으로 file에 내용을
저장합니다.
}
```

실행 결과: input.txt에 hello world 작성

```
hello world
```

코드 구조는 동기식 방식과 비슷해 보이지만, 이 코드는 메인 스레드를 멈추지 않습니다. 또 다른 예제를 살펴보겠습니다. 예제 5.10의 이벤트 루프 예제는 동기식 IO로 구현돼 있습니다. 비동기식으로 구현하면 다음과 같습니다.

예제 5.16 비동기 방식으로 구현한 이벤트 루프 예제

```rust
use tokio::io::{stdin, BufReader, AsyncBufReadExt};
use tokio::fs::File;

#[tokio::main]
async fn main() {
    let mut reader = BufReader::new(stdin());
    let mut lines = reader.lines();

    loop { // quit가 입력될 때까지 입력을 받음
        match lines.next_line().await.unwrap() {
            Some(input) => {
                println!("입력: {}", input);

                if input == "quit" { // quit를 입력받으면 종료합니다.
                    break;
                }
            }
            None => {
                break;
            },
        };
    }
}
```

데이터 버퍼링

데이터 버퍼링(data buffering)은 데이터를 보내거나 받는 동안 일시적으로 데이터를 버퍼에 저장하는 것을 말합니다. 예를 들어 네트워크를 통해 데이터를 전송한다고 가정할 때 네트워크의 성능 지연이 발생하면 전송되는 과정에서 처리 속도의 차이가 발생할 수 있습니다. 그래서 처리 속도를 일정하게 유지하기 위해 버퍼링 기법을 사용합니다.

러스트는 std::io의 BufReader와 BufWriter를 사용해 데이터 버퍼링을 구현할 수 있습니다. 사실 예제 5.16에서 이미 std::io의 BufReader와 유사한 tokio::io::BufReader를 사용했습니다. BufReader의 사용법도 tokio와 크게 다르지 않습니다.

다음 예제는 std::io의 BufReader를 사용해 파일을 읽는 예제입니다.

예제 5.17 BufReader를 사용해 파일 읽기 [파일명: input.txt]

```
hello world
i am ferris!
haha...
```

[파일명: src/main.rs]

```rust
use std::fs::File;
use std::io::{BufRead, BufReader};

fn main() {
    let file = File::open("input.txt").unwrap();
    let reader = BufReader::new(file); // BufReader를 생성합니다.

    for line in reader.lines() { // file을 읽습니다.
        let line = line.unwrap();
        println!("{}", line);
    }
}
```

실행 결과: input.txt의 내용 출력

```
hello world
i am ferris!
haha...
```

데이터 직렬화

데이터 직렬화(serialization)는 자료의 상태를 저장하기 위해 바이트 스트림으로 변환하는 것을 말합니다. 직렬화된 데이터는 파일이나 네트워크로 보내거나 메모리에 저장할 수 있습니다. 반대로 직렬화된 데이터를 원래의 형태로 복원하는 것을 역직렬화(deserialization)라고 합니다.

러스트에는 다양한 외부 직렬화 크레이트가 있습니다. 대표적으로 Serde가 있습니다. Serde[2]
는 json을 비롯해 RON(rust object notation)이나 D-Bus와 같은 다양한 형식으로 데이터를
직렬화할 수 있습니다. 이번에는 Serde를 사용해 구조체 데이터를 json 파일로 저장하고 복원
해 보겠습니다. Serde를 사용하려면 Cargo.toml에 serde와 serde-json 의존성을 추가해야 합
니다.

[파일명: Cargo.toml]

```toml
[dependencies]
serde = {version = "1.0", features = ["derive"]}
serde_json = "1.0"
```

[파일명: src/main.rs]

```rust
use serde::{Serialize, Deserialize};

#[derive(Serialize, Deserialize)]
struct Point {
    x: i32,
    y: i32,
}

fn main() {
    let pt = Point { x: 10, y: 20 };
    let json = serde_json::to_string(&pt).unwrap(); // pt를 json으로 변환합니다.
    println!("json: {}", json);

    let pt: Point = serde_json::from_str(&json).unwrap(); // json을 사용해 Point를
생성합니다.
    println!("point: [{}, {}]", pt.x, pt.y);
}
```

실행 결과

```
json: {"x":10,"y":20}
point: [10, 20]
```

---

2   Serde: Serializer/Deserializer의 앞 글자를 따왔습니다. '서데'라고 읽습니다.

SQLite 사용하기

러스트는 sqlite 크레이트를 이용해 SQLite 데이터베이스를 쉽게 사용할 수 있습니다. sqlite 크레이트를 사용하려면 의존성에 sqlite를 추가해야 합니다. 다음 예제는 러스트에서 sqlite 를 사용하는 간단한 예제입니다.

예제 5.18 sqlite를 사용하는 간단한 예제   [파일명: Cargo.toml]

```toml
[dependencies]
sqlite = "0.30"
```

[파일명: src/main.rs]

```rust
use sqlite;
use sqlite::State;

fn main() {
    let connection = sqlite::open(":memory:").unwrap(); // 메모리에 sqlite db를 생성합니다.

    let query = "
        CREATE TABLE users (name TEXT, age INTEGER);
        INSERT INTO users VALUES ('루나', 3);
        INSERT INTO users VALUES ('러스트', 13);
    ";
    connection.execute(query).unwrap(); // 테이블 생성 쿼리를 실행합니다.

    let query = "SELECT * FROM users WHERE age > ?"; // ?는 1에 바인딩됨
    let mut statement = connection.prepare(query).unwrap(); // 쿼리를 실행합니다.
    statement.bind((1, 5)).unwrap(); // age > 5

    while let Ok(State::Row) = statement.next() { // 테이블의 데이터를 조회합니다.
        println!("name = {}", statement.read::<String, _>("name").unwrap());
        println!("age = {}", statement.read::<i64, _>("age").unwrap());
    }
}
```

실행 결과

```
name = 러스트
age = 13
```

메모리에 데이터베이스를 생성하고 '루나'와 '러스트'라는 개체(entity)를 삽입했습니다. 그리고 SELECT 문을 사용해 age가 5를 초과하는 항목을 조회했습니다. 데이터베이스에 대한 자세한 내용은 이 책의 범위를 벗어나므로 더 자세한 내용을 알고 싶다면 sqlite 크레이트의 API 명세[3]를 참고하기 바랍니다.

5.3   네트워킹과 IPC

러스트에는 네트워킹을 위한 표준 라이브러리뿐만 아니라 tokio나 hyper[4]와 같은 다양한 기능을 제공하는 외부 라이브러리가 있습니다. 이러한 외부 라이브러리는 충분한 기능을 제공하기에 여러분이 원하는 애플리케이션을 작성하는 데 들어가는 시간을 크게 단축할 수 있습니다.

일반적으로 러스트는 비동기 입출력을 기반으로 네트워킹을 합니다. 네트워크로 데이터를 주고받는 작업들은 네트워크의 상황에 따라 성능 편차가 발생할 수 있다는 것을 가정하고 프로그래밍하는 것이 좋습니다. 그래서 비동기 입출력 방식을 통해 메인 스레드를 멈출 필요 없이 반응성이 좋은 프로그램을 개발할 수 있습니다.

또한, 저수준의 TCP[5] 소켓, UDP[6] 소켓에 접근할 수 있으며 멀티 스레드 네트워킹을 통해 더욱 빠르고 효율적으로 원하는 작업을 수행할 수 있습니다.

간단한 HTTP 클라이언트 만들기

러스트는 hyper라는 외부 크레이트를 사용해 HTTP 클라이언트를 간단히 만들 수 있습니다. hyper를 사용하려면 Cargo.toml에 hyper와 tokio의 의존성을 추가해야 합니다. 다음 예제는 hyper를 사용해 자신의 외부 IP를 획득하는 예제입니다. async/await 구문과 함께 사용하면 직관적이고 깔끔한 비동기 프로그래밍을 할 수 있습니다.

---

3   SQLite API Doc: https://crates.io/crates/sqlite
4   hyper: https://crates.io/crates/hyper
5   Transmission Control Protocol: 전송 제어 프로토콜
6   User Datagram Protocol: 신뢰성이 보장되지 않는 통신 프로토콜

예제 5.19 hyper를 사용해 간단한 HTTP 클라이언트 만들기   [파일명: Cargo.toml]

```toml
[dependencies]
tokio = { version = "1.25.0", features = ["full"] }
hyper = { version = "0.14", features = ["full"] }
```

[파일명: src/main.rs]

```rust
use hyper::{body::HttpBody as _, Client};
use tokio::io::{stdout, AsyncWriteExt as _};

#[tokio::main]
async fn main() {
    let client = Client::new();
    let uri = "http://httpbin.org/ip".parse().unwrap();
    let mut resp = client.get(uri).await.unwrap(); // HTTP 요청을 보냅니다.
    println!("Response: {}", resp.status());

    while let Some(chunk) = resp.body_mut().data().await { // body 값을 확인합니다.
        stdout().write_all(&chunk.unwrap()).await.unwrap();
    }
}
```

실행 결과

```
Response: 200 OK
{
  "origin": "000.111.222.333"
}
```

REST API 사용하기

REST API(Representational State Transfer API)는 HTTP 프로토콜을 기반으로 한 API입니다. REST API는 웹 서비스와 클라이언트 간 데이터 통신을 하는 RPC 방법 중 하나로, HTTP 프로토콜의 기본 메서드인 GET, POST, PUT, DELETE 등을 사용해 외부 자원에 접근할 수 있습니다.

러스트는 Serde와 hyper를 조합해 REST 클라이언트를 간단히 만들 수 있습니다. 다음 예제는 JSONPlaceholder 웹 사이트[7]에서 users 자원에 접근하는 예제입니다.

---

7   http://jsonplaceholder.typicode.com/

예제 5.20 Serde와 hyper를 사용해 REST API를 호출하는 예제   [파일명: Cargo.toml]

```toml
[dependencies]
serde = {version = "1.0", features = ["derive"]}
serde_json = "1.0"
tokio = { version = "1.25.0", features = ["full"] }
hyper = { version = "0.14", features = ["full"] }
```

                                             [파일명: src/main.rs]

```rust
use hyper::body::Buf;
use hyper::Client;
use serde::Deserialize;

#[derive(Deserialize, Debug)]
struct User {
    id: i32,
    name: String,
}

#[tokio::main]
async fn main() {
    let url = "http://jsonplaceholder.typicode.com/users".parse().unwrap();

    let client = Client::new();
    let res = client.get(url).await.unwrap();
    let body = hyper::body::aggregate(res).await.unwrap();

    let users: Vec<User> = serde_json::from_reader(body.reader()).unwrap(); // 받은 JSON을
serde로 역직렬화합니다.

    println!("사용자: {:#?}", users);
}
```

실행 결과

```
사용자: [
(... 중략 ...)
    User {
        id: 10,
        name: "Clementina DuBuque",
```

```
    },
]
```

간단한 웹서버 만들기

hyper를 사용하면 웹 서버도 간단히 만들 수 있습니다. /에 접근하면 Hello World를 출력하고 다른 리소스에 접근하면 404 not found를 출력하는 예제입니다. response_examples() 함수가 URI를 분석하는 역할을 합니다.

```
async fn response_examples(req: Request<Body>) -> Result<Response<Body>> {
    let index_html = String::from("<h1>Hello World!</h1>");
    let notfound_html = String::from("<h1>404 not found</h1>");

    match (req.method(), req.uri().path()) { // method와 url을 기준으로 핸들러를 할당합니다.
        (&Method::GET, "/") => Ok(Response::new(index_html.into())),
        _ => {
            // 404 오류 발생
            Ok(Response::builder()
                .status(StatusCode::NOT_FOUND)
                .body(notfound_html.into())
                .unwrap())
        }
    }
}
```

전체 소스코드는 다음과 같습니다.

예제 5.21 hyper를 사용해 간단한 웹서버 만들기 전체 소스코드 [파일명: Cargo.toml]

```
[dependencies]
tokio = { version = "1.25.0", features = ["full"] }
hyper = { version = "0.14", features = ["full"] }
```

[파일명: src/main.rs]

```
use hyper::service::{make_service_fn, service_fn};
use hyper::{Body, Method, Request, Response, Server, StatusCode};
```

```
type GenericError = Box<dyn std::error::Error + Send + Sync>;
type Result<T> = std::result::Result<T, GenericError>;


async fn response_examples(req: Request<Body>) -> Result<Response<Body>> {
  (... 내용 생략 ...)
}


#[tokio::main]
async fn main() -> Result<()> {
    let addr = "127.0.0.1:8080".parse().unwrap();
    let new_service = make_service_fn(move |_| { // 서비스를 생성합니다.
        async {
            Ok::<_, GenericError>(service_fn(move |req| {
                response_examples(req)
            }))
        }
    });

    let server = Server::bind(&addr).serve(new_service); // 서비스를 구동합니다.
    println!("Listening on http://{}", addr);
    server.await?;
    Ok(())
}
```

실행 결과는 다음과 같습니다. 웹 브라우저를 열어 localhost:8080에 접속합니다. /에 접근하
면 Hello World를 출력하고 다른 경로에 접근하면 404 not found를 출력합니다.

그림 5.2 간단한 웹 서버 만들기

TCP 서버와 클라이언트 만들기

러스트는 기본 TcpStream과 TcpListener를 제공해 쉽고 간단하게 TCP 서버와 클라이언트를 만들 수 있습니다. TCP 서버와 클라이언트의 크레이트를 생성해야 합니다. 먼저 TCP 서버를 만들어 보겠습니다. 프로토콜은 단순합니다. 보내는 쪽에서는 전송할 바이트 크기를 먼저 전달하고 이후 데이터를 보냅니다. 예를 들어 "안녕! 서버!"라는 데이터를 보낸다고 가정하면 텍스트를 UTF-8로 변환하고 변환된 버퍼의 크기인 15를 먼저 보냅니다. 이후 UTF-8로 변환된 바이트 스트림을 전달합니다. 수신 쪽에서는 반대로 버퍼 크기를 읽은 뒤 UTF-8 스트림을 읽습니다.

```rust
fn handle_client(mut stream: TcpStream) {
    let mut len_buffer = [0u8; 8]; // 8바이트의 헤더
    stream.read_exact(&mut len_buffer).unwrap(); // 헤더 수신
    let recv_len = i64::from_ne_bytes(len_buffer).try_into().unwrap();

    let mut txt_buffer = vec![0u8; recv_len];
    stream.read_exact(&mut txt_buffer).unwrap(); // 문자열 수신

    let str = String::from_utf8(txt_buffer.to_vec()).unwrap();
    println!("클라이언트: {:?}", str);

    let hello = String::from("안녕! 서버!");
    let bytes = hello.as_bytes();
    let len = bytes.len();

    stream.write_all(&len.to_ne_bytes()).unwrap(); // 헤더 송신(8바이트)
    stream.write_all(&bytes); // 문자열 송신
}
```

전체 소스코드는 다음과 같습니다.

예제 5.22 간단한 TCP 서버와 클라이언트 만드는 예제   [파일명: tcpserver1/src/main.rs]

```rust
use std::io::{Read, Write};
use std::net::{TcpListener, TcpStream};
```

```
fn handle_client(mut stream: TcpStream) {
 (... 내용 생략 ...)
}

fn main() {
    let listener = TcpListener::bind("localhost:1234").unwrap();

    for stream in listener.incoming() {
        let stream = stream.unwrap();
        handle_client(stream);
    }
}
```

[파일명: tcpclient1/src/main.rs]

```
use std::io::{Read, Write};
use std::net::TcpStream;

fn main() {
    let mut stream = TcpStream::connect("localhost:1234").unwrap();

    let hello = String::from("안녕! 서버!");
    let bytes = hello.as_bytes();
    let len = bytes.len();

    let size_bytes = len.to_ne_bytes();
    let size_bytes_len = size_bytes.len();

    stream.write_all(&len.to_ne_bytes()).unwrap(); // 헤더를 보냅니다.
    stream.write_all(&bytes); // 문자열을 보냅니다.
    stream.flush();

    let mut len_buffer = [0u8; 8]; // 헤더를 읽습니다.
    stream.read_exact(&mut len_buffer).unwrap();
    let recv_len = i64::from_ne_bytes(len_buffer).try_into().unwrap();

    let mut txt_buffer = vec![0u8; recv_len]; // 문자열을 읽습니다.
    stream.read_exact(&mut txt_buffer).unwrap();
```

```
    let str = String::from_utf8(txt_buffer.to_vec()).unwrap();
    println!("서버: {:?}", str);
}
```

실행 결과 (서버)
클라이언트: "안녕! 서버!"

실행 결과 (클라이언트)
서버: "안녕! 클라이언트!"

기타 다양한 IPC 기법들

러스트는 그 외에도 다양한 IPC 기법을 지원합니다.

표 5.2 러스트가 지원하는 다양한 IPC 기법

IPC 기법	크레이트	목적
파이프	libc	동일한 시스템 내 프로세스 간 통신에 사용
소켓	std	네트워크를 통해 동일하거나 다른 시스템의 프로세스와 통신에 사용
공유 메모리	libc	동일한 시스템 내 프로세스 간 메모리를 공유하기 위해 사용. 속도가 빠름
메시지 큐	mqtt 등	프로세스 간 메시지를 주고받기 위해 사용
D-BUS	dbus	프로세스 간 d-bus 프로토콜을 사용해 메시지를 주고받기 위해 사용

5.4   채팅 서비스 만들기

종합 예제로 tokio를 사용해 async 방식의 채팅 서버와 클라이언트를 작성해 보겠습니다. 새로운 사용자가 접속하면 서버는 새로운 스레드를 생성합니다. 그리고 스레드 간 통신을 위해 채널을 복제합니다.

```
let listener = TcpListener::bind("localhost:1234").await?;
    let (tx, _) = broadcast::channel(10);
    let shared_tx = Arc::new(tx);

    loop {
```

```
let (stream, _) = listener.accept().await?;
        let shared_tx = shared_tx.clone();
        let mut rx = shared_tx.subscribe();

        tokio::spawn(async move {
            let (reader, mut writer) = tokio::io::split(stream);
```

그리고 사용자로부터 입력을 수신합니다. 입력받은 문자열을 채널을 사용해 서버에 접속한 모든 사용자에게 보냅니다.

```
loop {
let mut message = String::new();
buf_reader.read_line(&mut message).await;

match shared_tx.send(message) {
Ok(_) => {},
Err(_) => {
break; // broadcast 실패 시 종료
}
};
}
```

채널은 수신된 문자열을 클라이언트에 전달합니다.

```
loop {
let data: String = match rx.recv().await {
Ok(data) => { data },
Err(_) => {
return; // 수신 실패 시 종료
}
};

print!("{}", data);
match writer.write_all(data.as_bytes()).await {
Ok(_) => {},
Err(err) => {
```

```
println!("네트워크로 데이터 전송 중 오류: {:?}", err);
            return;
        }
    };
}
```

서버와 클라이언트 전체 소스코드는 다음과 같습니다.

예제 5.23 전체 소스코드 [파일명: chatserver/src/main.rs]

```
use std::sync::Arc;
use tokio::io::{AsyncBufReadExt, AsyncWriteExt, BufReader};
use tokio::net::TcpListener;
use tokio::sync::broadcast;

#[tokio::main]
async fn main() -> Result<(), Box<dyn std::error::Error>> {
    let listener = TcpListener::bind("localhost:1234").await?; // localhost의 1234번 포트를
할당합니다.
    let (tx, _) = broadcast::channel(10); // 스레드 간 통신할 채널을 생성합니다.

    let shared_tx = Arc::new(tx); // 다른 스레드에서 채널을 사용할 수 있도록 Arc로
래핑합니다.

    loop {
        let (stream, _) = listener.accept().await?; // 사용자를 기다립니다.
        let shared_tx = shared_tx.clone();
        let mut rx = shared_tx.subscribe();

        tokio::spawn(async move {
            let (reader, mut writer) = tokio::io::split(stream); // stream을 reader와
writer로 분리합니다.

            tokio::spawn(async move { // 이벤트 루프를 구동합니다.
                loop {
                    let data: String = match rx.recv().await {
                        Ok(data) => { data },
                        Err(_) => {
```

```
                    return; // 수신 실패 시 종료
                }
            };

            if data == "/quit" {
                break;
            }

            print!("{}", data);
            match writer.write_all(data.as_bytes()).await {
                Ok(_) => {},
                Err(err) => {
                    println!("네트워크로 데이터 전송중 오류: {:?}", err);
                    return;
                }
            };
        }
    });

    let mut buf_reader = BufReader::new(reader);
    let mut username = String::new();

    buf_reader.read_line(&mut username).await;
    let username = username.trim();

    match shared_tx.send(format!("{} 님이 입장하셨습니다.\n", username)) {
        Ok(_) => {},
        Err(_) => {
            return;  // 브로드캐스트 실패 시 종료
        }
    }

    loop {
        let mut message = String::new();
        buf_reader.read_line(&mut message).await;

        let mut message = String::from(message.trim());
        if message != "/quit" {
```

```
                    message = format!("{}: {}\n", username, message);
            }

            match shared_tx.send(message) { // 수신자에 전송
                Ok(_) => {},
                Err(_) => {
                    break; // 브로드캐스트 실패 시 종료
                }
            };
        }

        match shared_tx.send(format!("{} 님이 채팅방을 나갔습니다.\n", username)) {
            Ok(_) => {},
            Err(_) => {
                return; // 브로드캐스트 실패 시 종료
            }
        }
    }
    });
    }
}
```

[파일명: chatclient/src/main.rs]

```
use std::io::{self, Write};
use tokio::io::{AsyncBufReadExt, AsyncWriteExt, BufReader};
use tokio::net::TcpStream;

#[tokio::main]
async fn main() -> Result<(), Box<dyn std::error::Error>> {
    let mut username = String::new();

    let stream = TcpStream::connect("localhost:1234").await?; // localhost의 1234번 포트로
접속합니다.
    let (reader, mut writer) = tokio::io::split(stream); // stream을 reader와 writer로
분리합니다.
    let mut reader = BufReader::new(reader);

    print!("대화명을 입력하세요: ");
    io::stdout().flush()?;
```

```rust
    io::stdin().read_line(&mut username)?; // username을 입력받음
    writer.write_all(username.as_bytes()).await?; // username을 전송합니다.

    tokio::spawn(async move {
        loop { // 이벤트 루프를 구동합니다.
            let mut message = String::new();

            match reader.read_line(&mut message).await { // 다른 사람의 대화를 수신
                Ok(_) => {
                    print!("{}", message);
                },
                Err(_) => {
                    break;
                }
            };
        }
    });

    loop {
        let mut input = String::new();
        io::stdin().read_line(&mut input)?;
        writer.write_all(input.as_bytes()).await?; // 사용자의 채팅 데이터를 전송

        if input.trim() == "/quit" {
            break;
        }
    }

    Ok(())
}
```

<table>
<tr><td align="center">실행 결과</td></tr>
</table>

```
대화명을 입력하세요: 111
111 님이 입장하셨습니다.
qqq 님이 입장하셨습니다.
111
111: 111
qqq: qqq
/quit
```

5.5 요약

이 장에서는 러스트의 동시성 기능과 입출력, 네트워킹 기법을 배웠습니다. 러스트는 동시성 문제를 해결하기 위한 다양한 기법을 제공합니다. 소유권을 통해 공유 자원을 최소화하고 Mutex와 Arc<T> 등을 사용해 동시성 제어를 할 수 있습니다. 5.2절에서 동기식 입출력 방법과 비동기식 입출력 방법의 차이를 배웠습니다. 그리고 tokio와 hyper라는 훌륭한 외부 라이브러리 사용 방법을 익혔습니다. 5.3절에서는 러스트의 네트워킹 기법을 학습했습니다. 다양한 네트워킹 기법을 배우고 hyper를 사용해 REST API와 간단한 웹서버를 만들었습니다. 그리고 종합 예제로 간단한 채팅 시스템을 구축했습니다.

이 장에서 배운 내용을 요약하면 다음과 같습니다.

- 동시성
- 동기/비동기 입출력
- 네트워킹 기법

다음 장에서는 실무에 필요한 다양한 기법에 대해 학습합니다.

06

러스트 라이브러리 활용

이 장에서는 러스트의 다양한 라이브러리 활용 방법을 학습합니다. 러스트 표준 라이브러리를 배우고 시간과 관련된 다양한 기능에 대한 '시간 처리' 방법을 학습합니다. 종합 예제로 '간단한 셸 터미널 만들기'를 통해 실제 응용 예제를 직접 구현해 봅니다. 이를 통해 러스트를 전문가처럼 활용하는 방법을 배울 수 있습니다.

6.1 러스트 표준 라이브러리

러스트의 표준 라이브러리는 여러 가지 유용한 기능과 특성을 제공합니다. 특히 Copy와 Clone 과 같은 핵심 트레잇은 러스트에서 값의 복사와 복제에 관련한 중요한 개념을 담고 있습니다. 이 두 트레잇을 사용하면 객체의 소유권을 안전하게 관리하며, 메모리 접근과 관련된 오류를 방지할 수 있습니다. 또한, 러스트의 표준 라이브러리에는 os와 관련된 모듈이 있어, 특정 운영 체제의 기능에 접근할 수 있게 해줍니다. 이와 함께 process 모듈은 프로세스 제어와 관련 시스템을 호출할 수 있게 지원해, 외부 명령을 실행하거나 프로세스의 상태를 제어하는 등의 작업을 수행할 수 있습니다.

러스트의 표준 라이브러리는 이 외에도 다양한 데이터 구조, 알고리즘, 동시성 처리 등의 기능을 제공하며, 이를 통해 안전하고 효율적인 프로그래밍이 가능합니다.

러스트 표준 트레잇

Copy

러스트의 소유권 시스템은 메모리 안전성을 보장하기 위한 핵심 메커니즘입니다. Copy는 기본적인 데이터 타입에 대해 별도의 소유권 전달 없이도 값을 복사하게 해 줍니다. Copy 트레잇은 복사와 관련된 역할을 하는 트레잇입니다. Copy 트레잇은 묵시적 복사(implicit copy)를 수행하며 이때 바이트 단위의 복제인 깊은 복사(deep copy)를 수행합니다.

간단한 예제를 하나 살펴보겠습니다.

예제 6.1 Copy 트레잇 사용 예

```rust
#[derive(Debug, Clone, Copy)]
struct Point {
    x: i32,
    y: i32,
}

fn add_points(p1: Point, p2: Point) -> Point {
    Point {
        x: p1.x + p2.x,
        y: p1.y + p2.y,
    }
}

fn main() {
    let a = Point { x: 1, y: 2 };
    let b = Point { x: 3, y: 4 };

    // add_point의 인자로 들어가는 a, b는 copy 트레잇에 의해 복제됩니다.
    // 소유권을 잃지 않습니다.
    let result = add_points(a, b);

    println!("{:?}", a); // a에 접근 가능
    println!("{:?}", b); // b에 접근 가능
    println!("{:?}", result);
}
```

결과

```
Point { x: 1, y: 2 }
Point { x: 3, y: 4 }
Point { x: 4, y: 6 }
```

위 예제에서 add_points() 함수를 살펴보면, a와 b는 함수의 파라미터로 넘어가지만 소유권은 그대로 유지됩니다. 이는 a와 b의 소유권이 아니라 그 값만 add_points()에 복제되어 전달되기 때문입니다.

암묵적 복사는 코드를 간결하게 만드는 장점이 있어 단순한 데이터 타입이나 구조체에 적합합니다. 이는 소유권에 대한 복잡성 없이 코드를 이해하게 해주어 코드의 가독성을 향상시킵니다. 그러나 이로 인해 '깊은 복사'가 일어나므로 성능 저하의 원인이 될 수 있습니다. 따라서 Copy 트레잇을 사용하기 전에 해당 모듈이 성능에 어떤 영향을 미치는지 반드시 확인해야 합니다.

Clone

Clone 트레잇은 객체를 복사하는 기능을 제공합니다. Copy 트레잇과 비슷하지만 차이가 있습니다. Clone은 명시적으로 clone() 함수를 호출해야 복사됩니다. 이를 명시적 복사(explicit copy)라고 합니다. 그뿐만 아니라 사용자가 clone() 함수를 직접 정의해 복사 방식을 결정할 수 있습니다.

간단한 예제를 하나 살펴 보겠습니다.

Clone 트레잇은 객체의 사본을 만드는 기능을 제공합니다. Copy 트레잇과 유사한 기능을 제공하지만, 조금 다릅니다. Clone 트레잇은 Copy 트레잇과는 달리 명시적 복사(explicit copy) 방식으로 작동합니다. clone()이라는 함수를 호출해야만 복제가 일어난다는 의미입니다. 아울러 clone()을 사용자가 직접 구현해 값을 복제하는 방식도 결정할 수 있습니다.

예제 6.2 Clone 트레잇 사용 예

```
#[derive(Debug)]
struct Person {
    name: String,
    age: u32,
    cloned: bool,
```

```rust
}

// Person을 복제합니다. Copy와는 다르게 값을 직접 설정할 수 있습니다.
impl Clone for Person {
    fn clone(&self) -> Self {
        Person {
            name: self.name.clone(),
            age: self.age,
            cloned: true
        }
    }
}

fn main() {
    let person1 = Person {
        name: String::from("루나"),
        age: 10,
        cloned: false
    };

    // person1을 복제합니다. 소유권을 잃지 않습니다.
    let person2 = person1.clone();

    println!("{:?}", person1);
    println!("{:?}", person2);
}
```

결과
Person { name: "루나", age: 10, cloned: false } Person { name: "루나", age: 10, cloned: true }

위 예제의 Clone 트레잇 구현을 살펴봅시다. Person 타입을 복제할 때 cloned라는 값을 true
로 설정해 원본 객체의 cloned와는 다른 값을 지정할 수 있습니다. 이렇듯 Clone 트레잇은
Copy 트레잇보다 사용하기는 번거롭지만 더 유연성이 높습니다.

Copy 트레잇과 Clone 트레잇의 비교

Copy 트레잇과 Clone 트레잇은 둘 다 러스트에서 객체의 복사를 다루기 위해 사용됩니다. 하지만 그들 사이에는 중요한 차이점이 있습니다. Copy는 묵시적인 복사를 수행하며 복제 과정에서 추가적인 로직을 실행할 수 없습니다. 반면 Clone은 사용자가 직접 복제 로직을 정의할 수 있어 복제 과정에서 특정 작업을 수행하는 것이 가능합니다. 따라서 여러분의 요구사항과 시스템의 특성에 따라 두 트레잇 중 어느 것을 사용할지 결정하는 것이 중요합니다. 사용자의 커스터마이징 요구가 높거나 복잡한 데이터 구조를 가진 경우 Clone을 고려하는 것이 좋을 수 있습니다.

표 6.1 Copy 트레잇과 Clone 트레잇 비교

	Copy 트레잇	Clone 트레잇
복사 방식	묵시적 복사	명시적 복사 (clone 함수 호출 필요)
제약	Drop 트레잇과 함께 사용 불가	Drop 트레잇과 함께 사용 가능
대상	단순한 자료 구조	복잡한 자료 구조 등
로직 구현	불가	가능

Drop

러스트는 메모리 관리를 위해 소유권 시스템을 활용합니다. 그러나 파일, 소켓, 비트맵과 같은 특정 자원은 소유권의 라이프사이클과 다를 때가 있습니다. 특히, 비트맵 같은 자원은 메모리 사용량이 크므로 화면에 표시되지 않을 때 메모리에서 해제하는 등의 효율적인 관리가 필요합니다. 이러한 리소스나 객체가 메모리에서 해제될 때 특정 작동을 실행하기 위해 Drop 트레잇이 사용됩니다.

Drop 트레잇을 통해 객체가 메모리에서 벗어날 때 수행해야 할 작업을 지정할 수 있습니다. 이런 작업은 직접 호출할 수 없기 때문에, std::mem::drop() 함수를 통해 리소스를 명시적으로 해제하거나 정리할 수 있습니다. 이 기능은 리소스의 안전한 관리와 효율적인 사용을 지원합니다.

간단한 예제를 하나 살펴보겠습니다.

예제 6.3 Drop 트레잇 사용 예

```rust
struct Book {
    title: String,
}

impl Drop for Book {
    fn drop(&mut self) {
        println!("Book 객체 해제: {}", self.title);
    }
}

fn main() {
    {
        let book = Book { title: String::from("러스트") };
    } // book의 Drop 트레잇이 자동으로 호출됩니다.
}
```

결과

Book 객체 해제: 러스트

Book은 스코프에서 벗어날 경우 자동으로 Drop 트레잇이 호출됩니다.

From과 Into

러스트는 타입에 대한 엄격한 안정성을 보장하는 언어입니다. 이로 인해 타입 간의 변환이 자유롭지 않으며, 이를 위해 특정 트레잇이 필요합니다. 바로 From과 Into 트레잇입니다.

From 트레잇은 한 자료형을 다른 자료형으로 변환하는 로직을 정의할 수 있게 해줍니다. 반대로 Into 트레잇은 From의 역 방향으로 자료형을 변환합니다. 이 두 트레잇을 통해 러스트에서는 타입 변환을 명확하고 안전하게 수행할 수 있습니다.

간단한 예제를 하나 살펴보겠습니다. 다음 예제에서 Point 클래스는 From 트레잇을 구현했습니다. Into는 별도로 구현하지 않았는데도 Into 트레잇을 활용할 수 있습니다. 이는 컴파일러가 Into 트레잇을 자동으로 구현해 주었기 때문입니다.

예제 6.4 From과 Into 사용 예

```rust
#[derive(Debug)]
struct Point {
    x: i32,
    y: i32,
}

impl From<(i32, i32)> for Point {
    fn from(tuple: (i32, i32)) -> Self {
        Point { x: tuple.0, y: tuple.1 }
    }
}

fn main() {
    let tuple = (1, 2);

    // 주어진 tuple을 바탕으로 Point 객체를 생성
    let pt: Point = Point::from(tuple);

    println!("Point::from = {:?}", pt);

    // tuple을 기반으로 point를 생성합니다. 이때 Point::from이 호출됩니다.
    let pt: Point = tuple.into();

    println!("tuple.into = {:?}", pt);
}
```

결과

```
Point::from = Point { x: 1, y: 2 }
tuple.into = Point { x: 1, y: 2 }
```

AsRef

AsRef 트레잇은 객체를 참조값으로 변환하는 용도로 사용됩니다. 이를 통해 함수가 다양한 자료형의 참조를 받아들일 수 있습니다. 이 기능은 코드의 유연성을 크게 향상시킵니다.

AsRef<T>를 파라미터로 취하는 함수는 T의 참조뿐만 아니라 T를 대상으로 AsRef를 구현한 다른 타입들의 참조도 인자로 받아들일 수 있습니다.

이러한 특징 덕분에 AsRef는 제네릭 함수나 다양한 타입을 처리하는 함수에서 입력 타입의 다양성을 확장하기 위해 주로 활용됩니다.

간단한 예제를 하나 살펴보겠습니다. 다음 예제에서 greet_person() 함수는 Person 객체뿐만 아니라 String과 &str도 함수의 파라미터로 받을 수 있습니다.

예제 6.5 AsRef 트레잇 사용 예

```rust
struct Person {
    name: String,
    age: u32,
}

impl AsRef<str> for Person {
    // Person의 name을 str 형태로 참조할 수 있습니다.
    fn as_ref(&self) -> &str {
        &self.name
    }
}

fn greet_person<P: AsRef<str>>(person: P) {
    println!("안녕! {}!", person.as_ref());
}

fn main() {
    let person = Person { name: String::from("루나"), age: 30 };

    // Person 구조체에 AsRef<str>를 구현했기 때문에,
    // greet_person 함수는 Person을 인자로 받아 사용할 수 있습니다.
    greet_person(person);

    // String과 &str도 greet_person 함수 호출이 가능합니다.
    greet_person(String::from("러스트"));
    greet_person("하이!");
}
```

결과
안녕! 루나! **안녕! 러스트!** **안녕! 하이!!**

위와 같이 AsRef를 사용하면 코드에서 다양한 타입의 입력을 쉽게 처리할 수 있습니다. 이렇게 함으로써 코드는 더욱 유연하고 재사용하기 쉬워집니다.

AsMut

AsMut는 객체를 수정 가능한 참조로 바꾸는 트레잇입니다. AsRef와 비슷하지만, 주된 차이는 수정 가능한 참조로 바꾼다는 점입니다.

바로 예제로 들어가겠습니다.

예제 6.6 AsMut 트레잇 사용 예

```
struct Person {
    name: String,
    age: u32,
}

impl AsMut<String> for Person {
    fn as_mut(&mut self) -> &mut String {
        &mut self.name
    }
}

fn name_change<P: AsMut<String>>(person: &mut P, new_name: &str) {
    let name = person.as_mut();
    name.clear();
    name.push_str(new_name);
}

fn main() {
    let mut person = Person {
        name: String::from("루나"),
        age: 10
```

```
    };

    println!("변경 전: {}", person.name);
    name_change(&mut person, "러스트");
    println!("변경 후: {}", person.name);
}
```

결과
변경 전: 루나 변경 후: 러스트

위 예제에서 확인할 수 있듯이 AsMut 트레잇을 활용해 Person 객체를 수정 가능한 참조로 변환할 수 있습니다. 이를 통해 Person 객체의 내용을 직접 변경하거나 업데이트할 수 있습니다.

시스템 콜

러스트는 운영체제에 독립적으로 설계돼 있어 다양한 플랫폼에서 호환성을 유지합니다. 그러나 특정 상황에서는 운영체제의 고유한 기능을 활용해야 할 때가 있습니다. 새로운 프로세스를 실행하거나 윈도우와 리눅스의 특별한 기능에 접근해야 할 경우가 그 예입니다. 이를 위해 러스트는 시스템 콜 기능을 제공합니다. 이를 통해 개발자는 운영체제의 리소스나 서비스에 직접 접근하며 프로세스 관리와 같은 작업을 효과적으로 수행할 수 있습니다.

이 장의 예제는 리눅스를 기준으로 작성됐습니다. 윈도우에서는 결과가 조금 다를 수 있습니다.

std::os

std::os 모듈은 특정 운영체제에 특화된 기능들을 제공합니다. 이 기능들은 운영체제마다 다를 수 있습니다. 그래서 std::os 내에는 std::os::windows, std::os::linux와 같은 서브 모듈이 존재해 각 운영체제별로 특화된 기능과 인터페이스를 제공합니다. 이런 구조 때문에 std::os의 사용은 플랫폼에 종속적이며, 개발자는 자신의 타깃 플랫폼에 맞는 서브 모듈을 사용해야 합니다.

다음 예제는 test.txt 파일의 권한을 확인하는 예제입니다. 파일이 없으면 에러가 발생하므로 미리 시스템 셸에서 touch test.txt 등의 명령을 실행해 파일을 생성해 두어야 합니다.

예제 6.7 파일 퍼미션 확인

```rust
use std::path::Path;
use std::os::unix::fs::PermissionsExt;

fn main() {
    // 사전에 touch test.txt 파일을 만들어 두면 좋습니다.
    let path = Path::new("test.txt");
    let metadata = path.metadata().unwrap();

    // 리눅스에서만 작동합니다.
    let permissions = metadata.permissions();
    let mode = permissions.mode();
    println!("파일 접근 권한: {:o}", mode);
}
```

결과

```
$ touch test.txt
$ cargo run
파일 접근 권한: 100770
```

다른 예제를 하나 더 살펴보겠습니다.

유닉스 기반의 운영체제에서는 각 파일을 '파일 서술자(file descriptor)'라는 고유한 정숫값으로 참조합니다. 이렇게 관리되는 파일 설명자는 리눅스와 같은 시스템에서 작업할 때 간혹 직접 접근하거나 활용해야 할 때가 있습니다. 예를 들어, 일부 시스템 콜 에서는 이 파일 서술자를 필요로 합니다. 러스트에서는 이러한 파일 서술자를 통해 해당 파일을 참조하는 File 객체를 생성하거나 변환하는 기능을 제공합니다.

예제 6.8 RawFD 접근

```rust
use std::fs::File;
use std::io::Read;
use std::os::unix::io::{FromRawFd, IntoRawFd};

fn main() {
    // test.txt를 오픈합니다.
    let f = File::open("test.txt").unwrap();
```

```
    // f의 파일 서술자를 획득합니다.
    let fd = f.into_raw_fd();

    // 파일 서술자로부터 File 객체를 생성합니다.
    let mut f = unsafe { File::from_raw_fd(fd) };

    // 파일 내용을 출력합니다.
    let mut contents = String::new();
    f.read_to_string(&mut contents).expect("파일 읽기 실패");
    println!("{}", contents);
}
```

결과

```
$ echo "test" > test.txt
$ cargo run
test
```

std::os의 유용한 기능들

std::os 모듈은 다양한 서브모듈과 함께 많은 유용한 기능을 포함하고 있습니다. 이 모듈 내의 모든 내용을 간결하게 설명하기는 쉽지 않기 때문에 더 깊은 이해나 상세한 정보를 원한다면 러스트의 공식 API 문서를[1] 참고하는 것이 좋습니다. 이 문서에서는 해당 모듈의 전반적인 기능과 사용법에 대해 자세히 다룹니다.

모듈별 설명은 다음 표와 같습니다.

표 6.2 std::os의 기타 모듈

모듈	내용
std::os::unix	UNIX와 호환되는 모든 시스템(리눅스, macOS, BSD 등)에서 제공하는 기능을 제공
std::os::unix::fs	DirEntry, FileType, Metadata, Permissions, ReadDir 등의 확장 기능을 제공
std::os::unix::io	AsRawFd, FromRawFd, IntoRawFd, RawFd 등의 유형 및 트레잇에 대한 확장을 제공해 UNIX 파일 디스크립터와 상호작용하는 방법을 제공

---

1 https://doc.rust-lang.org/std/

모듈	내용
std::os::unix::net	SocketAddr, UnixDatagram, UnixListener, UnixStream 등 UNIX 소켓과 관련된 확장 기능을 제공
std::os::unix::thread	운영체제 스레드 기능을 사용
std::os::windows	윈도우 특화 기능을 제공
std::os::raw	C 언어 원시 자료형에 접근할 때 사용

std::env

std::env 모듈은 운영체제의 환경 및 실행 중인 프로세스에 관한 정보에 접근할 때 활용됩니다. 주로 환경 변수의 조회나 설정, 그리고 프로그램 실행 시 전달된 명령줄 인자를 가져오는데 사용됩니다. 이 모듈을 통해 개발자는 프로그램의 작동 환경을 쉽게 파악하고 조작할 수 있습니다.

다음 예제는 명령줄 인자를 확인하는 예제입니다.

예제 6.9 명령줄 인자 확인

```
use std::env;

fn main() {
    for (index, argument) in env::args().enumerate() {
        println!("인자 #{}: {}", index, argument);
    }
}
```

결과
$ cargo run test 인자 #0: target/debug/env1 인자 #1: test

다른 예제를 하나 살펴보겠습니다.

std::env 모듈은 환경 변수와 관련된 다양한 작업을 지원합니다. 이를 통해 환경 변수를 생성, 조회, 변경할 수 있습니다.

다음 예제에서는 my_env라는 환경 변수를 설정하고 값을 읽어오는 작동을 보여줍니다.

예제 6.10 환경 변수 읽기

```rust
use std::env;

fn main() {
    // my_env라는 환경변수를 설정
    env::set_var("my_env", "my_value");

    // 환경변수 읽기
    match env::var("my_env") {
        Ok(value) => println!("my_env = {}", value),
        Err(e) => println!("my_env 읽기 오류: {}", e),
    }

    // 환경변수 제거
    env::remove_var("my_env");
}
```

결과

```
my_env = my_value
```

std::env 모듈은 환경 변수와 관련된 작업 외에도 시스템의 핵심 디렉터리 경로를 조회하는 기능을 제공합니다. 이를 통해 현재 작업 디렉터리, 임시 파일 저장 경로 등의 중요한 경로 정보를 얻을 수 있습니다.

다음 예제는 현재 실행 경로와 임시 경로를 보여줍니다.

예제 6.11 시스템의 주요 디렉터리 경로 확인

```rust
use std::env;

fn main() {
    match env::current_dir() {
        Ok(path) => println!("현재 경로: {:?}", path),
        Err(e) => println!("현재 경로 획득 실패: {}", e),
    }
```

```
    match env::temp_dir().to_str() {
        Some(path) => println!("임시 경로: {}", path),
        None => println!("임시 경로 확인 불가")
    }
}
```

결과
현재 경로: "/home/rust_with_linux/book/ch6/env3"
임시 경로: /tmp

std::process

std::process 모듈은 프로세스와 관련된 다양한 작업, 예를 들어 프로세스의 생성, 관리, 종료를 처리하는 기능을 제공하며, 다른 프로세스의 표준 입출력 스트림에 접근하는 기능도 지원합니다. 그러나 이러한 작업은 때때로 시스템의 보안에 위험을 초래할 수 있으므로 std::process 모듈을 활용할 때는 반드시 보안을 철저히 고려해야 합니다.

다음은 echo를 실행하는 예제입니다. 셸에서 echo "echo 실행"을 입력한 것과 같은 결과를 얻을 수 있습니다.

예제 6.12 새로운 process 생성

```
use std::process::Command;

fn main() {
    // 셸에서 echo를 실행합니다.
    let echo = Command::new("echo")
        .arg("echo 실행") // "echo 실행"이라는 인자를 추가합니다.
        .output()
        .expect("echo 실행 실패");

    // 명령어의 출력을 UTF-8 문자열로 변환합니다.
    let ret = String::from_utf8_lossy(&echo.stdout);

    println!("결과: {}", ret);
}
```

결과
결과: echo 실행

다른 예제를 하나 더 살펴보겠습니다. 다음 예제는 현재 실행 중인 프로세스의 ID를 획득하는 예제입니다.

예제 6.13 현재 pid 확인

```
use std::process;

fn main() {
    let pid = process::id(); // 프로세스의 pid를 획득
    println!("Process ID: {}", pid);
}
```

결과
Process ID: 4033

6.2 파일, 디렉터리 다루기

러스트에는 파일과 디렉터리를 다루는 데 사용할 수 있는 풍부한 표준 라이브러리와 서드파티 라이브러리가 있습니다. 여기서는 표준 라이브러리인 std::fs와 std::path를 설명합니다.

std::fs

러스트의 std::fs 모듈은 파일 시스템 관련 작업을 지원하는 표준 라이브러리의 일부입니다. 이 모듈에는 파일을 열고, 읽고, 쓰는 등의 작업을 위한 File 구조체와 디렉터리의 항목을 나타내는 DirEntry 구조체가 포함돼 있습니다. File 구조체에는 파일 작업을 위한 다양한 메서드가 있으며, read_dir() 함수를 사용하면 디렉터리의 내용을 읽어 각 항목에 대한 DirEntry를 얻을 수 있습니다.

파일을 만들고 쓰고 읽는 간단한 예제를 하나 살펴보겠습니다. 이미 File을 만들고 작성하는 경험은 여러 번 진행했으니 이해하는 데 큰 무리는 없을 것입니다.

예제 6.14 std::fs를 사용한 파일 입출력

```rust
use std::fs::File;
use std::io::{self, Read, Write};

fn main() -> io::Result<()> {
    let mut file = File::create("example.txt")?; // 파일 생성
    file.write_all(b"Hello, Rust!")?; // 파일에 내용 추가

    // 파일 읽기
    let mut file = File::open("example.txt")?;
    let mut content = String::new();
    file.read_to_string(&mut content)?;
    println!("{}", content);

    Ok(())
}
```

실행 결과

```
Hello, Rust!
```

fs::read_dir()은 특정 디렉터리의 내용을 컬렉션으로 읽어올 수 있습니다. 다음 예제는 현재 실행 디렉터리의 파일들을 출력하는 예제입니다.

예제 6.15 fs::read_dir을 사용해 디렉터리의 파일 목록 출력

```rust
use std::fs;

fn main() -> std::io::Result<()> {
    // 현재 디렉터리의 파일 및 디렉터리 목록을 읽어옵니다.
    let entries = fs::read_dir(".")?;

    // 각 항목을 반복하면서 이름을 출력합니다.
    for entry in entries {
        let entry = entry?;
        let file_name = entry.file_name();
        let file_name_str = file_name.to_string_lossy();
        println!("{}", file_name_str);
```

```
    }

    Ok(())
}
```

실행 결과

```
.cargo
src
Cargo.toml
Cargo.lock
crate-information.json
```

std::path

`std::path` 모듈은 파일 경로를 조작하기 위해 사용되며, `std::path::Path`와 `std::path::PathBuf` 타입을 포함합니다. 이 타입을 통해 경로 구성, 결합, 확장자 추출과 같은 다양한 경로 관련 작업을 수행할 수 있습니다.

예제 6.16 std::path를 사용하는 예제

```rust
use std::path::{Path, PathBuf};

fn main() {
    // Path 생성
    let path = Path::new("/tmp/test.txt");

    // 경로의 파일명 추출
    if let Some(filename) = path.file_name() {
        println!("파일명: {:?}", filename);
    }

    // 경로의 확장자 추출
    if let Some(extension) = path.extension() {
        println!("확장자: {:?}", extension);
    }

    // 경로 조작하기 위한 PathBuf 생성
```

```
    let mut path_buf = PathBuf::from("/tmp/foo");

    // 경로에 파일명 추가
    path_buf.push("example.txt");
    println!("전체 경로: {:?}", path_buf);
}
```

실행 결과

```
파일명: "test.txt"
확장자: "txt"
전체 경로: "/tmp/foo/example.txt"
```

tree 명령어 만들기

tree 명령어는 리눅스 및 유닉스 기반 시스템에서 디렉터리 구조를 트리 형태로 표시하는 유틸리티입니다. 이 명령어를 사용하면 디렉터리와 하위 디렉터리를 계층 구조로 나열하고, 파일 및 디렉터리의 구조를 시각화할 수 있습니다.

간단하게 셸에서 tree를 입력하면 바로 확인할 수 있습니다.

```
$ tree
.
├── Cargo.lock
├── Cargo.toml
├── src
│   └── main.rs
└── target
```

tree 명령어와 같은 기능을 구현하려면 재귀호출에 대해 알아야 합니다. 재귀호출은 함수가 자신을 다시 호출하는 방식을 말합니다. 이는 특히 계층적 또는 중첩된 구조, 예를 들면 디렉터리와 그 하위 디렉터리를 탐색할 때 유용합니다. 재귀의 핵심은 큰 문제를 작은 부분으로 나누고, 그 작은 부분을 동일한 방식으로 해결하는 것입니다. 디렉터리 내의 모든 파일과 하위 디렉터리를 나열하는 것처럼, 재귀를 활용하면 코드가 간결하고 명확해집니다.

다음 list_files_and_directires() 함수는 재귀 호출을 사용해 디렉터리의 하위 디렉터리에 접근하는 함수입니다. 주어진 경로가 디렉터리라면 디렉터리의 모든 항목을 읽고, 읽은 항목이 디렉터리라면 다시 list_files_and_directories() 함수를 호출해 하위 디렉터리를 출력합니다.

```rust
fn list_files_and_directories(path: &std::path::Path, depth: usize) -> io::Result<()> {
    // 주어진 경로가 디렉터리인지 확인합니다.
    if path.is_dir() {
        // 디렉터리의 모든 항목을 읽습니다.
        for entry in entries {
            // 항목이 디렉터리인 경우, 해당 디렉터리 내의 파일 및 서브디렉터리를 출력하기 위해 재귀적으로 호출합니다.
            if entry_path.is_dir() {
                list_files_and_directories(&entry_path, depth + 2)?;
            }
        }
    }
}
```

전체 코드는 다음과 같습니다.

예제 6.17 tree 만들기 예제

```rust
use std::fs;
use std::io;

// 주어진 경로에서 파일과 디렉터리 목록을 재귀적으로 출력하는 함수입니다.
// `depth`는 현재 디렉터리의 깊이를 나타내어 들여쓰기에 사용됩니다.
fn list_files_and_directories(path: &std::path::Path, depth: usize) -> io::Result<()> {
    // 주어진 경로가 디렉터리인지 확인합니다.
    if path.is_dir() {
        // 디렉터리의 모든 항목을 읽습니다.
        let entries = fs::read_dir(path)?;
        for entry in entries {
            let entry = entry?;
            let entry_path = entry.path();
            // 항목의 이름을 추출합니다.
```

```
        let file_name = entry_path.file_name().and_then(|os_str|
os_str.to_str()).unwrap_or(""));
        println!("{:indent$}{}", "", file_name, indent = depth);

        // 항목이 디렉터리인 경우, 해당 디렉터리 내의 파일 및 서브디렉터리를 출력하기 위해
재귀적으로 호출합니다.
        if entry_path.is_dir() {
            list_files_and_directories(&entry_path, depth + 2)?;
        }
      }
    }
  }
  Ok(())
}

fn main() -> io::Result<()> {
    let current_dir = std::env::current_dir()?;
    println!("{}", current_dir.display());
    list_files_and_directories(&current_dir, 0)?;

    Ok(())
}
```

실행 결과

```
$ cargo run
/book/ch6/tree1
Cargo.lock
Cargo.toml
src
  main.rs
target
```

6.3 시간 처리

시간 처리 가능은 중요합니다. 예를 들어 시스템의 성능을 정밀하게 측정하거나 배치 시스템과
같은 환경에서 시간을 이용해 지연 작동 같은 작업을 할 수 있습니다. 그리고 시간대 계산이나
캘린더 변환 기능으로 날짜와 시간 정보를 보기 좋게 포매팅해 보여줄 수도 있습니다.

러스트는 시간과 날짜 처리를 위한 다양한 라이브러리와 모듈을 제공합니다. 기본적으로 std::time 모듈을 통해 주요 시간 연산 기능을 이용할 수 있습니다. 그러나 보다 세밀한 시간과 날짜의 포매팅이나 고급 기능이 필요할 때는 chrono와 같은 외부 크레이트를 활용하면 됩니다. 이를 통해 보다 직관적이고 정제된 형태의 날짜와 시간 정보를 제공할 수 있습니다.

시간 및 날짜 관련 라이브러리

SystemTime

SystemTime은 std::time 모듈에 포함된 구조체로 현재 시스템의 시간을 표현하는 데 사용됩니다. 이 구조체의 값은 운영체제의 내부 시계를 기반으로 하기 때문에 실질적인 값은 운영체제가 설정한 기준 시점부터 경과한 시간을 사용합니다. 예를 들어 리눅스와 같은 운영체제에서는 1970년 1월 1일 00:00:00 UTC, 즉 유닉스 에포크(Unix Epoch)를 기준으로 경과 시간을 계산합니다.

한 가지 주의할 점은 SystemTime은 UTC를 기준으로 계산되기 때문에 사용자의 시간대에 맞는 정보를 얻으려면 따로 시간 연산을 해야 한다는 점입니다. 그래서 단순한 시간 계산에만 주로 활용되며 복잡한 연산을 하려면 chrono와 같은 외부 크레이트를 주로 사용합니다.

다음 예제는 SystemTime을 사용해 현재 시간을 Unix Epoch 형태로 출력하는 예제입니다.

예제 6.18 현재 시스템 시간 확인

```
use std::time::SystemTime;

fn main() {
    // 현재 시스템 시간을 가져옵니다.
    let now = SystemTime::now();

    // 현재 시스템 시간을 디버그 형식으로 출력합니다.
    println!("{:?}", now);
}
```

결과
SystemTime { tv_sec: 1692772107, tv_nsec: 854061228 }

구간 시간 측정

SystemTime은 구간 시간 측정에 특히 유용합니다. 이를 통해 특정 작업의 시작 시각과 종료 시각 사이의 시간 차이를 정확하게 측정할 수 있습니다. 예를 들어 프로그램의 특정 부분이 얼마나 걸리는지 파악하거나 성능 최적화를 위한 벤치마킹 작업에서 SystemTime을 활용해 두 시점 사이의 경과 시간을 계산하는 것이 흔한 사용 사례로 볼 수 있습니다.

다음 예제는 SystemTime을 사용해 구간 시간을 측정하는 예제입니다.

예제 6.19 구간 시간 측정

```rust
use std::thread::sleep;
use std::time::SystemTime;
use std::time::Duration;

fn main() {
    let tm = SystemTime::now();

    println!("1초 대기");
    sleep(Duration::from_secs(1));

    match tm.elapsed() { // 시간 측정
        Ok(elapsed) => {
            println!("대기 시간: {}.{}초", elapsed.as_secs(), elapsed.subsec_millis());
        }
        Err(e) => {
            println!("오류 발생: {:?}", e);
        }
    }
}
```

결과
1초 대기 대기 시간: 1.1초

시간 비교

SystemTime을 사용하면 비교 연산자(<)를 사용해 시간 비교를 할 수 있습니다.

다음 예제는 시간을 비교하는 예제입니다.

예제 6.20 시간 비교

```rust
use std::time::SystemTime;
use std::thread::sleep;
use std::time::Duration;

fn main() {
    let start = SystemTime::now();
    // 시간 비교를 위해 강제로 1초간 슬립합니다.
    sleep(Duration::from_secs(1));
    let end = SystemTime::now();

    if end > start {
        println!("시간 비교 가능");
    }
}
```

결과

시간 비교 가능

시간 연산

SystemTime과 Duration을 조합하면 시간 연산을 수행할 수 있습니다.

다음 예제는 현재 시간에 3초를 더한 값을 계산하는 예제입니다.

예제 6.21 시간 연산

```rust
use std::time::{SystemTime, Duration};

fn main() {
    let now = SystemTime::now();
    let after = now + Duration::from_secs(3);

    println!("현재시간: {:?}", now);
    println!("+3초: {:?}", after);
}
```

결과

```
현재시간: SystemTime { tv_sec: 1692772981, tv_nsec: 71870981 }
+3초: SystemTime { tv_sec: 1692772984, tv_nsec: 71870981 }
```

duration

std::time::Duration은 시간의 경과나 지속성을 정밀하게 표현하기 위한 자료형입니다. 이 자료형은 초와 나노초로 이뤄져 있어 높은 정밀도의 시간 표현이 가능합니다. Duration의 주된 목적은 정확한 시간 측정을 위함이며, 그로 인해 시간 차이나 연산을 효과적으로 처리할 수 있습니다. 따라서 복잡한 시간 계산이나 벤치마킹과 같은 작업에서 Duration은 굉장히 유용하게 활용됩니다.

다음 예제는 Duration 간 덧셈, 뺄셈을 하는 예제입니다. 1초 + 1초, 1초 − 1초를 계산합니다.

예제 6.22 Duration을 활용해 시간 계산

```rust
use std::time::Duration;

fn main() {
    let start = Duration::new(1, 0);
    let adder = Duration::new(1, 0);

    let sum = start + adder;
    let minus = start - adder;

    println!("Duration 간 덧셈 결과: {:?}", sum);
    println!("Duration 간 뺄셈 결과: {:?}", minus);
}
```

결과

```
Duration 간 덧셈 결과: 2s
Duration 간 뺄셈 결과: 0ns
```

다음 예제는 1.123초를 설정하는 예제입니다. 참고로 1초는 1,000,000,000나노초입니다.

예제 6.23 나노초 설정 및 확인

```
use std::time::Duration;

fn main() {
    // 1초 123000000나노초를 설정합니다.
    let duration = Duration::new(1, 123_000_000); // 1.123초

    let sec = duration.as_secs();
    let nano = duration.subsec_nanos();

    println!("{}초 {}나노초", sec, nano);
}
```

결과

```
1초 123000000나노초
```

시간 연산

SystemTime은 기본적인 시간 포매팅 기능을 지원하지만, 복잡한 포매팅 요구사항을 만족시키기에는 제한적입니다. 그래서 chrono와 같은 외부 크레이트를 활용하는 경우가 많습니다. chrono는 std::time에 비해 다양한 포매팅 옵션과 파싱, 고급 시간 관련 기능을 제공합니다. 이 단락에서는 chrono를 사용해 시간 포매팅을 하겠습니다.

chrono를 사용하려면 Cargo.toml에 의존성을 추가해야 합니다.

[파일: Cargo.toml]

```
[dependencies]
chrono = "*"
```

시간 포매팅

다음 예제는 chrono를 사용해 현재 로컬 날짜와 시간을 가져와 다양한 방식으로 포매팅하는 예제입니다.

예제 6.24 chrono를 사용해 시간 포매팅

```rust
use chrono::Local;

fn main() {
    // 현재 로컬 날짜와 시간을 가져옵니다.
    let now = Local::now();

    // 현재 날짜를 YYYY-MM-DD 형식으로 출력합니다.
    println!("{}", now.format("%Y-%m-%d"));

    // 현재 시간을 HH:MM:SS 형식으로 출력합니다.
    println!("{}", now.format("%H:%M:%S"));

    // 현재 날짜와 시간을 사용자 정의 포맷으로 출력합니다.
    // 이 경우 "오늘은 [요일], [월] [일], [년]. 현재 시간은 [시:분:초]." 형식으로 출력됩니다.
    println!("{}", now.format("오늘은 %A, %B %d, %Y. 현재 시간은 %H:%M:%S."));
}
```

결과
2023-08-23 15:57:16 오늘은 Wednesday, August 23, 2023. 현재 시간은 15:57:16.

시간대 계산

chrono를 사용하면 시간대 계산을 쉽게 할 수 있습니다. 대한민국은 서울 표준시(UTC+9)를 사용합니다.

다음 예제는 UTC 시간을 서울 표준시로 변경하는 예제입니다.

예제 6.25 시간대 계산

```rust
use chrono::{Utc, Local, FixedOffset};
use chrono::offset::TimeZone;

fn main() {
    // UTC 시간 획득
    let now_utc = Utc::now();
```

```
    println!("UTC 시각: {}", now_utc);

    // 로컬 시간
    let now_local = Local::now();
    println!("로컬 시각: {}", now_local);

    // 서울 시간 획득 UTC+9
    let seoul_offset = FixedOffset::east(9 * 3600); // +9
    let seoul = seoul_offset.from_utc_datetime(&now_utc.naive_utc());
    println!("한국 시각: {}", seoul);
}
```

결과

```
UTC 시각: 2023-08-23 07:05:49.015381622 UTC
로컬 시각: 2023-08-23 16:05:49.016688251 +09:00
한국 시각: 2023-08-23 16:05:49.015381622 +09:00
Wednesday, August 23, 2023 at 16:05:49
```

6.4 간단한 셸 터미널 만들기

리눅스에서 셸 터미널은 사용자와 운영체제 간의 인터페이스로서 사용자가 입력한 명령을 해석하고 실행하는 프로그램입니다. bash나 zsh 같은 셸 프로그램을 통해 여러분도 이미 잘 알고 있을 것입니다.

이 장에서는 종합 예제로 간단한 셸 터미널을 만들어 보겠습니다. 셸 터미널은 다음과 같이 크게 입력값 파싱과 실행을 하고 결과를 출력하는 기능이 있습니다. 사용자가 exit를 입력할 때까지 이 과정을 무한히 반복합니다.

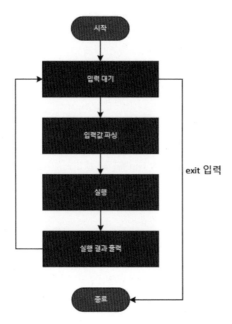

그림 6.1 셸 터미널의 작동 구조

입력값 파싱

입력값을 파싱하는 것은 간단합니다. String 객체의 trim() 함수를 사용해 문자열 토큰으로 분리합니다. 그다음에 공백을 기준으로 분리된 토큰을 문자열 벡터에 추가해 명령행 인자를 만듭니다.

```rust
let mut input = String::new();
io::stdin().read_line(&mut input).expect("Failed to read line");
let input = input.trim();
// 사용자 입력을 공백을 기준으로 나눠 parts 벡터에 저장합니다.
let parts: Vec<&str> = input.split_whitespace().collect();
```

실행 기능 구현

위에서 생성한 명령행 인자를 std::process::Command의 파라미터로 변환합니다

```rust
// parts의 첫 번째 요소(명령어)를 command 변수에 저장합니다.
let command = parts[0];
// 나머지 부분은 args에 저장합니다.
let args = &parts[1..];
```

```
// 저장된 명령어와 인자들을 사용해 외부 명령어를 실행합니다.
let output = Command::new(command)
.args(args)
.output()
.expect("Failed to execute command");
```

전체 코드는 다음과 같습니다. exit를 입력하면 종료합니다.

예제 6.26 간단한 셸 터미널 만들기

```
use std::io::{self, Write};
use std::process::Command;

fn main() {
    loop { // 무한 루프
        print!("RustShell$ ");
        io::stdout().flush().unwrap();

        let mut input = String::new();
        io::stdin().read_line(&mut input).expect("Failed to read line");
        let input = input.trim();

        // 사용자가 'exit'를 입력하면 루프를 종료합니다.
        if input == "exit" {
            break;
        }

        // 사용자 입력을 공백을 기준으로 나누어 parts 벡터에 저장합니다.
        let parts: Vec<&str> = input.split_whitespace().collect();
        if parts.is_empty() {
            continue;
        }

        // parts의 첫 번째 요소(명령어)를 command 변수에 저장합니다.
        let command = parts[0];
        // 나머지 부분은 args에 저장합니다.
        let args = &parts[1..];

        // 저장된 명령어와 인자들을 사용해 외부 명령어를 실행합니다.
```

```
        let output = Command::new(command)
            .args(args)
            .output()
            .expect("Failed to execute command");

        io::stdout().write_all(&output.stdout).unwrap();
        io::stderr().write_all(&output.stderr).unwrap();
    }
}
```

실행 결과

```
RustShell$ ls -al
total 9
drwxrwx--- 1 root vboxsf 4096  8월 24 09:39 .
drwxrwx--- 1 root vboxsf 4096  8월 24 09:39 ..
-rwxrwx--- 1 root vboxsf  150  8월 24 09:39 Cargo.lock
-rwxrwx--- 1 root vboxsf  175  8월 24 09:39 Cargo.toml
drwxrwx--- 1 root vboxsf    0  8월 24 09:39 src
drwxrwx--- 1 root vboxsf    0  8월 24 09:39 target
RustShell$
```

6.5 요약

이 장에서는 러스트의 표준 라이브러리를 학습했습니다. 그리고 시간과 관련된 다양한 기능에 대한 '시간 처리' 방법을 배웠고 종합 예제로 '간단한 셸 터미널 만들기'를 통해 프로세스 사용 방법을 학습했습니다.

이 장에서 배운 내용을 요약하면 다음과 같습니다.

- 러스트 표준 라이브러리
- 파일, 디렉터리 다루기
- 시간 처리
- 간단한 셸 터미널 만들기

다음 장에서는 객체지향과 디자인 패턴을 학습합니다.

객체지향과 디자인 패턴

이 장에서는 러스트의 객체지향 기법과 디자인 패턴을 학습합니다. 러스트는 객체지향 언어는 아니지만 객체지향 언어가 가지는 특징들을 차용해 객체지향 방식으로 응용 프로그램을 개발할 수 있습니다. 그리고 러스트 언어로 디자인 패턴을 배우고 간단한 예제를 작성합니다.

7.1 객체지향 러스트

객체지향 프로그래밍(object oriented programming)은 '객체'라는 단위로 현실 세계를 모델링하는 방법론입니다. 객체 단위로 프로그램을 분리할 수 있기 때문에 유지 보수성이 높아진다는 장점이 있습니다. 객체지향의 특징은 캡슐화, 다형성, 상속 등이 있습니다. 러스트는 객체지향 언어가 아니기에 이러한 특징을 완벽하게 지원하지는 못합니다. 하지만 러스트는 객체지향의 핵심적인 개념을 트레잇과 같은 형태로 차용해 객체지향에 가까운 프로그램을 작성할 수 있게 해줍니다.

캡슐화

캡슐화(encapsulation)는 객체의 내부 정보를 적절히 숨겨 외부에서 접근할 수 없게 제어하는 것을 말합니다. 러스트는 pub 키워드를 사용해 함수와 데이터를 캡슐화할 수 있습니다.

다음 예제는 pub 키워드로 가시성을 적절히 제어해 외부에 노출할 부분과 그렇지 않은 부분을 분리함으로써 캡슐화를 달성합니다. pub 키워드를 사용한 부분은 외부에 노출되고 그렇지 않은 부분은 내부로 은닉됩니다.

예제 7.1 캡슐화를 위해 pub 키워드를 사용하는 예제

```rust
pub struct Student {
    id: i32, // private 필드
    pub name: String, // public 필드
    pub email: String, // public 필드
}

impl Student {
    // public 생성자
    pub fn new(id: i32, name: String, email: String) -> Student {
        Student { id, name, email }
    }

    // public 메서드
    pub fn get_name(&self) -> &String {
        &self.name
    }

    // private 메서드
    fn set_name(& mut self, name: String) {
        self.name = name.clone();
    }
}

fn main() {
    let student = Student::new(1, String::from("luna"), String::from("luna@email.me"));
    println!("이름: {}", student.get_name());
}
```

실행 결과
이름: luna

다형성

다형성(polymorphism)은 객체가 문맥에 따라 다른 자료형으로 형태를 취할 수 있게 하는 것을 말합니다. 러스트는 trait 키워드와 dyn 키워드를 사용해 다형성을 제공합니다. 트레잇은

객체지향의 인터페이스와 유사합니다. 트레잇은 함수를 추상화해 트레잇을 구현하는 구조체들이 같은 이름의 API를 제공하도록 합니다. dyn 키워드는 컴파일러에 트레잇의 구현체를 런타임에 찾아야 한다고 알려주는 키워드입니다.

다음 예제는 트레잇과 dyn 키워드를 사용해 다형성을 확인하는 예제입니다. say_hello() 함수는 Hello 트레잇의 인스턴스를 파라미터로 받아 hello_msg라는 공통 인터페이스를 호출합니다.

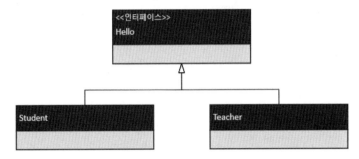

그림 7.1 Hello와 Student의 관계

예제 7.2 공통 인터페이스

```
// Hello라는 트레잇을 정의합니다. 이 트레잇은 hello_msg 메서드를 가져야 합니다.
trait Hello {
    fn hello_msg(&self) -> String; // hello_msg 메서드는 String을 반환해야 하며, 이를
구현하는 타입에서 정의해야 합니다.
}

// say_hello 함수는 Hello 트레잇을 구현하는 어떠한 타입의 참조도 받을 수 있습니다.
// 이 함수는 전달받은 타입의 hello_msg 메서드를 호출하고 그 결과를 출력합니다.
fn say_hello(say: &dyn Hello) {
    println!("{}", say.hello_msg());
}
```

다음 예제 7.3은 Hello 트레잇을 구현한 예제입니다. 트레잇은 'impl 트레잇 이름 for 구조체 이름'의 형식으로 정의합니다. Student와 Teacher는 서로 다른 자료형이지만, Hello라는 동일한 이름으로 활용됩니다.

예제 7.3 Hello 트레잇의 구현체

```
(... 이어서 ...)

struct Student {}

impl Hello for Student {
    fn hello_msg(&self) -> String {
        String::from("안녕하세요! 선생님,")
    }
}

struct Teacher {}

impl Hello for Teacher {
    fn hello_msg(&self) -> String {
        String::from("안녕하세요. 오늘 수업은...")
    }
}

fn main() {
    let student = Student { };
    let teacher = Teacher { };

    say_hello(&student);
    say_hello(&teacher);
}
```

실행 결과

```
안녕하세요! 선생님,
안녕하세요. 오늘 수업은...
```

상속

상속(inheritance)은 기존에 정의된 자료형을 기반으로 새로운 자료형을 만드는 것을 말합니다. 상속을 활용하면 기존 코드를 재사용하면서 수정이 필요한 부분만 재정의해 사용할 수 있어 유지 보수성을 크게 높일 수 있습니다. 다만 상속이 너무 지나치면 상위 클래스와 하위 클래스 간의 결합도가 필요 이상으로 높아지는 문제가 있습니다.

애석하게도 러스트에서는 상속을 구현하기가 쉽지 않습니다. 데코레이터나 프락시 패턴 등을 사용해 상속과 유사하게 작동하도록 구현하는 방법이 현재로서는 최선입니다. 다음은 트레잇과 데코레이터 패턴을 사용해 상속을 흉내 내는 예제입니다.

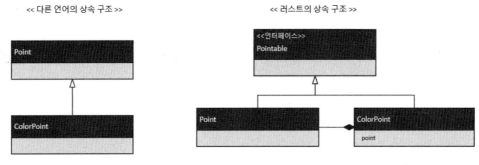

그림 7.2 러스트의 유사 상속

Pointable은 x와 y를 반환하는 함수가 선언돼 있습니다. 일종의 부모 클래스의 인터페이스 역할을 합니다. Point는 부모 클래스의 구현체와 같은 역할을 합니다

예제 7.4 부모 클래스

```
trait Pointable { // Pointable이라는 인터페이스를 정의합니다.
    fn x(&self) -> i32;
    fn y(&self) -> i32;
}

struct Point {
    x: i32,
    y: i32,
}

impl Pointable for Point { // Point는 Pointable 인터페이스를 구현합니다.
    fn x(&self) -> i32 {
        self.x
    }
```

```
    fn y(&self) -> i32 {
        self.y
    }
}

fn print_pointable(pointable: &dyn Pointable) {
    println!("x: {} y: {}", pointable.x(), pointable.y());
}
```

ColorPoint는 Point를 확장한 하위 클래스처럼 작동합니다. 러스트는 상속을 제공하지 않기에 내부적으로 point 인스턴스를 가지고 있습니다. 그리고 부모 클래스의 함수를 호출하는 것처럼 만들기 위해 point 인스턴스의 함수를 호출합니다.

예제 7.5 하위 클래스

```
(... 이어서 ...)

struct ColorPoint {
    color: String,
    point: Point,
}

impl ColorPoint {
    fn new(color: String, x: i32, y: i32) -> ColorPoint {
        ColorPoint {
            color: color,
            point: Point {
                x: x,
                y: y
            }
        }
    }

    fn color(&self) -> &String {
        &self.color
    }
}
```

```rust
impl Pointable for ColorPoint {
    fn x(&self) -> i32 {
        self.point.x
    }

    fn y(&self) -> i32 {
        self.point.y
    }
}

fn main() {
    let pt = ColorPoint::new(String::from("red"), 1, 2);
    print_pointable(&pt);
}
```

실행 결과

```
x: 1, y: 2
```

7.2 디자인 패턴

디자인 패턴은 재사용 가능한 솔루션으로서 소프트웨어 개발에서 반복적으로 발생하는 문제를 효과적으로 해결하는 방안을 제시합니다. 디자인 패턴은 소프트웨어를 설계하는 사람으로 하여금 당면한 문제를 일반화해 문제를 보다 쉽게 해결할 수 있는 방안을 제시합니다.

디자인 패턴은 다음과 같이 3가지 범주로 분류할 수 있습니다.

표 7.1 디자인 패턴의 범주

범주	설명	주요 패턴
생성	객체의 생성과 관련된 패턴	빌더, 팩토리 메서드, 싱글턴 등
구조	객체 간의 구조화와 관련된 패턴	어댑터, 브리지, 컴포지트, 데코레이터, 플라이웨이트 등
행동	알고리즘이나 객체 간 작동에 관련된 패턴	반복자, 옵저버, 상태, 전략 등

디자인 패턴은 만능이 아니므로 당면한 문제에 따라 적절히 취사선택해야 합니다. 부적절하게 사용된 패턴은 오히려 문제를 더 복잡하게 만들 수 있습니다. 그럼에도 불구하고 디자인 패턴을 연구하고 사용하는 것은 소프트웨어 엔지니어링의 핵심 요소이며 소프트웨어의 품질, 유지보수성과 재사용성을 개선하는 데 도움이 될 수 있습니다.

디자인 패턴은 내용이 방대하기 때문에 이 책에서는 디자인 패턴의 일부분만 다룹니다. 디자인 패턴에 관해 자세히 알고 싶다면 《GoF 디자인 패턴》(프로텍미디어, 2015)을 참고합니다.

팩토리 메서드 패턴

팩토리 메서드(factory method) 패턴은 객체의 생성을 별도의 생성 모듈에 위임해 객체의 생성 과정과 관리를 생성 모듈이 제어하는 패턴을 말합니다.

다음 예제는 불고기 피자와 하와이안 피자를 생성하는 피자 팩토리를 정의합니다. 생산할 피자의 타입을 PizzaType이라는 enum으로 정의합니다. 그리고 피자의 공통 인터페이스를 Pizza라는 트레잇으로 관리합니다.

예제 7.6 팩토리 메서드로 피자를 생산하는 예제

```rust
// `Pizza` 트레잇은 피자를 먹는 행동을 추상화한 것입니다.
trait Pizza {
    fn eat(&self);
}


// 피자의 종류를 열거형으로 표현합니다.
enum PizzaType {
    Bulgogi,
    Hawaiian,
}


// `PizzaFactory` 트레잇은 피자를 생성하는 팩토리의 역할을 추상화한 것입니다.
// 이 트레잇은 피자의 종류에 따라 적절한 피자 객체를 생성하는 메서드를 정의합니다.
trait PizzaFactory {
    fn create(pizza_type: PizzaType) -> Box<dyn Pizza>; // 주어진 피자 종류에 해당하는 피자
    객체를 반환합니다.
}
```

```rust
// `ConcretePizzaFactory`는 `PizzaFactory` 트레잇을 구현한 구체적인 팩토리 클래스입니다.
struct ConcretePizzaFactory {}

impl PizzaFactory for ConcretePizzaFactory {
    fn create(pizza_type: PizzaType) -> Box<dyn Pizza> {
        match pizza_type {
            PizzaType::Bulgogi => Box::new(BulgogiPizza), // Bulgogi 피자의 경우
`BulgogiPizza` 객체를 반환합니다.
            PizzaType::Hawaiian => Box::new(Hawaiianpizza), // Hawaiian 피자의 경우
`HawaiianPizza` 객체를 반환합니다.
        }
    }
}

struct BulgogiPizza {}
struct Hawaiianpizza {}

impl Pizza for BulgogiPizza {
    fn eat(&self) {
        println!("불고기 냠냠");
    }
}

impl Pizza for Hawaiianpizza {
    fn eat(&self) {
        println!("파인애플 냠냠");
    }
}

fn main() {
    let bulgogi = ConcretePizzaFactory::create(PizzaType::Bulgogi);
    let hawaiian = ConcretePizzaFactory::create(PizzaType::Hawaiian);

    bulgogi.eat();
    hawaiian.eat();
}
```

실행 결과
불고기 냠냠
파인애플 냠냠

싱글턴 패턴

싱글턴(singleton) 패턴은 시스템에 하나의 인스턴스만 생성되도록 하는 디자인 패턴입니다. 러스트에서는 lazy_static 크레이트[1]를 사용해 싱글턴 패턴을 구현할 수 있습니다.

먼저 Cargo.toml에 lazy_static 의존성을 추가합니다.

[파일명: Cargo.toml]

```
[dependencies]
lazy_static = "1.4.0"
그리고 lazy_static! 매크로를 사용해 MySingleton이라는 싱글턴을 추가합니다.
// `lazy_static` 매크로를 사용하기 위해 외부 crate를 가져옵니다.
#[macro_use]
extern crate lazy_static;

// `lazy_static!` 매크로를 사용해 MySingleton 인스턴스를 한 번만 생성하도록 합니다.
// 이렇게 하면 프로그램 전체에서 하나의 인스턴스만 사용하게 되어 싱글턴 패턴이 구현됩니다.
lazy_static! {
    static ref INSTANCE: MySingleton = {
        MySingleton::new(String::from("luna")) // 인스턴스 생성 시 "luna"라는 이름을
전달합니다.
    };
}

// 싱글턴 객체를 표현하는 `MySingleton` 구조체입니다.
struct MySingleton {
    name: String // 싱글턴 객체의 이름을 저장하는 필드입니다.
}

impl MySingleton {
    fn new(name: String) -> MySingleton { // `MySingleton` 인스턴스를 생성하는 생성자
```

---

1   https://docs.rs/lazy_static/latest/lazy_static/

```
함수입니다.
    MySingleton { name }
    }

    // 싱글턴의 함수
    fn call(&self) {
        println!("my name is {}", self.name);
    }
}

fn main() {
    INSTANCE.call();
}
```

실행 결과

```
my name is luna
```

빌더 패턴

빌더(builder) 패턴은 복잡한 파라미터를 가진 객체를 빌더를 사용해 쉽게 만들 수 있도록 하는 디자인 패턴입니다.

다음 예는 빌더 패턴의 예시입니다. BurgerBuilder의 모든 함수는 자기 자신을 반환하는데, 이 방식을 통해 사용하는 쪽에서는 복잡한 옵션을 일종의 체인과 같은 형태로 추가할 수 있습니다.

예제 7.7 빌더 패턴 예제

```
struct Burger {
    bun: String,
    patties: i32,
    sauce: String,
    extra: Vec<String>,
}

impl Burger {
    fn to_string(&self) -> String {
```

```rust
        let mut txt = format!("{} 위에 순 쇠고기 패티 {}장 {} 소스 ",
            self.bun, self.patties, self.sauce);

        for ex in self.extra.iter() {
            txt = format!("{} {} ", txt, ex);
        }

        txt
    }
}


struct BurgerBuilder {
    bun: String,
    patties: i32,
    sauce: String,
    extra: Vec<String>,
}

impl BurgerBuilder { // 빌더를 구현합니다.
    fn new() -> BurgerBuilder {
        BurgerBuilder {
            bun: String::from(""),
            patties: 0,
            sauce: String::from(""),
            extra: Vec::<String>::new()
        }
    }

    fn bun(mut self, bun: String) -> BurgerBuilder { // 번을 추가합니다.
        self.bun = bun;
        self
    }

    fn patties(mut self, patties: i32) -> BurgerBuilder { // 패티를 추가합니다.
        self.patties = patties;
        self
    }
```

```rust
        fn sauce(mut self, sauce: String) -> BurgerBuilder { // 소스를 추가합니다.
            self.sauce = sauce;
            self
        }

        fn add_extra(mut self, val: String) -> BurgerBuilder { // 기타 다른 옵션을 추가합니다.
            self.extra.push(val);
            self
        }

        fn build(self) -> Burger { // 주어진 옵션을 넣어 버거 객체를 생성합니다.
            Burger {
                bun: self.bun,
                patties: self.patties,
                sauce: self.sauce,
                extra: self.extra,
            }
        }
    }
}

fn main() {
    let burger = BurgerBuilder::new()
        .bun(String::from("참깨빵"))
        .patties(2)
        .sauce(String::from("특별한"))
        .add_extra(String::from("양상추"))
        .build();

    println!("{}", burger.to_string());
}
```

실행 결과

참깨빵 위에 순 쇠고기 패티 2장 특별한 소스 양상추

어댑터 패턴

어댑터(adapter) 패턴은 기존 구현체가 시스템의 인터페이스와 호환되지 않는 상황에서 인터페이스를 동일하게 유지하고 싶을 때 사용합니다. 그래서 객체를 새로운 인터페이스로 래핑함으로써 호환되지 않는 인터페이스를 함께 작동하게 하고 복잡한 시스템의 구현을 단순화할 수 있습니다.

다음 예제는 어댑터 패턴을 구현한 예제입니다. `Adaptee`에는 벤더가 정의한 API가 있고 인터페이스는 시스템과 맞지 않습니다. 그래서 `Adapter`를 두어 우리가 정의한 API로 벤더의 API를 사용할 수 있게 만듭니다.

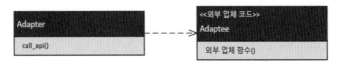

그림 7.3 어댑터 패턴 설명

예제 7.8 어댑터 패턴 예제

```
// Adaptee 구조체는 기존에 사용하던 시스템 또는 라이브러리에 대한 인터페이스를 정의합니다.
struct Adaptee {}

impl Adaptee {
    fn new() -> Adaptee { // Adaptee의 새로운 인스턴스를 생성합니다.
        Adaptee {}
    }

    // 벤더가 정의한 특정 API를 제공합니다.
    // 이 API는 기존 시스템 또는 라이브러리와 호환될 수 있습니다.
    fn vendor_specific_api(&self) {
        println!("벤더가 정의한 API");
    }
}

// Adapter 구조체는 클라이언트가 사용하려는 인터페이스를 제공합니다.
// 이 구조체는 Adaptee에 대한 연결을 캡슐화하며, 클라이언트와 호환되는 인터페이스를
제공합니다.
struct Adapter {}
```

```
impl Adapter {
    fn new() -> Adapter { // Adapter의 새로운 인스턴스를 생성합니다.
        Adapter {}
    }


    // 우리가 정의한 API입니다.
    // 클라이언트가 호출할 때, 이 메서드는 내부적으로 Adaptee의 벤더 지정 API를 호출합니다.
    // 따라서 클라이언트와 Adaptee 간의 인터페이스 차이를 극복합니다.
    fn call_api(&self) {
        Adaptee::new().vendor_specific_api();
    }
}

fn main() {
    let adapter = Adapter::new();
    adapter.call_api();
}
```

실행 결과

벤더가 정의한 API

컴포지트 패턴

컴포지트(composite) 패턴은 객체 그룹을 단일 객체와 동일한 방식으로 처리할 수 있는 디자인 패턴입니다. 객체 그룹은 트리 구조로 구성되며, 트리의 각 노드는 객체 그룹 또는 단일 객체를 나타냅니다. 컴포지트 패턴은 여러 개의 객체 모음을 하나의 객체로 취급해 작업해야 할 때 유용합니다.

다음 예제는 컴포지트 패턴을 러스트로 구현한 예제입니다. Control 트레잇은 일종의 트리 노드 역할을 합니다.

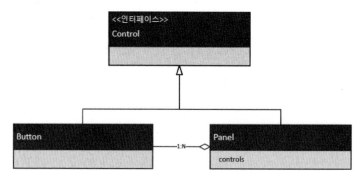

그림 7.4 컴포지트 패턴

draw()라는 공통 인터페이스를 가지고 있습니다. Panel은 자식 컨트롤들을 관리하는 트리의 노드입니다. draw()가 호출되면 자식 노드들의 draw()를 호출합니다.

예제 7.9 컴포지트 패턴

```rust
trait Control { // 컨트롤을 정의합니다.
    fn draw(&self) -> String;
}

struct Button {
    name: String,
}

impl Control for Button { // 버튼을 정의합니다.
    fn draw(&self) -> String {
        format!("Button - {}", self.name)
    }
}

impl Button {
    fn new(name: String) -> Box<Button> {
        Box::new(Button {
            name: name
        })
    }
}
```

```rust
struct Panel { // 패널을 정의합니다. 패널은 1:n의 관계로 하위 컨트롤을 가질 수 있습니다.
    name: String,
    controls: Vec<Box<dyn Control>>,
}

impl Control for Panel {
    fn draw(&self) -> String {
        let mut txt = format!("Panel - {}", self.name);
        for control in self.controls.iter() {
            txt = format!("{}\n\t{}", txt, control.draw());
        }
        txt
    }
}

impl Panel {
    fn new(name: String) -> Box<Panel> {
        Box::new(Panel {
            name: name,
            controls: Vec::new()
        })
    }

    fn add_control(& mut self, control: Box<dyn Control>) {
        self.controls.push(control);
    }
}

fn main() {
    let mut root = Panel::new(String::from("root"));
    root.add_control(Button::new(String::from("button #1")));

    let mut panel = Panel::new(String::from("panel #1"));
    panel.add_control(Button::new(String::from("button #2")));
    root.add_control(panel);

    println!("{}", root.draw());
}
```

실행 결과
Panel - root
Button - button #1
Panel - panel #1
Button - button #2

데코레이터 패턴

데코레이터(decorator) 패턴은 주어진 상황이나 용도에 따라 객체에 책임을 부여하는 패턴입니다. 데코레이터 패턴을 사용하면 상속을 사용하지 않고도 상속과 비슷한 효과를 낼 수 있습니다. 그뿐만 아니라 같은 클래스의 다른 객체의 작동에 영향을 주지 않고 개별 객체에 작동을 추가할 수 있습니다.

다음 예제는 데코레이터 패턴을 사용해 버튼에 다양한 속성을 부여하는 예제입니다.

예제 7.10 데코레이터 패턴 예제

```rust
trait Control {
    fn draw(&self) -> String;
}

struct Button {
    name: String,
    decorators: Vec<Box<dyn Control>>, // 버튼은 여러 개의 데코레이터를 가질 수 있습니다.
}

impl Control for Button {
    fn draw(&self) -> String {
        let mut txt = format!("{}", self.name);

        for decorator in self.decorators.iter() {
            txt = format!("{} and {}", txt, decorator.draw());
        }

        txt
    }
}
```

```
impl Button {
    fn new(name: String) -> Button {
        Button {
            name: name,
            decorators: Vec::new(),
        }
    }

    fn add_decorator(& mut self, decorator: Box<dyn Control>) {
        self.decorators.push(decorator);
    }
}

struct Deco {
    name: String
}

impl Control for Deco {
    fn draw(&self) -> String {
        format!("{}", self.name)
    }
}

impl Deco {
    fn new(name: String) -> Box<Deco> {
        Box::new(
            Deco {
                name: name
            }
        )
    }
}

fn main() {
    let mut button = Button::new(String::from("참깨빵"));
    button.add_decorator(Deco::new(String::from("순쇠고기")));
    button.add_decorator(Deco::new(String::from("패티두장")));
```

```
    println!("{}", button.draw());
}
```

참깨빵 and 순쇠고기 and 패티두장

플라이웨이트 패턴

플라이웨이트(flyweight) 패턴은 객체 간의 공통 부분이나 객체 전체를 공유해 시스템 메모리 사용량을 최소화하는 방법입니다.

다음 예제는 캐싱 기법을 사용해 Flyweight 객체 전체를 공유하는 방법을 보여줍니다.

예제 7.11 플라이웨이트 패턴 예제

```
use std::rc::Rc;
use std::collections::HashMap;

trait Flyweight { // 플라이웨이트의 인터페이스
    fn get_name(&self) -> String;
}

struct ConcreteFlyweight {
    name: String,
}

impl Flyweight for ConcreteFlyweight {
    fn get_name(&self) -> String {
        self.name.clone()
    }
}

struct FlyweightFactory { // 플라이웨이트 팩토리
    flyweights: HashMap<String, Rc<Box<dyn Flyweight>>>,
}

impl FlyweightFactory {
```

```rust
    fn new() -> FlyweightFactory {
        FlyweightFactory {
            flyweights: HashMap::new(),
        }
    }

    fn get_flyweight(&mut self, name: String) -> Rc<Box<dyn Flyweight>> { // 캐시를
획득합니다.
        if let Some(instance) = self.flyweights.get(&name) {
            return instance.clone();
        }

        let instance = Box::new(ConcreteFlyweight { // 캐시가 없다면 새로 생성합니다.
            name: name.clone(),
        });

        let instance = Rc::new(instance as Box<dyn Flyweight>);
        self.flyweights.insert(name.clone(), instance.clone());

        instance.clone()
    }
}

fn main() {
    let mut factory = FlyweightFactory::new();

    let flyweight1 = factory.get_flyweight(String::from("위키"));
    let flyweight2 = factory.get_flyweight(String::from("북스"));
    let flyweight3 = factory.get_flyweight(String::from("북스")); // flyweight2와 공유

    println!("{}", flyweight1.get_name());
    println!("{}", flyweight2.get_name());
    println!("{}", flyweight3.get_name());
}
```

실행 결과

```
위키
북스
북스
```

옵저버 패턴

옵저버(observer) 패턴은 객체의 상태가 변경되면 모든 관찰자에 알림을 전송하는 패턴으로 일종의 구독 메커니즘을 정의하는 디자인 패턴입니다. 러스트에서 옵저버 패턴은 Rc나 Arc 등을 사용해 구현할 수 있습니다.

다음 예제는 옵저버 패턴을 러스트로 구현한 예제입니다. 이벤트가 발생하면 subscribe()로 구독된 모든 Listener 인스턴스에 이벤트가 전달됩니다.

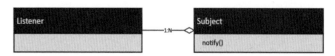

그림 7.5 옵저버 패턴

예제 7.12 옵저버 패턴 예제

```
use std::rc::Rc;

// 이벤트 리스너를 표현하는 구조체입니다.
#[derive(PartialEq)]
struct Listener {}

impl Listener {
    // 이벤트가 발생했을 때 호출되는 메서드입니다.
    fn on_event(&self, data: &str) {
        println!("Event 발생: {}", data);
    }
}

// 주제(Subject)는 관찰자(Observer) 패턴에서 중심 역할을 합니다.
struct Subject {
    observers: Vec<Rc<Listener>>, // 주제에 등록된 관찰자 목록을 저장합니다.
}

impl Subject {
    // 관찰자를 등록하는 메서드입니다.
    fn subscribe(&mut self, observer: Rc<Listener>) {
```

```
            self.observers.push(observer);
    }

    // 특정 관찰자의 등록을 취소하는 메서드입니다.
    fn unsubscribe(&mut self, observer: Rc<Listener>) {
        if let Some(index) = self.observers.iter().position(|o| *o == observer) {
            self.observers.remove(index);
        }
    }

    // 모든 관찰자에 이벤트를 알리는 메서드입니다.
    // 등록된 모든 관찰자의 on_event 메서드를 호출합니다.
    fn notify(&self, data: &str) {
        for observer in &self.observers {
            observer.on_event(data);
        }
    }
}

fn main() {
    let mut subject = Subject {
        observers: Vec::new(),
    };

    let observer1 = Rc::new(Listener {});
    let observer2 = Rc::new(Listener {});

    subject.subscribe(observer1.clone());
    subject.subscribe(observer2.clone());

    subject.notify("이벤트 #1");

    subject.unsubscribe(observer1.clone());

    subject.notify("이벤트 #2");
}
```

실행 결과
Event 발생: 이벤트 #1
Event 발생: 이벤트 #1
Event 발생: 이벤트 #2

전략 패턴

전략(strategy) 패턴은 상황에 맞춰 런타임에 작동을 선택할 수 있도록 하는 디자인 패턴입니다. 전략 패턴을 사용해 런타임에 알고리즘을 선택함으로써 코드를 보다 유연하게 만들고 복잡한 시스템의 구현을 단순화할 수 있습니다.

다음 예제는 전략 패턴을 사용해 런타임에 렌더링 엔진을 Html과 Markdown 방식으로 선택하는 예제입니다.

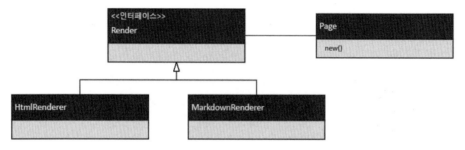

그림 7.6 전략 패턴

예제 7.13 전략 패턴 예제

```rust
trait Render { // Render 인터페이스 정의
    fn render(&self, title: String, body: String);
}


struct HtmlRenderer {}

impl Render for HtmlRenderer { // Html 방식으로 출력하는 렌더러
    fn render(&self, title: String, body: String) {
        println!("<html><title>{}</title><body>{}</body></html>", title, body);
    }
}
```

```rust
struct MarkdownRenderer;

impl Render for MarkdownRenderer { // 마크다운 형식으로 출력하는 렌더러
    fn render(&self, title: String, body: String) {
        println!("# {}\n{}", title, body);
    }
}


struct Page<T: Render> {
    renderer: T,
}

impl<T: Render> Page<T> {
    fn new(renderer: T) -> Page<T> {
        Page { renderer }
    }

    fn render(&self, title: String, body: String) {
        self.renderer.render(title, body);
    }
}

fn main() {
    let html = Page::new(HtmlRenderer {});
    html.render(String::from("제목"), String::from("내용"));

    let markdown = Page::new(MarkdownRenderer {});
    markdown.render(String::from("제목"), String::from("내용"));
}
```

실행 결과

```
<html><title>제목</title><body>내용</body></html>
# 제목
내용
```

상태 패턴

상태(state) 패턴은 내부 상태가 변경될 때 해당 객체가 그 행동을 변경할 수 있게 하는 디자인 패턴입니다. 상태 패턴은 내부 상태에 따라 다양한 작동을 하는 객체를 만들 때 유용합니다.

다음은 상태 패턴의 예제입니다. 상태는 시작 상태, 작동 상태, 정지 상태가 있고 각 상태에 따라 작동이 달라집니다. 시작 상태는 작동 상태로 상태를 변경하고, 작동 상태는 정지 상태로 상태를 변경합니다.

예제 7.14 상태 패턴 예제

```rust
trait State { // 상태 인터페이스 정의
    fn on_state_changed(self: Box<Self>) -> Box<dyn State>; // 상태 변경 시 호출되는 함수
}

struct Start;
impl State for Start {
    fn on_state_changed(self: Box<Start>) -> Box<dyn State> {
        println!("현재 상태는 [Start]. 다음 상태는 [Running]");
        Box::new(Running {})
    }
}

struct Running;
impl State for Running {
    fn on_state_changed(self: Box<Running>) -> Box<dyn State> {
        println!("현재 상태는 [Running]. 다음 상태는 [Stop]");
        Box::new(Stop {})
    }
}

struct Stop;
impl State for Stop {
    fn on_state_changed(self: Box<Stop>) -> Box<dyn State> {
        println!("현재 상태는 [Stop]. 다음 상태는 [없음]");
        self
    }
}
```

```
struct Boot {
    state: Option<Box<dyn State>>,
}

impl Boot {
    fn new() -> Boot {
        Boot {
            state: Some(Box::new(Stop {})),
        }
    }

    fn boot(&mut self) {
        if let Some(s) = self.state.take() {
            self.state = Some(Box::new(Start {}))
        }
    }

    fn next(&mut self) {
        if let Some(s) = self.state.take() {
            self.state = Some(s.on_state_changed())
        }
    }
}

fn main() {
    let mut post = Boot::new();
    post.boot();
    post.next();
    post.next();
    post.next();
}
```

실행 결과

현재 상태는 [Start]. 다음 상태는 [Running]
현재 상태는 [Running]. 다음 상태는 [Stop]
현재 상태는 [Stop]. 다음 상태는 [없음]

7.3 요약

이 장에서는 러스트의 객체지향 기법과 디자인 패턴, 외부 라이브러리와 연동하기 같은 실무에 필요한 다양한 기법들을 배웠습니다. 러스트는 객체지향 언어는 아니지만 trait 키워드를 사용해 객체지향의 개념들을 충분히 러스트로 구현할 수 있습니다. 그리고 디자인 패턴을 통해 반복적이고 다양한 문제를 효과적으로 해결하는 방안을 배웠습니다.

이 장에서 배운 내용을 요약하면 다음과 같습니다.

- 러스트의 객체지향 기법
- 러스트로 배우는 디자인 패턴

다음 장에서는 러스트의 매크로에 관해 학습합니다.

매크로

이 장에서는 성능 최적화와 코드 유연성을 높이는 데 중요한 역할을 하는 러스트의 매크로 (macro)를 깊이 있게 다룹니다. 매크로는 프로그램의 성능을 높이기 위해 중복을 제거하고, 컴파일 타임에 코드를 생성하며, 런타임 오버헤드를 줄입니다. 또한, 유연한 인터페이스를 제공해 다양한 타입과 값들을 처리할 수 있게 하고, 복잡한 패턴과 로직을 간결하게 표현하는 데 도움을 줍니다. 이후 사용자 정의 매크로를 작성하는 방법을 배우고 매크로를 디버깅하는 방법을 설명합니다.

8.1   매크로란?

매크로는 프로그래밍 언어에서 코드를 단순화하고 재사용하기 위한 방법 중 하나로 일종의 단축 명령을 의미합니다. 함수와 매크로는 비슷한 작업을 할 수 있지만, 작동하는 방식과 사용되는 목적이 조금 다릅니다.

표 8.1 함수와 매크로의 차이

항목	함수	매크로
실행 시점	런타임	컴파일 타임
파라미터 처리	런타임에 지역변수를 생성	컴파일 타임에 소스코드 본문에 추가
타입 검사	타입 체크가 가능하며 컴파일 타임에 타입 체크를 수행	매크로는 타입이 없으므로 타입 체크가 불가능

항목	함수	매크로
성능	함수 호출 비용 발생해 성능 오버헤드 가능성 있음	성능 오버헤드 발생 안함
목적	코드 재사용과 모듈화	반복되는 패턴, 성능 최적화, 조건부 컴파일

함수와 매크로는 장단점이 분명한 방식입니다. 함수는 일반적인 코드 재사용과 모듈화에 적합하며 매크로는 반복되는 패턴과 성능 최적화, 조건부 컴파일 등에 사용됩니다.

매크로를 사용하는 목적

매크로는 주로 반복되는 패턴과 성능 최적화를 위해 사용합니다. 매크로를 사용하면 작성해야하는 코드 양을 줄이고 코드의 가독성을 높이며 개발의 효율화를 꾀할 수 있습니다. 특히나 러스트는 가변함수를 지원하지 않는데, 매크로를 사용하면 가변 함수 역할을 하는 매크로 함수를만들 수 있습니다. 그뿐만 아니라 메타 프로그래밍[1]과 같이 컴파일 전 코드를 수정, 변경할 수있는 강력한 기능도 사용할 수 있습니다. 다만 매크로는 일반 코드보다 이해하기 어렵고 디버깅하기 어렵기 때문에 주의해서 사용해야 합니다. 그러나 성능 최적화 및 효율성 측면에서 굉장한 강점이 있기 때문에 매크로는 러스트에서 중요한 기능 중 하나입니다.

8.2 print!와 vec!

우리는 이미 print!와 vec!이라는 두 가지 매크로를 배웠습니다. 이때 사용된 느낌표(!) 기호는 특별한 지시어로 매크로 함수를 호출합니다. 그런데 하나 드는 의문이 있습니다. print!와 vec!은 왜 매크로일까요?

매크로는 다양한 종류의 명령을 단순화하고 코드의 재사용성을 높이기 위해 사용됩니다. 여기서 vec!은 벡터를 생성하고 초기화하는 작업을, print!는 표준 출력으로 문자열을 출력하는 작업을 단순화하기 위해 만들어진 매크로입니다. 이러한 매크로의 도입은 코드의 가독성을 높이고 복잡한 작업을 더 간결하게 표현할 수 있게 해줍니다.

---

1 프로그램이 다른 프로그램이나 자기 자신을 수정, 생성, 분석할 수 있게 하는 프로그래밍 기법(https://ko.wikipedia.org/wiki/메타프로그래밍)

print! 매크로

러스트의 println! 매크로는 가변 인자를 받을 수 있게 설계됐습니다. println! 매크로는 포맷 문자열과 함께 여러 가지 값을 받아 지정된 형식에 따라 문자열을 구성하고 출력합니다. 다음은 println! 매크로의 간단한 예제입니다.

```
println!("{} + {} = {}", 1, 2, 1 + 2);
```

위의 println! 매크로는 세 개의 인자를 받아 "{} + {} = {}" 형식으로 출력합니다. 이 매크로는 다양한 자료형의 인자를 유연하게 처리합니다. 이런 유연성 때문에 println! 같은 기능은 매크로로 구현하는 것이 좋습니다. 일반 함수는 인자의 수와 타입이 고정돼 있어서 이런 기능을 구현하기가 어렵습니다. 그리고 문자열 포매팅의 정확성을 컴파일 타임에 확인하는 것은 매크로가 더 효율적입니다.

vec! 매크로

vec! 매크로는 러스트에서 벡터를 생성하고 초기화하는 데 사용되며, 다양한 타입의 값을 받아들일 수 있는 유연성을 제공합니다. 매크로를 사용하면 함수보다 더 복잡한 패턴과 표현식을 처리할 수 있으며, 이를 통해 코드의 간결성과 가독성을 높일 수 있습니다.

다음 코드는 vec! 매크로의 예입니다.

```
let v = vec![1, 2, 3, 4, 5];
```

매크로가 없다면 다음과 같이 장황하게 코드를 작성해야 할 것입니다.

```
let mut v = Vec::new();
v.push(1);
v.push(2);
v.push(3);
v.push(4);
v.push(5);
```

print!와 vec!은 러스트의 매크로 예시 중 일부일 뿐, 매크로의 활용 범위는 훨씬 더 넓습니다. 매크로를 적절히 활용하면 코드 중복이 줄고, 가독성이 높아지며, 복잡한 로직도 간결하게 표현할 수 있습니다. 런타임 오버헤드가 없어 성능도 향상됩니다. 이는 동적 메타프로그래밍보다 효율적이고, 타입 안전성을 보장합니다. 사용자 정의 매크로를 활용해 프로젝트에 필요한 로직을 효과적으로 구현할 수 있습니다.

8.3 매크로 문법

러스트에서 매크로는 macro_rules! 키워드를 사용해 정의합니다. 매크로의 이름과 괄호 안에 패턴 매칭과 치환되는 코드 블록을 정의해 구현합니다.

다음은 간단한 매크로 예제입니다.

예제 8.1 안녕! 러스트를 출력하는 간단한 매크로 예제

```rust
// `say_hello!` 매크로를 정의합니다. 매크로는 주어진 이름에 대한 인사말을 출력합니다.
macro_rules! say_hello {
    // 매크로의 입력으로 사용되는 표현식을 받아와 `$name`에 바인딩합니다.
    ($name:expr) => {
        // 입력받은 이름으로 인사말을 출력합니다.
        println!("안녕! {}!", $name);
    };
}

fn main() {
    // 위에서 정의한 매크로를 "러스트" 문자열 인자와 함께 호출합니다.
    // 이렇게 하면 "안녕! 러스트!"라는 문장이 출력됩니다.
    say_hello!("러스트");
}
```

결과

안녕! 러스트

위 코드에서 say_hello는 매크로의 이름입니다. 달러($) 기호는 매크로 인자를 나타내며, 이는 매크로의 입력으로 사용됩니다. 이 기호는 식별자(identifier)와 함께 사용되며, 매크로 본문에서 이 인자를 참조할 때 사용됩니다. 또한 각 인자는 해당 인자의 타입을 나타내는 키워드와 함께 제공됩니다. ($name:expr)는 매크로가 하나의 인자를 받아야 하며 그 인자는 표현식이라는

것을 나타냅니다. => 기호는 매크로 패턴과 매크로가 확장되는 코드를 구분합니다. 중괄호({})는 매크로가 확장되는 코드를 포함합니다.

컴파일 타임에 say_hello! 매크로는 컴파일러에 의해 다음과 같이 변환됩니다.

```
fn main() {
    println!("안녕! {}", "러스트");
}
```

macro_rules!

macro_rules!는 러스트에서 선언형 매크로(Declarative Macros)를 정의하는 키워드입니다. 이를 통해 패턴 매칭과 코드 생성을 사용해 매크로를 작성할 수 있으며, 코드의 재사용성과 유지 보수를 높이는 데 유용합니다.

macro_rules!를 사용해 매크로를 정의하는 기본 구문은 다음과 같습니다.

```
macro_rules! macro_name {
    (pattern) => {
        // 코드
    };
}
```

여기서 pattern은 매크로의 입력과 매치되는 패턴이고, 그다음에 오는 블록은 해당 패턴에 매치될 때 실행될 코드입니다. 다음은 두 개의 수를 더하는 매크로 함수입니다.

예제 8.2 두 개의 수를 더하는 매크로 예제

```
macro_rules! add {
    ($a:expr, $b:expr) => {
        $a + $b
    };
}

fn main() {
    let sum = add!(1, 2);
```

```
    println!("1+2={}", sum);
}
```

결과

```
1+2=3
```

이 예제에서 $a:expr와 $b:expr는 각각 표현식을 받아들이는 패턴입니다. 컴파일 타임에 컴파일러는 add! 매크로를 사용하는 부분을 다음과 같이 변환합니다.

```
fn main() {
    let sum = 1 + 2;
    println!("1+2={}", sum);
}
```

macro_rules!의 문법은 다음과 같습니다.

예제 8.3 macro_rules!의 문법

```
macro_rules! $name {
    $rule0 ;
    $rule1 ;
    // …
    $ruleN ;
}
```

macro_rules!의 문법은 매크로 이름과 함께 하나 이상의 규칙을 정의합니다. 각 규칙은 특정 패턴과 그 패턴에 대응하는 코드 블록을 포함하며, 규칙은 세미콜론(;)으로 구분합니다. 마지막 규칙 뒤의 세미콜론은 생략할 수 있습니다.

매칭

matcher는 매크로의 패턴 매칭 방법을 정의합니다. 일반적으로 다음과 같이 =>를 사용해 문법을 정의합니다.

```
($matcher) => {$expansion}
```

matcher는 다양한 방법으로 구현할 수 있습니다. 특히 괄호(()), 대괄호([]), 중괄호({}) 중 하나를 사용할 수 있습니다. 이것은 매크로의 구조를 정의하고 가독성을 높이는 데 도움이 됩니다.

expansion은 전사자(transcriber)라고도 합니다. 매크로가 호출될 때 실제로 생성할 코드를 정의합니다.

다음은 세 가지 괄호를 사용해 macro_rules!를 정의하는 예제입니다.

예제 8.4 다양한 방식으로 정의하는 macro_rules!

```rust
// 소괄호를 사용한 예
macro_rules! example1 {
    ($x:expr) => (println!("Value: {}", $x));
}

// 대괄호를 사용한 예
macro_rules! example2 {
    [$x:expr] => {println!("Value: {}", $x)};
}

// 중괄호를 사용한 예
macro_rules! example3 {
    {$x:expr} => {println!("Value: {}", $x)};
}
```

각 예제는 동일한 기능을 수행하지만, 서로 다른 괄호 형태를 사용해 매크로를 정의합니다. 이는 매크로의 작성자가 코드의 구조와 스타일에 따라 선택할 수 있는 유연성을 제공합니다.

메타 변수

메타변수는 expension으로 대체되어 실제 코드로 변환됩니다. 메타변수는 $name:designator 형식으로 표현됩니다. 여기서 name은 메타변수의 이름이고 designator는 일치시킬 문법의 형태를 나타냅니다.

다음은 일반적으로 사용되는 몇 가지 designator의 예입니다.

표 8.2 designator의 예

designator	내용
expr	표현식
ident	식별자
tt	토큰 트리
ty	타입
pat	패턴

expr designator는 앞에서 이미 다뤘으므로 이번에는 ident designator를 사용하는 간단한 예제를 작성해 보겠습니다.

예제 8.5 컴파일 타임에 함수를 생성하는 예제

```
macro_rules! create_function { // 함수를 생성하는 매크로
    ($func_name:ident) => {    // 함수 이름을 입력받아 func_name에 저장합니다.
        fn $func_name() {       // func_name으로 함수를 생성합니다.
            println!("함수: {:?}()", stringify!($func_name));
        }
    };
}

// ident_func이라는 함수를 컴파일 타임에 생성
create_function!(ident_func);

fn main() {
    ident_func();
}
```

결과
함수: "ident_func"()

ident designator는 러스트의 매크로에서 식별자를 캡처하고 사용할 수 있게 해줍니다. 이것은 메타 프로그래밍에 매우 유용한 도구로, 코드에서 동적으로 함수, 변수, 구조체 등을 생성할 수 있게 해줍니다.

식별자를 캡처하면 매크로에서 해당 식별자를 사용해 컴파일 타임에 코드를 생성하거나 변환할 수 있습니다. 이로 인해 러스트의 매크로는 코드의 추상화와 재사용성을 향상시키고, 반복을 줄이며, 유연하고 확장 가능한 디자인 패턴을 지원합니다. 예를 들어 다음과 같이 setter 함수를 자동으로 생성하는 매크로를 만들 수 있습니다.

예제 8.6 setter 함수를 자동으로 생성하는 예제

```
macro_rules! create_accessors { // 접근자를 생성하는 매크로입니다.
    ($name:ident, $type:ty, $setter:ident) => { // 변수명과 타입, setter 함수명을
입력받습니다.
        fn $name(&self) -> &$type {
            &self.$name
        }

        fn $setter(&mut self, value: $type) { // setter 함수를 생성합니다.
            self.$name = value;
        }
    };
}

struct Person {
    name: String,
    age: u32,
}

impl Person {
    create_accessors!(name, String, set_name);
    create_accessors!(age, u32, set_age);
}

fn main() {
    let mut person = Person { name: "루나".to_string(), age: 10 };
    person.set_name("하이".to_string());
    person.set_age(8);

    println!("이름: {} 나이: {}", person.name, person.age)
}
```

결과
이름: 하이 나이: 8

반복

러스트의 매크로 매처는 반복을 포함할 수 있어, 매칭하고자 하는 각각의 토큰을 쉽게 확장할 수 있습니다. 이 반복의 형식은 $($pattern:designator)sep*rep과 같습니다.

예제 8.7 designator의 반복자 설명

지시자	내용
$pattern:designator	일치시킬 패턴과 designator를 포함합니다.
sep	각 반복 사이에 있는 구분자입니다. 이것은 ,(쉼표), ;(세미콜론), +(더하기 기호)와 같은 토큰일 수 있습니다.
rep	반복의 종류를 나타냅니다. *(별표)는 0회 이상의 반복, +(더하기 기호)는 1회 이상의 반복을 나타냅니다.

예를 들어 여러 개의 변수를 선언하는 매크로를 만들려면 다음과 같습니다.

예제 8.8 컴파일 타임에 변수를 선언하는 매크로 예제

```
macro_rules! multi_var {
    ($($var:ident: $type:ty),*) => { // 변수명과 타입을 여러 개 입력받습니다.
        $(
            let mut $var: $type = Default::default();
        )*
    };
}


fn main() {
    multi_var!(x: u32, y: f64, z: String);
    // 컴파일러가 다음과 같이 변환합니다
    // let mut x: u32 = Default::default();
    // let mut y: f64 = Default::default();
    // let mut z: String = Default::default();
}
```

매크로에서 다른 매크로 호출

당연하지만 매크로 안에서도 다른 매크로를 호출할 수 있습니다. 다음은 매크로에서 다른 매크로를 호출하는 간단한 예제입니다.

예제 8.9 매크로에서 다른 매크로를 호출하는 예제

```
macro_rules! add {
    ($x:expr, $y:expr) => {
        $x + $y
    };
}

macro_rules! multiply {
    ($x:expr, $y:expr) => {
        $x * $y
    };
}

macro_rules! compute {
    ($a:expr, $b:expr, $c:expr, $d:expr) => {
        multiply!(add!($a, $b), add!($c, $d))
    };
}

fn main() {
    let result = compute!(1, 2, 1, 2);
    // (1 + 2) * (1 + 2) = 3 * 3 = 9
    println!("(1+2)x(1+2)={}", result);
}
```

결과
(1+2)x(1+2)=9

위 코드에서 add!는 인수를 더하며 multiply!는 인수를 곱합니다. compute!는 합성 매크로로 처음 두 인수와 마지막 두 인수의 합을 구한 후 그 결과를 곱합니다. 이 연산에서 add!와 multiply! 매크로가 함께 사용됩니다.

8.4 매크로 디버깅

매크로는 성능을 높일수 있는 좋은 방식이지만 컴파일 단계에 코드가 생성되는 구조이기에 일반적인 함수 호출에 비해 디버깅이 어려운 단점이 있습니다. 매크로 디버깅은 일반적인 디버깅과는 조금 다릅니다. 일반적인 형태의 디버깅은 주로 코어덤프나 콜스택을 확인함으로써 이뤄지지만, 매크로 디버깅은 컴파일러가 생성한 코드를 바탕으로 분석하는 경우가 많습니다.

매크로 디버깅을 설명하기 위해 간단한 코드를 작성하겠습니다.

예제 8.10 매크로 디버깅을 위한 샘플 코드

```
macro_rules! S {
    ($e:expr) => {String::from($e)};
}

fn main() {
    let world = S!("World");
    println!("Hello, {}!", world);
}
```

결과

```
Hello, World!
```

간단한 코드입니다. 컴파일러가 S!라는 매크로를 어떻게 치환했는지 확인하기 위해 unpretty 명령을 사용해 보겠습니다. unpretty 명령을 사용하려면 rustup 명령어로 nightly 버전의 toolchain을 설치해야 합니다.

```
$ rustup toolchain install nightly
nightly-x86_64-unknown-linux-gnu installed - rustc 1.73.0-nightly (1b198b3a1 2023-08-13)
info: checking for self-update
```

이제 unpretty 명령을 사용해 컴파일러에 의해 매크로가 치환된 main.rs 파일을 확인합니다.

예제 8.11 매크로가 치환된 결과

```
$ rustc +nightly -Zunpretty=expanded main.rs
#![feature(prelude_import)]
```

```
#![no_std]
#[prelude_import]
use ::std::prelude::rust_2015::*;
#[macro_use]
extern crate std;
macro_rules! S { ($e : expr) => { String :: from($e) } ; }

fn main() {
    let world = String::from("World"); // S!("World");가 String::from으로 치환됐습니다.
    { ::std::io::_print(format_args!("Hello, {0}!\n", world)); };
}
```

S!로 호출한 매크로가 String::from으로 치환된 것을 확인할 수 있습니다.

이렇듯 러스트의 매크로는 컴파일 타임에 확장되므로 일반적인 런타임 디버깅 기법으로는 이를 분석하기 어렵습니다. 그래서 보통은 위와 같이 컴파일러가 생성한 코드를 직접 검토합니다.

8.5 요약

이 장에서는 성능 최적화와 코드 유연성을 높이는 데 중요한 러스트의 매크로를 깊이 있게 다뤘습니다. 매크로는 프로그램의 성능을 높이기 위해 중복을 제거하고, 컴파일 타임에 코드를 생성하며, 런타임 오버헤드를 줄입니다. 그리고 사용자 정의 매크로를 작성하는 방법을 배우고 매크로 디버깅 방법을 학습했습니다.

이 장에서 배운 내용을 요약하면 다음과 같습니다.

- 매크로 기본 개념 및 작동 원리
- 표준 매크로 설명
- 사용자 정의 매크로 작성 방법
- 매크로 디버깅

다음 장에서는 리눅스 시스템 프로그래밍에 관해 설명합니다.

09

리눅스 시스템 프로그래밍

이 장에서는 리눅스 시스템 프로그래밍의 핵심 개요부터 시작해 FFI를 이해하고 레거시 라이브러리 연동에 대해 상세히 살펴봅니다. 뒤이어 간단한 시스템 프로그램 제작을 통해 실질적인 구현 경험을 얻을 기회를 제공합니다. 이때 시그널 핸들러와 DBus 클라이언트 서버 예제를 통해 러스트와 시스템 간의 통신 방식을 학습합니다.

9.1 리눅스 시스템 프로그래밍이란

리눅스 시스템 프로그래밍이란, 리눅스 운영체제상 작동하는 응용 프로그램들이 시스템 자원 혹은 서비스에 접근할 때 사용하는 인터페이스의 프로그래밍을 지칭합니다. 이는 시스템 내부의 하드웨어 제어, 파일 시스템의 조작, 프로세스 관리, IPC, 네트워크 설정 및 관리 등 다양한 작업을 포함합니다.

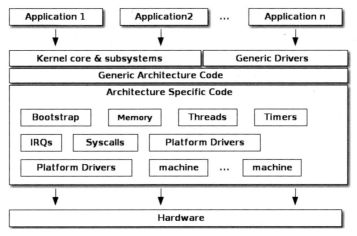

그림 9.1 리눅스 시스템 아키텍처[1]

시스템 프로그래밍의 핵심은 시스템 콜(system call)에 있습니다. 응용 프로그램은 주로 시스템 콜을 통해 커널에 다양한 서비스를 요청하게 되며, 이는 상대적으로 저수준의 작업을 포함합니다. 하지만 시스템 콜 은 항상 잘못 호출될 위험, 메모리 안전성 문제, 보안 문제를 동반합니다. 그래서 지금까지의 시스템 프로그래밍은 숙련도가 높은 개발자들이 주로 하는 어려운 작업이었습니다.

러스트는 메모리 안전성을 중점으로 설계된 언어입니다. 시스템 프로그래밍에서 그 장점이 크게 부각됩니다. 소유권과 빌림과 같은 혁신적인 메커니즘으로 시스템 프로그래밍의 복잡성을 낮췄습니다.

9.2 FFI

FFI(Foreign Function Interface, 외부 함수 인터페이스)는 한 프로그래밍 언어가 다른 언어로 작성된 함수나 라이브러리를 호출하는 메커니즘입니다. 이 메커니즘은 다양한 언어 사이의 코드 재사용과 성능 최적화에 큰 이점을 제공하는데, 특히 러스트와 같은 현대 프로그래밍 언어에서 활용의 폭이 넓어지고 있습니다.

---

1 출처: https://linux-kernel-labs.github.io/refs/heads/master/lectures/arch.html

이를 활용하면 러스트에서도 C/C++로 작성된 라이브러리를 손쉽게 호출할 수 있습니다. 러스트의 커뮤니티는 아직 발전 중이어서 C/C++ 커뮤니티만큼 크지 않기 때문에 레거시 코드의 재활용은 중요한 고려 사항입니다.

그러나 FFI에 장점만 있지는 않습니다. 다른 언어의 라이브러리를 활용할 때의 편리함은 있지만, 연동 과정에서 문제가 발생하면 디버깅이 복잡해질 수 있습니다. 따라서 개발자는 러스트뿐만 아니라 연동 대상 언어에 대한 깊은 이해가 필요합니다. 이런 이유로 FFI 활용은 신중히 결정하고, 필요한 부분에만 제한적으로 사용하는 것이 좋습니다.

Bindgen을 사용해 C 코드 호출하기

bindgen[2]은 C의 헤더를 활용해 러스트 FFI 바인딩 코드를 자동으로 만들어주는 도구입니다. bindgen을 사용하면 C로 된 기존 코드를 러스트 코드로 간단히 변경할 수 있습니다. 일부 C++ 코드도 사용할 수 있으나, 아직은 개발 단계라서 불안정하게 작동합니다.

C로 된 hello() 함수를 러스트에서 호출하는 예제를 하나 만들어 보겠습니다. 먼저 hello.c 파일을 생성합니다.

[파일명: c_src/hello.c]

```
#include <stdio.h>

void hello(const char* msg) {
    printf("from rust: %s\n", msg);
}
```

그리고 hello.h 파일에 hello() 함수를 정의합니다.

[파일명: c_src/hello.h]

```
void hello(const char* msg);
```

---

2 https://rust-lang.github.io/rust-bindgen/

이제 gcc를 사용해 동적 라이브러리 형태로 컴파일합니다. 윈도우 환경이라면 비주얼 스튜디오 등을 활용해 DLL[3] 형태로 만듭니다.

```
$ gcc -c c_src/hello.c
$ gcc -shared -o libhello.so hello.o
```

Cargo.toml의 빌드 의존성 섹션을 추가하고 아래에 bindgen을 추가합니다.

[파일명: Cargo.toml]

```
[build-dependencies]
bindgen = "0.64.0"
```

그리고 빌드 전용 코드를 작성합니다. build.rs 파일은 src 폴더가 아닌 루트 폴더에 배치해야 합니다.

[파일명: ./build.rs]

```
// `bindgen` 크레이트를 외부 의존성으로 추가합니다.
extern crate bindgen;

use std::env;
use std::path::PathBuf;

fn main() {
    // 현재 디렉터리를 컴파일러에 라이브러리 검색 경로로 알립니다.
    println!("cargo:rustc-link-search=.");

    // `hello` 라이브러리를 링크합니다.
    println!("cargo:rustc-link-lib=hello");

    // `c_src/hello.h` 파일이 변경될 경우 다시 빌드하도록 지시합니다.
    println!("cargo:rerun-if-changed=c_src/hello.h");

    // `bindgen`을 사용해 `c_src/hello.h` 헤더 파일에 대한 러스트 바인딩을 생성합니다.
    let bindings = bindgen::Builder::default()
```

---

3   DLL: 동적 링크 라이브러리(Dynamic Link Library)

```
    .header("c_src/hello.h") // 바인딩할 헤더 파일 지정
    .parse_callbacks(Box::new(bindgen::CargoCallbacks)) // Cargo 콜백 등록
    .generate() // 바인딩 생성
    .expect("Unable to generate bindings");

    // 출력 경로를 환경 변수 "OUT_DIR"에서 가져옵니다.
    let out_path = PathBuf::from(env::var("OUT_DIR").unwrap());

    // 생성된 바인딩을 `bindings.rs` 파일에 작성합니다.
    bindings
        .write_to_file(out_path.join("bindings.rs")) // 자동 생성된 러스트 파일을 저장
        .expect("Couldn't write bindings!");
}
```

이제 메인 코드를 작성합니다. `include!` 매크로를 사용해 build.rs가 생성한 bindings.rs 파일을 로드합니다. 문자열 처리를 위해 **CString**을 사용했습니다. **CString**은 C 언어 형태의 문자열로 '\0' 종료 문자를 추가해 C 언어에서 이해할 수 있는 문자열로 변환해 줍니다.

[파일명: src/main.rs]

```
// C와 호환되는 문자열을 다루기 위한 `CString` 타입을 사용합니다.
use std::ffi::CString;

// 이전 단계에서 생성된 `bindings.rs` 파일을 포함시키기 위한 모듈을 정의합니다.
mod bindings {
    // `OUT_DIR` 환경 변수를 사용해 `bindings.rs` 파일의 위치를 결정하고 포함시킵니다.
    include!(concat!(env!("OUT_DIR"), "/bindings.rs"));
}

fn main() {
    // C와 호환되는 문자열을 생성합니다.
    let c_to_print = CString::new("Hello Rust").expect("CString::new failed");

    // `bindings` 모듈에서 자동 생성된 `hello` 함수를 안전하지 않은 블록 내에서 호출합니다.
    // 이 함수는 원래 C 코드에서 정의됐으며, 그 정의는 `bindings.rs`에서 사용할 수 있게
됐습니다.
    unsafe {
```

```
        bindings::hello(c_to_print.as_ptr());
    }
}
```

LD_LIBRARY_PATH를 현재 경로로 해서 libhello.so를 참조할 수 있게 라이브러리 탐색 경로에
추가하고 cargo run을 사용해 프로그램을 실행합니다.

```
$ LD_LIBRARY_PATH=. cargo run
from rust: Hello rust
```

만약 libclang.so 를 찾지 못한다는 오류가 발생하면 다음 명령어를 사용해 Clang을 설치합
니다.

```
$ sudo apt install libclang-dev
```

autocxx를 사용해 C++코드 사용하기

autocxx[4]는 최근 러스트 개발자 사이에서 주목받는 도구로, 러스트에서 C++를 바로 사용할
수 있게 해 주는 도구입니다. LLVM[5]의 기능을 충분히 사용해 러스트 코드에서 C++ 코드를
직접 사용할 수 있습니다. 그래서 FFI를 보다 쉽게 사용할 수 있습니다.

하지만 autocxx를 사용할 때 주의할 점도 있습니다. 러스트와 C++ 간의 인터페이스는 단순해
지나 C++ 코드의 품질과 안전성에 대한 주의가 요구됩니다. 특히 C++ 코드에서 발생하는 예
외는 사전에 충분히 검토해야 하며, 러스트와 C++의 ABI[6] 호환성 문제도 주의 깊게 살펴야
합니다.

autocxx 사용하기

autocxx를 사용하려면 빌드 환경에 몇 가지 의존성을 추가해야 합니다. Cargo.toml에 cxx와
autocxx를 기본 의존성으로 추가하고, 빌드 과정에서 필요한 autocxx-build와 miette를 빌드
의존성에 포함시켜야 합니다.

---

4   Autocxx: https://github.com/google/autocxx
5   LLVM: 플랫폼 독립적인 컴파일러 시스템
6   ABI: Application Binary Interface, 응용 프로그램과 구성 요소 간의 호환성을 유지하는 인터페이스

[파일명: Cargo.toml]

```
[dependencies]
cxx = "*"
autocxx = "*"


[build-dependencies]
autocxx-build = "*"
miette = { version = "*", features = ["fancy"] }
```

bindgen을 사용할 때와 같은 방식으로 루트 디렉터리에 build.rs 파일을 만듭니다. build.rs 파일에는 빌드 방식을 지정하는 러스트 코드를 작성할 수 있습니다.

[파일명: ./build.rs]

```
// miette 라이브러리를 사용해 빌드 환경을 구성합니다.
fn main() -> miette::Result<()> {
    let path = std::path::PathBuf::from("src");

    // autocxx_build의 Builder를 사용해 "src/main.rs" 파일에 대한 빌더 인스턴스를 생성합니다.
    let mut b = autocxx_build::Builder::new("src/main.rs", [&path]).build()?;

    // c++14 버전을 사용합니다.
    b.flag_if_supported("-std=c++14").compile("autocxx-demo");

    println!("cargo:rerun-if-changed=src/main.rs");
    println!("cargo:rerun-if-changed=src/input.h");

    Ok(())
}
```

다음은 C++ 코드입니다. 간단한 샘플을 준비하기 위해 하나의 헤더 파일에 테스트 클래스와 테스트 함수를 추가했습니다.

[파일명: ./src/input.h]

```
#pragma once
```

```cpp
#include <cstdint>
#include <sstream>
#include <stdint.h>
#include <string>

// 테스트 클래스
class Test {
public:
    Test() : cnt(0) {}
    void inc(); // cnt를 1 증가합니다.
    std::string to_string() const; // 현재 상태를 문자열로 출력합니다.
private:
    uint32_t cnt;
};

// 정수 하나를 입력받아 3을 곱한 결과를 반환합니다.
inline uint32_t x3(uint32_t a) {
    return a * 3;
}

inline void Test::inc() { cnt++; }
inline std::string Test::to_string() const {
    std::ostringstream oss;
    oss << "Test: Called " << cnt << " times.";
    return oss.str();
}
```

다음은 C++ 코드와 상호작용하는 러스트 코드의 예시입니다. include_cpp! 매크로를 통해 input.h 파일을 불러오는 것을 볼 수 있습니다. 이를 통해 input.h 내의 Test 클래스와 x3() 함수를 러스트에서 직접 사용할 수 있습니다.

예제 9.1 러스트에서 autocxx로 c++ 코드 사용   [파일명: main.rs]

```rust
use autocxx::prelude::*;

// C++ 코드와 상호작용 하기 위한 설정을 합니다.
include_cpp! {
```

```
    // "input.h" 헤더 파일을 포함합니다.
    #include "input.h"
    // FFI 호출이 안전하지 않음을 명시합니다.
    safety!(unsafe_ffi)
    // "input.h"의 "x3" 함수를 러스트에 노출합니다.
    generate!("x3")
    // "input.h"의 "Test" 클래스를 러스트에 노출합니다.
    generate!("Test")
}

fn main() {
    // x3 함수를 호출합니다.
    println!("4x3={}", ffi::x3(4));

    // Test 클래스의 인스턴스를 생성하고 이를 박스에 저장합니다.
    let mut test = ffi::Test::new().within_box();
    // Test 클래스의 inc 메서드를 두 번 호출합니다.
    test.as_mut().inc();
    test.as_mut().inc();

    // Test 클래스의 to_string 메서드를 호출해 결과를 출력합니다.
    println!("{}", test.to_string().as_ref().unwrap().to_string_lossy());
}
```

실행 결과는 다음과 같습니다.

```
4x3=12
Test: Called 2 times.
```

Unsafe

러스트의 unsafe 키워드는 컴파일러에 해당 코드 블록은 안전하지 않다고 알려줄 때 사용합니다. 러스트는 메모리 안전에 대한 엄격한 규칙이 있으며 컴파일 단계에 모든 규칙을 검사합니다. 일반적인 코드를 구현할 때는 unsafe 키워드를 사용할 필요가 없지만, 시스템 API를 호출하거나 메모리를 직접 조작할 때는 unsafe 키워드를 사용해 컴파일러의 안전 검사기를 무시하도록 설정해야 합니다.

러스트에서 unsafe 키워드는 신중하게 사용해야 합니다. 메모리 안전성과 스레드 안전성을 크게 떨어뜨리기 때문입니다. 그러나 안전하지 않은 코드의 이점이 시스템의 안전성 저하보다 더 큰 상황에서는 안전하지 않은 키워드를 사용하는 것도 하나의 대안일 수 있습니다.

다음 예제는 std::ptr::copy_nonoverlapping() 함수를 사용해 배열의 메모리 블록을 다른 배열로 복사하는 예제입니다. 주의점은 복사할 대상 배열의 크기를 초과하면 안 됩니다. 그렇게 되면 다른 메모리 블록에 값을 복사하게 되어 크래시가 발생하거나 이상한 작동을 초래할 수 있습니다.

예제 9.2 배열의 메모리를 복사하는 예제

```rust
fn main() {
    let src = [1, 2, 3];    // 원본 배열
    let mut dest = [0; 3]; // 대상 배열, 0으로 초기화됨

    // 안전하지 않은 작업을 수행하기 위해 `unsafe` 블록 내에서 호출됩니다.
    // `copy_nonoverlapping` 함수는 src의 포인터에서 dest의 포인터로 메모리를 복사합니다.
    // 이때, 복사되는 길이(src.len())는 반드시 dest의 크기보다 작거나 같아야 합니다.
    unsafe {
        std::ptr::copy_nonoverlapping(src.as_ptr(), dest.as_mut_ptr(), src.len()); // len의
크기는 반드시 dest보다 작아야 함
    }

    println!("{:?}", dest);
}
```

실행 결과

```
[1, 2, 3]
```

다른 예제를 살펴보겠습니다. 다음 예제는 malloc 함수를 사용해 동적으로 i32 형태의 메모리 블록을 할당받고 포인터 연산을 사용해 해당 주솟값을 변경하는 예제입니다.

예제 9.3 메모리 주소에 직접 접근

```rust
use std::mem;

fn main() {
```

```rust
    // `unsafe` 블록은 안전하지 않은 코드를 실행하는 데 사용됩니다.
    unsafe {
        // `libc::malloc` 함수를 사용해 `i32` 크기만큼의 힙 메모리를 할당하고, 할당된
메모리의 포인터를 `ptr`에 저장합니다.
        let ptr: *mut i32 = libc::malloc(mem::size_of::<i32>()) as *mut i32;

        // 포인터가 null인 경우 메모리 할당에 실패한 것이므로 프로그램을 종료합니다.
        if ptr.is_null() {
            panic!("메모리 할당 실패");
        }

        // `ptr`과 동일한 주소를 갖는 새로운 포인터 변수 `val`을 생성합니다.
        let val: *mut i32 = ptr;

        // `val` 포인터가 가리키는 메모리 위치에 정수 123을 저장합니다.
        *val = 123;

        // 포인터를 통해 할당된 메모리의 값을 출력합니다.
        println!("*ptr={}", *ptr);

        // `libc::free` 함수를 사용해 이전에 할당된 메모리를 해제합니다.
        libc::free(ptr as *mut libc::c_void);
    }
}
```

실행 결과
*ptr=123

9.3 레거시 라이브러리 연동

러스트는 매년 빠르게 성장하고 있지만 아직도 여전히 C/C++로 구현된 라이브러리가 대다수를 차지합니다. 따라서 현업에서는 다른 언어로 구현된 시스템 라이브러리와의 연동이 필요합니다.

예를 들어 운영체제의 파일 시스템이나 시스템 콜 호출을 위해서는 기존 시스템 라이브러리를 호출해야 합니다. 러스트는 FFI(외부 함수 인터페이스) 기법으로 시스템 라이브러리 연동을 지원합니다.

libc 사용하기

libc[7]는 표준 C 라이브러리를 의미합니다. 표준 C 라이브러리는 입출력 연산, 문자열, 메모리 할당과 기타 다양한 시스템 수준 서비스를 제공합니다. libc는 대부분 운영체제에서 사용할 수 있으며 일반적으로 운영체제 런타임 환경의 일부로 설치됩니다.

러스트에서 libc를 사용하려면 다음과 같이 Cargo.toml에 libc 의존성을 추가해야 합니다.

[파일명: Cargo.toml]

```
[dependencies]
libc = "0.2"
```

printf 함수를 사용하는 간단한 예제를 작성해 보겠습니다. libc의 함수를 사용하려면 unsafe 키워드를 사용해야 합니다. 러스트의 문자형은 C 형식과 다르므로 C 형식의 문자열로 변환하기 위해 \0으로 종료자를 추가합니다. 러스트의 내장 자료형인 std::ffi::CString을 사용하면 보다 쉽게 C 형식의 문자열을 다룰 수 있지만, 이번 예제에서는 사용하지 않았습니다.

예제 9.4 printf 예제

```
fn main() {
    let message = "Hello Rust\0".as_ptr() as *const libc::c_char; // 문자열 끝에 null 종료
문자를 추가하고 C 문자열로 변환합니다.
    unsafe {
        libc::printf(message); // libc crate의 printf 함수를 안전하지 않은 블록 내에서
호출합니다.
    }
}
```

실행 결과
Hello Rust

---

7   표준 C 라이브러리. GNU의 glibc가 유명합니다. https://www.gnu.org/software/libc/

이번에는 gettimeofday()와 localtime() 함수를 사용해 현재 시각을 출력하는 예제를 작성하겠습니다. printf와 마찬가지로 libc의 함수를 사용하기 위해 unsafe 키워드를 사용합니다.

예제 9.5 gettimeofday와 localtime을 사용하는 예제

```
use std::mem;
use std::time::{Duration, UNIX_EPOCH};

fn main() {
    // libc의 timeval 구조체를 초기화합니다. tv_sec와 tv_usec는 초와 마이크로초를 나타냅니다.
    let mut tv = libc::timeval {
        tv_sec: 0,
        tv_usec: 0,
    };

    // 현재 시스템 시간을 가져옵니다. unsafe 블록 내에서 호출돼야 합니다.
    unsafe {
        libc::gettimeofday(&mut tv, mem::zeroed());
    }

    // tv_sec과 tv_usec을 사용해 Duration 객체를 생성합니다.
    let duration = Duration::new(tv.tv_sec as u64, tv.tv_usec as u32 * 1000);
    // UNIX_EPOCH(1970-01-01 00:00:00 UTC)로부터의 경과 시간을 계산합니다.
    let system_time = UNIX_EPOCH + duration;

    // libc의 tm 구조체를 초기화합니다.
    let mut tm = unsafe { mem::zeroed() };
    // 시간을 현지 시간대로 변환합니다.
    unsafe {
        libc::localtime_r(&system_time as *const _ as *const libc::time_t, &mut tm);
    }

    // 변환된 현지 시간에서 날짜와 시간 구성 요소를 추출합니다.
    let day = tm.tm_mday;
    let month = tm.tm_mon + 1;    // 월은 0부터 시작하므로 1을 더합니다.
    let year = tm.tm_year + 1900; // 연도는 1900부터 시작하므로 1900을 더합니다.
    let hour = tm.tm_hour;
    let min = tm.tm_min;
```

```
    let sec = tm.tm_sec;

    // 현지 시간을 출력합니다.
    println!("지금은: {}년 {}월 {}일 {}:{}:{}", year, month, day, hour, min, sec);
}
```

실행 결과
지금은: 2023년 2월 25일 7:3:11

OS 자료형

러스트의 자료형과 C의 자료형은 서로 다르기 때문에 러스트에서 C의 자료형을 사용하려면 libc와 FFI에서 제공하는 별도의 자료형을 사용해야 합니다. 다음은 libc가 제공하는 OS 자료형입니다.

표 9.1 libc가 제공하는 OS 자료형

libc 자료형	설명
c_char	8비트 부호 문자
c_int	부호 있는 정수
c_long	부호 없는 긴 정수
c_float	단정밀도 부동 소수점
c_double	배정밀도 부동 소수점
c_void	일반 포인터에 사용되는 빈 타입
size_t	크기와 개수에 사용되는 부호 없는 정수

레거시 코드를 러스트로 마이그레이션하기 위한 단계별 전략

레거시 코드를 러스트로 전환할 때는 신중한 계획과 전략적 결정이 필요합니다. 러스트는 메모리 안전성, 현대적인 타입 시스템 및 강력한 동시성 보장과 같은 (C/C++에 비해) 여러 가지 이점을 제공하면서 가비지 컬렉터가 필요하지 않습니다. 그러나 전환 과정에서 발생하는 비용을 간과해서는 안 되므로 계획을 철저히 세우는 것이 중요합니다.

다음은 레거시 코드를 러스트로 마이그레이션하는 단계별 전략을 설명합니다.

필요성 평가하기

전환을 고려하는 주된 이유를 명확히 해야 합니다. 메모리 안전성, 동시성 문제 또는 코드베이스의 현대화 등 어떤 요소가 중요한지 결정합니다. 전체 코드를 러스트로 전환할지 아니면 일부만 전환할지도 결정해야 합니다.

소규모로 시작하기

러스트로 전환 가능한 C 코드베이스 중 상대적으로 중요하지 않은 부분을 고려해야 합니다. 이 초기 단계는 전체 프로젝트의 방향성을 설정하며 잠재적인 문제를 발견하는 데 도움이 됩니다.

마이그레이션 도구 활용

러스트는 C와의 상호 운용성을 위해 FFI 같은 도구를 제공합니다. C에서 러스트 함수를 호출할 수 있고 그 반대도 가능합니다. 그래서 레거시 C 코드는 그대로 두고 새로운 코드는 러스트로 작성하거나 혹은 반대로 문제가 많이 발생한 레거시 C 코드를 러스트로 교체하고 다른 C 코드에서 호출하는 방식으로 개발할 수 있습니다. 이때 `libc` 크레이트와 `bindgen`을 함께 활용해 마이그레이션을 보다 효과적으로 수행할 수 있습니다.

테스트 작성하기

C 코드에 대한 포괄적인 테스트가 있는지 확인하고, 없다면 사전에 미리 작성해 둬야 합니다. 이 테스트는 러스트로의 전환 후 문제가 발생하지 않았는지 확인하는 데 중요하게 사용됩니다.

러스트 생태계 활용

마이그레이션 과정에서는 러스트의 다양한 라이브러리와 도구를 활용해 보는 것을 추천합니다. 예를 들면 C의 데이터 구조를 러스트의 표준 라이브러리나 `crates.io`의 다른 크레이트로 대체할 수 있습니다.

지속적 모니터링

전환 작업이 완료된 후에도 지속적으로 모니터링해 문제가 없는지 확인해야 합니다.

마이그레이션은 단순 코드 변환을 넘어서 원래의 설계를 깊이 이해하고 필요한 경우 개선하는 작업을 포함합니다. 이 과정은 시간과 노력이 필요하지만, 결과로 얻어지는 안전하고 현대적인 코드베이스는 분명히 가치가 있을 것입니다.

9.4 리눅스 시스템 프로그램 만들기

이 절에서는 기본적인 리눅스 시스템 프로그래밍을 만들어 봅니다.

먼저 공유 메모리의 활용 방법을 통해 프로세스 간 데이터를 공유하는 방법을 배웁니다. 그리고 mmap으로 파일을 매핑하는 방법을 배웁니다. 공유 메모리와 mmap은 비슷하지만 조금 다릅니다. 이후 ioctl을 사용해 디바이스와 직접 통신하는 방법을 익힙니다. 그다음 시스템에서 발생하는 다양한 이벤트를 관리하기 위한 시그널 핸들러의 사용법을 연습합니다. 마지막으로 DBus를 활용한 IPC 방법을 배웁니다.

공유 메모리 다루기

공유 메모리는 다양한 프로세스나 스레드 간에 데이터를 공유하기 위한 특별한 메모리 영역을 말합니다.

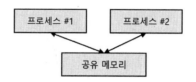

그림 9.2 공유 메모리 구조

이 메모리 영역의 주요 목적은 프로세스 간에 빠르고 효율적으로 통신하게 하는 것입니다. 특히 고성능 응용 프로그램에서는 데이터를 복사하거나 중계하는 데 드는 시간이나 오버헤드를 줄일 필요가 있습니다. 이럴 때 공유 메모리를 사용합니다.

공유 메모리를 사용하면 데이터의 복사나 전송 없이 다른 프로세스가 메모리에서 데이터를 직접 접근해 읽고 쓸 수 있습니다. 이 방식을 통해 다른 통신 메커니즘보다 빠르고 직관적으로 작업을 수행할 수 있습니다. 그리고 여러 프로세스가 동시에 동일한 데이터의 실시간 공유와 업데이트를 할 수 있습니다.

공유 메모리의 가장 큰 단점 중 하나는 동시성 관리입니다. 여러 프로세스가 동시에 데이터에 접근하려고 할 때 데이터의 무결성을 유지하기 위해 추가적인 동기화 도구나 잠금 메커니즘을 도입해야 합니다. 또한, 공유 메모리 영역은 여러 프로세스에 노출되므로 보안 측면에서도 주의가 필요합니다.

공유 메모리 사용하기

간단한 공유 메모리 샘플을 작성해 보겠습니다. 쓰기를 위한 sharedmem_writer 크레이트와 읽기를 위한 sharedmem_reader 크레이트를 별도로 생성합니다.

```
$ cargo new sharedmem_writer
$ cargo new sharedmem_reader
```

두 크레이트의 Cargo.toml에 shared_memory 의존성을 추가합니다.

[파일명: Cargo.toml]

```
[dependencies]
shared_memory = "*"
```

공유 메모리에서 사용할 데이터 구조체는 4바이트 정수형으로 구조는 다음과 같습니다.

```
#[repr(C)]
struct SharedData {
    number: i32,
}
```

이제 sharedmem_writer 코드를 작성합니다. /tmp/ 폴더에 basic_mapping.map 파일을 생성하도록 구조를 잡았습니다. 그리고 위에 정의한 SharedData 구조체를 공유하게 설정했습니다.

[파일명: writer 크레이트 main.rs]

```
extern crate shared_memory;

use shared_memory::*;
use std::time::Duration;
use std::thread;

// 공유 메모리에서 사용할 데이터 구조체
#[repr(C)]
struct SharedData {
    number: i32,
}

fn main() {
    let shmem_flink = "/tmp/basic_mapping.map";
```

```rust
    // 공유 메모리 파일 생성
    let shmem = match ShmemConf::new().size(4096).flink(shmem_flink).create() {
        Ok(m) => m,
        Err(ShmemError::LinkExists) => ShmemConf::new().flink(shmem_flink).open().unwrap(),
        Err(e) => {
            eprintln!("공유 메모리 파일 생성 실패 {shmem_flink} : {e}");
            return;
        }
    };

    // 공유 메모리 데이터 포인터 획득
    let shared_data: &mut SharedData = unsafe { &mut *(shmem.as_ptr() as *mut SharedData) };

    shared_data.number = 0;

    while shared_data.number < 60 {
        println!("Writing: {}", shared_data.number);
        shared_data.number += 1;
        thread::sleep(Duration::from_secs(1));
    }
}
```

sharedmem_reader는 sharedmem_writer에서 업데이트한 SharedData를 읽습니다.

[파일명: reader 크레이트 main.rs]

```rust
extern crate shared_memory;

use shared_memory::*;
use std::time::Duration;
use std::thread;

// 공유 메모리에서 사용할 데이터 구조체
#[repr(C)]
struct SharedData {
    number: i32,
}
```

```rust
fn main() {
    let shmem_flink = "/tmp/basic_mapping.map";

    // 공유 메모리 파일 생성
    let shmem = match ShmemConf::new().size(4096).flink(shmem_flink).create() {
        Ok(m) => m,
        Err(ShmemError::LinkExists) => ShmemConf::new().flink(shmem_flink).open().unwrap(),
        Err(e) => {
            eprintln!("공유 메모리 파일 생성 실패 {shmem_flink} : {e}");
            return;
        }
    };

    // 공유 메모리 데이터 포인터 획득
    let shared_data: &SharedData = unsafe { &*(shmem.as_ptr() as *const SharedData) };

    while shared_data.number < 60 {
        println!("Reading: {}", shared_data.number);
        thread::sleep(Duration::from_secs(1));
    }
}
```

실행 결과는 다음과 같습니다.

```
(... 쓰기 ...)
Writing: 2
Writing: 3
Writing: 4
...

(... 읽기 ...)
Reading: 4
Reading: 6
Reading: 7
...
```

mmap으로 프로세스 간 파일 공유

mmap은 프로세스 간에 파일 공유를 가능하게 하는 기능으로 파일 시스템에 있는 파일을 메모리에 매핑해 작동합니다. 다음 그림은 mmap의 작동 방식을 보여줍니다.

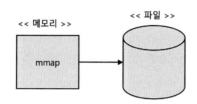

그림 9.3 mmap 작동 방식

mmap을 이용하면 파일 내용을 메모리처럼 빠르게 읽고 쓸 수 있어 파일 I/O의 부담을 크게 줄일 수 있습니다. 특히 여러 프로세스가 동시에 동일한 파일에 접근해야 할 때 유용하게 사용됩니다.

공유 메모리와 mmap은 유사해 보이지만 중요한 차이가 있습니다. mmap은 파일 시스템을 기반으로 공유 메커니즘을 제공하는 반면, 공유 메모리는 프로세스 간의 메모리 영역을 공유합니다. 성능 측면에서 공유 메모리가 mmap보다 우위를 차지하지만, mmap은 공유 메모리에서 제공하지 않는 다양한 부가 기능을 포함해 사용성이 뛰어나다고 볼 수 있습니다.

공유 메모리와 mmap의 장단점을 정확히 파악하고 적절히 활용하면 더 효과적인 시스템을 구축할 수 있습니다.

mmap 사용하기

다음은 mmap을 사용하는 간단한 예제입니다. 먼저 Cargo.toml에 memmap 의존성을 추가합니다.

[파일명: Cargo.toml]

```
[dependencies]
memmap = "*"
```

다음은 memmap 크레이트를 활용한 간단한 예시입니다. write 모드로 실행하면 shared_mmap_file.txt 파일이 생성됩니다. 그 후 read 모드로 실행하면 생성된 shared_mmap_file.txt의 내용을 열람할 수 있습니다.

예제 9.6 mmap 사용 예

```rust
use memmap::{MmapMut, MmapOptions};
use std::fs::OpenOptions;
use std::env;
use std::time::Duration;
use std::thread;

const FILE_PATH: &str = "shared_mmap_file.txt";

fn main() {
    let args: Vec<String> = env::args().collect();

    // 실행 방법: cargo run write / cargo run read
    if args.len() != 2 {
        println!("Usage: {} [write|read]", args[0]);
        return;
    }

    match args[1].as_str() {
        "write" => write_to_mmap(),
        "read" => read_from_mmap(),
        _ => println!("Use 'write' or 'read'."), // 유효하지 않은 인수를 입력하면 메시지 출력
    }
}

fn write_to_mmap() {
    let file = OpenOptions::new()
        .read(true)
        .write(true)
        .create(true)
        .truncate(true)
        .open(FILE_PATH)
        .unwrap();

    // 작성할 메시지: Hello from mmap!
    let message = b"Hello from mmap!";
    file.set_len(message.len() as u64).unwrap();
```

```
    // 파일에 대한 mutable한 메모리 맵을 생성
    let mut mmap = unsafe { MmapOptions::new().map_mut(&file).unwrap() };

    // 메모리 맵에 메시지를 씀
    mmap.copy_from_slice(message);

    println!("메시지를 작성했습니다."); // 메시지 작성 완료 알림
}

fn read_from_mmap() {
    // mmap 오픈
    let file = OpenOptions::new().read(true).open(FILE_PATH).unwrap();
    let mmap = unsafe { MmapOptions::new().map(&file).unwrap() };

    let content = String::from_utf8_lossy(&mmap);
    println!("Read from mmap: {}", content);
}
```

실행 결과

```
$ cargo run write
메시지를 작성했습니다.
$ cargo run read
Read from mmap: Hello from mmap!
```

ioctl로 디바이스 제어하기

ioctl은 input-output control의 줄임말로, 리눅스 운영체제에서 기기 드라이버에 임의의 명령을 전달하기 위한 시스템 콜입니다. 일반적인 read와 write 같은 시스템 콜이 아닌, 특정 디바이스나 드라이버에 대한 여러 가지 다양한 제어를 수행할 때 사용됩니다.

ioctl은 주로 디바이스 드라이버와의 상호작용에 사용되는 다목적 인터페이스로 디자인됐습니다. 이는 드라이버의 내부 상태를 조작하거나 조회하기 위한 다양한 연산을 포함하며, 특히 디바이스의 특수한 모드 설정 및 변경에 큰 역할을 합니다. ioctl은 입력으로 파일 디스크립터를 필요로 하며, 특정 명령과 그 명령을 수행하기 위한 추가적인 인자들이 동반됩니다.

디바이스 구성 관리의 관점에서 볼 때 ioctl은 필수적입니다. 예를 들면 시리얼 포트의 보드율 (baud rate)이나 패리티(parity) 설정 등을 조절하거나 드라이버의 메타데이터를 추출하는 데도 사용됩니다. 그뿐만 아니라 데이터 스트리밍 과정에서 버퍼 관리는 빼놓을 수 없는 핵심 작업 중 하나입니다. 여기서도 ioctl은 중요한 역할을 합니다. 버퍼 초기화, 상태 조회 등의 작업을 통해 데이터의 원활한 전송을 보장하며, 표준적인 read/write 연산 이외의 특수 연산을 수행합니다.

ioctl 사용하기

ioctl을 사용하는 간단한 예제를 작성해 보겠습니다. 리눅스 터미널 드라이버에 접근해 행과 열의 수를 출력하는 프로그램입니다.

먼저 Cargo.toml에 libc 의존성을 추가합니다.

[파일명: Cargo.toml]

```
[dependencies]
libc = "*"
```

그다음 ioctl을 사용해 TIOCGWINSZ라는 터미널 I/O 제어 명령어를 사용해 stdout의 파일 디스크립터에 전달합니다. 호출 결과 터미널의 행과 열의 수, 그리고 픽셀 단위의 가로세로 크기 정보를 얻을 수 있습니다.

예제 9.7 ioctl을 사용해 터미널의 열, 행 크기 얻기

```
extern crate libc;

use std::os::unix::io::AsRawFd;
use std::io;

// 터미널 I/O 제어 명령어
const TIOCGWINSZ: libc::c_ulong = 0x5413;

// Winsize 데이터 형식
#[repr(C)]
struct Winsize {
    ws_row: libc::c_ushort,    // 문자 단위의 행수
    ws_col: libc::c_ushort,    // 문자 단위의 열수
```

```rust
    ws_xpixel: libc::c_ushort, // 가로 픽셀 크기
    ws_ypixel: libc::c_ushort, // 세로 픽셀 크기
}


fn get_terminal_size() -> Result<(libc::c_ushort, libc::c_ushort), io::Error> {
    let ws = Winsize {
        ws_row: 0,
        ws_col: 0,
        ws_xpixel: 0,
        ws_ypixel: 0,
    };

    let fd = io::stdout().as_raw_fd();
    // ioctl을 사용해 ws 구조체 데이터를 획득
    let result = unsafe {
        libc::ioctl(fd, TIOCGWINSZ, &ws)
    };

    if result == -1 {
        Err(io::Error::last_os_error())
    } else {
        Ok((ws.ws_col, ws.ws_row))
    }
}


fn main() {
    match get_terminal_size() {
        Ok((width, height)) => {
            println!("Terminal size: {}x{}", width, height);
        },
        Err(e) => {
            eprintln!("Failed to get terminal size: {}", e);
        }
    }
}
```

실행 결과

Terminal size: 86x57

시그널 핸들러 다루기

리눅스 환경에서 시그널(signal)은 프로세스 간에 이벤트나 정보를 전달하는 중요한 도구로 활용됩니다. 신호는 그 특성상 비동기적으로 작용하며, 주로 프로세스에 특정 사건이나 변화가 발생했음을 알리는 데 사용됩니다. 이러한 신호는 다양한 종류로 구분되며, 각각 특별한 의미와 기본 작동을 가지고 있습니다.

프로세스가 신호를 받으면, 그에 따른 몇 가지 대응 방법을 갖습니다. 첫째로, 각 신호에 할당된 기본 작동을 실행할 수 있습니다. 둘째로, 신호를 무시하기로 선택할 수 있습니다. 그리고 마지막으로, 사용자 지정 작동을 위한 특별한 핸들러를 설정하고 등록함으로써 해당 신호에 대응할 수 있습니다.

다음 표는 리눅스 시그널의 종류를 보여줍니다.

표 9.2 리눅스 시그널

시그널	설명
SIGTERM	프로세스에 종료를 요청하는 신호로, kill 명령어의 기본 신호로 사용됩니다.
SIGKILL	프로세스에 강제적인 종료를 명령하는 신호로, 이 신호는 프로세스에 의해 무시하거나 처리될 수 없습니다.
SIGINT	사용자가 키보드에서 Ctrl+C를 누를 때 주로 발생하는 인터럽트 요청 신호입니다.
SIGQUIT	프로세스가 코어 덤프를 생성하며 종료하도록 합니다.
SIGSTOP	프로세스의 일시적인 중지를 요청하는 신호로, 무시하거나 처리할 수 없습니다.
SIGCONT	일시적으로 중지된 프로세스를 다시 실행하도록 요청하는 신호입니다.
SIGHUP	터미널의 연결이 종료되거나 프로세스의 재시작이 필요할 때 사용되는 신호입니다.
SIGSEGV	잘못된 메모리 참조로 인해 발생하는 오류, 즉 segmentation fault가 발생할 때의 신호입니다.
SIGPIPE	파이프나 소켓의 연결이 종료됐을 때 데이터 쓰기를 시도하는 프로세스에 전송되는 신호입니다.
SIGALRM	alarm 시스템 콜로 설정된 타이머가 만료될 때의 신호입니다.

간단한 시그널 핸들러 예제

간단한 시그널 핸들러 예제를 작성해 보겠습니다.

다음은 SIGINT를 수신했는지 확인하는 예제입니다. Ctrl+C 버튼을 눌러 SIGINT를 발생하면 "SIGINT수신"이라는 로그를 출력합니다.

먼저 Cargo.toml에 signal-hook 크레이트 의존성을 추가합니다.

[파일명: Cargo.toml]

```toml
[dependencies]
signal-hook = "*"
```

예제 코드는 다음과 같습니다.

예제 9.8 SIGINT 수신을 확인

```rust
use std::thread::sleep;
use std::time::Duration;
use std::io::Error;
use std::sync::atomic::{AtomicBool, Ordering};
use std::sync::Arc;
use signal_hook::consts::SIGINT;

fn main() -> Result<(), Error> {
    // AtomicBool을 사용해 SIGINT 신호가 수신됐는지 여부를 확인하는 플래그를 설정합니다.
    let signal_received = Arc::new(AtomicBool::new(false));
    // AtomicBool에 대한 참조를 복제합니다. 이것은 signal_hook에 전달됩니다.
    let signal_received_clone = signal_received.clone();

    // SIGINT 신호를 수신할 때마다 signal_received_clone의 값을 true로 설정하는 핸들러를
    등록합니다.
    signal_hook::flag::register(SIGINT, signal_received_clone)?;

    println!("SIGINT를 수신하거나 Ctrl+C를 입력하면 종료합니다.");

    // SIGINT 신호를 수신할 때까지 대기합니다.
    while !signal_received.load(Ordering::Relaxed) {
        sleep(Duration::from_secs(1));
    }

    println!("SIGINT 수신.");

    Ok(())
}
```

실행 결과

```
SIGINT를 수신하거나 Ctrl+C를 입력하면 종료합니다.
^C
SIGINT 수신.
```

위 예제는 실제로 작동하는 것처럼 보이지만, 한 가지 큰 문제점을 가지고 있습니다. 바로 메인 루프에서 SIGINT 수신 여부를 지속적으로 체크한다는 점입니다. 이런 방식은 간단한 샘플 코드 에서는 큰 문제가 없을 수 있지만, 프로그램의 규모가 조금 확장될 경우 효율적이지 않고, 실제 로 사용하기 어렵습니다. 따라서 더 효율적인 방법을 고려해야 합니다.

다음 예제는 별도의 스레드를 생성해 SIGINT를 체크하는 예제입니다.

예제 9.9 별도의 스레드를 생성해 SIGINT를 체크

```rust
use signal_hook::{consts::SIGINT, iterator::Signals};
use std::{error::Error, thread, time::Duration};

fn main() -> Result<(), Box<dyn Error>> {
    // SIGINT 신호를 처리하기 위한 Signals 객체를 생성합니다.
    let mut signals = Signals::new(&[SIGINT])?;

    // 새로운 스레드를 생성해 SIGINT 신호를 수신 대기합니다.
    thread::spawn(move || {
        // signals.forever()를 사용해 지속적으로 신호를 확인하고 대기합니다.
        for sig in signals.forever() {
            println!("SIGINT수신.");
            // 프로세스를 종료합니다.
            std::process::exit(0);
        }
    });

    println!("SIGINT를 수신하거나 Ctrl+C를 입력하면 종료합니다.");
    thread::sleep(Duration::from_secs(10));

    Ok(())
}
```

결과
SIGINT를 수신하거나 Ctrl+C를 입력하면 종료합니다. ^C SIGINT수신.

DBus 서버/클라이언트 개발

리눅스 시스템에서는 다양한 응용 프로그램과 서비스가 사용자의 작업을 지원합니다. 이러한 시스템에서 IPC의 핵심 요소로 사용되는 것 중 하나가 DBus입니다. DBus는 메시지 버스 시스템으로 시스템 전체의 서비스나 사용자 세션 내의 애플리케이션 간 통신을 효과적으로 관리합니다.

리눅스 데스크톱 환경에서 특히 DBus의 중요성이 돋보입니다. 예를 들어 네트워크 연결을 관리하는 NetworkManager는 DBus를 통해 다른 애플리케이션에 네트워크 상태 정보를 전달하며, Bluetooth 스택인 BlueZ 역시 DBus를 활용해 상태 정보를 공유합니다. 이 외에도 PulseAudio, GNOME, KDE, UPower, UDisks 등 다양한 애플리케이션과 서비스가 DBus를 활용해 각기 다른 기능과 상태 정보를 효과적으로 교환합니다.

이런 중요성과 함께 DBus는 몇 가지 주요한 장점을 지닙니다. 먼저 많은 리눅스 데스크톱 환경에서 IPC의 표준으로 채택된 바 있습니다. 이는 다양한 애플리케이션과 서비스 간의 통합 작업이 간편하게 진행될 수 있다는 것을 의미합니다. 객체 지향적 방식의 설계는 프로그래머에게 직관적인 개발 환경을 제공하며, 메서드 호출과 이벤트 전송이 용이합니다. 보안 측면에서도 메시지의 전송 및 수신에 대한 정책을 세밀하게 설정할 수 있는 기능은 프로세스 간의 통신 권한을 철저히 관리하는 데 중요합니다.

DBus를 사용하려고 할 때 몇 가지 고려 사항이 있습니다. 먼저 DBus의 설정과 사용은 간단한 IPC 작업에 비해 다소 복잡합니다. 초보 개발자나 제한된 시간 안에 프로젝트를 완료해야 하는 경우에는 적합하지 않을 수 있습니다. 그리고 DBus는 주로 리눅스와 유닉스 시스템에 맞춰져 있어 다른 시스템에서는 호환 문제를 겪을 수 있습니다.

간단한 DBus 클라이언트와 서버 만들기

간단한 DBus 클라이언트와 서버를 만들어 보겠습니다. 클라이언트와 서버의 구조이기에 다음과 같이 두 개의 크레이트를 생성합니다.

```
$ cargo new dbus-client
$ cargo new dbus-server
```

두 크레이트에 dbus와 dbus-crossroads의 의존성을 추가합니다.

[파일명: Cargo.toml]

```
[dependencies]
dbus = "*"
dbus-crossroads = "*"
```

먼저 DBus 서버의 코드를 작성해 봅시다.

다음 예제의 Hello 구조체는 called_count라는 변수를 포함합니다. 이 called_count 변수는 Hello 메서드가 몇 번 호출됐는지를 나타내는 32비트 정숫값을 저장합니다.

예제 9.10 DBus 서버

```
use dbus::blocking::Connection;
use dbus_crossroads::{Crossroads, Context};
use std::error::Error;

struct Hello {
    called_count: u32
}

fn main() -> Result<(), Box<dyn Error>> {
    // 새로운 DBus 세션 연결을 생성합니다.
    let c = Connection::new_session()?;
    // "com.example.dbustest"라는 이름을 요청해 DBus에 등록합니다.
    c.request_name("com.example.dbustest", false, true, false)?;

    // Crossroads 인스턴스를 생성합니다.
    let mut cr = Crossroads::new();

    // com.example.dbustest 인터페이스 등록
    let iface_token = cr.register("com.example.dbustest", |b| {
        // "HelloHappened"라는 dbus signal을 설정합니다.
```

```
        let hello_happened = b.signal::<(String,), _>("HelloHappened", ("sender",)).msg_fn();

        // "Hello" 메서드를 정의합니다.
        b.method("Hello", ("name",), ("reply",), move |ctx: &mut Context, hello: &mut Hello,
(name,): (String,)| {
            println!("클라이언트 쿼리: 안녕 {}!", name);
            hello.called_count += 1;
            let reply = format!("안녕 {}! API호출 횟수: {}", name, hello.called_count);
            let signal_msg = hello_happened(ctx.path(), &(name,));
            ctx.push_msg(signal_msg);
            Ok((reply,))
        });
    });

    // "/hello"라는 경로에 Hello 구조체 인스턴스를 삽입하고 인터페이스 토큰을 연결합니다.
    cr.insert("/hello", &[iface_token], Hello { called_count: 0});

    // 생성된 Crossroads 인스턴스를 사용해 DBus 연결에서 메시지를 처리하도록 서비스를
시작합니다.
    cr.serve(&c)?;


    Ok(())
}
```

클라이언트를 작성해 보겠습니다. 클라이언트는 위의 DBus 서버에 접근해 Hello 메서드를 호출합니다.

예제 9.11 DBus 클라이언트

```
use dbus::blocking::Connection;
use std::time::Duration;


fn main() -> Result<(), Box<dyn std::error::Error>> {
    // 새로운 DBus 세션 연결을 생성합니다.
    let conn = Connection::new_session()?;


    // DBus 프락시를 생성합니다.
    // com.example.dbustest 서비스의 /hello 경로에 접근합니다.
```

```
    let proxy = conn.with_proxy("com.example.dbustest", "/hello",
Duration::from_millis(5000));

    // Hello를 호출합니다.
    let (hello,): (String,) = proxy.method_call("com.example.dbustest", "Hello",
("luna",))?;

    println!("수신: {}", hello);

    Ok(())
}
```

결과

```
$ dbus-server &
$ dbus-client
클라이언트 쿼리: 안녕 luna!
수신: 안녕 luna! API호출 횟수: 2
```

9.5 요약

이 장에서는 리눅스 시스템 프로그래밍의 기본적인 개요를 탐구했습니다. FFI와 같은 레거시 시스템과의 연동 방법을 통해 어떻게 개발 비용을 절감할 수 있는지 알아봤습니다. 또한 간단한 시스템 프로그래밍 실습을 통해 리눅스 시스템 프로그램의 작동 원리에 대한 기본적인 이해를 높였습니다.

이 장에서 배운 내용을 요약하면 다음과 같습니다.

- 리눅스 시스템 프로그래밍 개요
- Foreign function interface
- 레거시 라이브러리 연동
- 간단한 시스템 프로그램 만들기

다음 장에서는 커널 개발을 위해 알아둬야 할 것에 대해 학습합니다.

10

커널 개발을 위해 알아야 할 것

이 장에서는 리눅스 커널의 발전 과정과 커널 개발 환경 구축 방법을 중점적으로 다룹니다. 먼저 리눅스 커널이 어떻게 발전해 왔는지에 대한 역사적 배경을 살펴봅니다. 그 후 커널 개발에 필요한 툴체인 설치부터 커널 빌드 방법까지의 과정을 상세히 설명합니다. 추가로 QEMU를 활용한 가상 환경에서의 커널 빌드와 테스트 방법을 배웁니다. 마지막으로 러스트로 작성된 커널 모듈의 빌드와 실행 방법에 대해 알아보겠습니다.

10.1 리눅스 커널의 역사

리눅스 커널(Linux Kernel)은 리눅스 운영체제(Operating System)의 커널을 말합니다. 이번 절에서는 리눅스 운영체제와 리눅스 커널의 역사와 구조에 대해 알아보고 러스트 언어를 리눅스 커널에 적용하면 어떤 장점이 있는지 알아봅니다.

리눅스 운영체제와 리눅스 커널

우리가 보통 '리눅스'라고 말할 때 이는 리눅스 운영체제를 의미합니다. 리눅스 운영체제는 컴퓨터가 실행할 수 있는 완전한 플랫폼을 제공하는 소프트웨어 모음이며, 리눅스 커널은 리눅스 운영체제의 구성 요소 중 하나로 하드웨어 같은 시스템 리소스를 제어 및 관리하고 소프트웨어에 리소스를 분배하는 서비스를 제공하는 운영체제의 핵심적이고 가장 기본적인 구성 요소입니다.

```
리눅스 운영체제
┌─────────────┐ ┌─────────────┐ ┌─────────────┐
│   System    │ │    User     │ │    User     │
│  Software   │ │  Processes  │ │   Utility   │
└─────────────┘ └─────────────┘ └─────────────┘
┌───────────────────────────────────────────────┐
│               System Library                   │
└───────────────────────────────────────────────┘
┌───────────────────────────────────────────────┐
│                Linux Kernel                    │
└───────────────────────────────────────────────┘
┌───────────────────────────────────────────────┐
│                Device Driver                   │
└───────────────────────────────────────────────┘

하드웨어
┌─────────┐      ┌─────────┐      ┌─────────┐
│   CPU   │      │   DDR   │      │   I/O   │
│         │      │ Memory  │      │         │
└─────────┘      └─────────┘      └─────────┘
```

그림 10.1. 리눅스 운영체제와 리눅스 커널

리눅스 커널의 역사

리눅스 커널은 1991년 핀란드 헬싱키 대학의 학생인 리누스 토발즈(Linus Torvalds)가 처음 발표했습니다. 리누스 토발즈는 당시 운영체제 설계 분야의 권위자였던 네덜란드의 앤드루 타넨바움(Andy S. Tanenbaum) 교수가 교육용으로 개발한 미닉스(Minix) 운영체제에 영감을 받았고 이에 자유 오픈소스(Free Opensource) 운영체제를 만들기 위한 개인 프로젝트를 시작했는데, 그 결과물이 바로 리눅스 운영체제입니다. 당시 토발즈는 미닉스의 느린 성능과 불편한 기능에 불만을 느꼈고 성능이 미닉스보다 좋고 당장 386 머신에서 작동 가능한 운영체제를 미닉스 소스코드를 한 줄도 베끼지 않고 개발했습니다.

그림 10.2. 미닉스 뉴스그룹 'comp.os.minix'에 리눅스 운영체제 0.01 개발 내용 공유

재미있는 점은 토발즈가 리눅스 운영체제 0.01 버전 개발 내용을 미닉스 뉴스 그룹[1]에 알릴 때
만 해도 리눅스가 단순히 취미('just a hobby')라고 말했다는 점입니다. 리눅스 운영체제가 지
금과 같은 위상으로 운영체제 시장에 자리 잡으리라고는 전혀 상상하지 못했던 것으로 보입
니다.

```
                    Notes for linux release 0.01


                    0. Contents of this directory

linux-0.01.tar.Z        - sources to the kernel
bash.Z                  - compressed bash binary if you want to test it
update.Z                - compressed update binary
RELNOTES-0.01           - this file


                    1. Short intro

This is a free minix-like kernel for i386(+) based AT-machines.  Full
source is included, and this source has been used to produce a running
kernel on two different machines.  Currently there are no kernel
binaries for public viewing, as they have to be recompiled for different
machines.  You need to compile it with gcc (I use 1.40, don't know if
1.37.1 will handle all __asm__-directives), after having changed the
relevant configuration file(s).
```

그림 10.3. 리눅스 커널 0.01 버전 릴리스 노트

이렇게 진행된 리눅스 운영체제의 본격적인 개발은 리누스 토발즈가 1991년 9월 17일 리눅스
운영체제의 심장인 리눅스 커널 버전 0.01을 공식 릴리스[2]하면서부터 시작됐습니다. 이후 리
눅스 커널 개발은 지금까지 매우 성공적으로 이뤄지고 있으며, 세계에서 가장 널리 사용되는
운영체제 커널 중 하나가 됐습니다.

리누스 토발즈와 타넨바움 교수의 논쟁

리눅스 운영체제가 태어난 지 얼마 되지 않은 시점(1992년)에 리눅스 운영체제를 유명해지게
만든 사건이 하나 발생합니다. 바로 미닉스 운영체제를 개발한 타넨바움 교수와 토발즈가 벌인
논쟁입니다. 운영체제 역사에서 굉장히 유명한 사건이고 지금까지도 논란이 있으므로 간단히
설명하겠습니다.

타넨바움 교수가 먼저 포문을 열었습니다.

"리눅스는 구식(obsolete)이다."

---

1   우리나라로 치면 예전 하이텔, 천리안 같은 텍스트 기반 정보 소통 공간
2   리눅스 커널 0.01 버전 소스코드가 궁금하다면 다음 주소에서 다운로드할 수 있습니다. https://www.kernel.org/pub/linux/kernel/
    Historic/old-versions/linux-0.11.tar.gz

굉장히 도발적인 발언입니다. 타넨바움 교수의 주장은 리눅스 운영체제에 사용되는 모놀리식 커널(Monolithic Kernel) 방식은 구식이며 이 방식을 적용한 커널은 너무 복잡하고 확장이 어렵다고 주정했습니다. 그래서 시스템이 더 안정적이고 안전해지려면 운영체제 커널이 메모리 관리 및 프로세스 관리와 같은 기본적이고 필수적인 작업만 처리하고 다른 서비스는 사용자 공간 프로그램으로 구현되는 마이크로 커널(Micro Kernel) 방식으로 설계돼야 한다는 것이었습니다.

게다가 모놀리식 방식의 커널을 탑재한 운영체제인 리눅스는 시간을 1970년대로 다시 되돌리는 것이며, 이는 C 프로그램을 베이직(BASIC)에서 재작성하는 것과 같기 때문에 1990년대에 모놀리식 방식의 운영체제를 만든다는 건 정말로 좋지 않은 아이디어이고 리누스 토발즈가 자기 학생이 아닌 게 다행이라는 발언까지 하며 리눅스 운영체제 개발을 폄하했습니다.

```
From: ast@cs.vu.nl (Andy Tanenbaum)
Newsgroups: comp.os.minix
Subject: LINUX is obsolete
Date: 29 Jan 92 12:12:50 GMT
Organization: Fac. Wiskunde & Informatica, Vrije Universiteit, Amsterdam

I was in the U.S. for a couple of weeks, so I haven't commented much on
LINUX (not that I would have said much had I been around), but for what
it is worth, I have a couple of comments now.

As most of you know, for me MINIX is a hobby, something that I do in the
evening when I get bored writing books and there are no major wars,
revolutions, or senate hearings being televised live on CNN. My real
job is a professor and researcher in the area of operating systems.

As a result of my occupation, I think I know a bit about where operating
are going in the next decade or so. Two aspects stand out:

1. MICROKERNEL VS MONOLITHIC SYSTEM
    Most older operating systems are monolithic, that is, the whole operating
    system is a single a.out file that runs in 'kernel mode.' This binary
    contains the process management, memory management, file system and the
    rest. Examples of such systems are UNIX, MS-DOS, VMS, MVS, OS/360,
    MULTICS, and many more.

    The alternative is a microkernel-based system, in which most of the OS
    runs as separate processes, mostly outside the kernel. They communicate
    by message passing. The kernel's job is to handle the message passing,
    interrupt handling, low-level process management, and possibly the I/O.
    Examples of this design are the RC4000, Amoeba, Chorus, Mach, and the
    not-yet-released Windows/NT.

    While I could go into a long story here about the relative merits of the
    two designs, suffice it to say that among the people who actually design
    operating systems, the debate is essentially over. Microkernels have won.
    The only real argument for monolithic systems was performance, and there
    is now enough evidence showing that microkernel systems can be just as
    fast as monolithic systems (e.g., Rick Rashid has published papers
    comparing Mach 3.0 to monolithic systems) that it is now all over but
    the shoutin'.
```

그림 10.4. 타넨바움 교수의 "리눅스는 구식이다." 발언

그렇다면 모놀리식 커널과 마이크로 커널의 차이가 도대체 무엇인지 자세히 알아보겠습니다.

모놀리식 커널과 마이크로 커널

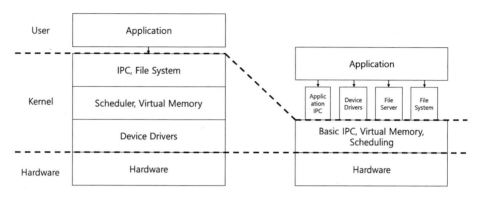

그림 10.5 모놀리식 커널 아키텍처(왼쪽)와 마이크로 커널 아키텍처(오른쪽)

모놀리식 커널은 커널 모드에서 실행되는 단일 대형 프로세스이며 메모리 관리, 프로세스 관리 및 디바이스 드라이버와 같은 모든 핵심 운영체제 서비스를 모두 제공합니다. 간단히 말하면 커널의 덩치가 매우 큽니다. 이런 모놀리식 커널은 모든 핵심 운영체제 서비스가 동일한 주소 공간에 있어 서로 쉽게 통신하고 데이터를 공유해 성능을 향상시킬 수 있으며 개발자가 새로운 기능을 추가하고 버그를 수정하기가 쉽다는 장점이 있습니다. 하지만 모든 커널 서비스가 동일한 주소 공간에 있어 전체 커널에 영향을 주지 않고 기능을 추가/제거하기 어렵다는 단점도 있습니다. 또한 한 서비스의 버그나 취약성이 전체 커널을 손상시킬 수 있습니다. 뒤에 설명하겠지만, 이런 단점은 러스트 언어를 사용함으로써 극복할 수 있습니다.

반면에 마이크로 커널은 메모리 관리, 프로세스 간 통신과 같은 기본적인 서비스만 제공하는 작은 커널입니다. 파일 시스템 및 디바이스 드라이버와 같은 기타 서비스는 별도의 사용자 모드 프로세스로 실행됩니다. 마이크로 커널의 장점은 서비스들이 별도의 사용자 모드 프로세스로 실행되기 때문에 전체 커널에 영향을 주지 않고 기능을 쉽게 추가하거나 제거할 수 있다는 것입니다. 그리고 각 서비스가 별도의 사용자 모드 프로세스로 실행되기 때문에 한 서비스의 버그나 취약성이 전체 커널을 손상시키지 않습니다. 하지만 마이크로 커널 역시 단점이 있는데, 서비스들이 별도의 사용자 모드 프로세스로 실행되기 때문에 IPC(프로세스 간 통신) 메커니즘을 사용해 서로 통신해야 한다는 것입니다. 이는 앞에서 설명한 모놀리식 커널에서 사용되는 직접적인 통신 방식보다 느릴 수 있습니다. 그리고 서비스들이 별도의 사용자 모드 프로세스로 실행되기 때문에 개발자가 새로운 기능을 추가하고 버그를 수정하기가 더 어려울 수 있습니다. 요약하면 모놀리식 커널과 마이크로 커널은 다음과 같은 고유한 장단점이 있습니다.

표 10.1 모놀리식 커널과 마이크로 커널의 장단점

	모놀리식 커널	마이크로 커널
장점	고성능, 쉬운 개발	높은 유연성, 높은 보안
단점	유연성 부족, 보안 부족	낮은 성능, 개발하기 어려움

타넨바움 교수의 도발에도 토발즈는 흔들리지 않고 모놀리식 커널 아키텍처가 더 효율적이고 더 나은 성능을 제공한다고 주장했습니다. 그는 또한 리눅스 커널의 디자인은 커널 구성 요소 간에 보다 효율적으로 통신하게 할 수 있지만, 마이크로 커널 아키텍처는 오버헤드를 일으켜 운영체제를 느리게 할 것이라고 주장했습니다. 이 논쟁은 수년 동안 진행됐으며 운영체제 연구 커뮤니티에서 많은 논의의 주제였습니다.

그림 10.6 리누스 토발즈(왼쪽)와 타넨바움 교수(오른쪽)

결론은 어떻게 됐을까요? 양측 모두 타당하지만, 여러분이 아시는 것처럼 결론적으로 모놀리식 커널 방식인 리눅스 커널이 널리 채택됐으며 매우 성공적이고 안정적인 운영체제 커널로 입증됐습니다.

반면 마이크로 커널 방식은 모놀리식 커널과 같은 수준의 성공을 거두지는 못했습니다. 하지만 둘 중 어느 것을 선택할지는 시스템의 특정 요구사항과 수용할 수 있는 장단점에 따라 달라지게 되는데, 리눅스 커널이 모놀리식 아키텍처를 기반으로 설계되기는 했지만 마이크로 커널 아키텍처만의 장점도 분명하기 때문에 리눅스 커널이 마이크로 커널 방식의 장점도 함께 취하거나 모놀리식 아키텍처로 인해 발생하는 단점을 보강하며 발전해갈 필요가 있어 보입니다.

어쨌든 리눅스 커널은 성공했는데, 모놀리식 커널의 단점을 극복했기 때문일까요? 그 외에 어떤 성공요인이 있을까요?

리눅스 커널의 성공 요인

리눅스 커널은 1991년 최초 출시 이후 리눅스 운영체제와 함께 널리 채택되어 현재 다양한 디바이스와 시스템에서 사용되고 있습니다. 특히 2000년대 초부터 리눅스 운영체제는 독점 유닉스 운영체제에 대한 저렴하고 안정적이며 안전한 대안으로 기업 세계에서 널리 채택되기 시작했습니다.

이후 리눅스 운영체제는 데이터 센터, 웹 서버 및 기타 엔터프라이즈급 애플리케이션을 위한 기본 옵션이 됐습니다. 그리고 최근 몇 년 동안 리눅스 커널은 가상화 및 컨테이너화 지원과 같은 새로운 기능과 성능, 보안 및 확장성 향상을 통해 지속적으로 발전하고 개선됐습니다.

그 결과 오늘날 리눅스 운영체제는 서버, 데스크톱, 스마트폰, 임베디드 시스템과 같은 다양한 유형의 디바이스에서 널리 사용되고 있습니다. 또한 안드로이드(Android)와 같은 다른 많은 운영체제의 기반이기도 합니다.

표 10.2 리눅스 운영체제의 다양한 사용처

사용처	설명
데스크톱 및 랩톱	데스크톱 및 랩톱의 기본 운영체제
서버	웹 서버, 파일 서버 및 기타 유형의 서버를 지원하는 서버용 운영체제
모바일 디바이스	스마트폰, 태블릿, 임베디드 시스템 및 사물 인터넷(IoT) 디바이스와 같은 다양한 모바일 디바이스용 운영체제
슈퍼 컴퓨터	많은 수의 프로세로로 확장하고 많은 양의 데이터를 처리할 수 있는 운영체제

이런 리눅스 커널의 성공 요인에는 여러 가지가 있습니다. 우선 리눅스 커널은 GNU GPL 라이선스(General Public License)에 따라 배포됩니다. 즉, 누구나 소스코드를 자유롭게 사용, 수정 및 배포할 수 있습니다. 이로 인해 커널에 기여하는 크고 활발한 개발자 커뮤니티가 생겨 높은 수준의 안정성을 갖게 됐습니다.

또한 리눅스 커널은 특히 서버 및 고성능 컴퓨팅 환경에서 그 성능으로 유명합니다. 고급 메모리 관리, 프로세스 관리, 다중 프로세서 및 코어 지원으로 이러한 유형의 응용 프로그램에 매우 적합합니다.

그리고 굉장히 중요한 보안 측면에서도 커널은 시스템 관리자가 파일 및 프로세스에 대해 세분화된 액세스 제어를 설정할 수 있도록 해 높은 수준의 보안을 제공하는 AppArmor 및 SELinux와 같은 보안 기능으로 유명합니다.

또한 리눅스 커널은 상호 운용성이 매우 높은 것으로 알려져 있습니다. 즉, 광범위한 하드웨어 및 다양한 유형의 소프트웨어에서 실행할 수 있습니다. 이를 통해 사용자는 광범위한 소프트웨어 및 하드웨어 옵션을 활용할 수 있으므로 다양한 유형의 응용 프로그램에 널리 사용됩니다.

이런 여러 가지 요인 중 필자가 생각하는 가장 큰 성공 요인은 리눅스 커널에는 개발자, 시스템 관리자 및 사용자로 구성된 대규모의 활동적인 커뮤니티가 있고 이런 커뮤니티로부터 많은 지원을 받을 수 있다는 것입니다. 또한 리눅스 운영체제에 대한 지원 및 서비스를 제공하는 많은 상용 공급업체 역시 리눅스 커널의 성공에 기여하고 있습니다.

이러한 성공 요인으로 인해 리눅스 커널은 세계에서 가장 널리 사용되고 존경받는 운영체제 커널이 됐습니다.

리눅스 커널 관리 및 개발

리눅스 커널은 전 세계 대규모 개발자 커뮤니티에서 유지 관리합니다. 리눅스 커널의 개발 프로세스는 리눅스 창시자인 리누스 토발즈와 다른 개발자들이 제출한 코드 변경 사항을 검토하고 병합하는 소규모 유지 관리 팀이 관리합니다. 개발 프로세스는 여러 단계로 나뉩니다. 먼저 개발자는 검토를 위해 메일링 리스트에 패치 형식으로 코드 변경 사항을 제출합니다. 이러한 패치는 관리자 및 기타 개발자가 검토해 피드백을 제공하고 개정을 제안합니다. 패치가 검토되고 필요에 따라 수정되면 리눅스 커널의 기본 개발 분기에 병합됩니다. 리눅스 커널은 릴리스 일정을 따르며 새 버전은 2~3개월마다 릴리스됩니다. 이러한 릴리스는 일반적으로 새로운 기능과 변경 사항이 기본 개발 분기에 병합되는 'Merge Window(병합 창)'이 선행됩니다.

일반적으로 리눅스 커널 개발 프로세스는 개방적이고 투명하며 커뮤니티 중심입니다. 또한 기여자의 지위나 명성이 아닌 기술적 가치에 따라 기여도를 평가하는 엄격한 능력주의 원칙을 따릅니다. 리눅스 커널의 안정성과 품질을 보장하기 위해 개발 프로세스에는 엄격한 테스트 및 품질 보증 프로세스도 포함됩니다. 여기에는 새로운 코드 변경에 대한 자동 테스트와 개발자 커뮤니티의 수동 테스트 및 검증이 포함됩니다.

리눅스 커널 코드 반영 방법

우리가 보통 리눅스 커널과 같은 오픈소스에 개인이 작성한 코드를 병합하는 행동을 오픈소스 공헌(Opensource Contribution) 활동이라고 합니다. 리눅스 커널에 대한 오픈소스 공헌 활동은 다음과 같이 여러 단계를 거치는데 단계마다 검수과정이 까다로워서 코드를 반영하기가 쉽지 않습니다. 우선 리눅스 커널 개발 프로세스 및 코딩 스타일 지침을 숙지해야 합니다. 리눅스 커널에는 코드를 제출할 때 따라야 하는 지침과 규칙이 있습니다. 이를 지키지 않으면 리눅스 커널 코드 관리자[3]에게 조언을 듣게 됩니다.

리눅스 커널 소스코드는 공식 리눅스 커널 웹사이트[4]에서 얻거나 깃(git)을 사용해 저장소(repository)를 복제(Clone)해 얻을 수 있습니다.

커널 소스코드를 구했으면 커널을 빌드합니다. 여기에는 make 명령을 실행해 커널과 해당 모듈을 빌드한 다음 make menuconfig 또는 make xconfig를 실행해 사용자 정의 커널에 포함하려는 기능과 옵션을 선택해 커널을 구성하는 작업이 포함됩니다.

이제 커널 해킹을 시작할 수 있습니다. 새로운 기능 추가, 버그 수정 또는 기존 코드 최적화를 할 수 있으며 이후 변경 사항을 적용한 후에는 철저히 테스트해 예상대로 작동하고 새로운 버그가 발생하지 않는지 확인해야 합니다. 변경 사항을 테스트하고 디버깅한 후에는 검토를 위해 리눅스 커널 메일링 리스트에 제출할 수 있습니다. 변경 사항에 대해서는 리눅스 커널 코드 관리자들이 피드백을 제공하고 기타 개발자가 리뷰를 진행합니다. 코드 관리자가 변경 사항을 검토하고 수락하면 리눅스 커널의 기본 개발 브랜치에 병합됩니다.

리눅스 커널 개발은 복잡한 작업이며 저수준 프로그래밍, 운영체제 내부 및 커널 개발에 대한 높은 수준의 숙련도가 필요합니다. 또한 리눅스 커널 아키텍처, 코딩 스타일 및 사례에 대한 깊은 이해가 필요합니다. 리눅스 커널에 기여하는 것은 자발적인 노력이 필요합니다. 그뿐만 아니라 리눅스 커뮤니티는 개발자가 다른 오픈 소스 프로젝트에도 기여할 것을 권장합니다.

리눅스 운영체제와 유닉스

리눅스 운영체제는 유닉스와 유사하다고 흔히 얘기합니다. 실제로 운영체제의 핵심인 리눅스 커널이 기능 및 설계 측면에서 유닉스 커널과 유사하게 설계됐으며 유닉스와 동일한 많은 프로

---

3   보통 메인테이너(maintainer)라고 합니다.
4   https://www.kernel.org/

그래밍 인터페이스 및 유틸리티와 호환됩니다. 그러나 리눅스는 유닉스의 단순 복사본은 아닙니다. 리눅스 커널과 이를 기반으로 구축된 운영체제는 독립적으로 개발됐으며, 둘 사이에는 많은 중요한 차이점이 있습니다. 예를 들어 리눅스는 오픈소스 소프트웨어로 누구나 무료로 사용할 수 있는 반면, 유닉스는 소유권이 있습니다. 또한 리눅스는 사용자의 커스터마이징이 가능하며 광범위한 하드웨어 플랫폼으로 포팅되지만, 유닉스는 주로 고급 서버 및 워크스테이션에 사용됩니다.

10.2 커널 개발을 위한 환경 설정

이번 절에서는 러스트를 사용해 리눅스 커널 개발을 위한 환경 설정 방법을 학습합니다. 커널을 다운로드, 빌드, 구동하는 방법과 러스트로 작성된 간단한 커널 모듈을 실행하는 방법을 설명합니다. 예제 실습은 x86_64 아키텍처를 기반으로 하는 우분투 22.04 환경에서 진행했습니다.

러스트 툴체인 다운로드 및 설치 방법

먼저 러스트 툴체인을 받아 설치합니다. 다음 명령어를 실행하면 됩니다.

```
$ curl --proto '=https' --tlsv1.2 -sSf https://sh.rustup.rs | sh
```

실행하면 러스트 툴체인 패키지가 자동으로 다운로드되고 설치되며 ~/.cargo/bin을 확인하면 rustc, cargo, 그리고 rustup을 포함한 툴체인 바이너리를 찾을 수 있습니다.

이 방법 외에 러스트 공식 사이트[5]에서 사용자가 이미 완성돼 있는 standalone 툴체인을 별도로 다운로드해 입맛에 맞게 설치하는 방법도 있습니다.

---

5 https://forge.rust-lang.org/infra/other-installation-methods.html

표 10.3 러스트가 지원하는 툴체인 목록

Tier	툴체인	설명
1	aarch64-unknown-linux-gnu	ARM64 GNU Linux 툴체인
	i686-pc-windows-gnu	인텔 32비트 윈도우 GNU 툴체인
	i686-pc-windows-msvc	인텔 32비트 윈도우 Microsoft Visual C++ 툴체인
	i686-unknown-linux-gnu	인텔 32비트 GNU Linux
	x86_64-apple-darwin	인텔 64비트 애플 macOS
	x86_64-pc-windows-gnu	인텔 64비트 윈도우 GNU 툴체인
	x86_64-pc-windows-msvc	인텔 64비트 윈도우 Microsoft Visual C++ 툴체인
	x86_64-unknown-linux-gnu	인텔 64비트 GNU Linux
2	aarch64-pc-windows-msvc	ARM64 윈도우 Microsoft Visual C++ 툴체인
	riscv64gc-unknown-linux-gnu	RISC-V 64비트 GNU Linux 툴체인

러스트 공식 사이트(https://www.rust-lang.org)에는 이런 툴체인 설치 방법뿐만 아니라 러스트와 관련해 유용한 문서가 많이 있어 러스트를 공부하는 데 큰 도움이 됩니다.

러스트 커널 다운로드

이제 러스트 커널을 다운로드하고 빌드해 보겠습니다. 러스트는 www.kernel.org의 메인라인(mainline) 리눅스 커널 6.1 버전부터 공식적으로 포함됐기 때문에 이를 그대로 다운로드해 빌드해 사용해도 되지만, 러스트 포 리눅스 프로젝트에서 개발이 한창 진행되고 있는 러스트 커널이 새롭고 많은 코드를 반영하고 있어 여기서는 해당 커널을 받아 빌드하고 실습에 사용하겠습니다.

커널 다운로드는 다음 명령을 통해 수행합니다.

```
$ git clone https://github.com/Rust-for-Linux/linux.git
```

그러면 명령을 실행한 디렉터리에 'linux' 디렉터리가 생성되고 커널 소스코드가 다운로드됩니다. 커널 최상위 디렉터리를 확인해 보면 다음과 같이 'rust' 디렉터리가 있고 그 안에 많은 양의 .rs 파일, 즉 러스트로 구현된 코드가 존재합니다.

```
$ ls
arch      crypto          init      kernel      mm        samples   usr
block     Documentation   io_uring  lib         net       scripts   virt
certs     drivers         ipc       LICENSES    README    security
COPYING   fs              Kbuild    MAINTAINERS README.md  sound
CREDITS   include         Kconfig   Makefile    rust      tools

$ ls -al
total 84
drwxr-xr-x  6 root root  4096  3월  3 00:20 .
drwxr-xr-x 28 root root  4096  3월  3 00:20 ..
drwxr-xr-x  6 root root  4096  3월  3 00:20 alloc
-rw-r--r--  1 root root   667  3월  3 00:20 bindgen_parameters
drwxr-xr-x  2 root root  4096  3월  3 00:20 bindings
-rw-r--r--  1 root root  1330  3월  3 00:20 build_error.rs
-rw-r--r--  1 root root  2120  3월  3 00:20 compiler_builtins.rs
-rw-r--r--  1 root root   862  3월  3 00:20 exports.c
-rw-r--r--  1 root root   196  3월  3 00:20 .gitignore
-rw-r--r--  1 root root 17120  3월  3 00:20 helpers.c
drwxr-xr-x  6 root root  4096  3월  3 00:20 kernel
drwxr-xr-x  2 root root  4096  3월  3 00:20 macros
-rw-r--r--  1 root root 18377  3월  3 00:20 Makefile
```

이 코드는 C로 작성된 심볼을 러스트 코드에서 접근해 사용할 수 있게 바인딩하는 래퍼(wrapper)용 코드입니다. 모든 커널 코드가 러스트 코드가 아니어서 실망하셨나요? 리눅스 커널 코드 자체는 C로 충분히 안정화돼 있어 이를 그대로 두고 활용하는 것이 효율적이라 판단하고 새롭게 개발되는 커널 드라이버 모듈 등을 러스트로 작성하려는 움직임이 있습니다. 그런데 리눅스 커널 드라이버 모듈들은 리눅스 커널에서 노출하는 심볼에만 접근 가능하며 러스트로 개발된 커널 모듈들은 이렇게 노출된 심볼들에 바로 접근하지 못하기 때문에 래퍼가 필요합니다. 이제 다운로드한 러스트 커널을 빌드해 보겠습니다.

러스트 커널 빌드 방법

우선 다운로드한 러스트 커널 소스코드 최상위 디렉터리에서 다음 명령을 입력해 결과를 확인합니다.

```
$ make rustavailable
```

이때 에러가 발생하면서 rustc 또는 bindgen 바이너리가 없다고 나오는 경우가 있습니다.

그럴 때는 다운로드한 러스트 커널에 맞는 rustc와 bindgen 버전으로 업그레이드하거나 설치해야 합니다. 이를 위해 커널 최상위 디렉터리의 script 디렉터리에 있는 min-tool-verion.sh를 실행해 필요한 rustc와 bindgen 버전을 확인할 수 있습니다. 다음처럼 실행합니다.

```
$ rustup override set $(script/min-tool-version.sh rustc)
$ cargo install —locked —version $(scripts/min-tool-version.sh bindgen) bindgen
$ rustup component add rust-src
```

이를 수행하면 러스트 커널이 필요로 하는 rustc 바이너리의 버전과 bindgen 버전을 확인해 버전에 맞는 바이너리를 새롭게 다운로드해 설치합니다.

이후 다시 한번 "make rustavailble" 명령을 입력해 봅시다.

```
$ make rustavailable
Rust is available!
```

Rust is available!이라는 반가운 메시지가 출력됐습니다.

끝으로 한 가지 할 일이 남았는데, 그건 바로 커널이 러스트를 지원하겠다고 선언하는 겁니다. 다음과 같이 수행해 커널 옵션을 선택할 수 있는 메뉴를 실행합니다. 이때 루트 권한이 필요합니다.

```
# make menuconfig
```

이후 General setup 메뉴로 들어가면 다음과 같이 Rust support라는 체크박스가 나오는데, 여기에 반드시 체크해야 합니다.

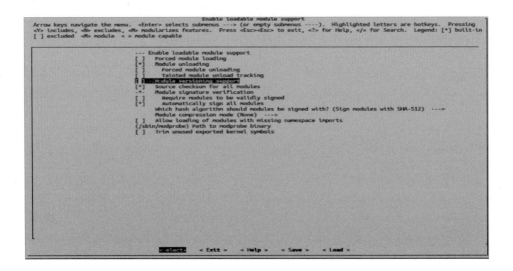

```
                            General setup
Arrow keys navigate the menu.  <Enter> selects submenus ---> (or empty submenus ----).
Highlighted letters are hotkeys.  Pressing <Y> includes, <N> excludes, <M> modularizes
features.  Press <Esc><Esc> to exit, <?> for Help, </> for Search.  Legend: [*] built-in
[ ] excluded  <M> module  < > module capable
        ^(-)
        [ ] Automatic process group scheduling
        [ ] Enable deprecated sysfs features to support old userspace tools
        -*- Kernel->user space relay support (formerly relayfs)
        [*] Initial RAM filesystem and RAM disk (initramfs/initrd) support
        ()      Initramfs source file(s)
        [*]     Support initial ramdisk/ramfs compressed using gzip
        [*]     Support initial ramdisk/ramfs compressed using bzip2
        [*]     Support initial ramdisk/ramfs compressed using LZMA
        [*]     Support initial ramdisk/ramfs compressed using XZ
        [*]     Support initial ramdisk/ramfs compressed using LZO
        [*]     Support initial ramdisk/ramfs compressed using LZ4
        [*]     Support initial ramdisk/ramfs compressed using ZSTD
        [ ] Boot config support
        [*] Preserve cpio archive mtimes in initramfs
            Compiler optimization level (Optimize for performance (-O2))  --->
        [ ] Configure standard kernel features (expert users)  --->
        [ ] Embedded system
            Kernel Performance Events And Counters  --->
        [*] Profiling support
        [*] Rust support

        <Select>    < Exit >   < Help >    < Save >    < Load >
```

그림 10.7 커널 설정

바로 커널이 러스트를 지원할 것인지 여부를 선택하는 것이며, 체크 표시를 제대로 하지 않으면 러스트 커널이 원하는 대로 작동하지 않습니다.

러스트 커널 버전에 따라 'Rust support' 메뉴 자체가 나타나지 않을 수도 있는데, 그 경우 다음과 같이 menuconfig의 'Enable loadable module support' 메뉴에서 'Module versioning support' 옵션을 꺼야 메뉴가 나타납니다.

```
                         Enable loadable module support
Arrow keys navigate the menu.  <Enter> selects submenus ---> (or empty submenus ----).  Highlighted letters are hotkeys.  Pressing
<Y> includes, <N> excludes, <M> modularizes features.  Press <Esc><Esc> to exit, <?> for Help, </> for Search.  Legend: [*] built-in
[ ] excluded  <M> module  < > module capable

        --- Enable loadable module support
        [ ]     Forced module loading
        [*]     Module unloading
        [ ]       Forced module unloading
        [ ]     Tainted module unload tracking
        [ ]     Module versioning support
        [*]     Source checksum for all modules
        -*-     Module signature verification
        [ ]       Require modules to be validly signed
        [*]       Automatically sign all modules
                  Which hash algorithm should modules be signed with? (Sign modules with SHA-512)  --->
                Module compression mode (None)  --->
        [ ]     Allow loading of modules with missing namespace imports
        (/sbin/modprobe) Path to modprobe binary
        [ ]     Trim unused exported kernel symbols

              <Select>    < Exit >   < Help >    < Save >    < Load >
```

모든 것을 정상적으로 수행하고 나면 저장한 후 빠져나와서 'make'를 실행해 커널 빌드를 수행합니다.

```
# make
SYSHDR  arch/x86/include/generated/uapi/asm/unistd_32.h
SYSHDR  arch/x86/include/generated/uapi/asm/unistd_64.h
SYSHDR  arch/x86/include/generated/uapi/asm/unistd_x32.h
SYSTBL  arch/x86/include/generated/asm/syscalls_32.h
SYSHDR  arch/x86/include/generated/asm/unistd_32_ia32.h
SYSHDR  arch/x86/include/generated/asm/unistd_64_x32.h
SYSTBL  arch/x86/include/generated/asm/syscalls_64.h
HYPERCALLS arch/x86/include/generated/asm/xen-hypercalls.h
…
```

커널 빌드가 시작되는데, 빌드 도중 다음과 같은 문제가 발생할 수도 있습니다.

```
CC      certs/system_keyring.o
make[2]: *** No rule to make target 'debian/canonical-certs.pem', needed by 'certs/
x509_certificate_list'.  Stop.
make[1]: *** [scripts/Makefile.build:504: certs] Error 2
make: *** [Makefile:2021: .] Error 2
```

이 경우 커널 옵션에 설정된 CONFIG_SYSTEM_TRUSTED_KEYS와 CONFIG_SYSTEM_TRUSTED_KEYS 의 영향일 수 있으므로 관련 설정을 모두 지워줍니다. 둘 다 'debian/canonical-certs.pem' 으로 설정돼 있는데, 이를 모두 ""로 바꿔줘야 합니다. 방법은 다음과 같습니다.

```
# SYSTEM_TRUSTED_KEYS 설정 삭제 방법
scripts/config --disable SYSTEM_TRUSTED_KEYS
or
scripts/config --set-str SYSTEM_TRUSTED_KEYS ""

# CONFIG_SYSTEM_REVOCATION_KEYS 설정 삭제 방법
scripts/config --disable CONFIG_SYSTEM_REVOCATION_KEYS
or
scripts/config --set-str CONFIG_SYSTEM_REVOCATION_KEYS ""
```

다시 make를 실행하면 커널 빌드가 계속 진행되며, 다음과 같이 정상적으로 커널 빌드가 마무리되어 bzImage라는 커널 이미지가 생성된 것을 확인할 수 있습니다.

```
BUILD   arch/x86/boot/bzImage
Kernel: arch/x86/boot/bzImage is ready  (#1)
```

이제 커널을 실제로 구동해 볼까요? 그런데 아쉽게도 러스트 커널이 준비됐다고 해서 이를 바로 실행해 볼 수 있는 건 아닙니다. 다음은 이렇게 빌드된 커널을 구동하기 위한 QEMU 환경 구축에 대해 설명합니다.

QEMU 환경 구축

러스트 커널을 실제로 구동하기 위해 QEMU라는 에뮬레이터 환경을 활용합니다. QEMU란 오픈소스 에뮬레이터로, VMware나 VirtualBox처럼 가상 머신을 구동하는 프로그램입니다. 우선 QEMU를 다운로드해 설치하기 위해 다음 명령을 수행합니다.

```
# apt-get install qemu qemu-system qemu-kvm libvirt-daemon-system libvirt-clients bridge-utils
```

정상적으로 설치됐다면 다음 경로에서 qemu-system-x86_64 바이너리를 확인할 수 있습니다.

```
# /usr/bin/qemu-system-x86_64
```

이제 QEMU를 통해 커널을 실행할 수 있는 환경은 갖춰졌습니다. 커널을 한번 구동해 볼까요?

명령은 다음과 같습니다. qemu-system-x86_64를 실행하면서 '-kernel' 옵션을 통해 앞서 빌드했던 커널 이미지인 bzImage 파일의 경로를 지정합니다. 그리고 뒤에 각종 설정 및 예제 코드 실행을 CLI(Command Line Interface)로 진행하기 때문에 '-nographic'과 '-append'를 통한 console 지정을 반드시 해야 합니다.

```
# qemu-system-x86_64 -kernel arch/x86_64/boot/bzImage -nographic -append "console=ttyS0"
```

이렇게 QEMU를 실행하면 커널 부팅 메시지가 출력되며 잘 실행되는 듯하다가 다음과 같이
커널 panic 문제가 발생합니다.

```
[    3.145061] VFS: Cannot open root device "(null)" or unknown-block(0,0): error -6
[    3.145932] Please append a correct "root=" boot option; here are the available
partitions:
[    3.149545] 0b00        1048575 sr0
[    3.149953]  driver: sr
[    3.151896] Kernel panic - not syncing: VFS: Unable to mount root fs on unknown-
block(0,0)
[    3.152672] CPU: 0 PID: 1 Comm: swapper/0 Not tainted 6.2.0-02947-gf509ede33fc1 #1
[    3.152672] Hardware name: QEMU Standard PC (i440FX + PIIX, 1996), BIOS 1.15.0-1
04/01/2014
[    3.152672] Call Trace:
[    3.152672]  <TASK>
[    3.152672]  dump_stack_lvl+0x38/0x4c
[    3.152672]  panic+0x106/0x27a
[    3.152672]  mount_block_root+0x162/0x1fc
[    3.152672]  prepare_namespace+0x13a/0x169
[    3.152672]  kernel_init_freeable+0x217/0x222
[    3.152672]  ? __pfx_kernel_init+0x10/0x10
[    3.152672]  kernel_init+0x15/0x120
[    3.152672]  ret_from_fork+0x2c/0x50
[    3.152672]  </TASK>
[    3.152672] Kernel Offset: 0x1cc00000 from 0xffffffff81000000 (relocation range:
0xffffffff800000)
[    3.152672] ---[ end Kernel panic - not syncing: VFS: Unable to mount root fs on
unknown-block(0,-
```

이 커널 panic은 스토리지 디바이스를 마운트하다가 발생하는 문제로, 이는 커널에서 스토리
지 디바이스로 사용할 **루트 파일 시스템**을 지정하지 않았기 때문에 발생한 것입니다. 이를 해
결하기 위해 이 책에서는 initramfs라는 Ram 기반의 간단한 **루트 파일 시스템** 이미지를 만들
것입니다. 이를 위해 busybox를 사용하겠습니다.

Busybox[6]는 수많은 리눅스 유틸리티 기능을 하나의 실행 파일 안에 통합시킨 소프트웨어입니다. 우선 Busybox의 최신 소스를 다음 경로에서 다운로드합니다. https://busybox.net/downloads/busybox-1.36.0.tar.bz2

다운로드한 후 압축을 풀고 나서 busybox 디렉터리 최상단에서 'make menuconfig' 명령을 실행합니다. 실행 후 최상단의 Settings 메뉴 내 'Build static binary (no shared libs)'를 체크합니다.

```
# cd busybox-1.36.0
# make menuconfig
```

```
                            Settings
Arrow keys navigate the menu.  <Enter> selects submenus --->.  Highlighted letters are
hotkeys.  Pressing <Y> includes, <N> excludes, <M> modularizes features.  Press <Esc><Esc>
to exit, <?> for Help, </> for Search.  Legend: [*] built-in  [ ] excluded  <M> module  < >
module capable
 ^(-)
        (/proc/self/exe) Path to busybox executable
        [ ] Support NSA Security Enhanced Linux
        [ ] Clean up all memory before exiting (usually not needed)
        [*] Support LOG_INFO level syslog messages
        --- Build Options
        [*] Build static binary (no shared libs)
        [ ] Force NOMMU build
        ()  Cross compiler prefix
        ()  Path to sysroot
        ()  Additional CFLAGS
        ()  Additional LDFLAGS
        ()  Additional LDLIBS
        [ ] Avoid using GCC-specific code constructs
        [*] Use -mpreferred-stack-boundary=2 on i386 arch
        [*] Use -static-libgcc
        --- Installation Options ("make install" behavior)
            What kind of applet links to install (as soft-links) --->
        (./_install) Destination path for 'make install'
        --- Debugging Options
        [ ] Build with debug information
        v(+)

                  <Select>    < Exit >    < Help >
```

그림 10.8 QEMU 설정

저장 후 빠져나와 다음 명령을 통해 busybox를 빌드하고 CONFIG_PREFIX로 지정된 디렉터리 (busybox_install_result)에 빌드 결과를 저장합니다.

```
# make install CONFIG_PREFIX=../busybox_install_result
```

---

6 https://busybox.net/

정상적으로 진행됐다면 CONFIG_PREFIX로 지정한 디렉터리에 다음과 같은 결과물이 저장돼 있어야 합니다.

```
root@Ubuntu-22:/home/vboxuser/Rust/busybox/busybox_install_result# ls -al
total 20
drwxr-xr-x 5 root root 4096  3월  5 22:31 .
drwxr-xr-x 4 root root 4096  3월  5 22:30 ..
drwxr-xr-x 2 root root 4096  3월  5 22:31 bin
lrwxrwxrwx 1 root root   11  3월  5 22:31 linuxrc -> bin/busybox
drwxr-xr-x 2 root root 4096  3월  5 22:31 sbin
drwxr-xr-x 4 root root 4096  3월  5 22:32 usr
```

이제 이 디렉터리를 이용해 루트 파일 시스템(root filesystem)을 만들 텐데, 우선 **루트 파일 시스템**이 될 디렉터리 구조를 만들고 앞서 생성된 busybox 빌드의 결과물을 여기로 모두 복사합니다.

```
# mkdir -p initramfs;
# cd initramfs;
# mkdir -p bin sbin etc proc sys usr/bin usr/sbin;
# cp -a ../busybox_install_result/* .
```

리눅스 커널이 **루트 파일 시스템**을 마운트하고 나서 가장 먼저 실행하는 파일이 '/'에 존재하는 init이라는 파일 또는 스크립트인데, 여기서 환경을 위해 필요한 몇 가지 디렉터리들을 마운트하고 자동으로 셸을 실행하기 위해 init 파일의 내용을 다음과 같이 작성해 initramfs의 최상위 디렉터리에 저장합니다.

```
# cat init
#!/bin/sh
/bin/mount -t devtmpfs devtmpfs /dev
/bin/mount -t proc none /proc
/bin/mount -t sysfs none /sys
exec 0</dev/console
exec 1>/dev/console
exec 2>/dev/console
exec /bin/sh
```

마지막으로 생성된 init 파일에 실행 속성을 줍니다.

```
# chmod a+x init
```

이제 루트 파일 시스템 이미지를 생성합니다.

```
# find . -print0 | cpio --null -ov --format=newc | gzip -9 > ../initramfs.cpio.gz
```

이렇게 해서 커널 이미지인 bzImage와 루트 파일 시스템인 initramfs.cpio.gz 파일을 포함한
모든 준비가 끝났습니다. 이제 준비된 커널과 루트 파일 시스템을 지정해 QEMU를 다음과
같이 실행합니다. 이때 '-kernel'을 통해 커널 이미지를, '-initrd'를 통해 루트 파일 시스템 이
미지를 지정합니다. '-nographic'과 '-append'를 통한 console 추가는 기존과 동일하게 지정합
니다.

```
# qemu-system-x86_64 -kernel arch/x86_64/boot/bzImage -initrd ../busybox/initramfs.cpio.gz
-nographic -append "console=ttyS0" -virtfs local,path=../kernel_module,security_model=none
,mount_tag=rust_modules
```

그런데 새로운 파일을 추가할 때마다 루트 파일 시스템을 다시 만드는 것이 번거로울 수 있습
니다. 이점을 개선하기 위해 한 가지가 더 추가됐는데, 바로 '-virtfs' 옵션을 통해 외부 디렉
터리를 QEMU 환경에서 인식하게 하는 것입니다. 방법은 '-virtfs' 뒤에 해당 경로를 지정해
QEMU를 실행하면 됩니다. 'local'은 뒤에 올 경로가 네트워크상 원격이 아닌 로컬에 존재함
을 의미합니다. 디렉터리 별명을 mount_tag로 지정하고 이후 커널을 부팅한 후 별명을 이용
해 디렉터리를 마운트해 사용합니다. 이를 통해 커널 실행 후 해당 디렉터리를 마운트해서 사
용할 수 있습니다. 이렇게 지정된 외부 디렉터리에는 러스트로 개발될 커널 모듈들을 배치해
QEMU 내에서 이 커널 모듈 파일을 접근하고 로딩하는 용도로 사용합니다.

이제 실행해 봅시다. QEMU가 정상적으로 실행됐다면 다음과 같은 메시지가 출력됩니다.

```
…
[    3.880421] ALSA device list:
[    3.882194]   No soundcards found.
[    3.969244] Freeing unused kernel image (initmem) memory: 2496K
[    3.973584] Write protecting the kernel read-only data: 26624k
[    3.976636] Freeing unused kernel image (rodata/data gap) memory: 1228K
```

```
[    4.124346] x86/mm: Checked W+X mappings: passed, no W+X pages found.
[    4.126557] input: ImExPS/2 Generic Explorer Mouse as /devices/platform/i8042/serio1/
input/input3
[    4.129159] Run /init as init process
/bin/sh: can't access tty; job control turned off
~ #
[    3.969244] Freeing unused kernel image (initmem) memory: 2496K
[    3.973584] Write protecting the kernel read-only data: 26624k
[    3.976636] Freeing unused kernel image (rodata/data gap) memory: 1228K
[    4.124346] x86/mm: Checked W+X mappings: passed, no W+X pages found.
[    4.126557] input: ImExPS/2 Generic Explorer Mouse as /devices/platform/i8042/serio1/
input/input3
[    4.129159] Run /init as init process
~ #
~ # ls -al
total 8
drwxr-xr-x   10 0        0              260 Mar   5 13:49 .
drwxr-xr-x   10 0        0              260 Mar   5 13:49 ..
-rw-------    1 0        0                7 Mar   5 13:49 .ash_history
drwxr-xr-x    2 0        0             1900 Mar   5 13:31 bin
drwxr-xr-x    7 0        0             2260 Mar   5 13:48 dev
drwxr-xr-x    2 0        0               40 Mar   5 13:35 etc
-rwxr-xr-x    1 0        0              180 Mar   5 13:38 init
lrwxrwxrwx    1 0        0               11 Mar   5 13:31 linuxrc -> bin/busybox
dr-xr-xr-x   99 0        0                0 Mar   5 13:48 proc
drwx------    2 0        0               40 Mar   3 13:16 root
drwxr-xr-x    2 0        0             1480 Mar   5 13:31 sbin
dr-xr-xr-x   12 0        0                0 Mar   5 13:48 sys
drwxr-xr-x    4 0        0               80 Mar   5 13:32 usr
~ #
```

앞서 루트 파일 시스템 내 만들어 뒀던 init 실행을 통해 shell이 정상적으로 실행됐고 루트 파일 시스템 내 디렉터리 및 파일들이 정상적으로 보이는 것을 확인할 수 있습니다.

mount 명령을 실행해 봅니다.

```
~ # mount
rootfs on / type rootfs (rw,size=41432k,nr_inodes=10358,inode64)
devtmpfs on /dev type devtmpfs (rw,relatime,size=41452k,nr_inodes=10363,mode=755,inode64)
none on /proc type proc (rw,relatime)
none on /sys type sysfs (rw,relatime)
```

init 내에서 마운트한 내용 외에는 보이지 않습니다.

이제 앞에서 '-virtfs'로 지정한 외부 디렉터리를 마운트하겠습니다.

```
# mkdir mnt
# mount -t 9p -o trans=virtio rust_modules ./mnt
```

실행 후 다시 mount 명령을 수행하면 앞서 -virtfs로 지정했던 디렉터리가 마운트되어 접근에 문제가 없는 것을 확인할 수 있습니다.

```
# mount
rootfs on / type rootfs (rw,size=43572k,nr_inodes=10893)
devtmpfs on /dev type devtmpfs (rw,relatime,size=43592k,nr_inodes=10898,mode=755)
none on /proc type proc (rw,relatime)
none on /sys type sysfs (rw,relatime)
rust_modules on /mnt type 9p (rw,sync,dirsync,relatime,access=client,trans=virtio)
# cd /mnt/
# ls -al
```

앞으로 설명할 모든 예제 코드는 위 /mnt 디렉터리의 파일을 복사해 실행하고 결과를 확인할 수 있습니다.

10.3 러스트 커널 모듈 빌드 및 실행

커널의 samples 디렉터리에 다음과 같이 러스트로 작성돼 있는 샘플 코드(*.rs) 파일이 있습니다. 이를 빌드 후 실행하겠습니다.

```
root@Ubuntu-22:/home/vboxuser/Rust/kernel/linux/samples/rust# ls
hostprogs    rust_echo_server.rs  rust_module_parameters.rs  rust_random.rs
```

```
rust_stack_probing.rs
Kconfig          rust_fs.rs            rust_netfilter.rs          rust_selftests.rs
rust_sync.rs
Makefile         rust_minimal.rs       rust_platform.rs           rust_semaphore_c.c
rust_chrdev.rs  rust_miscdev.rs        rust_print.rs              rust_semaphore.rs
```

make menuconfig 실행 후 Kernel hacking -> Sample kernel code -> Rust samples 메뉴
로 들어가서 빌드하고자 하는 샘플 코드를 선택합니다. 스페이스 키를 눌러 원래 빈칸인 체크
박스에 대해 '*' 또는 'M'을 선택할 수 있는데, '*'는 커널 이미지에 바이너리를 포함하겠다는 뜻
이고, 'M'은 *.ko, 즉 별도 모듈 파일로 빌드하겠다는 의미입니다. 여기서는 'M'으로 지정해 모듈
파일로 빌드합니다.

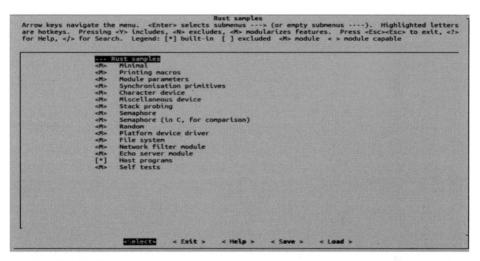

그림 10.9 러스트 설정 화면

이후 커널을 빌드하면 다음과 같이 *.ko 커널 모듈 파일이 생성됩니다.

```
# cd samples/rust
# ls *.ko
rust_chrdev.ko       rust_minimal.ko              rust_netfilter.ko  rust_random.ko
rust_semaphore.ko
rust_echo_server.ko  rust_miscdev.ko              rust_platform.ko    rust_selftests.ko
rust_stack_probing.ko
rust_fs.ko           rust_module_parameters.ko  rust_print.ko        rust_semaphore_c.ko
rust_sync.ko
```

이렇게 생성된 파일은 러스트 커널상에서 로드하고 실행할 수 있도록 앞서 설명했던 QEMU 실행 시 '-virtfs' 옵션을 통해 지정했던 디렉터리로 다음과 같이 모두 복사합니다.

```
# cp samples/rust/*.ko ../../kernel_module/
```

이후 QEMU를 실행하고 셸에서 해당 디렉터리를 마운트하면 앞서 생성되어 복사된 모듈 파일을 다음과 같이 확인할 수 있습니다.

```
~ # mkdir mnt
~ # mount -t 9p -o trans=virtio rust_modules ./mnt
~ # ls ./mnt/
rust_chrdev.ko              rust_print.ko
rust_echo_server.ko         rust_random.ko
rust_fs.ko                  rust_selftests.ko
rust_minimal.ko             rust_semaphore.ko
rust_miscdev.ko             rust_semaphore_c.ko
rust_module_parameters.ko   rust_stack_probing.ko
rust_netfilter.ko           rust_sync.ko
rust_platform.ko
~ #
```

이제 러스트 커널 모듈을 로딩하고 실행해 보겠습니다. rust_minimal.ko 파일을 insmod[7] 명령을 통해 로딩하고 lsmod[8] 명령을 통해 정상적으로 로딩됐는지 확인할 수 있습니다.

```
/mnt # insmod rust_minimal.ko
[  225.750660] rust_minimal: Rust minimal sample (init)
[  225.751340] rust_minimal: Am I built-in? false
/mnt # lsmod
rust_minimal 16384 0 - Live 0xffffffffc00b8000
```

이후 rmmod[9] 명령을 통해 로딩된 모듈을 내리고 lsmod를 통해 정상적으로 모듈이 내려갔는지 확인할 수 있습니다.

---

7 insmod: 커널 모듈을 커널에 적재하는 명령어
8 lsmod: 커널에 로드된 모듈들을 출력하는 명령어
9 rmmod: 커널에 로드된 모듈을 내리는 명령어

```
# rmmod rust_minimal.ko
[  382.046203] rust_minimal: My numbers are [72, 108, 200]
[  382.048308] rust_minimal: Rust minimal sample (exit)
# lsmod
#
```

10.4 요약

이 장에서는 커널 개발을 위한 환경 설정을 다뤘습니다. 그리고 러스트 툴체인을 설치하고 커널 모듈 빌드와 실행을 다뤘습니다.

이 장에서 학습한 내용은 다음과 같습니다.

- 커널 개발을 위한 환경 설정
- 러스트 커널 모듈 빌드 및 실행

다음 장에서는 리눅스 커널 아키텍처를 다룹니다.

11

리눅스 커널 아키텍처

이 장에서는 리눅스 커널이 어떻게 구성돼 있는지, 그리고 각 구성 요소가 어떤 역할을 하는지 알아봅니다. 그리고 메모리 구조를 배웁니다. 특히 리눅스 커널의 핵심 구성 요소인 프로세스 관리, 메모리 관리, 파일 시스템에 대해 주로 살펴봅니다. 마지막으로 유저 모드와 커널 모드의 차이를 알아봅니다.

11.1 리눅스 커널 아키텍처

리눅스 커널은 모놀리식 구조를 가지며, 다양한 기능이 하나로 통합돼 있습니다. 시스템 콜 인터페이스는 사용자 공간과 커널 공간 사이에서 중요한 연결 통로로 작용합니다. 프로그램이 커널의 기능을 호출할 때 이용되는 API를 제공해 사용자 공간의 프로그램이 운영체제의 서비스를 요청할 때 커널 공간의 코드가 실행될 수 있게 합니다.

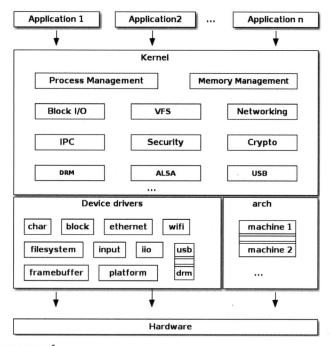

그림 11.1 리눅스 커널 아키텍처[1]

리눅스 커널은 프로세스의 생성부터 관리, 스케줄링, 종료까지 담당합니다. 프로세스는 실행 중인 프로그램의 인스턴스로서, 각 프로세스에 적절한 CPU 시간을 할당합니다. 이 외에도 프로세스 간의 통신을 위한 IPC 메커니즘도 제공합니다.

메모리 관리 또한 커널의 중요한 역할 중 하나입니다. 각 프로세스에 필요한 메모리를 효율적으로 할당하고 회수하는 역할을 하며, 더구나 가상 메모리 시스템을 통해 물리 메모리의 크기를 초과하는 메모리 사용을 가능케 합니다.

데이터의 저장과 검색을 위한 파일 시스템 역시 제공됩니다. 리눅스 커널은 다양한 파일 시스템 형식을 지원하며, 이를 투명하게 다룰 수 있도록 VFS(Virtual File System)라는 추상화 계층을 제공합니다. 사용자와 응용 프로그램이 파일 시스템의 구체적인 종류를 의식하지 않고도 파일 작업을 수행할 수 있도록 지원합니다.

네트워크 통신을 위한 네트워크 스택도 리눅스 커널에 내장돼 있습니다. 이 스택에는 TCP/IP, UDP 등의 프로토콜이 포함돼 있어, 필요한 모든 데이터 송수신 기능을 제공합니다.

디바이스 드라이버는 커널과 하드웨어 디바이스 사이의 인터페이스 역할을 합니다. 각종 하드 웨어 디바이스의 작동을 커널에 알려주어 다양한 하드웨어를 지원합니다. 필요에 따라 드라이 버를 동적으로 로드해 하드웨어 지원을 확장할 수 있습니다.

마지막으로 리눅스 커널은 다양한 하드웨어 아키텍처를 지원하기 위해 특정 하드웨어 아키텍 처에 의존하는 코드를 분리해 관리합니다. 이렇게 함으로써 리눅스는 PC, 서버, 스마트폰, 임 베디드 시스템 등 다양한 플랫폼에서 실행될 수 있습니다. 이러한 구조, 기능, 특징을 통해 리 눅스 커널은 다양한 환경에서 효율적으로 작동할 수 있습니다.

11.2 프로세스 관리

프로세스 관리는 리눅스 커널의 핵심 기능 중 하나로, 실행 중인 프로그램의 인스턴스인 프로 세스를 생성, 실행, 제어 및 종료하는 작업을 포함합니다. 이 절에서는 프로세스 관리와 관련된 주요 개념과 컴포넌트에 대해 설명합니다.

프로세스의 개념과 특징

프로세스는 실행 중인 프로그램의 인스턴스로, 메모리 공간, 파일 디스크립터, 상태 정보 등을 포함합니다. 각 프로세스는 독립된 주소 공간을 가지며, 다른 프로세스와 공유되지 않습니다. 이 독립적인 가상 메모리 공간은 다른 프로세스의 메모리에 직접 접근이 불가능해, 프로세스 간 메모리 접근 충돌을 방지하고 시스템의 안정성을 유지합니다.

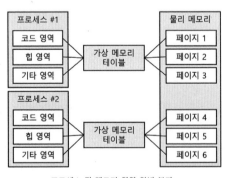

프로세스 간 메모리 영역 침범 불가

그림 11.2 프로세스 메모리 구조[2]

---

2   출처: https://linux-kernel-labs.github.io/refs/heads/master/lectures/intro.html

각 프로세스는 고유한 '프로세스 ID(PID)'를 가지며, 이 PID를 통해 커널은 프로세스를 구분하고 관리합니다. 프로세스는 생성, 실행 가능, 실행 중, 대기 및 종료 등의 다양한 상태를 거치며, 필요한 시스템 리소스를 할당받고 사용 후에는 이를 해제합니다. 프로세스는 계층적 구조를 형성해 부모 프로세스로부터 생성되며, 부모 프로세스의 리소스를 상속받을 수 있습니다. 더불어, 멀티태스킹 환경에서는 여러 프로세스가 동시에 실행될 수 있습니다.

fork & exec

프로세스 생성은 주로 fork() 시스템 콜을 사용합니다. fork()는 현재 실행 중인 프로세스의 복사본을 생성하는데, 이때 커널은 여러 단계의 작동을 수행합니다. 커널은 새로운 프로세스를 위해 '프로세스 디스크립터'를 할당하고, 이 디스크립터는 task_struct 구조체로 표현됩니다. 이 구조체는 프로세스의 상태, 우선순위, 자원 사용 정보 등을 저장합니다. 그 후 커널은 새로운 프로세스에 고유한 PID를 할당합니다.

fork() 작동 중에는 부모 프로세스의 주소 공간이 자식 프로세스로 복사됩니다. 코드, 데이터, 힙, 스택 영역 등이 복사되며, 이때 Copy-on-Write(COW) 최적화 기법을 사용해 메모리 사용량을 최소화합니다. 부모 프로세스의 파일 디스크립터 테이블도 자식 프로세스로 복사되며, 자식 프로세스는 복사된 테이블을 통해 파일 자원에 액세스합니다. 이후 자식 프로세스의 상태가 변경되고, 부모 프로세스에는 자식 프로세스의 PID가 반환됩니다. 이를 통해 부모 프로세스는 자식 프로세스를 추적하고 관리할 수 있습니다.

프로세스 생성 후에는 일반적으로 exec() 계열의 시스템 콜을 사용해 새로운 프로그램을 실행합니다. exec()는 현재 프로세스의 메모리 공간에 새로운 프로그램을 로드하고 실행합니다. 이 과정에서 기존 프로세스의 코드, 데이터, 힙 및 스택 영역은 새로운 프로그램으로 대체됩니다. 그러나 파일 디스크립터와 프로세스 ID 등은 변경되지 않습니다. 정리하면 프로세스를 생성하고 새로운 프로그램으로 대체하는 데 다음과 같은 과정을 거칩니다.

1. 부모 프로세스가 fork()를 호출해 자식 프로세스를 생성합니다.
2. 자식 프로세스는 exec()를 호출해 새로운 프로그램을 실행합니다.
3. 부모 프로세스는 자식 프로세스가 종료될 때까지 대기하거나 다른 작업을 수행합니다.

이렇게 여러 단계를 거쳐 새로운 프로세스가 생성되고 실행되는데, 프로세스 생성이 완료된 후에는 부모 프로세스와 자식 프로세스가 독립적으로 실행됩니다. 그래서 프로세스 간에 통신이 필요한 경우 IPC 메커니즘을 사용할 수 있습니다.

이러한 과정을 통해 리눅스에서는 새로운 프로세스를 생성하고 실행할 수 있으며, 이를 통해 다양한 작업을 동시에 처리할 수 있습니다.

다음은 러스트로 프로세스를 생성하는 예제입니다. 자식 프로세스는 `ls -l` 명령어를 실행하며, 부모 프로세스는 자식 프로세스의 종료를 기다립니다. 자식 프로세스가 종료되면, 부모 프로세스는 가장 아래 줄에 종료 상태를 출력합니다.

예제 11.1 프로세스 생성 [main.rs]

```rust
use std::process::Command;

fn main() {
    // 부모 프로세스에서 자식 프로세스를 생성합니다. 여기서는 "ls" 명령어를 실행하는
    프로세스를 생성합니다.
    let mut child_process = Command::new("ls")
        .arg("-l")
        .spawn()
        .expect("Failed to spawn child process");

    // 부모 프로세스가 자식 프로세스의 종료를 기다립니다.
    let status = child_process
        .wait()
        .expect("Failed to wait for child process to complete");

    // 자식 프로세스의 종료 상태를 출력합니다.
    println!("Child process exited with status: {:?}", status);
}
```

실행 결과

```
total 4516
drwxr-xr-x 2 root root    4096  4월 16 19:08 build
drwxr-xr-x 2 root root    4096  4월 16 19:08 deps
drwxr-xr-x 2 root root    4096  4월 16 19:08 examples
drwxr-xr-x 3 root root    4096  4월 16 19:08 incremental
-rwxr-xr-x 2 root root 4601856  4월 16 19:08 process
-rw-r--r-- 1 root root      90  4월 16 19:08 process.d
Child process exited with status: ExitStatus(unix_wait_status(0))
```

스레드

스레드는 프로세스 내에서 작동하는 가벼운 실행 단위로, 동일한 주소 공간과 자원을 공유하면서 병렬 처리를 가능하게 합니다. 각 스레드는 고유한 스레드 ID를 가지고 있어 커널에서 개별적으로 관리됩니다.

스레드는 독립적인 실행 흐름을 갖고 있어, 멀티코어 환경에서는 이를 활용해 병렬 처리를 통한 성능 향상을 기대할 수 있습니다. 스레드의 생성과 종료는 상대적으로 빠르며, 프로세스의 메모리 공간을 공유하므로 새로운 메모리 공간의 할당이나 해제가 빠르게 이뤄집니다.

그림 11.3 스레드 구조

스레드는 같은 주소 공간을 공유하고 있어 스레드 간 데이터의 공유가 간단하고 효율적입니다. 그러나 이러한 특징 때문에 동기화 문제에 주의해야 합니다. 각 스레드는 고유한 스택과 레지스터 상태를 가지고 있어 실행에 필요한 정보를 저장하며 독립적으로 실행됩니다.

스레드의 사용은 다양한 상황에서 이뤄지며, 복잡한 계산 작업을 여러 스레드로 나누어 병렬로 처리할 수 있습니다. 또한, 사용자 인터페이스와 백그라운드 작업을 분리해 프로그램의 응답성을 향상시키며, CPU와 메모리 자원을 효율적으로 활용해 전체 시스템의 성능을 향상시킬 수 있습니다.

리눅스에서는 pthread 라이브러리를 사용해 스레드를 생성합니다. pthread_create() 함수를 사용해 새 스레드를 생성하며, pthread_join() 함수를 사용해 스레드의 종료를 대기합니다. 스레드는 pthread_exit() 함수를 호출해 종료됩니다. 동기화는 스레드 프로그래밍에서 중요한 부분으로, pthread_mutex_lock()과 pthread_mutex_unlock() 함수를 사용해 뮤텍스를 통한 동기화를 구현할 수 있습니다. 동기화 문제에 주의하면서 다양한 동기화 기술을 활용하면 효율적인 멀티스레딩 프로그래밍이 가능합니다.

다음 코드는 스레드를 생성하고 실행하는 예제입니다. 부모 스레드에서 자식 스레드를 생성하며, 자식 스레드는 카운트를 출력하는 작업을 반복합니다. 부모 스레드는 자식 스레드의 종료를 기다린 후, 스레드가 완료됐음을 출력합니다.

예제 11.2 스레드 생성   [main.rs]

```rust
use std::thread;
use std::time::Duration;

fn main() {
    // 스레드를 생성하고 실행합니다.
    let handle = thread::spawn(|| {
        for i in 1..10 {
            println!("Thread running: count {}", i);
            thread::sleep(Duration::from_millis(500));
        }
    });

    // 부모 스레드가 자식 스레드의 종료를 기다립니다.
    handle.join().expect("Failed to wait for the thread to complete");
    println!("Thread completed.");
}
```

실행 결과
Thread running: count 1
Thread running: count 2
Thread running: count 3
Thread running: count 4
Thread running: count 5
Thread running: count 6
Thread running: count 7
Thread running: count 8
Thread running: count 9
Thread completed.

프로세스 상태와 생명주기

리눅스 프로세스의 생명주기는 생성에서 종료까지 다양한 상태 변화를 거치며 이뤄집니다. 프로세스 생성은 fork() 또는 clone() 시스템 콜을 통해 시작되며, 이때 부모 프로세스의 컨텍스트와 자원이 자식 프로세스에 복사됩니다. 커널은 이 과정에서 새로운 프로세스에 대한 task_struct를 할당하고 초기화합니다.

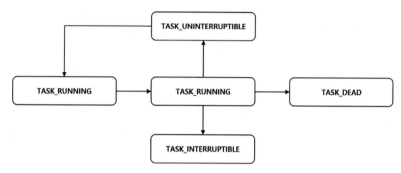

그림 11.4 프로세스 상태

fork() 혹은 clone()이 호출되면, 프로세스는 생성 상태와 실행 가능 상태를 거치게 됩니다. 실행 중인 프로세스는 TASK_RUNNING 상태에 있으며, CPU에서 실제로 실행되거나 실행을 위해 대기 중인 상태를 의미합니다. 스케줄러는 정책에 따라 다음에 실행될 프로세스를 선택하며 선택된 프로세스는 CPU에서 실행됩니다.

때때로 프로세스는 특정 이벤트나 자원을 기다려야 할 때 TASK_INTERRUPTIBLE 상태로 전환됩니다. 이 상태의 프로세스는 스케줄러 큐에서 제거되며, 대기 큐에 추가됩니다. 이벤트 발생이나 자원 사용이 가능해지면, 프로세스는 다시 TASK_RUNNING 상태로 전환되어 실행을 계속합니다. TASK_INTERRUPTIBLE 상태의 프로세스는 시그널을 받으면 깨어납니다.

TASK_UNINTERRUPTIBLE 상태 역시 프로세스가 특정 이벤트나 자원을 기다리는 상태로, TASK_INTERRUPTIBLE 상태와 유사합니다. 그러나 이 상태에서는 프로세스가 시그널을 받더라도 상태가 바로 변경되지 않습니다. 이 상태는 주로 하드웨어 작업이 완료될 때까지 대기하는 경우에 사용됩니다.

마지막으로 프로세스가 모든 작업을 완료하면 TASK_DEAD 상태로 전환됩니다. 이 상태에서 프로세스는 모든 자원을 해제하며, 커널은 task_struct를 회수합니다. 프로세스의 부모는

wait() 시스템 콜을 통해 자식 프로세스의 종료 상태를 수집할 수 있습니다. 이렇게 여러 상태와 상태 변화를 거치며 프로세스는 생성에서 종료까지의 생명주기를 완료하게 됩니다.

다음은 리눅스 커널 헤더(sched.h)에 정의된 프로세스 상태를 보여줍니다. 위에서 설명한 상태들이 정의된 것을 확인할 수 있습니다.

예제 11.3 include/linux/sched.h에 정의된 프로세스 상태들

```
/* Used in tsk->state: */
#define TASK_RUNNING              0x00000000
#define TASK_INTERRUPTIBLE        0x00000001
#define TASK_UNINTERRUPTIBLE      0x00000002
#define __TASK_STOPPED            0x00000004
#define __TASK_TRACED             0x00000008
```

이제 러스트로 프로세스 상태를 확인하는 간단한 코드를 작성해 보겠습니다. 여기서는 nix[3]라는 크레이트를 사용합니다. nix는 러스트에서 시스템 프로그래밍을 할 수 있도록 지원하는 외부 크레이트입니다.

[파일명: Cargo.toml]

```
[dependencies]
libc = "0.2"
nix = "0.23"
```

다음 예제에서는 러스트에서 fork()를 사용해 부모 프로세스에서 자식 프로세스를 생성하고, 부모 프로세스에서는 자식 프로세스의 PID를 출력하며, waitpid()를 사용해 자식 프로세스가 종료될 때까지 기다립니다. 이후 자식 프로세스에서는 자신의 PID를 출력하고, 2초 동안 대기(sleep)한 후 종료합니다.

예제 11.4 프로세스 상태와 생명주기

```
extern crate libc;
extern crate nix;
```

---

3   https://docs.rs/nix/latest/nix/

```rust
use std::process;
use std::thread;
use std::time::Duration;
use nix::sys::wait::{waitpid, WaitStatus};
use nix::unistd::{fork, ForkResult};

fn main() {
    match unsafe { fork() } {
        Ok(ForkResult::Parent { child, .. }) => {
            println!("부모 프로세스: 자식 프로세스 PID {}", child);

            // 자식 프로세스의 상태를 기다림
            match waitpid(child, None) {
                Ok(WaitStatus::Exited(pid, status)) => {
                    println!("자식 프로세스 {} 종료, 종료 코드: {}", pid, status);
                }
                Ok(WaitStatus::Signaled(pid, signal, _)) => {
                    println!("자식 프로세스 {}가 시그널 {}로 종료됨", pid, signal);
                }
                Err(err) => {
                    eprintln!("waitpid 에러: {}", err);
                    process::exit(1);
                }
                _ => {}
            }
        }
        Ok(ForkResult::Child) => {
            println!("자식 프로세스: 내 PID {}", process::id());

            // 자식 프로세스가 일정 시간 동안 실행된 후 종료
            thread::sleep(Duration::from_secs(2));
            println!("자식 프로세스 종료");
        }
        Err(err) => {
            eprintln!("fork 에러: {}", err);
            process::exit(1);
        }
    }
}
```

실행 결과
부모 프로세스: 자식 프로세스 PID 30664
자식 프로세스: 내 PID 30664
자식 프로세스 종료
자식 프로세스 30664 종료, 종료 코드: 0

프로세스 관리를 위한 자료 구조

리눅스 커널은 프로세스를 관리하기 위해 task_struct라는 자료 구조를 사용합니다. 리눅스 커널에서 task_struct는 프로세스 또는 스레드에 대한 중요한 정보를 포함하는 핵심 자료 구조입니다. 리눅스에서는 프로세스와 스레드를 모두 "task"라고 부르기 때문에 이 구조체는 프로세스와 스레드 모두에 사용됩니다. 여기서 프로세스의 상태, 우선순위, 메모리 관리 등과 관련된 정보를 저장하고, 프로세스 간의 관계를 관리합니다.

```
struct task_struct {
unsigned int                      __state;
…
int                               prio;
int                               static_prio;
int                               normal_prio;
unsigned int                      rt_priority;
…
pid_t                             pid;
pid_t                             tgid;
…
struct task_struct __rcu          *parent;
struct list_head                  children;
struct list_head                  sibling;
…
struct mm_struct                  *mm;
struct mm_struct                  *active_mm;
…
struct fs_struct                  *fs;
struct files_struct               *files;
…
struct signal_struct              *signal;
```

```
sigset_t                        blocked;
struct sigpending               pending;
…
struct thread_info              thread_info;
struct thread_struct            thread;
};
```

task_struct의 주요 멤버 변수와 각각의 역할을 살펴보겠습니다.

표 11.1 task_struct의 주요 멤버 변수와 역할

필드 명	설명
__state	프로세스의 현재 상태를 나타냅니다. 실행 중(RUNNING), 중지됨(STOPPED), 대기 중(INTERRUPTIBLE, UNINTERRUPTIBLE) 등이 있습니다.
prio, static_prio, normal_prio, rt_priority	프로세스의 스케줄링 우선순위를 나타냅니다. 리눅스에서는 기본적으로 Completely Fair Scheduler(CFS)와 실시간 스케줄러를 사용해 프로세스를 스케줄합니다.
pid	프로세스의 프로세스 ID를 저장합니다.
tgid	프로세스가 속한 스레드 그룹의 ID를 저장합니다. 프로세스는 하나 이상의 스레드를 가질 수 있으며, 같은 tgid를 가진 스레드들은 하나의 프로세스로 간주됩니다.
parent	부모 프로세스의 task_struct 포인터를 저장합니다. 이를 사용해 프로세스 계층 구조를 관리합니다.
children	프로세스의 자식들을 저장하는 리스트입니다.
sibling	동일한 부모를 가진 프로세스 간의 관계를 나타내는 리스트입니다.
mm, active_mm	프로세스의 메모리 관리 정보를 저장하는 구조체의 포인터입니다. 이 구조체는 가상 메모리 영역, 페이지 테이블 등에 대한 정보를 포함합니다.
fs, files	프로세스가 열고 있는 파일과 파일 시스템에 관한 정보를 저장합니다.
signal, blocked, pending	프로세스가 처리해야 하는 시그널과 블로킹된 시그널, 대기 중인 시그널을 나타냅니다.
thread_info, thread	프로세스의 컨텍스트 정보를 저장하며, 이는 프로세스가 실행되는 동안 변경되는 레지스터 상태와 같은 정보를 포함합니다. thread_info 구조체는 프로세스의 컨텍스트 정보를 저장하며, thread는 아키텍처 종속적인 추가 정보를 저장할 수 있는 구조체입니다.

프로세스 스케줄링

리눅스 커널에서의 프로세스 스케줄링은 실행 가능한 프로세스를 정밀하게 선택해 CPU에 할당하는 기술적이며 미묘한 과정입니다. 프로세스 스케줄링은 시스템의 효율성과 성능을 극대화하기 위한 중추적 역할을 수행합니다. 이 과정에서 기본적으로 사용되는 스케줄러로 Completely Fair Scheduler(CFS)와 실시간 스케줄러(Real-Time Scheduler)를 사용하는 데, 각각 서로 다른 작업을 수행합니다.

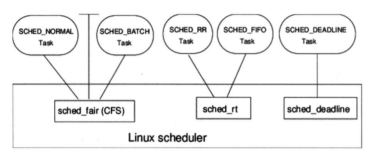

그림 11.5 프로세스 스케줄링

CFS는 일명 '완전히 공정한 스케줄러'로서, 일반 프로세스를 대상으로 합니다. 이는 각 프로세스에 대해 공평한 CPU 시간 분배를 목표로 하며, 프로세스 간의 편향 없는 처리를 확보합니다. CFS의 작동 원리는 런타임 시간과 대기 시간을 기준으로 프로세스의 우선순위를 계산하고, 이를 통해 높은 우선순위를 가진 프로세스부터 실행합니다.

반면, 실시간 스케줄러는 고우선순위의 실시간 작업을 처리하는 데 사용됩니다. 실시간 스케줄러 내에서도 두 가지 주요 정책, 즉 SCHED_FIFO와 SCHED_RR이 존재합니다. SCHED_FIFO는 해당 프로세스가 작업을 완료할 때까지, 또는 더 높은 우선순위의 프로세스가 도착할 때까지 계속 실행됩니다. SCHED_RR은 각 실시간 프로세스에 동등한 CPU 시간 할당을 보장하며, 할당 시간이 종료되면 다음 프로세스로 넘어갑니다.

프로세스 스케줄링의 궁극적 목표는 CPU 자원을 효과적으로 분배해 시스템 성능을 극대화하는 것입니다. 리눅스 커널은 이를 위해 다양한 스케줄링 알고리즘을 제공하는데, 이 중 CFS, Round Robin, 그리고 Priority-based 스케줄링이 포함됩니다. 이러한 알고리즘은 프로세스의 특성, 실행 시간, 대기 시간 등 다양한 요소를 고려해 CPU 자원을 효율적으로 분배하고 관리합니다.

스케줄링 정책 역시 중요한 역할을 하는데, 리눅스 커널은 실시간 스케줄링과 시분할 스케줄링 등 다양한 정책을 지원해 프로세스의 다양한 요구사항과 특성에 맞춰 적절한 스케줄링 알고리즘을 선택하고 적용합니다.

또한, 각 프로세스는 고유의 우선순위를 가지며, 스케줄링 알고리즘은 이러한 우선순위를 기반으로 CPU 자원을 할당합니다. 프로세스의 우선순위는 정적 우선순위와 동적 우선순위로 구분되며, 각각의 우선순위는 프로세스의 중요도와 실행에 필요한 자원을 결정하는 기준이 됩니다.

다음 코드는 리눅스의 스케줄링을 변경하는 예제입니다. 부모 프로세스가 자식 프로세스의 스케줄링 정책을 SCHED_RR로 설정하고 우선순위를 설정합니다. 자식 프로세스는 자신의 스케줄링 정책을 출력한 다음, 5초 동안 잠든 후 종료됩니다.

```
[Cargo.toml]
…
[dependencies]
libc = "0.2"
nix = "0.23"
```

예제 11.5 스케줄링 확인

```
extern crate nix;
extern crate libc;

use libc::sched_param;
use libc::{sched_get_priority_max, sched_get_priority_min, sched_setscheduler,
sched_getscheduler};
use nix::sys::wait::wait;
use nix::unistd::{fork, getpid, ForkResult};
use std::process;

fn main() {
    match unsafe { fork() } {
        Ok(ForkResult::Parent { child, .. }) => {
            let max_priority = unsafe { sched_get_priority_max(libc::SCHED_RR) };
            let min_priority = unsafe { sched_get_priority_min(libc::SCHED_RR) };
            let priority = (max_priority + min_priority) / 2;
```

```
            let mut param = sched_param { sched_priority: priority };
            let result = unsafe { sched_setscheduler(child.into(), libc::SCHED_RR, &param) };
        }
        Ok(ForkResult::Child) => {
            let pid = getpid();
            std::thread::sleep(std::time::Duration::from_secs(1));
            let scheduling_policy = unsafe { sched_getscheduler(pid.into()) };

            println!("자식 프로세스 PID: {:?}", pid);
            println!("자식 프로세스 스케줄링 정책: {}", scheduling_policy);

            std::thread::sleep(std::time::Duration::from_secs(5));
            println!("자식 프로세스 종료");
        }
        Err(err) => {
            eprintln!("fork 실패: {}", err);
            process::exit(1);
        }
    }
}
```

실행 결과
자식 프로세스 PID: Pid(12345) 자식 프로세스 스케줄링 정책: 2 자식 프로세스 종료

프로세스 동기화와 통신

리눅스 커널은 프로세스 간 동기화 및 통신을 위해 다양한 수단을 제공해 각 프로세스가 원활하게 데이터를 교환하고 동기화할 수 있게 지원합니다. 이러한 수단 중 파이프와 공유 메모리는 특히 중요한 두 가지 기술로, 프로세스 간의 효과적인 데이터 전송 및 통신에 사용됩니다.

파이프

파이프는 유일하게 단방향 데이터 전송을 가능케 하는 Inter-Process Communication(IPC) 메커니즘입니다. 이 메커니즘이 활용되는 상황은 예를 들어 한 프로세스에서 데이터를 생성(쓰기 작업)하고, 생성된 데이터를 다른 프로세스에서 사용(읽기 작업)해야 할 때입니다. 이러한 방식으로 파이프는 프로세스 간의 간결하고 효율적인 데이터 전송 통로 역할을 수행합니다.

다음 예제는 파이프를 사용해 프로세스 간 통신을 하는 예제입니다.

```
[Cargo.toml]
[dependencies]
libc = "0.2"
nix = "0.23"
```

예제 11.6 파이프를 이용한 프로세스 간 통신

```rust
extern crate nix;
extern crate libc;

use nix::sys::wait::waitpid;
use nix::unistd::{close, fork, pipe, read, write, ForkResult};
use std::process;
use std::str;

fn main() {
    let (read_fd, write_fd) = pipe().expect("pipe 실패");

    match unsafe { fork() } {
        Ok(ForkResult::Parent { child, .. }) => {
            close(read_fd).expect("부모 프로세스에서 읽기 디스크립터 닫기 실패");

            let message = "안녕하세요, 자식 프로세스!";
            write(write_fd, message.as_bytes()).expect("부모 프로세스에서 파이프 쓰기 실패");

            close(write_fd).expect("부모 프로세스에서 쓰기 디스크립터 닫기 실패");

            waitpid(child, None).expect("waitpid 실패");
        }
        Ok(ForkResult::Child) => {
            close(write_fd).expect("자식 프로세스에서 쓰기 디스크립터 닫기 실패");

            let mut buf = [0u8; 1024];
```

```
        let nbytes = read(read_fd, &mut buf).expect("자식 프로세스에서 파이프 읽기
실패");

        close(read_fd).expect("자식 프로세스에서 읽기 디스크립터 닫기 실패");

        let received_message = str::from_utf8(&buf[..nbytes]).expect("UTF-8 문자열 변환
실패");
        println!("자식 프로세스가 받은 메시지: {}", received_message);
    }
Err(err) => {
        eprintln!("fork 실패: {}", err);
        process::exit(1);
    }
  }
}
```

실행 결과

자식 프로세스가 받은 메시지: 안녕하세요, 자식 프로세스!

공유 메모리

다음으로 공유 메모리는 두 개 이상의 프로세스가 동일한 메모리 공간을 공유하고, 이 공간을 통해 데이터를 주고받는 방식입니다. 공유 메모리의 가장 큰 이점은 데이터 전송 속도가 매우 빠르다는 점입니다.

다음 예제는 공유 메모리를 이용한 프로세스 간 통신 방법을 보여줍니다. 이 예제에서는 ipc-channel 크레이트를 사용해 프로세스 간 공유 메모리를 통한 통신을 수행합니다. ipc::channel() 함수를 사용해 IpcSender와 IpcReceiver 객체를 생성하고, 이를 사용해 부모 프로세스에서 자식 프로세스로 메시지를 전송합니다.

예제 11.7 공유 메모리를 이용한 프로세스 간 통신   [Cargo.toml]

```
[dependencies]
libc = "0.2"
nix = "0.23"
ipc-channel = "0.15.0"
```

```rust
extern crate ipc_channel;
extern crate nix;

use ipc_channel::ipc::{self, IpcSender, IpcReceiver};
use nix::sys::wait::waitpid;
use nix::unistd::{fork, ForkResult};
use std::process;

fn main() {
    let (tx, rx): (IpcSender<String>, IpcReceiver<String>) = ipc::channel().expect("IPC
채널 생성 실패");

    match unsafe { fork() } {
        Ok(ForkResult::Parent { child, .. }) => {
            let message = "안녕하세요, 자식 프로세스!";
            tx.send(message.to_string()).expect("부모 프로세스에서 IPC 채널에 메시지 전송
실패");

            waitpid(child, None).expect("waitpid 실패");
        }
        Ok(ForkResult::Child) => {
            let received_message = rx.recv().expect("자식 프로세스에서 IPC 채널로부터 메시지
수신 실패");
            println!("자식 프로세스가 받은 메시지: {}", received_message);
        }
        Err(err) => {
            eprintln!("fork 실패: {}", err);
            process::exit(1);
        }
    }
}
```

실행 결과

자식 프로세스가 받은 메시지: 안녕하세요, 자식 프로세스!

프로세스 동기화 제어는 여러 프로세스가 동시에 공유 자원에 접근할 때 이러한 접근을 적절하게 제어해 데이터의 무결성과 일관성을 보장하는 작업입니다. 이를 위해 리눅스 커널은 세마포어, 뮤텍스 등 다양한 동기화 기법을 제공해 프로세스의 동기화를 지원합니다.

11.3 메모리 관리

리눅스 커널에서의 메모리 관리는 복잡한 주제입니다. 먼저, '페이지'라는 개념을 알아야 합니다. 페이지는 메모리를 할당하는 기본 단위로, 보통 4KB 크기입니다. 물리 메모리는 '페이지 프레임'이라는 블록들로 분할되며, '페이지 테이블'이라는 데이터 구조를 통해 가상 주소와 물리 주소가 매핑됩니다. '가상 메모리'도 중요합니다. 리눅스에서는 모든 프로세스가 가상 메모리 주소 공간에서 실행됩니다. 이로 인해 각 프로세스는 자신만의 전체 RAM을 가진 것처럼 작동하며, 이 가상 메모리 시스템은 페이지 폴트 처리, 스왑, 공유 메모리, 메모리 매핑 등의 기능을 제공합니다.

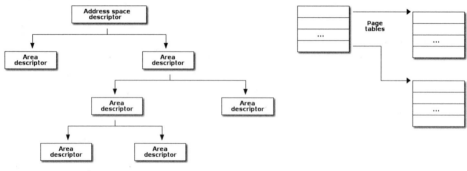

그림 11.6 가상 메모리[4]

여기에 'VMA(가상 메모리 영역)'라는 개념도 포함돼 있어, 프로세스의 가상 메모리 영역을 정교하게 관리해 줍니다.

슬랩 할당자라는 시스템은 커널 객체에 대한 메모리를 효율적으로 할당하고 재사용합니다. 이는 동일한 크기의 커널 객체용 메모리 블록을 그룹화해 관리합니다.

---

4 출처: https://linux-kernel-labs.github.io/refs/heads/master/lectures/memory-management.html

brk와 sbrk라는 함수도 메모리 관리에 사용됩니다. 이들 함수는 프로세스의 데이터 섹션 크기를 조절하는 데 사용되며, 특히 프로세스의 힙 영역을 관리합니다. 동적 메모리 할당이 필요한 경우, C 라이브러리는 내부적으로 이러한 함수를 활용해 메모리를 관리합니다.

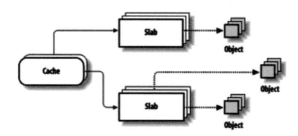

그림 11.7 Slab 메모리 할당자[5]

그뿐만 아니라 리눅스는 메모리가 부족할 경우, 디스크의 스왑 영역으로 메모리를 이동시킬 수 있습니다. 이 과정에서 '페이지 교체 알고리즘'이 활용되어 어떤 페이지를 메모리에서 제거할지 결정하게 됩니다.

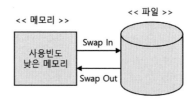

그림 11.8 디스크 스왑

리눅스 메모리 관리자는 페이지, 가상 메모리, 슬랩 할당자, brk와 sbrk 함수, 페이지 교체 및 스왑, 그리고 VMA 등이 함께 작동해 리눅스에서 메모리를 효율적으로 관리합니다.

11.4 파일 시스템

리눅스 커널의 파일 관리 시스템은 데이터에 효율적으로 접근하는 데 필수적인 부분입니다. 이 중 'VFS(가상 파일 시스템)'는 매우 중요한 역할을 합니다. VFS는 다양한 파일 시스템 타입(예: EXT4, XFS, NFS 등)과 상호작용하는 과정을 추상화해 일관된 인터페이스를 제공합니다.

---

5 출처: https://linux-kernel-labs.github.io/refs/heads/master/lectures/memory-management.html

inode라는 데이터 구조를 통해 파일과 디렉터리의 메타데이터를 추상화하며, 실제 저장 디바이스에 파일 작업을 적용하기 위해 각 파일 시스템 구현과 함께 작동합니다.

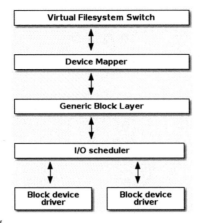

그림 11.9 가상 파일 시스템 (VFS)[6]

inode의 개념도 중요합니다. inode는 파일 메타데이터(크기, 권한, 수정 시간, 소유자 등)와 데이터 블록의 위치 정보를 담고 있는 데이터 구조입니다. 각 파일은 고유한 inode 번호를 가지고 있습니다.

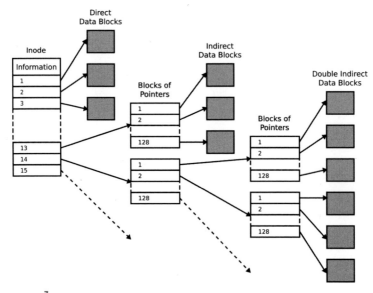

그림 11.10 inode 구조[7]

---

6 출처: https://linux-kernel-labs.github.io/refs/heads/master/lectures/intro.html
7 출처: https://en.wikipedia.org/wiki/Inode_pointer_structure

프로세스가 파일을 열 때 '파일 서술자'라는 것이 사용됩니다. 커널은 파일 서술자, 즉 '파일 디스크립터(FD)'라고 부르는 고유한 정숫값을 반환합니다. 이 FD를 통해 프로세스는 읽기, 쓰기, 닫기 등의 파일 연산을 수행할 수 있습니다. 일에 접근하기 위해 프로그램은 '시스템 콜'(예: open(), read(), write(), close())을 사용합니다. 이 시스템 콜들은 VFS와 상호작용해 지정된 파일 시스템 드라이버를 통해 실제 작업을 수행합니다. 그리고 파일 I/O 연산의 효율성을 높이기 위해 커널은 '버퍼 캐시'를 사용합니다. 이는 자주 사용되는 데이터 블록을 메모리에 캐싱해 저장 디바이스에 대한 접근 횟수를 줄이고 성능을 향상시킵니다.

정리하면, 리눅스는 EXT4, XFS, Btrfs, ZFS, FAT32, NTFS 등과 같이 다양한 파일 시스템을 지원합니다. 각 파일 시스템은 특정 사용 사례나 환경에 맞게 최적화될 수 있습니다. 이렇게 VFS, inode, 파일 서술자, 시스템 콜, 버퍼 캐시, 그리고 다양한 파일 시스템 타입들이 결합되어 리눅스에서의 효율적인 파일 I/O와 저장 디바이스 관리를 지원합니다.

11.5 유저 모드 vs. 커널 모드

커널에서 '레벨' 또는 '모드'는 CPU의 보호 레벨을 표시합니다. 이 레벨은 '유저 모드(User Mode)'와 '커널 모드(Kernel Mode)'로 나뉩니다. 다음 그림은 유저 모드와 커널 모드의 차이를 보여줍니다.

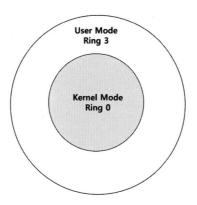

그림 11.11 유저 모드와 커널 모드

'커널 모드' 또는 'Privileged Mode'에서 실행되는 코드는 시스템의 모든 자원에 접근 권한이 있어 시스템의 핵심 기능을 수행합니다. 이 모드에서는 하드웨어 인터페이스, 메모리 관리, 프로세스 스케줄링, 시스템 콜 인터페이스 등의 중심적인 서비스를 제공합니다. 커널 모드에서는 하드웨어에 직접 접근이 가능해, I/O 연산, 인터럽트 처리, 메모리 관리 등의 작업을 할 수 있습니다. 그러나 이 모드는 보호된 모드에서 실행되기 때문에 코드의 오류나 버그가 시스템 전체에 영향을 줄 수 있습니다.

반면, '유저 모드'에서 실행되는 코드는 제한된 권한을 가지며, 주로 응용 프로그램이나 유틸리티가 이 레벨에서 실행됩니다. 유저 모드에서는 사용자와 상호작용하는 응용 프로그램이나 유틸리티, 셸 등이 실행되며, 직접적인 하드웨어 접근은 허용되지 않습니다. 시스템 자원에 접근하려면 커널에 시스템 콜을 통해 요청해야 합니다. 유저 모드에서 실행되는 프로그램이 오류를 포함하더라도, 그 프로그램 자체에만 영향을 미치고 시스템 전체에는 영향을 미치지 않습니다.

유저 모드와 커널 모드의 권한 차이는 뚜렷합니다. 커널 모드는 시스템의 모든 리소스에 대한 액세스 권한을 가지는 반면, 유저 모드는 제한된 권한을 가집니다. 유저 모드에서는 시스템 리소스를 사용하기 위해 커널을 거쳐야 하지만, 커널 모드에서는 직접 액세스가 가능합니다. 또한, 커널 모드 코드는 시스템에 큰 영향을 미칠 수 있으므로 코드의 품질과 보안이 중요합니다. 그러나 유저 모드 코드는 시스템 전체에 영향을 주지 않게 격리됩니다. 이 두 가지 모드를 활용해 대부분 운영체제는 시스템의 안정성과 보안을 확보합니다.

11.6 요약

이 장에서는 리눅스 커널 아키텍처를 알아보았습니다. 프로세스 관리, 메모리 관리, 파일 시스템 구조를 배웠습니다. 그리고 유저 모드와 커널 모드의 차이를 배웠습니다.

이 장에서 학습한 내용은 다음과 같습니다.

- 리눅스 커널 아키텍처
- 메모리 구조
- 유저 모드와 커널 모드

다음 장에서는 C를 사용해 커널 모듈을 만드는 방법을 학습합니다.

12

C를 사용해 커널 모듈 만들기

이번 장에서는 C 언어를 이용해 리눅스 커널 모듈을 만들고 실행하는 과정을 배웁니다.

C 언어는 오랜 시간 동안 운영체제 및 하드웨어와 밀접한 개발에 주로 활용됐으며, 그중에서도 커널 모듈 개발에 필수적입니다. 기존 리눅스 커널 모듈 대부분은 C 언어로 작성됐으므로, 커널 구조를 이해하려면 C 언어를 먼저 이해해야 합니다. 이 장을 통해 C를 사용해 커널 모듈을 만들어 보고 시스템과의 상호작용 방식을 파악하게 되면 러스트를 활용한 커널 모듈 개발에도 큰 도움이 될 것입니다.

먼저 커널 모듈 개발을 위한 환경을 적절히 설정해 보겠습니다. 이 환경 설정 과정은 커널 소스 코드의 위치, 필요한 도구 설치 및 환경 변수 설정 등을 포함합니다. 환경이 모두 준비된 후에는 실제로 간단한 수준의 커널 모듈을 작성합니다.

12.1 빌드 환경 구성

필요한 패키지들을 설치합니다. 다음 명령을 통해 커널 모듈 빌드에 필요한 리눅스 커널 헤더 파일, make 도구 및 GCC와 같은 C 컴파일러 설치를 수행합니다.

```
$ sudo apt update
$ sudo apt install linux-headers-$(uname -r) build-essential
```

12.2 간단한 커널 모듈 만들기

이제 C 코드로 간단한 커널 모듈을 작성해 봅니다.

hello_world.c 파일을 다음과 같이 작성합니다.

예제 12.1 hello_world 커널 모듈

```c
#include <linux/init.h>
#include <linux/module.h>

MODULE_LICENSE("GPL");
MODULE_AUTHOR("Your Name");
MODULE_DESCRIPTION("A simple Linux driver");
MODULE_VERSION("0.1");

static int __init hello_world_init(void) {
    printk(KERN_INFO "Hello, World!\n");
    return 0;
}

static void __exit hello_world_exit(void) {
    printk(KERN_INFO "Goodbye, World!\n");
}

module_init(hello_world_init);
module_exit(hello_world_exit);
```

빌드를 위해 Makefile이라는 이름의 파일을 생성하고 내용을 채웁니다.

```makefile
obj-m += hello_world.o

all:
	make -C /lib/modules/$(shell uname -r)/build M=$(PWD) modules

clean:
	make -C /lib/modules/$(shell uname -r)/build M=$(PWD) clean
```

'$(shell uname -r)'은 현재 시스템의 커널 이름으로 치환됩니다. 셀에서 uname -r 명령을 실행하면 다음과 같이 커널 이름이 출력되는 것을 확인할 수 있습니다.

```
$ uname -r
5.19.0-43-generic
```

즉, 5.19.0-43-generic 커널에서 작동 가능한 커널 모듈을 빌드하겠다는 의미입니다.

이제 빌드를 위해 Makefile이 위치한 디렉터리로 이동해 셀에서 make를 실행합니다. 이때 hello_world.c와 Makefile은 같은 디렉터리에 위치해야 합니다.

```
$ ls
hello_world.c  Makefile
$ make
make -C /lib/modules/5.19.0-43-generic/build M=/root/Rust_Testing/Rust/kernel_module_by_c
modules
make[1]: Entering directory '/usr/src/linux-headers-5.19.0-43-generic'
warning: the compiler differs from the one used to build the kernel
  The kernel was built by: x86_64-linux-gnu-gcc (Ubuntu 11.3.0-1ubuntu1~22.04.1) 11.3.0
  You are using:           gcc (Ubuntu 11.3.0-1ubuntu1~22.04.1) 11.3.0
  CC [M]  /root/Rust_Testing/Rust/kernel_module_by_c/hello_world.o
  MODPOST /root/Rust_Testing/Rust/kernel_module_by_c/Module.symvers
  CC [M]  /root/Rust_Testing/Rust/kernel_module_by_c/hello_world.mod.o
  LD [M]  /root/Rust_Testing/Rust/kernel_module_by_c/hello_world.ko
  BTF [M] /root/Rust_Testing/Rust/kernel_module_by_c/hello_world.ko
Skipping BTF generation for /root/Rust_Testing/Rust/kernel_module_by_c/hello_world.ko due
to unavailability of vmlinux
make[1]: Leaving directory '/usr/src/linux-headers-5.19.0-43-generic'
```

make 수행 결과 hello_world.ko 파일이 생성됩니다.

```
$ ls
hello_world.c    hello_world.mod.c  Makefile
hello_world.ko   hello_world.mod.o  modules.order
hello_world.mod  hello_world.o      Module.symvers
```

이제 해당 모듈을 insmod 명령을 통해 다음과 같이 커널에 삽입하거나 제거할 수 있습니다.

그리고 dmesg ¦ tail 명령을 실행하면 "Hello, World!"라는 메시지를 볼 수 있습니다. insmod 명령을 사용하려면 루트 권한이 필요합니다.

```
# insmod hello_world.ko
# dmesg ¦ tail
…
[  716.101942] Hello, World!
```

rmmod 명령을 통해 모듈을 제거합니다. 이제 "Goodbye, World!"라는 메시지가 출력됩니다.

```
# rmmod hello_world
# dmesg ¦ tail
…
[ 1045.602971] Goodbye, World!
```

앞에서 설명한 QEMU 환경을 통해 실행한 러스트 커널에서 해당 모듈을 실행해 보겠습니다. 이를 위해서는 러스트 커널에서 모듈이 작동할 수 있게 설정한 후 모듈을 다시 빌드해야 합니다.

우선 Makefile을 수정해 예전에 빌드했던 커널 경로를 추가해 모듈이 해당 커널 위에서 작동할 수 있게 합니다.

```
obj-m += hello_world.o

all:
        make -C /root/Rust_Testing/Rust/linux M=$(PWD) modules

clean:
        make -C /root/Rust_Testing/Rust/linux M=$(PWD) clean
```

make를 통해 다시 빌드하면 hello_work.ko가 생성됩니다.

```
$ make
make -C /root/Rust_Testing/Rust/linux M=/root/Rust_Testing/Rust/kernel_module/hello_world
modules
```

```
make[1]: Entering directory '/root/Rust_Testing/Rust/linux'
warning: the compiler differs from the one used to build the kernel
  The kernel was built by: gcc (Ubuntu 11.3.0-1ubuntu1~22.04.1) 11.3.0
  You are using:          gcc (Ubuntu 11.4.0-1ubuntu1~22.04) 11.4.0
  CC [M]  /root/Rust_Testing/Rust/kernel_module/hello_world/hello_world.o
  MODPOST /root/Rust_Testing/Rust/kernel_module/hello_world/Module.symvers
  CC [M]  /root/Rust_Testing/Rust/kernel_module/hello_world/hello_world.mod.o
  LD [M]  /root/Rust_Testing/Rust/kernel_module/hello_world/hello_world.ko
make[1]: Leaving directory '/root/Rust_Testing/Rust/linux'
```

이렇게 생성된 커널 모듈 파일을 10.2절에서 구축한 QEMU 환경에서 insmod 명령을 통해 다음과 같이 커널에 삽입하거나 rmmod를 이용해 제거할 수 있습니다. 실행을 위해서는 루트 권한이 필요합니다.

```
# insmod hello_world.ko
[ 1673.737506] hello_world: loading out-of-tree module taints kernel.
[ 1673.741024] hello_world: module verification failed: signature and/or required key ml
[ 1673.748109] Hello, World!
# lsmod
hello_world 16384 0 - Live 0xffffffffc048b000 (OE)
# rmmod hello_world
[ 1715.835367] Goodbye, World!
```

12.3 유저 모드 프로그램과 상호작용하기

이제 C 코드로 간단한 커널 모듈을 작성한 후 유저 모드 프로그램과 상호작용해 봅니다.

simple_random.c 파일을 다음과 같이 작성합니다.

예제 12.2 간단한 문자 드라이버

```
#include <linux/init.h>
#include <linux/module.h>
#include <linux/kernel.h>
#include <linux/fs.h>
#include <linux/uaccess.h>
```

```c
#include <linux/random.h>

MODULE_LICENSE("GPL");
MODULE_AUTHOR("Your Name");
MODULE_DESCRIPTION("A simple /dev/random-like kernel module");
MODULE_VERSION("0.1");

#define DEVICE_NAME "simple_random"

static int major_num;
static char rand_num = 0;
static int device_open_count = 0;

static int device_open(struct inode *inode, struct file *file) {
    if (device_open_count)
        return -EBUSY;

    device_open_count++;
    try_module_get(THIS_MODULE);
    return 0;
}

static int device_close(struct inode *inode, struct file *file) {
    device_open_count--;
    module_put(THIS_MODULE);
    return 0;
}

static ssize_t device_read(struct file *filp, char *buffer, size_t len, loff_t *offset) {
    get_random_bytes(&rand_num, sizeof(rand_num));
    if (*offset == 0) {
        if (copy_to_user(buffer, &rand_num, sizeof(rand_num)) != 0) {
            return -EFAULT;
        }
        *offset += 1;
        return sizeof(rand_num);
    } else {
        return 0;
```

```
    }
}

static struct file_operations file_ops = {
    .read = device_read,
    .open = device_open,
    .release = device_close
};

static int __init simple_random_init(void) {
    major_num = register_chrdev(0, DEVICE_NAME, &file_ops);

    if (major_num < 0) {
        printk(KERN_ALERT "Could not register device: %d\n", major_num);
        return major_num;
    }

    printk(KERN_INFO "simple_random module loaded with device major number %d\n",
major_num);
    return 0;
}

static void __exit simple_random_exit(void) {
    unregister_chrdev(major_num, DEVICE_NAME);
    printk(KERN_INFO "Goodbye, simple_random!\n");
}

module_init(simple_random_init);
module_exit(simple_random_exit);
```

빌드를 위해 Makefile이라는 이름의 파일을 생성하고 내용을 채웁니다.

```
obj-m += simple_random.o

all:
        make -C /lib/modules/$(shell uname -r)/build M=$(PWD) modules
```

```
clean:
        make -C /lib/modules/$(shell uname -r)/build M=$(PWD) clean
```

빌드를 위해 Makefile이 위치한 디렉터리로 이동해 셸에서 make를 실행합니다.

이때 simple_random.c와 Makefile은 같은 디렉터리에 위치해야 합니다.

```
$ ls
hello_world.c  Makefile
$ make
make -C /lib/modules/5.19.0-43-generic/build M=/root/Rust_Testing/Rust/kernel_module/
dev_random modules
make[1]: Entering directory '/usr/src/linux-headers-5.19.0-43-generic'
warning: the compiler differs from the one used to build the kernel
  The kernel was built by: x86_64-linux-gnu-gcc (Ubuntu 11.3.0-1ubuntu1~22.04.1) 11.3.0
  You are using:           gcc (Ubuntu 11.4.0-1ubuntu1~22.04) 11.4.0
  CC [M]  /root/Rust_Testing/Rust/kernel_module/dev_random/simple_random.o
  MODPOST /root/Rust_Testing/Rust/kernel_module/dev_random/Module.symvers
  CC [M]  /root/Rust_Testing/Rust/kernel_module/dev_random/simple_random.mod.o
  LD [M]  /root/Rust_Testing/Rust/kernel_module/dev_random/simple_random.ko
  BTF [M] /root/Rust_Testing/Rust/kernel_module/dev_random/simple_random.ko
Skipping BTF generation for /root/Rust_Testing/Rust/kernel_module/dev_random/
simple_random.ko due to unavailability of vmlinux
make[1]: Leaving directory '/usr/src/linux-headers-5.19.0-43-generic'
```

make 수행 결과 simple_random.ko 파일이 생성됩니다.

```
$ ls
Makefile        Module.symvers  simple_random.ko   simple_random.mod.c  simple_random.o
modules.order   simple_random.c  simple_random.mod  simple_random.mod.o
```

이제 해당 모듈을 insmod 명령을 통해 커널에 삽입하거나 제거할 수 있습니다. lsmod 명령을 통해 커널 모듈이 로딩된 것을 확인할 수 있습니다.

```
# insmod simple_random.ko
# lsmod | grep simple_random
simple_random          16384  0
```

그리고 dmesg | tail 명령을 실행하면 "simple_random module loaded with device major number 238"라는 메시지를 볼 수 있습니다.

```
$ dmesg | tail
…
[ 2799.142243] simple_random module loaded with device major number 238
```

로그에서 출력된 디바이스의 major 번호인 238을 확인해 디바이스 파일을 생성합니다.

```
# mknod /dev/simple_random c 238 0
# ls -al /dev/simple_random
crw-r--r-- 1 root root 238, 0  8월 29 23:24 /dev/simple_random
```

rmmod 명령을 통해 모듈을 제거해 봅니다. 이제 "Goodbye, simple_random!"이라는 메시지가 출력됩니다.

```
# rmmod simple_random.ko
# dmesg | tail
…
[ 2852.145385] Goodbye, simple_random!
```

이제 러스트 커널상에서 작동할 수 있게 모듈을 새로 빌드하기 위해 다음과 같이 Makefile을 수정합니다.

```
obj-m += simple_random.o

all:
        make -C /root/Rust_Testing/Rust/linux M=$(PWD) modules

clean:
        make -C /root/Rust_Testing/Rust/linux M=$(PWD) clean
```

make 명령을 통해 빌드하면 simple_random.ko 파일이 생성됩니다.

```
$ make
make -C /root/Rust_Testing/Rust/linux M=/root/Rust_Testing/Rust/kernel_module/dev_random
modules
make[1]: Entering directory '/root/Rust_Testing/Rust/linux'
warning: the compiler differs from the one used to build the kernel
  The kernel was built by: gcc (Ubuntu 11.3.0-1ubuntu1~22.04.1) 11.3.0
  You are using:          gcc (Ubuntu 11.4.0-1ubuntu1~22.04) 11.4.0
  CC [M]  /root/Rust_Testing/Rust/kernel_module/dev_random/simple_random.o
  MODPOST /root/Rust_Testing/Rust/kernel_module/dev_random/Module.symvers
  CC [M]  /root/Rust_Testing/Rust/kernel_module/dev_random/simple_random.mod.o
  LD [M]  /root/Rust_Testing/Rust/kernel_module/dev_random/simple_random.ko
make[1]: Leaving directory '/root/Rust_Testing/Rust/linux'
```

이렇게 생성된 커널 모듈 파일을 10.2절에서 구축한 QEMU 환경에서 insmod 명령을 통해 다음과 같이 커널에 삽입하거나 rmmod를 이용해 제거할 수 있습니다.

```
# insmod simple_random.ko
[ 3242.720745] simple_random module loaded with device major number 239
# lsmod
simple_random 16384 0 - Live 0xffffffffc048b000 (OE)
# rmmod simple_random.ko
[ 3116.426124] Goodbye, simple_random!
```

insmod를 이용해 모듈을 다시 삽입하고 출력되는 디바이스의 major 번호를 이용해 /dev/simple_random이라는 디바이스 파일을 만듭니다.

```
# insmod simple_random.ko
[  122.094908] simple_random module loaded with device major number 239
# mknod /dev/simple_random c 239 0
# ls -al /dev/simple_random
crw-r--r--   1 0        0        239,   0 Aug 31 12:50 /dev/simple_random
```

이제 유저 프로그램과 상호작용할 준비가 됐습니다.

유저 프로그램에서는 '/dev/simple_random' 파일을 통해 simple_random 커널 모듈을 작동시켜 random하게 생성된 바이트 값을 읽어와 정숫값으로 변환해 출력합니다.

예제 12.3 /dev/simple_random을 읽는 유저 프로그램

```c
#include <sys/stat.h>
#include <sys/types.h>
#include <stdlib.h>
#include <stdio.h>
#include <string.h>

int main()
{
    int i, fd;
    char key;
    if ((fd = open("/dev/simple_random", O_RDONLY)) == -1)
    {
        perror("open error");
        exit(1);
    }
    if ((read(fd, &key, sizeof(char))) == -1)
    {
        perror("read error");
        exit(1);
    }

    printf("%d\n", (int)key);
}
```

해당 프로그램을 실행할 때마다 다음과 같이 랜덤하게 생성된 값이 출력됩니다.

```
# ./read_random_char
-68
# ./read_random_char
96
# ./read_random_char
27
# ./read_random_char
-110
```

지금까지 간단하게 커널 모듈을 만들고 유저 프로그램과 상호작용하는 것을 확인했습니다.

12.4 요약

이번 장에서는 C 언어를 활용해 커널 모듈을 만들었습니다. 빌드 환경 구성을 배우고 간단한 커널 모듈을 만들었습니다. 이후 유저 모드 프로그램과 상호작용을 통해 커널이 어떻게 작동하는지 확인했습니다.

이 장에서 학습한 내용은 다음과 같습니다.

- 빌드 환경 구성
- 간단한 커널 모듈 만들기
- 유저 모드 프로그램과 상호작용하기

다음 장에서는 러스트를 이용한 커널 개발을 학습합니다.

13

러스트 이용한 커널 개발

이 장에서는 러스트 포 리눅스 프로젝트를 설명합니다. 이 프로젝트의 목표는 러스트 언어를 리눅스 커널에 통합하는 것입니다. 그리고 나서 러스트를 활용한 커널 개발 방법에 대해서도 살펴보겠습니다. 러스트를 사용하면 이전에 배운 C 언어로 커널 모듈을 만드는 방식보다 훨씬 더 간편하고 안전하게 작업을 수행할 수 있습니다. 이후 커널 개발을 지원하는 다양한 러스트 크레이트를 소개합니다. 이러한 크레이트들은 커널 개발 과정을 더욱 효율적으로 만들어 줍니다. 마지막으로, 간단한 커널 모듈을 직접 만들어 봅니다. 이를 통해 러스트를 사용한 커널 모듈 개발의 전체 과정을 이해할 수 있을 것입니다.

13.1 러스트 포 리눅스

러스트 포 리눅스(Rust for Linux) 프로젝트는 리눅스 운영체제의 핵심 구성요소인 커널과 다른 저수준 시스템 소프트웨어 개발에 러스트 프로그래밍 언어를 활용하는 프로젝트입니다. 이 프로젝트는 러스트의 특징인 안전성, 성능, 그리고 동시성을 살려 더욱 효율적이고 안정된 시스템 소프트웨어 개발을 추구합니다.

앞서 언급한 것처럼 러스트는 현대적인 시스템 프로그래밍 언어로, 안전하고 고성능의 코드를 작성하기 위한 여러 기능을 제공합니다. 특히, 메모리 안전성을 강조해 시스템 수준의 프로그래밍에서 흔히 발생할 수 있는 오류를 방지합니다. 또한, 동시성을 쉽게 구현할 수 있도록 돕는 도구도 포함돼 있어 복잡한 멀티태스킹 작업을 수월하게 합니다.

이러한 러스트의 강점을 활용해 러스트 포 리눅스 프로젝트는 기존 C 및 C++를 사용한 개발 방식보다 더 나은 대안을 제공하려는 커뮤니티의 노력을 반영합니다. 러스트는 이미 소프트웨어 개발자 사이에서 높은 평가를 받고 있으며, 다양한 시스템 개발 프로젝트에 활용되고 있습니다.

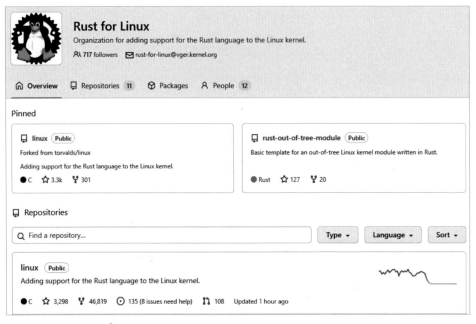

그림 13.1 러스트 포 리눅스[1]

러스트 포 리눅스 프로젝트의 핵심 목표는 C 언어의 문제와 제한을 극복하는 것입니다. C 언어는 리눅스 커널 개발에서 광범위하게 사용되지만, 강력함에도 불구하고 시스템 코드를 작성하는 과정에서 심각한 버그와 취약점을 초래할 가능성이 있습니다. 이런 문제점을 해결하기 위해 러스트는 성능을 유지하면서도 C 언어보다 안전한 대안을 제공하는 것을 목표로 합니다. 이는 운영체제와 다른 시스템 소프트웨어 개발에 있어 중요한 고려 사항입니다.

이 프로젝트는 이미 리눅스 커뮤니티에서 큰 관심을 받았으며, 2년여의 개발 기간을 거쳐 리눅스 6.1 안정 커널(Stable Kernel)에 정식으로 통합됐습니다. 이에 따라 러스트는 C와 더불어 리눅스 커널 개발에서 공식적으로 사용이 허가된 두 번째 프로그래밍 언어가 됐습니다.

---

1   https://github.com/Rust-for-Linux

또한 러스트 포 리눅스 프로젝트는 지속적으로 개선과 업데이트가 이뤄지고 있습니다. 프로젝트의 깃(git) 브랜치에 러스트 지원 코드가 계속 추가되고 있으며, 이 브랜치에서 테스트와 검증을 거친 코드가 주기적으로 메인라인(Mainline) 리눅스 커널과 병합되어 러스트를 활용한 안정적인 커널 개발을 가능하게 합니다.

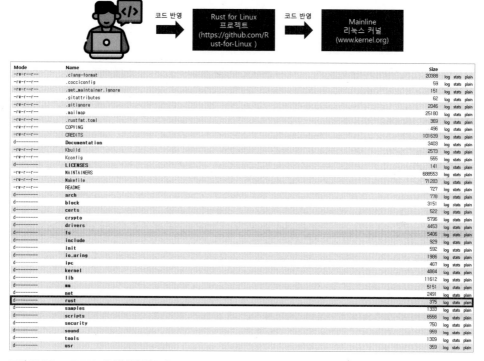

그림 13.2 Rust 코드가 커널에 반영된 모습

프로젝트가 계속 발전함에 따라 러스트를 이용해 보다 안전하고 효율적인 리눅스 운영체제를 개발할 수 있게 됐습니다.

Rust

Documentation related to Rust within the kernel. To start using Rust in the kernel, please read the Quick Start guide.

- Quick Start
- General Information
- Coding Guidelines
- Arch Support

그림 13.3 kernel.org에 업데이트된 Quick 가이드[2]

---

2 https://www.kernel.org/doc/html/next/rust/index.html

러스트 포 리눅스 프로젝트의 주요 측면 중 하나는 컴파일러를 통해 메모리 안전을 보장하는 러스트 환경과 안전성 보장이 어려운 C 환경 사이의 연결을 구현하는 것입니다. 이를 위해 프로젝트는 C에서 활용 가능한 함수와 데이터 유형을 러스트에서도 사용할 수 있게 하는 바인딩을 생성합니다.

이러한 바인딩은 러스트에서 접근하고 활용할 수 있게 설계됐으며, 이를 통해 두 언어 간의 원활한 상호작용이 가능합니다. 바인딩 API의 작동 방식은 이전에 소개한 FFI 기술에 기반합니다. FFI는 서로 다른 프로그래밍 언어로 작성된 코드 간에 상호 호출과 데이터 공유를 가능하게 하는 기술로, 러스트와 C 간의 효과적인 통신을 지원합니다. 이를 통해 러스트 포 리눅스 프로젝트는 러스트의 메모리 안전성과 C의 범용성을 결합해 더 안정적이고 효율적인 리눅스 커널 개발 환경을 제공합니다.

13.2 러스트를 이용한 커널 개발

현재 리눅스 커널 코드의 일부를 러스트 언어로 전환하는 작업이 진행 중입니다. 이 중에서도 러스트 언어를 활용한 커널 개발은 주로 커널 모듈의 구현 부분에 초점을 맞추고 있습니다. 커널 모듈이란, 리눅스 커널에 기능을 추가하거나 변경할 수 있는 코드 조각을 의미합니다.

러스트로 작성된 커널 모듈은 기존에 C 언어로 개발된 리눅스 커널 코드와 상호작용이 필요합니다. 이러한 상호작용을 지원하기 위해 러스트 포 리눅스 프로젝트는 다양한 크레이트를 개발해 제공하고 있습니다. 이 크레이트들은 러스트와 C 언어 간의 인터페이스를 효과적으로 연결해 주며 러스트로 작성된 코드가 리눅스 커널 내에서 원활하게 작동할 수 있도록 지원합니다.

러스트 포 리눅스 프로젝트의 핵심은 커널 함수와의 상호작용을 쉽고 안전하게 만드는 것입니다. 이 프로젝트를 통해 개발자들은 C 바인딩에 직접 접근하지 않아도 러스트를 사용해 드라이버를 작성할 수 있습니다. 이는 프로젝트에서 제공하는 커널 라이브러리와 여러 핵심 크레이트들 덕분입니다. 다음 절에서는 이러한 핵심 크레이트에 대해 좀 더 자세히 살펴보겠습니다.

13.3 커널 개발을 돕는 다양한 크레이트

커널 개발을 돕는 크레이트로는 크게 커널 크레이트와 할당 크레이트, 코어 크레이트가 있습니다. 각 크레이트는 각각의 목적에 맞게 설계돼 있습니다.

커널 크레이트

커널 크레이트는 러스트 포 리눅스 프로젝트의 핵심 구성 요소로, 리눅스 커널 모듈을 개발하는 데 필수적인 기능을 제공하는 러스트 라이브러리입니다. 이 크레이트는 개발자들이 리눅스 커널 모듈을 러스트 언어로 효율적이고 안전하게 개발할 수 있게 설계됐습니다.

러스트 포 리눅스 프로젝트 공식 깃허브 페이지에 커널 크레이트의 상세한 레퍼런스가 있습니다. 이 레퍼런스는 크레이트의 구조, 사용 방법, 기능, 그리고 개발자를 위한 가이드라인 등 많은 정보를 담고 있어 러스트를 이용한 리눅스 커널 모듈 개발을 처음 시작하는 개발자도 쉽게 접근할 수 있습니다. 그뿐만 아니라 커널 크레이트를 어떻게 설정하고 사용하는지에 관한 많은 예제와 문서도 함께 확인할 수 있습니다.

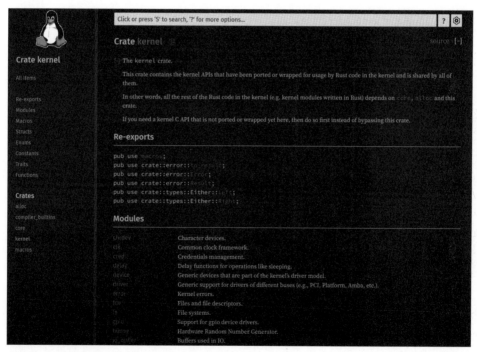

그림 13.4 커널 크레이트[3]

다음은 커널 크레이트에서 제공하는 모듈에 대한 설명입니다. 커널 크레이트를 사용하면, 리눅스 커널 기능에 대한 러스트 바인딩과 추상화를 활용해 높은 수준의 안전성과 가독성을 가진 커널 모듈을 쉽게 작성할 수 있습니다.

---

3   https://rust-for-linux.github.io/docs/kernel/index.html

표 13.1 커널 크레이트가 제공하는 모듈들

구성요소	설명
prelude	리눅스 커널 모듈 개발에 필요한 핵심 기능을 제공합니다. 대부분의 경우, use kernel::prelude::*를 사용해 이 모듈에서 제공하는 기능을 가져옵니다. 이 모듈에는 특정 트레잇이 포함돼 있지 않지만, 필수적인 기능을 한데 모아놓은 모듈입니다.
module	이 트레잇은 커널 모듈을 작성하기 위한 기능을 제공합니다. kernel::Module 트레잇은 모듈 초기화 및 종료 로직을 구현하기 위해 사용됩니다. 또한, module! 매크로를 사용해 커널 모듈의 메타데이터를 정의할 수 있습니다.
chrdev	이 모듈은 리눅스 커널의 문자 디바이스 드라이버를 작성하는 데 필요한 기능을 제공합니다. chrdev::Registration 타입을 사용해 문자 디바이스를 등록하고 관리할 수 있습니다. 또한, file::Operations 트레잇을 구현해 파일 작업을 처리할 수 있습니다.
file	파일 작업을 처리하기 위한 기능을 제공합니다. 이를 위해 file::Operations 트레잇을 구현해야 합니다. 이 트레잇에는 파일 열기, 읽기, 쓰기, 닫기 등의 메서드가 포함돼 있습니다.
c_types	러스트와 C 코드 간 상호 운용성을 위한 C 기본 데이터 타입을 제공합니다. 예를 들어, c_types::c_int, c_types::c_char, c_types::c_void가 있습니다.
error	러스트 커널 크레이트에서 에러 처리를 위한 기능을 제공합니다. kernel::error::Error 타입은 커널 모듈에서 발생할 수 있는 에러를 나타냅니다. 또한, Result 타입은 std::result::Result의 커널 버전으로, 에러 처리를 단순화하는 데 도움이 됩니다.
bindings	리눅스 커널의 C 구조체와 함수를 러스트로 가져오는 데 사용되는 바인딩을 제공합니다. 이를 사용하면 Rust 코드에서 커널의 C 기능을 호출할 수 있습니다.
sysctl	시스템 관리 인터페이스인 sysctl을 구현하는 데 필요한 기능을 제공합니다. kernel::sysctl::Sysctl 트레잇을 구현해 sysctl 항목을 만들고, 사용자 공간에서 이 항목에 액세스할 수 있게 합니다.
param	커널 모듈의 파라미터를 구현하는 데 필요한 기능을 제공합니다. param::Param 트레잇을 구현해 파라미터를 정의하고, 모듈을 로드할 때 이러한 파라미터를 설정할 수 있습니다.

할당 크레이트

할당(alloc) 크레이트는 러스트의 표준 라이브러리 중 핵심 구성 요소로, 동적 메모리 할당에 관련된 중요한 기능을 담당합니다. 이 크레이트는 동적 메모리 할당의 과정을 단순화하고 최적화해 개발자들이 메모리 관리 작업을 보다 효율적으로 수행할 수 있게 도와줍니다.

반면 러스트의 std 크레이트는 시스템 프로그래밍의 여러 측면에 걸쳐 다양한 기능을 제공합니다. 그중에서도 시스템과의 상호작용을 추상화하고 동적 메모리를 할당하는 등의 기능을 포함합니다. 그러나 alloc 크레이트는 std 크레이트와는 달리, 동적 메모리 할당에 특화된 기능 집합을 제공합니다.

할당 크레이트의 또 다른 중요한 특징은 std 크레이트에 종속되지 않는 독립적인 구조를 갖는다는 것입니다. 이로 인해 할당 크레이트는 #![no_std] 환경에서 작동할 수 있습니다. 즉 표준 라이브러리를 사용하지 않는 시스템 프로그래밍 환경에서도 동적 메모리 할당 기능을 제공할 수 있습니다.

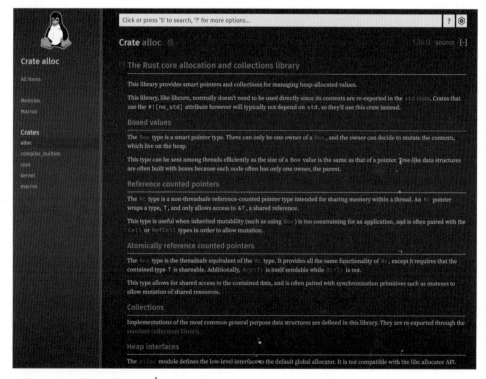

그림 13.5 커널의 할당 크레이트 정보[4]

할당 크레이트는 동적 메모리 할당과 관련된 여러 유용한 타입과 트레잇을 제공합니다. 이를 통해 러스트에서 메모리를 효율적으로 관리할 수 있으며, 사용자 정의 메모리 할당 전략을 구현할 수 있습니다.

할당 크레이트는 다음과 같은 주요 구성 요소를 포함합니다.

---

4 https://rust-for-linux.github.io/docs/alloc/index.html

표 13.2 할당 크레이트의 항목별 설명

구성 요소	설명
Box⟨T⟩	힙에 할당된 단일 값을 가리키는 포인터. Box는 고정 크기 스택 메모리를 초과하는 크기의 데이터를 동적으로 할당할 때 사용됩니다. 또한, Box를 사용해 소유권을 이전하거나 재귀적으로 정의된 데이터 타입을 만들 수 있습니다.
Vec⟨T⟩	동적 배열로, 크기가 변경 가능한 연속적인 메모리 공간을 가리키는 포인터입니다. 요소를 추가하거나 제거함으로써 크기를 늘리거나 줄일 수 있습니다.
Rc⟨T⟩와 Arc⟨T⟩	참조 카운팅이 가능한 스마트 포인터입니다. 각각 단일 스레드 및 여러 스레드 환경에서 사용됩니다. 이를 통해 여러 소유자가 같은 리소스를 공유할 수 있으며, 모든 소유자가 더 이상 해당 리소스를 참조하지 않으면 메모리가 자동으로 해제됩니다.
GlobalAlloc과 AllocRef	사용자 정의 메모리 할당기를 만들기 위한 트레잇입니다. 이를 구현함으로써 사용자가 원하는 메모리 할당 전략을 사용할 수 있습니다.
Layout	메모리 블록의 크기와 정렬 요구사항을 정의하는 데 사용되는 데이터 구조입니다.
String과 CString	동적 문자열 형식입니다. String은 UTF-8 인코딩된 문자열을 저장하며, CString은 C 스타일의 널 종료 문자열을 저장합니다.

코어 크레이트

코어(core) 크레이트는 러스트의 표준 라이브러리의 근간을 이루는 컴포넌트로 #![no_std] 환경에서 활용 가능한 기능들을 제공합니다. #![no_std] 키워드를 사용하는 환경은 표준 라이브러리를 완전히 불러오지 않아 메모리 사용을 최소화해야 하는 경우나 운영체제의 커널, 임베디드 시스템, 그리고 기타 특별한 환경에서의 코딩에 적합합니다.

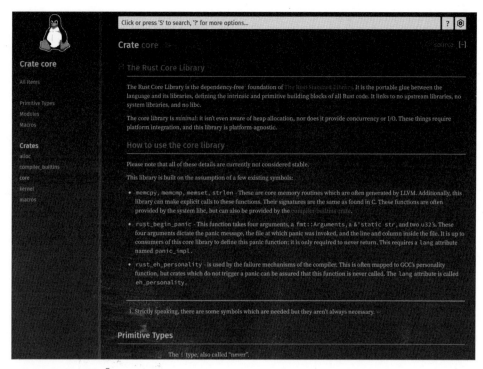

그림 13.6 코어 크레이트[5]

이 크레이트는 표준 라이브러리의 전체 기능 세트를 사용할 수 없는 환경에서 러스트 프로그래밍 언어를 사용해야 하는 개발자들에게 매우 유용한 도구를 제공합니다. 다시 말해 코어 크레이트는 표준 라이브러리의 부분 집합을 형성하며, 시스템 프로그래밍이나 리소스가 제한된 환경에서 필요한 주요 기능을 담고 있습니다.

개발자는 코어 크레이트의 이러한 기능을 활용해 표준 라이브러리가 제한되거나 사용할 수 없는 환경에서도 효과적인 러스트 코드를 작성하고 실행할 수 있습니다.

코어 크레이트의 주요 기능은 다음과 같습니다.

---

5 https://rust-for-linux.github.io/docs/core/index.html

표 13.3 코어 크레이트의 기능별 설명

구성 요소	설명
기본 타입	i8, i16, i32, i64, i128, u8, u16, u32, u64, u128, f32, f64, bool, char, str 등과 같은 러스트의 기본 데이터 타입을 포함합니다.
제어 구조	if, else, loop, while, for, match, break, continue 등과 같은 제어 구조를 제공합니다.
반복자와 슬라이스	Iterator, IntoIterator, ExactSizeIterator, DoubleEndedIterator, Extend 등의 반복자 트레이트와 관련된 기능을 제공합니다. 또한 슬라이스 메서드 및 관련 기능도 포함돼 있습니다.
오류 처리	Option과 Result 열거형 및 관련 메서드를 제공합니다. 이를 통해 Rust의 특성인 안전한 오류 처리 패턴을 구현할 수 있습니다.
메모리 레이아웃과 관련된 기능	size_of, align_of, size_of_val, align_of_val 등과 같은 메모리 레이아웃과 관련된 함수를 제공합니다

지금까지 세 가지 핵심 크레이트와 각각의 역할에 대해 살펴보았습니다. 이제 러스트를 사용해 간단한 커널 모듈을 만들어 보겠습니다.

13.4 러스트를 사용해 간단한 커널 모듈 만들기

리눅스 커널 모듈은 커널의 기능을 확장하는 데 사용됩니다. 이 모듈은 동적으로 로드되며 오브젝트 파일 형식으로 존재합니다. '동적으로 로드된다'는 표현은 이 모듈이 운영체제가 실행 중인 상태에서도 추가하거나 제거할 수 있음을 의미합니다.

이러한 커널 모듈의 주요 용도 중 하나는 다양한 하드웨어와 소프트웨어 기능의 구현입니다. 사용자는 커널 모듈을 통해 디바이스 드라이버, 파일 시스템, 시스템 콜 등을 구현할 수 있으며, 이를 통해 시스템의 기능을 맞춤화하거나 확장할 수 있습니다.

일례로 드라이버 모듈이 있습니다. 드라이버 모듈은 하드웨어 디바이스와 운영체제 사이에 데이터를 전송하는 역할을 담당합니다. 드라이버 모듈을 통해 다양한 하드웨어 디바이스가 운영체제와 원활히 통신하며, 사용자 공간 애플리케이션에서 이러한 하드웨어 디바이스를 사용할 수 있는 인터페이스가 생성됩니다.

예제를 컴파일하려면 러스트 포 리눅스 프로젝트의 빌드 환경이 구성돼 있어야 합니다(10장을 참조). 자세한 내용은 리눅스 커널 공식 사이트의 rust quick start[6] 페이지를 참조합니다.

간단한 커널 모듈 만들기

간단한 커널 모듈을 만들어 보겠습니다. 러스트 포 리눅스 프로젝트의 예제에 포함된 rust_minimal.rs 코드를 사용하면 간단한 커널 모듈을 쉽게 만들 수 있습니다. 이 코드를 함께 자세히 살펴봅시다.

```
// SPDX-License-Identifier: GPL-2.0

//! Rust minimal sample.

use kernel::prelude::*;
```

먼저 최상단에 GPL-2.0 라이선스를 표기하며 리눅스 커널 모듈의 목적을 설명하는 주석을 기입합니다.

use kernel::prelude::*; 코드 라인은 러스트 포 리눅스 프로젝트가 제공하는 커널 크레이트의 prelude 모듈을 사용할 것을 알려줍니다. prelude 모듈은 리눅스 커널 모듈 개발에 필요한 다양한 핵심 트레잇(traits), 타입(types), 매크로(macros) 등을 제공하므로 이를 활용하면 효율적으로 커널 모듈을 개발할 수 있습니다.

kernel::prelude에는 다음과 같은 항목이 포함돼 있습니다.

표 13.4 kernel::prelude의 항목별 설명

항목	설명
기본 트레잇 및 타입	커널 모듈 개발에 광범위하게 사용되며, 기본 데이터 타입과 기능을 제공합니다. 예를 들어, KernelResult, ThisModule, CStr, ConstCStr, VolatileCell 등이 여기에 포함됩니다.
메모리 관련 트레잇 및 타입	리눅스 커널에서 메모리를 안전하게 할당하고 해제하기 위한 트레잇 및 타입입니다. malloc, alloc::Layout, alloc::GlobalAlloc 등이 포함됩니다.

---

6 https://docs.kernel.org/rust/quick-start.html

항목	설명
커널 모듈 관련 매크로 및 트레잇	커널 모듈에 대한 메타데이터를 정의하고, 초기화 및 종료 코드를 작성하는 데 사용되는 매크로와 트레잇입니다. module!, Module, ThisModule 등이 포함됩니다.
로깅 관련 매크로	리눅스 커널 로깅 시스템과 통합되어 로그 메시지를 출력하는 데 사용되는 매크로입니다. pr_info!, pr_warn!, pr_err! 등이 포함됩니다.
기타 유틸리티	커널 모듈 개발에 유용한 기타 유틸리티 및 트레잇입니다. TryModuleParam과 같은 트레잇이 포함됩니다.

다음 코드는 module! 매크로를 사용해 커널 모듈에 대한 메타데이터를 정의합니다. 이 메타데이터는 모듈에 대한 정보를 제공하며, 모듈 로딩 시 사용됩니다.

```
module! {
    type: RustMinimal,
    name: "rust_minimal",
    author: "Rust for Linux Contributors",
    description: "Rust minimal sample",
    license: "GPL",
}
```

위와 같이 module! 매크로를 사용하면 커널 모듈에 대한 정보를 한곳에 모아 정의할 수 있어 코드의 가독성이 전반적으로 향상됩니다. 그뿐만 아니라 커널 모듈의 초기화 및 종료 코드와 메타데이터를 쉽게 연결할 수 있습니다.

module! 매크로의 각 항목에 관한 설명은 다음과 같습니다.

표 13.5 module! 매크로의 항목별 설명

요소	설명
type	커널 모듈의 메인 타입을 지정합니다. 이 예제에서는 RustMinimal 타입이 사용됩니다.
name	커널 모듈의 이름을 지정합니다. 이 예제에서는 "rust_minimal"이라는 이름이 사용됩니다.
author	커널 모듈의 작성자를 지정합니다. 이 예제에서는 "Rust for Linux Contributors"가 사용됩니다.
description	커널 모듈의 간단한 설명을 제공합니다. 이 예제에서는 "Rust minimal sample"이라는 설명이 사용됩니다.
license	커널 모듈의 라이선스를 지정합니다. 이 예제에서는 "GPL"이라는 라이선스가 사용됩니다.

RustMinimal 구조체를 정의합니다. 이 구조체 안에는 i32 타입의 벡터가 포함돼 있습니다. RustMinimal 구조체는 kernel::Module 트레잇을 구현합니다. kernel::Module 트레잇은 리눅스 커널 모듈을 위해 필요한 함수들을 정의합니다. 특히 커널 모듈이 초기화되거나 종료될 때 수행되는 작동을 정의하기 위해 사용됩니다.

그리고 초기화를 수행하는 init 함수를 구현합니다. init 함수는 커널 모듈이 로드되는 시점에 호출되며 module! 매크로를 통해 정의된 모듈 정보 구조체를 매개변수로 받습니다. int 함수는 Result<Self>를 반환하며, 초기화 과정에서 문제가 발생하면 Err를 반환하고, 정상적으로 초기화가 완료되면 Ok를 반환합니다. 초기화가 정상적으로 완료되면 numbers 벡터를 포함하는 RustMinimal 인스턴스를 반환합니다.

```
struct RustMinimal {
    numbers: Vec<i32>,
}


impl kernel::Module for RustMinimal {
    fn init(_name: &'static CStr, _module: &'static ThisModule) -> Result<Self> {
        pr_info!("Rust minimal sample (init)\n");
        pr_info!("Am I built-in? {}\n", !cfg!(MODULE));

        let mut numbers = Vec::new();
        numbers.try_push(72)?;
        numbers.try_push(108)?;
        numbers.try_push(200)?;

        Ok(RustMinimal { numbers })
    }
}
```

모듈이 언로드될 때 호출되도록 Drop 트레잇을 구현합니다. Drop 트레잇은 구조체 인스턴스가 스코프를 벗어날 때 호출되는 drop 함수를 정의합니다.

```
impl Drop for RustMinimal {
    fn drop(&mut self) {
        pr_info!("My numbers are {:?}\n", self.numbers);
```

```
        pr_info!("Rust minimal sample (exit)\n");
    }
```

이렇게 drop 트레잇을 확장하면 모듈이 언로드될 때 drop 메서드가 호출됩니다. 그러면 pr_info! 매크로를 사용해 numbers 필드에 저장된 값들을 출력합니다. 이후 Rust minimal sample (exit) 메시지를 출력합니다.

전체 코드는 다음과 같습니다.

```
// SPDX-License-Identifier: GPL-2.0

//! Rust minimal sample.

use kernel::prelude::*;

module! {
    type: RustMinimal,
    name: "rust_minimal",
    author: "Rust for Linux Contributors",
    description: "Rust minimal sample",
    license: "GPL",
}

struct RustMinimal {
    numbers: Vec<i32>,
}

impl kernel::Module for RustMinimal {
    fn init(_name: &'static CStr, _module: &'static ThisModule) -> Result<Self> {
        pr_info!("Rust minimal sample (init)\n");
        pr_info!("Am I built-in? {}\n", !cfg!(MODULE));

        let mut numbers = Vec::new();
        numbers.try_push(72)?;
        numbers.try_push(108)?;
        numbers.try_push(200)?;
```

```
        Ok(RustMinimal { numbers })
    }
}

impl Drop for RustMinimal {
    fn drop(&mut self) {
        pr_info!("My numbers are {:?}\n", self.numbers);
        pr_info!("Rust minimal sample (exit)\n");
    }
}
```

실행 결과는 다음과 같습니다. 커널 모듈을 등록하려면 루트 권한이 필요합니다.

```
/mnt # insmod rust_minimal.ko
[  225.750660] rust_minimal: Rust minimal sample (init)
[  225.751340] rust_minimal: Am I built-in? false
/mnt # rmmod rust_minimal.ko
[  382.046203] rust_minimal: My numbers are [72, 108, 200]
[  382.048308] rust_minimal: Rust minimal sample (exit)
```

리눅스 커널에서 FFI 사용하기

FFI(Foreign Function Interface)는 다른 프로그래밍 언어로 작성된 코드 간 상호작용을 가능하게 하는 기술로, 앞서 설명했습니다. 이 기술을 활용하면 서로 다른 언어로 작성된 함수들이 상호 호출되고 데이터를 공유할 수 있게 됩니다. FFI를 사용하는 방식은 리눅스 커널을 개발할 때도 크게 다르지 않습니다.

FFI를 활용해 바인딩 API를 구현하는 간단한 예제 코드를 살펴보겠습니다. 여기서는 리눅스 커널의 함수 중 하나인 printk 함수를 호출하는 간단한 러스트 커널 모듈을 만들어 봅니다.

```
// SPDX-License-Identifier: GPL-2.0
use kernel::prelude::*;
use kernel::c_types;

// 커널 함수 `printk`를 위한 FFI 선언
```

```
extern "C" {
    fn printk(fmt: *const c_types::c_char, ...) -> c_types::c_int;
}

fn rust_printk(message: &str) {
    // Rust 문자열을 C 문자열로 변환
    let cstr = core::ffi::CString::new(message).unwrap();

    // `printk` 함수 호출을 위해 `unsafe` 블록 사용
    unsafe {
        printk(cstr.as_ptr());
    }
}

struct RustKernelPrintkModule;

impl kernel::Module for RustKernelPrintkModule {
    fn init() -> Result<Self> {
        rust_printk("Hello, Rust kernel module!\n");
        Ok(RustKernelPrintkModule)
    }
}

kernel::module!(
    type: RustKernelPrintkModule,
    name: "rust_kernel_printk",
    author: "Rust for Linux Contributors",
    description: "Rust kernel module using printk",
    license: "GPL",
);
```

코드를 자세히 살펴봅시다.

```
// 커널 함수 `printk`를 위한 FFI 선언
extern "C" {
    fn printk(fmt: *const c_types::c_char, ...) -> c_types::c_int;
}
```

러스트에서 FFI를 사용하려면 **extern** 키워드와 함께 사용할 C 함수를 선언해야 합니다. 이렇게 하면 러스트 코드에서 해당 C 함수를 호출할 수 있습니다.

```
fn rust_printk(message: &str) {
    // Rust 문자열을 C 문자열로 변환
    let cstr = core::ffi::CString::new(message).unwrap();

    // `printk` 함수 호출을 위해 `unsafe` 블록 사용
    unsafe {
        printk(cstr.as_ptr());
    }
}
```

이제 printk라는 C 함수를 호출하는 rust_printk라는 바인딩 API를 작성해 보겠습니다. rust_printk 함수는 문자열을 인자로 받습니다. 이 함수가 실행되면, 입력받은 러스트 문자열을 C 문자열로 변환합니다. 변환된 문자열은 unsafe 블록 내에서 printk 함수를 호출하는 데 사용됩니다.

unsafe 블록의 사용이 필요한 이유는 FFI를 통해 호출되는 코드가 러스트의 엄격한 안전성 검사를 통과하지 못하기 때문입니다. 러스트는 메모리 안전성을 보장하려고 많은 노력을 기울이지만, 다른 언어로 작성된 코드에 대해서는 이러한 보장을 할 수 없습니다. 따라서 러스트 코드에서 C 함수를 호출할 때는 unsafe 키워드를 사용해 러스트 컴파일러에 명시적으로 안전성 검사를 수행하지 않게 지시해야 합니다. 이렇게 함으로써 개발자는 unsafe 블록 내의 코드에 대한 책임을 짐과 동시에 러스트의 안전성 보장 밖에서 코드를 실행할 수 있습니다.

이제 RustKernelPrintkModule이라는 커널 모듈을 정의하며, 모듈이 초기화될 때 rust_printk 함수를 호출하는 init 메서드를 구현합니다. 초기화 과정에서 rust_printk를 호출하면 해당 함수를 통해 printk 기능이 수행됩니다. 추가로 kernel::module! 매크로를 통해 커널 모듈의 메타데이터를 정의합니다.

```
struct RustKernelPrintkModule;

impl kernel::Module for RustKernelPrintkModule {
    fn init() -> Result<Self> {
```

```
        rust_printk("Hello, Rust kernel module!\n");
        Ok(RustKernelPrintkModule)
    }
}

kernel::module!(
    type: RustKernelPrintkModule,
    name: "rust_kernel_printk",
    author: "Rust for Linux Contributors",
    description: "Rust kernel module using printk",
    license: "GPL",
);
```

이 예제에서는 설명의 목적으로 FFI를 활용해 printk 함수를 직접 호출했지만, 실제 개발 과정
에서는 러스트 커널 크레이트에서 제공하는 바인딩 API를 활용하는 것이 더 안전하고 편리합
니다. 예를 들어 pr_info! 매크로를 활용하면 printk 함수를 직접 호출하는 대신에 안전하게
로그를 출력할 수 있습니다.

커널 모듈에 파라미터 넘기기

다음 예제는 커널 모듈에 파라미터를 넘기는 예제입니다. 모듈 파라미터는 모듈 로딩 시 지정
가능하며 다양한 타입과 초깃값, 권한, 설명을 포함합니다.

먼저 module! 매크로를 사용해 모듈에 대한 메타데이터를 정의합니다. 위에서 설명했으니 자
세한 내용은 생략하겠습니다.

```
// SPDX-License-Identifier: GPL-2.0

//! Rust module parameters sample.

use kernel::prelude::*;

module! {
    type: RustModuleParameters,
    name: "rust_module_parameters",
    author: "Rust for Linux Contributors",
```

```
    description: "Rust module parameters sample",
    license: "GPL",
```

다음 코드는 모듈 파라미터를 정의하는 params 블록을 정의합니다.

```
params: {
    my_bool: bool {
        default: true,
        permissions: 0,
        description: "Example of bool",
    },
    my_i32: i32 {
        default: 42,
        permissions: 0o644,
        description: "Example of i32",
    },
    my_str: str {
        default: b"default str val",
        permissions: 0o644,
         description: "Example of a string param",
    },
    my_usize: usize {
        default: 42,
        permissions: 0o644,
        description: "Example of usize",
    },
    my_array: ArrayParam<i32, 3> {
        default: [0, 1],
        permissions: 0,
        description: "Example of array",
    },
    },
}
```

위와 같이 다양한 타입의 파라미터를 정의할 수 있습니다. 가장 먼저 bool 타입의 my_bool 파라미터를 정의할 수 있습니다. 그리고 i32 타입의 my_i32 파라미터를 정의합니다. 다음은 str 타입의 my_str 파라미터를 정의합니다. usize 타입의 my_usize 파라미터를 정의합니다. 마지막으로 i32 배열 타입의 my_array 파라미터를 정의합니다. ArrayParam은 배열 타입의 매개변수를 나타냅니다. 이렇게 각 매개변수에는 기본값, 권한 및 설명이 지정됩니다.

이제 RustModuleParameters라는 이름의 빈 구조체를 정의하며 모듈의 초기화와 종료를 처리합니다. 모듈이 로드될 때 호출되는 init 함수에서는 커널 매개변수를 읽고 로그에 출력합니다. 각 매개변수는 read 메서드를 사용해 읽습니다.

```
struct RustModuleParameters;

impl kernel::Module for RustModuleParameters {
    fn init(_name: &'static CStr, module: &'static ThisModule) -> Result<Self> {
        pr_info!("Rust module parameters sample (init)\n");
        {
            let lock = module.kernel_param_lock();
            pr_info!("Parameters :\n");
            pr_info!("  my_bool:    {}\n", my_bool.read());
            pr_info!("  my_i32:     {}\n", my_i32.read(&lock));
            pr_info!(
                "  my_str:      {}\n",
                core::str::from_utf8(my_str.read(&lock))?
            );
            pr_info!("  my_usize:   {}\n", my_usize.read(&lock));
            pr_info!("  my_array:   {:?}\n", my_array.read());
        }
        Ok(RustModuleParameters)
    }
}
```

모듈이 언로드될 때 수행할 작업을 정의하기 위해 RustModuleParameters 에 대해 Drop 트레잇을 구현합니다. 여기서는 로그 메시지만 출력합니다.

```
impl Drop for RustModuleParameters {
    fn drop(&mut self) {
        pr_info!("Rust module parameters sample (exit)\n");
    }
}
```

전체 코드는 다음과 같습니다.

```rust
// SPDX-License-Identifier: GPL-2.0

//! Rust module parameters sample.

use kernel::prelude::*;

module! {
    type: RustModuleParameters,
    name: "rust_module_parameters",
    author: "Rust for Linux Contributors",
    description: "Rust module parameters sample",
    license: "GPL",
    params: {
        my_bool: bool {
            default: true,
            permissions: 0,
            description: "Example of bool",
        },
        my_i32: i32 {
            default: 42,
            permissions: 0o644,
            description: "Example of i32",
        },
        my_str: str {
            default: b"default str val",
            permissions: 0o644,
            description: "Example of a string param",
        },
        my_usize: usize {
            default: 42,
            permissions: 0o644,
            description: "Example of usize",
        },
        my_array: ArrayParam<i32, 3> {
            default: [0, 1],
            permissions: 0,
```

```
                description: "Example of array",
        },
    },
}


struct RustModuleParameters;

impl kernel::Module for RustModuleParameters {
    fn init(_name: &'static CStr, module: &'static ThisModule) -> Result<Self> {
        pr_info!("Rust module parameters sample (init)\n");

        {
            let lock = module.kernel_param_lock();
            pr_info!("Parameters:\n");
            pr_info!("  my_bool:    {}\n", my_bool.read());
            pr_info!("  my_i32:     {}\n", my_i32.read(&lock));
            pr_info!(
                "  my_str:     {}\n",
                core::str::from_utf8(my_str.read(&lock))?
            );
            pr_info!("  my_usize:   {}\n", my_usize.read(&lock));
            pr_info!("  my_array:   {:?}\n", my_array.read());
        }

        Ok(RustModuleParameters)
    }
}


impl Drop for RustModuleParameters {
    fn drop(&mut self) {
        pr_info!("Rust module parameters sample (exit)\n");
    }
}
```

실행 결과: 매개변수를 추가

```
/mnt # insmod rust_module_parameters.ko my_bool=false my_i32=23
[ 2452.579813] rust_module_parameters: Rust module parameters sample (init)
[ 2452.581534] rust_module_parameters: Parameters:
```

```
[ 2452.582567] rust_module_parameters:    my_bool:     false
[ 2452.583479] rust_module_parameters:    my_i32:      23
[ 2452.585875] rust_module_parameters:    my_str:      default str val
[ 2452.588505] rust_module_parameters:    my_usize:    42
[ 2452.589429] rust_module_parameters:    my_array:    [0, 1]
/mnt # rmmod rust_module_parameters.ko
[ 2455.882545] rust_module_parameters: Rust module parameters sample (exit)
```

실행 결과: 기본값

```
/mnt # insmod rust_module_parameters.ko
[ 2445.943098] rust_module_parameters: Rust module parameters sample (init)
[ 2445.965197] rust_module_parameters: Parameters:
[ 2445.965767] rust_module_parameters:    my_bool:     true
[ 2445.967975] rust_module_parameters:    my_i32:      42
[ 2445.969645] rust_module_parameters:    my_str:      default str val
[ 2445.970506] rust_module_parameters:    my_usize:    42
[ 2445.973189] rust_module_parameters:    my_array:    [0, 1]
/mnt # rmmod rust_module_parameters.ko
[ 2448.024090] rust_module_parameters: Rust module parameters sample (exit)
```

유저 프로그램과 상호작용하기

/dev/random은 안전한 난수를 생성하기 위해 사용하는 커널 드라이버입니다. 시스템의 엔트로피 풀에서 추출한 데이터를 기반으로 무작위성을 보장하는 난수를 생성합니다.

여기서는 /dev/random과 유사한 기능을 수행하는 /dev/rust_random을 만들어 봅니다.

/dev/rust_random은 실제 저장 공간에 존재하는 파일이 아니라 가상의 인터페이스입니다. 이 가상 인터페이스는 사용자에게 무작위 데이터를 제공하는 역할을 합니다.

먼저 module_misc_device! 매크로를 사용해 커널 모듈의 메타데이터를 정의합니다.

```
//! Adapted from Alex Gaynor's original available at
//! <https://github.com/alex/just-use/blob/master/src/lib.rs>.

use kernel::{
    file::{self, File},
```

```
    io_buffer::{IoBufferReader, IoBufferWriter},
    prelude::*,
};

module_misc_device! {
    type: RandomFile,
    name: "rust_random",
    author: "Rust for Linux Contributors",
    description: "Just use /dev/urandom: Now with early-boot safety",
    license: "GPL",
}
```

module_misc_device! 매크로를 사용해 RandomFile 모듈의 misc 디바이스를 만듭니다. 이 매크로는 커널의 misc 디바이스 인터페이스를 사용해 모듈을 등록합니다. 이 인터페이스는 /dev 디렉터리 다음에 있는 다른 파일과 유사한 방식으로 작동합니다.

module_misc_device! 매크로는 특정 유형의 커널 모듈인 miscellaneous device[7]에 사용되며, 이 기기는 다양한 목적의 디바이스 드라이버를 위한 인터페이스를 제공합니다.

이제 모듈의 상태를 저장하는 데 사용되는 RandomFile이라는 빈 구조체를 정의하고 RandomFile에 대한 file::Operations 트레잇을 구현합니다. 이 트레잇은 파일 작업(open, read, write 등)에 대한 작동을 정의합니다. 먼저 open 함수를 구현해 파일을 여는 작동을 정의합니다.

```
struct RandomFile;

#[vtable]
impl file::Operations for RandomFile {
    fn open(_data: &(), _file: &File) -> Result {
        Ok(())
    }
```

read 함수를 구현해 파일로부터 읽는 작동을 정의합니다. 이 함수는 사용자가 디바이스 파일을 읽을 때 호출되며, 여기서는 랜덤 데이터를 생성해 제공합니다. 이를 위해 버퍼에 주어진 길이

---

7   miscellaneous device: 특정 카테고리에 속하지 않는 범용 디바이스를 의미한다.

만큼의 난수를 채워 줍니다. 여기서는 먼저 읽어야 할 전체 길이를 구한 다음 256바이트 크기의 청크 버퍼를 생성하고 주어진 버퍼가 빌 때까지 청크를 채웁니다. 이때 청크의 길이를 계산한 후 파일이 블로킹 모드인지 확인하고 블로킹 모드에 따라 kernel::random 모듈에서 제공하는 난수 생성 함수인 getrandom을 호출해 청크를 채웁니다.

```
fn read(_this: (), file: &File, buf: &mut impl IoBufferWriter, _: u64) -> Result<usize> {
    let total_len = buf.len();
    let mut chunkbuf = [0; 256];

    while !buf.is_empty() {
        let len = chunkbuf.len().min(buf.len());
        let chunk = &mut chunkbuf[0..len];
        let blocking = (file.flags() & file::flags::O_NONBLOCK) == 0;

        if blocking {
            kernel::random::getrandom(chunk)?;
        } else {
            kernel::random::getrandom_nonblock(chunk)?;
        }
        buf.write_slice(chunk)?;
    }
    Ok(total_len)
}
```

write 함수는 초기에 전체 데이터의 길이를 확인한 후, 256바이트의 버퍼를 생성합니다. 이 버퍼를 활용해 read_slice 메서드를 통해 데이터를 읽어 들입니다. 이후 kernel::random 모듈의 add_randomness 함수를 사용해 읽어 들인 데이터를 엔트로피 풀에 추가합니다.

```
fn write(_this: (), _file: &File, buf: &mut impl IoBufferReader, _: u64) -> Result<usize> {
    let total_len = buf.len();
    let mut chunkbuf = [0; 256];
    while !buf.is_empty() {
        let len = chunkbuf.len().min(buf.len());
        let chunk = &mut chunkbuf[0..len];
        buf.read_slice(chunk)?;
        kernel::random::add_randomness(chunk);
```

```
        }
        Ok(total_len)
    }
}
```

kernel::random 모듈은 리눅스 커널의 랜덤 숫자 생성과 관련된 기능을 제공하며 add_randomness 함수는 그중 하나입니다. 이 함수는 커널의 엔트로피 풀에 추가 엔트로피를 공급합니다. 엔트로피 풀은 커널이 안전한 랜덤 숫자를 생성하는 데 사용하는 데이터 저장 공간으로, 여러 소스로부터 얻은 엔트로피, 예를 들면 하드웨어 이벤트나 사용자 입력 등이 풀에 추가되어 안전한 랜덤 숫자 생성을 지원합니다. 이러한 방식으로 엔트로피 풀에 충분한 데이터가 있을 때 /dev/random과 /dev/urandom 디바이스 파일을 통해 안전한 랜덤 숫자를 생성할 수 있습니다. add_randomness 함수는 특정 형태로 사용됩니다.

```
kernel::random::add_randomness(&[u8]);
```

위 모듈 코드를 빌드해 로딩하면 다음과 같이 /dev/rust_random 파일이 생성된 것을 확인할 수 있습니다.

```
# insmod rust_random.ko
# lsmod
rust_random 16384 0 - Live 0xffffffffc0377000 (E)
# ls -al /dev/rust_random
crw-------   1 0        0        10, 122 May  1 14:41 /dev/rust_random
```

이제 /dev/rust_random 파일을 사용하는 유저 프로그램을 작성해 작동시켜 봅니다.

```
use std::fs::File;
use std::io::Read;
use std::path::Path;

fn main() -> std::io::Result<()> {
    let mut rng = File::open(Path::new("/dev/rust_random"))?;
    let mut buffer = [0u8; 16];

    rng.read_exact(&mut buffer)?;
```

```
    println!("랜덤 숫자: {:?}", buffer);

    Ok(())
}
```

위 코드를 빌드해 실행하면 /dev/rust_random에서 읽은 랜덤 숫자가 16바이트의 배열로 출력됩니다. 다음은 실행 결과입니다.

```
랜덤 숫자: [236, 96, 60, 155, 240, 108, 245, 17, 26, 16, 111, 206, 203, 30, 57, 112]
```

전체 코드는 다음과 같습니다.

예제 13.1 랜덤 디바이스 구현

```
// SPDX-License-Identifier: GPL-2.0

//! Rust random device.
//!
//! Adapted from Alex Gaynor's original available at
//! <https://github.com/alex/just-use/blob/master/src/lib.rs>.

use kernel::{
    file::{self, File},
    io_buffer::{IoBufferReader, IoBufferWriter},
    prelude::*,
};

module_misc_device! {
    type: RandomFile,
    name: «rust_random»,
    author: «Rust for Linux Contributors»,
    description: «Just use /dev/urandom: Now with early-boot safety»,
    license: «GPL»,
}

struct RandomFile;

#[vtable]
```

```
impl file::Operations for RandomFile {
    fn open(_data: &(), _file: &File) -> Result {
        Ok(())
    }


    fn read(_this: (), file: &File, buf: &mut impl IoBufferWriter, _: u64) -> Result<usize> {
        let total_len = buf.len();
        let mut chunkbuf = [0; 256];

        while !buf.is_empty() {
            let len = chunkbuf.len().min(buf.len());
            let chunk = &mut chunkbuf[0..len];
            let blocking = (file.flags() & file::flags::O_NONBLOCK) == 0;

            if blocking {
                kernel::random::getrandom(chunk)?;
            } else {
                kernel::random::getrandom_nonblock(chunk)?;
            }
            buf.write_slice(chunk)?;
        }
        Ok(total_len)
    }


    fn write(_this: (), _file: &File, buf: &mut impl IoBufferReader, _: u64) ->
Result<usize> {
        let total_len = buf.len();
        let mut chunkbuf = [0; 256];
        while !buf.is_empty() {
            let len = chunkbuf.len().min(buf.len());
            let chunk = &mut chunkbuf[0..len];
            buf.read_slice(chunk)?;
            kernel::random::add_randomness(chunk);
        }
        Ok(total_len)
    }
}
```

커널의 동기화 요소 사용하기

커널의 동기화 요소를 사용해 봅시다. 동기화 요소로는 뮤텍스와 스핀락과 같은 개념이 있습니다.

다음과 같이 module! 매크로를 사용해 모듈을 정의합니다.

```rust
// SPDX-License-Identifier: GPL-2.0

//! Rust synchronisation primitives sample.

use kernel::prelude::*;
use kernel::{
    condvar_init, mutex_init, spinlock_init,
    sync::{CondVar, Mutex, SpinLock},
};

module! {
    type: RustSync,
    name: "rust_sync",
    author: "Rust for Linux Contributors",
    description: "Rust synchronisation primitives sample",
    license: "GPL",
}
```

kernel::init_static_sync! 매크로를 사용해 정적 동기화 객체를 초기화할 수 있습니다. 여기서는 mutex와 condvar에 대한 정적 객체를 초기화합니다.

```rust
kernel::init_static_sync! {
    static SAMPLE_MUTEX: Mutex<u32> = 10;
    static SAMPLE_CONDVAR: CondVar;
}
```

RustSync 구조체는 러스트 모듈을 나타냅니다. kernel::Module 트레잇을 구현하며 init과 drop 함수를 정의합니다.

```
struct RustSync;

impl kernel::Module for RustSync {
    fn init(_name: &'static CStr, _module: &'static ThisModule) -> Result<Self> {
        pr_info!("Rust synchronisation primitives sample (init)\n");
```

이 모듈의 핵심 기능은 init 함수에 모두 정의돼 있습니다. init 함수에서는 세 가지 종류의 동기화 기능을 다룹니다.

표 13.6 동기화 방식별 설명

동기화 기능	설명
동적으로 초기화된 뮤텍스	러스트의 Mutex 기능을 사용해 Mutex를 생성하고, Lock과 Unlock을 수행합니다. 또한 CondVar 기능을 사용해 Condition Variable을 만들고 이를 이용해 스레드의 대기와 통지를 수행합니다.
정적으로 초기화된 뮤텍스	러스트의 Mutex 기능과 CondVar 기능을 사용해 정적으로 생성된 Mutex와 CondVar 변수를 이용해 스레드의 대기와 통지를 수행합니다.
동적으로 초기화된 스핀락	러스트의 SpinLock 기능을 사용해 Spinlock을 생성하고, Lock과 Unlock을 수행합니다. 또한 CondVar 기능을 사용해 Condition Variable을 만들고 이를 이용해 스레드의 대기와 통지를 수행합니다.

동적으로 초기화된 뮤텍스

이제 동적으로 초기화된 뮤텍스를 만들어 보겠습니다.

먼저 값을 저장하는 뮤텍스를 생성하고 초기화합니다. 초깃값은 0입니다. Pin과 Box는 뮤텍스를 힙에 할당하고 안전하게 핀합니다.

```
    // mutex 테스트.
    {
        // unsafe로 Mutex를 초기화합니다.
        let mut data = Pin::from(Box::try_new(unsafe { Mutex::new(0) })?);
```

mutex_init! 매크로는 뮤텍스를 초기화하는 데 사용합니다.

```
mutex_init!(data.as_mut(), "RustSync::init::data1");
*data.lock() = 10;
pr_info!("Value: {}\n", *data.lock());
```

변수를 초기화합니다. 여기서 Pin과 Box는 조건 변수를 힙에 할당하고 안전하게 핀합니다. 이후 조건 변수를 초기화하는 매크로를 호출합니다.

```
// unsafe로 CondVar를 초기화합니다.
let mut cv = Pin::from(Box::try_new(unsafe { CondVar::new() })?);
condvar_init!(cv.as_mut(), "RustSync::init::cv1");
```

조건 변수를 사용해 뮤텍스가 잠겨 있는 동안 대기하는 코드 블록입니다. 뮤텍스의 값이 10이 될 때까지 기다립니다.

```
{
    let mut guard = data.lock();
    while *guard != 10 {
        let _ = cv.wait(&mut guard);
    }
}
cv.notify_one();
cv.notify_all();
cv.free_waiters();
}
```

정적으로 초기화된 뮤텍스

이제 정적으로 초기화된 뮤텍스를 만들어 보겠습니다. 다음 예제는 SAMPLE_MUTEX를 잠그고 보호하는 예제입니다.

```
// Mutex + Condvar 수행
*SAMPLE_MUTEX.lock() = 20;
{
    let mut guard = SAMPLE_MUTEX.lock();
    while *guard != 20 {
```

```
            let _ = SAMPLE_CONDVAR.wait(&mut guard);
        }
    }
}
```

스핀락

스핀락을 만들어 보겠습니다. 스핀락은 멀티스레딩 환경에서 공유 자원에 대한 동시 접근을 제어하기 위한 동기화 메커니즘 중 하나입니다. 기본적으로, 스핀락은 특정 자원이 사용 가능해질 때까지 현재 스레드가 계속해서 확인하며 대기하는 방식으로 작동합니다.

```
// SpinLock 테스트
{
    // unsafe로 SpinLock 생성
    let mut data = Pin::from(Box::try_new(unsafe { SpinLock::new(0) })?);
    spinlock_init!(data.as_mut(), "RustSync::init::data2");
    *data.lock() = 10;
    pr_info!("Value: {}\n", *data.lock());
    // unsafe로 CondVar 생성
    let mut cv = Pin::from(Box::try_new(unsafe { CondVar::new() })?);
    condvar_init!(cv.as_mut(), "RustSync::init::cv2");
    {
        let mut guard = data.lock();
        while *guard != 10 {
            let _ = cv.wait(&mut guard);
        }
    }
    cv.notify_one();
    cv.notify_all();
    cv.free_waiters();
}

Ok(RustSync)
    }
}
```

이제 모듈이 언로드될 때 호출될 drop 트레잇을 정의합니다.

```
impl Drop for RustSync {
    fn drop(&mut self) {
        pr_info!("Rust synchronisation primitives sample (exit)\n");
    }
}
```

전체 코드는 다음과 같습니다.

예제 13.2 러스트 커널 동기화 예제

```
// SPDX-License-Identifier: GPL-2.0

//! Rust 커널 동기화 예제

use kernel::prelude::*;
use kernel::{
    condvar_init, mutex_init, spinlock_init,
    sync::{CondVar, Mutex, SpinLock},
};

module! {
    type: RustSync,
    name: "rust_sync",
    author: "Rust for Linux Contributors",
    description: "Rust synchronisation primitives sample",
    license: "GPL",
}

kernel::init_static_sync! {
    static SAMPLE_MUTEX: Mutex<u32> = 10;
    static SAMPLE_CONDVAR: CondVar;
}

struct RustSync;

impl kernel::Module for RustSync {
    fn init(_name: &'static CStr, _module: &'static ThisModule) -> Result<Self> {
        pr_info!("Rust synchronisation primitives sample (init)\n");
```

```rust
// Mutex 테스트
{
    // unsafe로 Mutex 생성
    let mut data = Pin::from(Box::try_new(unsafe { Mutex::new(0) })?);
    mutex_init!(data.as_mut(), "RustSync::init::data1");
    *data.lock() = 10;
    pr_info!("Value: {}\n", *data.lock());

    // unsafe로 CondVar 생성
    let mut cv = Pin::from(Box::try_new(unsafe { CondVar::new() })?);
    condvar_init!(cv.as_mut(), "RustSync::init::cv1");

    {
        let mut guard = data.lock();
        while *guard != 10 {
            let _ = cv.wait(&mut guard);
        }
    }
    cv.notify_one();
    cv.notify_all();
    cv.free_waiters();
}

// mutex + condvar 테스트
*SAMPLE_MUTEX.lock() = 20;

{
    let mut guard = SAMPLE_MUTEX.lock();
    while *guard != 20 {
        let _ = SAMPLE_CONDVAR.wait(&mut guard);
    }
}

// spinlock 테스트
{
    // unsafe로 SpinLock 생성
    let mut data = Pin::from(Box::try_new(unsafe { SpinLock::new(0) })?);
```

```
        spinlock_init!(data.as_mut(), "RustSync::init::data2");
        *data.lock() = 10;
        pr_info!("Value: {}\n", *data.lock());


        // unsafe로 CondVar 생성
        let mut cv = Pin::from(Box::try_new(unsafe { CondVar::new() })?);
        condvar_init!(cv.as_mut(), "RustSync::init::cv2");
        {
            let mut guard = data.lock();
            while *guard != 10 {
                let _ = cv.wait(&mut guard);
            }
        }
        cv.notify_one();
        cv.notify_all();
        cv.free_waiters();
    }


    Ok(RustSync)
    }
}


impl Drop for RustSync {
    fn drop(&mut self) {
        pr_info!("Rust synchronisation primitives sample (exit)\n");
    }
}
```

실행 결과는 다음과 같습니다. 루트 셸이 필요합니다.

```
/mnt # insmod rust_sync.ko
[86179.791257] rust_sync: Rust synchronisation primitives sample (init)
[86179.833074] rust_sync: Value: 10
[86179.845124] rust_sync: Value: 10
/mnt # rmmod rust_sync.ko
[86181.522606] rust_sync: Rust synchronisation primitives sample (exit)
```

유저 모드에서 사용 가능한 커널 세마포어 구현하기

다음 예제는 유저 모드에서 사용 가능한 커널 세마포어 예제입니다. 세마포어는 리소스에 대한 동시 액세스를 제한하거나 동기화를 위해 사용됩니다. 이 예제에서 세마포어는 파일을 통해 사용자 공간과 상호작용합니다.

먼저 모듈을 정의합니다.

```
// SPDX-License-Identifier: GPL-2.0

//! 러스트 세마포어 예제.
//! 사용자 공간에서 사용할 수 있는 카운팅 세마포어.

use core::sync::atomic::{AtomicU64, Ordering};
use kernel::{
    condvar_init,
    file::{self, File, IoctlCommand, IoctlHandler},
    io_buffer::{IoBufferReader, IoBufferWriter},
    miscdev::Registration,
    mutex_init,
    prelude::*,
    sync::{Arc, CondVar, Mutex, UniqueArc},
    user_ptr::{UserSlicePtrReader, UserSlicePtrWriter},
};
```

세마포어의 내부 상태를 저장하는 SemaphoreInner 구조체를 정의합니다. count는 usize 타입으로, 세마포어의 현재 카운트 값을 나타냅니다. 이 값은 세마포어가 사용 가능한 리소스의 수를 의미하며, 세마포어가 소비될 때마다 감소하고, 증가시킬 때마다 증가합니다. max_seen은 usize 타입으로, 세마포어의 카운트 값 중 이전에 본 최댓값을 저장합니다.

```
struct SemaphoreInner {
    count: usize,
    max_seen: usize,
}
```

Semaphore 구조체를 정의합니다. 이 구조체는 세마포어의 작동을 구현하고 관리하는 데 사용되며, 여러 스레드가 동시에 세마포어 값을 변경하지 못하도록 하는 동기화 메커니즘이 포함돼 있습니다. 이를 통해 세마포어 카운트 값의 동시 변경에 대한 안전성이 보장됩니다.

두 개의 필드를 포함하는데, changed는 CondVar 타입으로, 세마포어의 카운트 값이 변경될 때 스레드들에 알림을 전달하는 역할을 합니다. CondVar은 조건 변수로, 여러 스레드 간에 동기화를 제공합니다. 예를 들어 세마포어 카운트가 0이고 스레드가 이 값을 기다리고 있다면 다른 스레드가 세마포어 값을 증가시키면 이 조건 변수를 통해 대기 중인 스레드에 알림이 전달됩니다.

inner는 세마포어의 내부 상태를 저장하고 있는 SemaphoreInner 구조체를 뮤텍스로 보호합니다.

```
struct Semaphore {
    changed: CondVar,
    inner: Mutex<SemaphoreInner>,
}
```

파일의 상태를 저장하는 FileState 구조체를 정의합니다. 이 구조체는 파일 작업을 수행하는 각 스레드에 대한 상태 정보를 저장하며, 두 개의 필드를 포함합니다. read_count는 AtomicU64 타입으로, 현재 파일에서 읽은 바이트 수를 저장합니다. 이 값은 각 스레드가 파일에서 얼마나 많은 데이터를 읽었는지 추적하기 위해 사용됩니다. AtomicU64는 원자적 연산을 지원하므로 여러 스레드가 동시에 이 값을 변경하더라도 데이터 무결성이 보장됩니다. Shared는 Arc<Semaphore> 타입으로, 파일 작업을 수행하는 각 스레드가 참조하는 공유 세마포어 객체입니다. Arc는 원자적 참조 카운팅을 제공해 여러 스레드가 동시에 세마포어 객체에 접근할 수 있게 해주며, 참조 카운트가 0이 되면 자동으로 메모리가 해제됩니다.

```
struct FileState {
    read_count: AtomicU64,
    shared: Arc<Semaphore>,
}
```

FileState 구조체의 consume 함수를 구현합니다.

consume 함수는 공유 세마포어 객체의 inner 필드에 있는 뮤텍스를 잠그고, 이를 inner 변수에 저장합니다. 뮤텍스를 잠그면 다른 스레드들이 동시에 세마포어의 값을 변경하지 못하게 합니다. while 루프를 사용해 세마포어의 카운트 값이 0인 경우 호출 스레드가 대기하도록 합니다.

세마포어 카운트 값이 0이 아닌 경우, 이 루프를 빠져나옵니다. changed 조건 변수의 wait 메서드를 호출해 현재 스레드를 대기 상태로 전환시킵니다. 이때 뮤텍스가 자동으로 해제되며, 다른 스레드가 뮤텍스를 획득하고 세마포어 값을 변경할 수 있습니다.

세마포어 값이 변경되면 changed 조건 변수를 통해 대기 중인 스레드에 알림이 전달됩니다. wait 메서드가 중단되면(EINTR), 즉 다른 이벤트에 의해 스레드가 깨어날 경우, 오류 코드로 EINTR를 반환합니다. 이 consume 메서드를 통해 세마포어의 카운트 값이 0이 아닌 경우에만 값을 소비할 수 있으며, 다른 스레드와의 동기화를 보장합니다.

```
impl FileState {
    fn consume(&self) -> Result {
        let mut inner = self.shared.inner.lock();
        while inner.count == 0 {
            if self.shared.changed.wait(&mut inner) {
                return Err(EINTR);
            }
        }
        inner.count -= 1;
        Ok(())
    }
}
```

vtable 매크로를 사용해 FileState에 대한 파일 작업 메서드들을 정의합니다. 먼저 open 메서드를 구현합니다. 이 메서드는 파일이 열릴 때마다 호출되며, 각 파일 작업 스레드에 대한 상태 정보를 저장하는 FileState 인스턴스를 생성합니다. open 메서드를 정의하며 shared 매개변수로 공유 세마포어 객체를 받습니다. 새로운 FileState 인스턴스를 생성하고 shared 세마포어 객체를 클론해 저장합니다. 이후, 생성된 인스턴스를 Ok로 감싸 반환합니다.

```
#[vtable]
impl file::Operations for FileState {
    type Data = Box<Self>;
    type OpenData = Arc<Semaphore>;

    fn open(shared: &Arc<Semaphore>, _file: &File) -> Result<Box<Self>> {
        Ok(Box::try_new(Self {
            read_count: AtomicU64::new(0),
            shared: shared.clone(),
        })?)
    }
```

read 함수를 구현합니다. 이 함수는 파일에서 데이터를 읽을 때 호출되며, 세마포어 값을 소비하고 읽은 바이트 수를 증가시킵니다.

```
    fn read(this: &Self, _: &File, data: &mut impl IoBufferWriter, offset: u64) ->
Result<usize> {
        if data.is_empty() || offset > 0 {
            return Ok(0);
        }
        this.consume()?;
        data.write_slice(&[0u8; 1])?;
        this.read_count.fetch_add(1, Ordering::Relaxed);
        Ok(1)
    }
```

write 함수를 작성합니다. 먼저 뮤텍스를 잠그고 inner 변수에 할당합니다. 이렇게 하면 이 블록 내에서 SemaphoreInner 객체에 독점적으로 액세스할 수 있습니다. 그다음 inner.count 값을 증가시키고, 결과를 다시 inner.count에 할당합니다. saturating_add 메서드를 사용해 오버플로가 발생하지 않도록 합니다.

```
    fn write(this: &Self, _: &File, data: &mut impl IoBufferReader, _offs: u64) ->
Result<usize> {
        {
            let mut inner = this.shared.inner.lock();
            inner.count = inner.count.saturating_add(data.len());
```

```
        if inner.count > inner.max_seen {
            inner.max_seen = inner.count;
        }
    }
```

변경 알림을 전달하기 위해 changed 조건 변수의 notify_all 메서드를 호출합니다.

```
    this.shared.changed.notify_all();
    Ok(data.len())
}
```

ioctl 메서드는 ioctl 시스템 콜을 처리합니다. 여기서는 IOCTL_GET_READ_COUNT 및 IOCTL_
SET_READ_COUNT 명령을 처리하는 방법을 정의합니다.

```
fn ioctl(this: &Self, file: &File, cmd: &mut IoctlCommand) -> Result<i32> {
    cmd.dispatch::<Self>(this, file)
}
}
```

커널 모듈이 로드되고 언로드될 때의 작동을 정의합니다.

```
struct RustSemaphore {
    _dev: Pin<Box<Registration<FileState>>>,
}

impl kernel::Module for RustSemaphore {
    fn init(name: &'static CStr, _module: &'static ThisModule) -> Result<Self> {
        pr_info!("Rust semaphore sample (init)\n");

        let mut sema = Pin::from(UniqueArc::try_new(Semaphore {
            // unsafe로 CondVar 생성
            changed: unsafe { CondVar::new() },

            // unsafe로 Mutex 생성
            inner: unsafe {
                Mutex::new(SemaphoreInner {
```

```
                        count: 0,
                        max_seen: 0,
                    })
                },
        })?);

        // unsafe로 sema에 접근
        let pinned = unsafe { sema.as_mut().map_unchecked_mut(|s| &mut s.changed) };
        condvar_init!(pinned, "Semaphore::changed");

        // unsafe로 sema에 접근
        let pinned = unsafe { sema.as_mut().map_unchecked_mut(|s| &mut s.inner) };
        mutex_init!(pinned, "Semaphore::inner");

        Ok(Self {
            _dev: Registration::new_pinned(fmt!("{name}"), sema.into())?,
        })
    }
}

impl Drop for RustSemaphore {
    fn drop(&mut self) {
        pr_info!("Rust semaphore sample (exit)\n");
    }
}
```

커널 모듈에서 ioctl 시스템 콜을 처리하는 데 필요한 IoctlHandler 트레잇을 정의합니다. 여기서는 ioctl 명령 중 IOCTL_GET_READ_COUNT와 IOCTL_SET_READ_COUNT 명령을 처리합니다. 각각 read와 write에 매핑됩니다.

```
const IOCTL_GET_READ_COUNT: u32 = 0x80086301;
const IOCTL_SET_READ_COUNT: u32 = 0x40086301;

impl IoctlHandler for FileState {
    type Target<'a> = &'a Self;

    fn read(this: &Self, _: &File, cmd: u32, writer: &mut UserSlicePtrWriter) -> Result<i32>
```

```
{
    match cmd {
        IOCTL_GET_READ_COUNT => {
            writer.write(&this.read_count.load(Ordering::Relaxed))?;
            Ok(0)
        }
        _ => Err(EINVAL),
    }
}
fn write(this: &Self, _: &File, cmd: u32, reader: &mut UserSlicePtrReader) -> Result<i32> {
    match cmd {
        IOCTL_SET_READ_COUNT => {
            this.read_count.store(reader.read()?, Ordering::Relaxed);
            Ok(0)
        }
        _ => Err(EINVAL),
    }
}
}
```

전체 코드는 다음과 같습니다.

예제 13.3 러스트로 구현한 간단한 세마포어 커널 모듈

```
// SPDX-License-Identifier: GPL-2.0

//! 러스트 세마포어 예제.
//!
//! 사용자 공간에서 세마포어 사용

use core::sync::atomic::{AtomicU64, Ordering};
use kernel::{
    condvar_init,
    file::{self, File, IoctlCommand, IoctlHandler},
    io_buffer::{IoBufferReader, IoBufferWriter},
    miscdev::Registration,
    mutex_init,
    prelude::*,
```

```
    sync::{Arc, CondVar, Mutex, UniqueArc},
    user_ptr::{UserSlicePtrReader, UserSlicePtrWriter},
};

module! {
    type: RustSemaphore,
    name: "rust_semaphore",
    author: "Rust for Linux Contributors",
    description: "Rust semaphore sample",
    license: "GPL",
}

struct SemaphoreInner {
    count: usize,
    max_seen: usize,
}

struct Semaphore {
    changed: CondVar,
    inner: Mutex<SemaphoreInner>,
}

struct FileState {
    read_count: AtomicU64,
    shared: Arc<Semaphore>,
}

impl FileState {
    fn consume(&self) -> Result {
        let mut inner = self.shared.inner.lock();
        while inner.count == 0 {
            if self.shared.changed.wait(&mut inner) {
                return Err(EINTR);
            }
        }
        inner.count -= 1;
        Ok(())
    }
```

```rust
}

#[vtable]
impl file::Operations for FileState {
    type Data = Box<Self>;
    type OpenData = Arc<Semaphore>;

    fn open(shared: &Arc<Semaphore>, _file: &File) -> Result<Box<Self>> {
        Ok(Box::try_new(Self {
            read_count: AtomicU64::new(0),
            shared: shared.clone(),
        })?)
    }

    fn read(this: &Self, _: &File, data: &mut impl IoBufferWriter, offset: u64) ->
Result<usize> {
        if data.is_empty() || offset > 0 {
            return Ok(0);
        }
        this.consume()?;
        data.write_slice(&[0u8; 1])?;
        this.read_count.fetch_add(1, Ordering::Relaxed);
        Ok(1)
    }

    fn write(this: &Self, _: &File, data: &mut impl IoBufferReader, _offs: u64) ->
Result<usize> {
        {
            let mut inner = this.shared.inner.lock();
            inner.count = inner.count.saturating_add(data.len());
            if inner.count > inner.max_seen {
                inner.max_seen = inner.count;
            }
        }

        this.shared.changed.notify_all();
        Ok(data.len())
    }
```

```rust
    fn ioctl(this: &Self, file: &File, cmd: &mut IoctlCommand) -> Result<i32> {
        cmd.dispatch::<Self>(this, file)
    }
}

struct RustSemaphore {
    _dev: Pin<Box<Registration<FileState>>>,
}

impl kernel::Module for RustSemaphore {
    fn init(name: &'static CStr, _module: &'static ThisModule) -> Result<Self> {
        pr_info!("Rust semaphore sample (init)\n");

        let mut sema = Pin::from(UniqueArc::try_new(Semaphore {
            // unsafe로 CondVar 생성
            changed: unsafe { CondVar::new() },

            // unsafe로 Mutex 생성
            inner: unsafe {
                Mutex::new(SemaphoreInner {
                    count: 0,
                    max_seen: 0,
                })
            },
        })?);

        // unsafe로 sema에 접근
        let pinned = unsafe { sema.as_mut().map_unchecked_mut(|s| &mut s.changed) };
        condvar_init!(pinned, "Semaphore::changed");

        // unsafe로 sema에 접근
        let pinned = unsafe { sema.as_mut().map_unchecked_mut(|s| &mut s.inner) };
        mutex_init!(pinned, "Semaphore::inner");

        Ok(Self {
            _dev: Registration::new_pinned(fmt!("{name}"), sema.into())?,
        })
```

```rust
        }
    }

    impl Drop for RustSemaphore {
        fn drop(&mut self) {
            pr_info!("Rust semaphore sample (exit)\n");
        }
    }

    const IOCTL_GET_READ_COUNT: u32 = 0x80086301;
    const IOCTL_SET_READ_COUNT: u32 = 0x40086301;

    impl IoctlHandler for FileState {
        type Target<'a> = &'a Self;

        fn read(this: &Self, _: &File, cmd: u32, writer: &mut UserSlicePtrWriter) -> Result<i32>
    {
            match cmd {
                IOCTL_GET_READ_COUNT => {
                    writer.write(&this.read_count.load(Ordering::Relaxed))?;
                    Ok(0)
                }
                _ => Err(EINVAL),
            }
        }

        fn write(this: &Self, _: &File, cmd: u32, reader: &mut UserSlicePtrReader) ->
    Result<i32> {
            match cmd {
                IOCTL_SET_READ_COUNT => {
                    this.read_count.store(reader.read()?, Ordering::Relaxed);
                    Ok(0)
                }
                _ => Err(EINVAL),
            }
        }
    }
```

실행 결과는 다음과 같습니다.

```
# rmmod rust_sync.ko
[86181.522606] rust_sync: Rust synchronisation primitives sample (exit)
```

13.5 요약

이번 장에서는 러스트를 이용한 커널 개발을 학습했습니다. 먼저 러스트 포 리눅스 프로젝트를 소개했습니다. 그리고 러스트를 이용한 커널 개발을 살펴보았습니다. 이후 커널 개발을 돕는 다양한 크레이트를 확인했고 간단한 커널 모듈을 개발했습니다.

이 장에서 학습한 내용은 다음과 같습니다.

- 러스트 포 리눅스
- 러스트를 이용한 커널 개발
- 커널 개발을 돕는 다양한 크레이트
- 간단한 커널 모듈 만들기

다음 장에서는 커널 모듈 개발 심화를 학습합니다.

14

커널 모듈 개발 심화

이번 장에서는 리눅스 커널 프로그래밍의 중요한 개념과 기술을 배울 예정입니다. 먼저 커널의 핵심 모듈 개발에 대해 심층적으로 살펴볼 것입니다. 커널 메모리 할당과 커널 스레드의 구현 방법에 대해 배울 것입니다. 그리고 인터럽트 핸들러 구현도 배웁니다. 인터럽트 핸들러는 커널이 하드웨어 인터럽트를 효과적으로 처리할 수 있게 도와줍니다. 이후 DMA(Direct Memory Access)의 기본 개념과 이를 활용한 고속 데이터 전송 방법도 소개합니다.

이 외에도 드라이버 레벨에서 ioctl을 구현하는 방법을 배웁니다. 이를 통해 사용자 공간과 커널 공간 사이에 데이터를 전송하는 방법을 배울 수 있습니다. 마지막으로, 간단한 문자 드라이버와 블록 디바이스 드라이버를 만드는 방법을 실습해 봅니다.

14.1 커널 핵심 모듈 개발

이 장에서는 러스트를 활용해 커널 메모리를 할당하는 방법을 실습합니다. 커널 메모리 할당은 커널 모듈이 자원을 효율적으로 사용하는 데 필요한 중요한 기술입니다.

다음으로 커널 스레드의 구현에 대해 알아봅니다. 커널 스레드는 리눅스 커널에서 병렬 작업을 수행하는 경량 프로세스입니다. 이번 실습에서는 러스트의 동시성 기능을 활용해 커널 스레드를 구현하고, 효과적인 멀티태스킹 환경을 만드는 방법을 학습합니다.

마지막으로 커널 인터럽트 핸들러 구현을 배웁니다. 인터럽트 핸들러는 커널이 외부 인터럽트에 즉각 대응할 수 있게 도와주는 역할을 합니다. 러스트의 타입 안전성과 소유권 모델을 활용해, 안전하고 효율적인 인터럽트 핸들러를 구현하는 방법을 배웁니다.

커널 메모리 할당

다음 예제는 러스트 언어를 사용해 리눅스 커널에서 메모리를 할당하고 해제하는 커널 모듈 예제입니다. 커널의 Global Allocator, Box Allocator(Heap Allocator), Vector를 활용해 메모리를 할당하고 사용하는 방법을 보여줍니다.

예제 14.1 커널 메모리 할당

```rust
// SPDX-License-Identifier: GPL-2.0

use kernel::prelude::*;
use alloc::alloc::*;

// 모듈 메타데이터 선언
module! {
    type: RustMemoryAlloc,
    name: "rust_memory_alloc",
    author: "Rust for Linux Contributors",
    description: "Rust memory allocation sample",
    license: "GPL",
}

struct RustMemoryAlloc;

impl kernel::Module for RustMemoryAlloc {
    // 모듈이 초기화될 때 호출되는 함수
    fn init(_name: &'static CStr, _module: &'static ThisModule) -> Result<Self> {
        pr_info!("Rust memory allocation sample (init)\n");

        pr_info!("Global allocators\n");

        // 메모리 직접 접근을 위해 unsafe 사용
        unsafe {
```

```
    // `u16` 타입에 대한 메모리 레이아웃 생성
    let layout = Layout::new::<u16>();
    // 레이아웃에 따라 메모리 할당
    let ptr = alloc(layout);

    // 할당된 메모리에 대한 참조 및 값 할당
    *(ptr as *mut u16) = 42;
    // 메모리 할당 및 할당이 예상대로 작동했는지 확인
    assert_eq!(*(ptr as *mut u16), 42);

    // 메모리 해제
    dealloc(ptr, layout);
}


// 메모리 직접 접근을 위해 unsafe 사용
unsafe {
    let layout = Layout::new::<u16>();
    let ptr = alloc_zeroed(layout);

    // 메모리가 제로로 초기화됐는지 확인
    assert_eq!(*(ptr as *mut u16), 0);

    // 메모리 해제
    dealloc(ptr, layout);
}

// 힙에 메모리 할당
pr_info!("Heap allocation\n");
let val: u32 = 5;

let boxed = Box::try_new(val)?;
pr_info!("boxed : {}\n",boxed);

let boxed = Box::try_new(6)?;
let val: u32 = *boxed;
pr_info!("val : {}\n",val);

pr_info!("Vector allocation\n");
```

```
        let mut v: Vec<i32> = Vec::new();

        v.try_push(1)?;
        v.try_push(2)?;
        v.try_push(3)?;
        pr_info!("v[0]:{}, v[1]:{}. v[2]:{}\n",v[0],v[1],v[2]);

        // 초기화 성공
        Ok(RustMemoryAlloc)
    }
}

impl Drop for RustMemoryAlloc {
    // 모듈이 언로드될 때 호출되는 함수
    fn drop(&mut self) {
        pr_info!("Rust memory allocation sample (exit)\n");
    }
}
```

실행 결과는 다음과 같습니다.

```
/mnt/memory_alloc # insmod memory_alloc.ko
[40273.330310] rust_memory_alloc: Rust memory allocation sample (init)
[40273.332290] rust_memory_alloc: Global allocators
[40273.333173] rust_memory_alloc: Heap allocation
[40273.333998] rust_memory_alloc: boxed : 5
[40273.334753] rust_memory_alloc: val : 6
[40273.336094] rust_memory_alloc: Vector allocation
[40273.339556] rust_memory_alloc: v[0]:1, v[1]:2. v[2]:3
/mnt/memory_alloc # rmmod memory_alloc.ko
[40275.806087] rust_memory_alloc: Rust memory allocation sample (exit)
/mnt/memory_alloc #
```

커널 스레드 구현

리눅스 커널 스레드는 경량 프로세스로, 커널 공간에서 실행됩니다. 이 스레드는 백그라운드 작업, 하드웨어 이벤트 처리, 커널 서비스 등을 수행합니다. 커널 스레드는 다른 프로세스와 공유 리소스를 사용해 커널 작업을 효율적으로 처리합니다. 리눅스 커널에서만 생성 및 관리가 가능합니다.

다음 예제는 커널 스레드를 생성하고 실행하는 예제입니다.

예제 14.2 커널 스레드 구현

```rust
// SPDX-License-Identifier: GPL-2.0

use kernel::prelude::*;
use kernel::sync::{CondVar, Mutex};
use kernel::task::Task;

module! {
    type: KernelThread,
    name: "kernel_thread_creation",
    author: "Rust for Linux Contributors",
    description: "Rust kernel therad sample",
    license: "GPL",
}

struct KernelThread;  // KernelThread 구조체 정의

// 정적 동기화 변수를 초기화한다.
kernel::init_static_sync! {
    static COUNT: Mutex<u32> = 0;  // COUNT 뮤텍스로 래핑된 정수 변수
    static COUNT_IS_ZERO: CondVar;  // 조건 변수
}

// 스레드 함수 정의
fn threadfn() {
    // 현재 실행 중인 스레드의 정보를 출력한다.
    pr_info!("Running from thread {}\n", Task::current().pid());
    let mut guard = COUNT.lock();  // COUNT 뮤텍스를 잠근다.
```

```
        *guard -= 1;
        if *guard == 0 {
            COUNT_IS_ZERO.notify_all();  // 모든 대기 중인 스레드에 알린다.
        }
    }


impl kernel::Module for KernelThread {
    // 모듈 초기화 함수
    fn init(_name: &'static CStr, _module: &'static ThisModule) -> Result<Self> {
        pr_info!("Rust kernel thread creation sample (init)\n");  // 초기화 시작 메시지

        *COUNT.lock() = 10;  // COUNT 변수를 10으로 설정한다.

        pr_info!("10 kernel thread creation\n");  // 10개의 커널 스레드 생성 메시지
        for i in 0..10 {
            Task::spawn(fmt!("test{i}"), threadfn).unwrap();  // 10개의 스레드를 생성한다.
        }

        Ok(KernelThread)
    }
}


impl Drop for KernelThread {
    // KernelThread 구조체가 소멸될 때 실행되는 함수
    fn drop(&mut self) {
        let mut guard = COUNT.lock();  // COUNT 뮤텍스를 잠근다.
        while *guard != 0 {
            COUNT_IS_ZERO.wait(&mut guard);  // COUNT 값이 0이 될 때까지 대기한다.
        }

        pr_info!("Rust thread creation sample (exit)\n");  // 모듈 종료 메시지
    }
}
```

다음은 실행 결과입니다. 커널 스레드 10개가 실행되어 메시지 출력 후 종료되는 것을 확인할
수 있습니다.

```
/mnt/kernel_thread # insmod kernel_thread.ko
[ 1058.129592] kernel_thread_creation: Rust kernel thread creation sample (init)
[ 1058.131640] kernel_thread_creation: 10 kernel thread creation
[ 1058.142575] kernel_thread_creation: Running from thread 157
[ 1058.144091] kernel_thread_creation: Running from thread 158
[ 1058.146117] kernel_thread_creation: Running from thread 159
[ 1058.173553] kernel_thread_creation: Running from thread 160
[ 1058.175204] kernel_thread_creation: Running from thread 161
[ 1058.177245] kernel_thread_creation: Running from thread 162
[ 1058.180882] kernel_thread_creation: Running from thread 163
[ 1058.182807] kernel_thread_creation: Running from thread 164
[ 1058.183865] kernel_thread_creation: Running from thread 165
[ 1058.198651] kernel_thread_creation: Running from thread 166
/mnt/kernel_thread # rmmod kernel_thread
[ 1060.390112] kernel_thread_creation: Rust thread creation sample (exit)
/mnt/kernel_thread #
```

커널 인터럽트 핸들러 구현

이 예제 코드는 리눅스 커널 모듈의 일부로, 키보드 인터럽트를 처리해 각 키의 스캔 코드를 로그로 출력합니다. 현재 러스트 언어로 구현된 커널 인터럽트 핸들러에는 제한점이 있습니다. 러스트 커널에 필요한 러스트 크레이트가 아직 완전히 구현되지 않았기 때문입니다.

이 예제에서는 C 언어를 사용해 간단한 인터럽트 핸들러를 작성합니다. C 언어로 커널 빌드 환경을 구축하는 방법은 12장을 참고하기 바랍니다.

예제 14.3 커널 인터럽트 핸들러 구현(C 언어)

```c
#include <linux/module.h>
#include <linux/kernel.h>
#include <linux/interrupt.h>
#include <linux/input.h>
#include <asm/io.h>

static struct input_dev *my_device;  // 입력 디바이스 구조체 포인터

// 인터럽트 핸들러 함수
```

```
static irqreturn_t interrupt_handler(int irq, void *dev_id) {
    static unsigned char scancode;  // 키보드 스캔코드 저장을 위한 변수
    unsigned char status;  // 키보드 상태를 저장하는 변수

    scancode = inb(0x60);  // 스캔코드 읽기
    status = inb(0x64);    // 키보드 상태 읽기

    pr_info("Key pressed with scancode: %x\n", scancode);  // 스캔코드 출력
    if (status & 0x01 && !(scancode & 0x80)) {
        pr_info("Key pressed with scancode: %x\n", scancode);  // 키보드 상태와 스캔코드를
확인해 키 눌림을 출력
    }

    return IRQ_HANDLED;  // 인터럽트 처리 완료 표시
}

// 모듈 초기화 함수
static int __init my_init(void) {
    // 키보드 인터럽트에 대한 핸들러 함수 등록
    if (request_irq(1, interrupt_handler, IRQF_SHARED, "my_keyboard_interrupt",
&my_device)) {
        pr_err("Failed to register keyboard interrupt handler\n");  // 등록 실패 메시지 출력
        return -EBUSY;  // 오류 코드 반환
    }
    pr_info("Keyboard interrupt handler registered\n");  // 등록 성공 메시지 출력
    return 0;  // 성공
}

// 모듈 종료 함수
static void __exit my_exit(void) {
    free_irq(1, &my_device);  // 인터럽트 핸들러 함수 해제
    pr_info("Keyboard interrupt handler unregistered\n");  // 핸들러 함수 해제 메시지 출력
}

module_init(my_init);
module_exit(my_exit);

MODULE_LICENSE("GPL");
```

```
MODULE_AUTHOR("RustWithLinux");
MODULE_DESCRIPTION("Keyboard Interrupt Handler Example Kernel Module");
```

14.2 DMA와 제로 카피 전략

DMA와 제로 카피 전략은 데이터 전송을 효율적으로 만드는 기술입니다. DMA는 메모리와 디바이스 사이에서 CPU를 거치지 않고 데이터를 바로 전송합니다. 그래서 CPU는 다른 작업에 집중할 수 있습니다. 그리고 제로 카피 전략은 데이터를 복사하면서 중간 단계를 생략하고 바로 전송하는 방식으로 주로 네트워크에서 CPU의 부담을 줄이고 메모리 사용을 효율적으로 만듭니다. 이 두 기술은 많은 양의 데이터를 다루는 환경에서 시스템 성능을 크게 향상시키는 데 중요하게 사용됩니다.

제로 카피 전략

제로 카피 전략(zero copy tactic)은 데이터를 복사하는 과정의 오버헤드를 줄이기 위해 개발된 컴퓨팅 기술입니다. 이 기술의 주요 목표는 데이터 전송의 효율성을 향상시키고, 시스템의 전반적인 성능을 높이기 위한 것입니다.

이 전략은 데이터를 사용자 공간에서 커널 공간으로, 또는 그 반대로 전송할 때 발생하는 복사 작업을 최소화합니다. 일반적인 데이터 전송 방식에서는 데이터가 여러 번 복사돼야 하지만, 제로 카피 전략을 사용하면 이러한 복사 과정이 줄어들거나 완전히 제거됩니다. 이로 인해 CPU 사용량이 줄고, 데이터 전송이 빨라지며, 애플리케이션의 반응 속도가 높아집니다.

제로 카피의 사용 사례로는 대용량 파일 전송, 네트워킹 응용 프로그램, 데이터베이스 시스템 등이 있습니다. 예를 들어 네트워크 데이터 패킷을 수신한 후 디스크에 저장해야 하는 경우, 일반적인 방식은 데이터를 커널 버퍼에서 사용자 버퍼로 복사한 다음, 다시 디스크로 쓰는 과정을 거치게 됩니다. 그러나 제로 카피 전략을 적용하면 이러한 중간 복사 과정이 생략되어 데이터 전송의 효율성이 크게 향상됩니다.

DMA

DMA(직접 메모리 접근: Direct Memory Access)는 컴퓨터의 중요한 기능으로, 중앙 처리 디바이스(CPU)가 아닌 다른 하드웨어 서브시스템이 컴퓨터의 시스템 메모리에 직접 접근하고 데이터를 전송할 수 있게 허용합니다. 이 기능의 주된 목적은 고속 데이터 전송을 가능하게 해 전체 시스템 성능을 향상시키는 것입니다. 위에서 언급한 제로 카피 전략을 커널 레벨에서 구현한 기능이 DMA입니다.

DMA의 작동 과정은 복잡한데, 그 첫 번째 단계는 DMA 컨트롤러의 도입입니다. 이 컨트롤러는 CPU와는 독립적으로 작동하며, 시스템 메모리와 입출력(I/O) 디바이스 간의 데이터 전송을 총괄합니다. I/O 디바이스가 데이터 전송을 요구하면 DMA 컨트롤러에 전송 요청이 들어옵니다. DMA 컨트롤러는 이 요청을 받아들여 CPU에 인터럽트 신호를 보냅니다. 이 신호는 CPU에게 현재 수행 중인 작업을 일시 중지하고 DMA 컨트롤러에 메모리 접근 권한을 부여하도록 지시합니다.

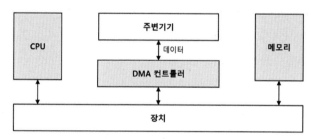

그림 14.1 DMA 구조

데이터 전송이 시작되면 DMA 컨트롤러는 I/O 디바이스와 시스템 메모리 사이에서 데이터를 직접 이동시킵니다. 이 과정 동안 CPU는 데이터 전송 과정에 직접 개입하지 않기 때문에 다른 중요한 작업을 계속 수행할 수 있습니다. 데이터 전송 작업이 완료되면 DMA 컨트롤러는 다시 CPU에 인터럽트 신호를 보내어 전송이 완료됐음을 알립니다. CPU는 이 신호를 받아 원래의 작업을 재개합니다.

DMA 기술은 여러 장점이 있습니다. 먼저 CPU의 부하가 크게 감소합니다. CPU는 데이터 전송 작업을 DMA 컨트롤러에게 맡기므로 복잡한 데이터 이동 과정에 직접 개입하지 않아도 됩니다. 그 덕분에 CPU는 더 많은 연산 작업을 수행할 수 있으며, 이로써 전체 시스템 성능이 높아집니다. 또한 DMA를 통한 데이터 전송은 매우 빠르므로, 시스템은 높은 속도로 대량의 데이터를 처리할 수 있습니다.

이 기술은 하드 드라이브, 네트워크 인터페이스 카드, 그래픽 카드 등 다양한 하드웨어에서 활용됩니다. 예를 들어, 하드 드라이브는 데이터를 읽고 쓸 때 DMA를 통해 빠르게 메모리와 데이터를 교환합니다. 네트워크 인터페이스 카드는 네트워크를 통해 전송되는 데이터 패킷을 처리할 때 DMA를 사용합니다. 그래픽 카드는 화면에 이미지를 렌더링할 때, 렌더링된 데이터를 시스템 메모리와 공유 메모리 사이에서 전송하기 위해 DMA를 활용합니다.

mmap과 DMA를 사용한 제로 카피 전략

다음 코드는 /dev/dma_mmap_device라는 가상 디바이스를 생성하고, dma_alloc_coherent 함수를 사용해 디바이스와 메모리 간의 DMA 용으로 활용될 메모리를 할당하는 커널 모듈입니다.

이 모듈은 사용자가 /dev/dma_mmap_device를 통해 할당된 DMA 버퍼에 mmap을 사용해 접근할 수 있게 open과 mmap 연산을 수행할 때 호출되는 함수들을 정의합니다. 이를 통해 사용자는 가상 디바이스에 접근할 수 있습니다.

추가로 파일을 open 할 때 가상 디바이스에서 메모리로 "Hello, DMA!" 데이터를 복사하는 과정을 시뮬레이션해 디바이스에서 메모리로의 데이터 전송을 모방합니다. 이 과정을 통해 가상 디바이스에서 메모리로 데이터가 전송되는 것처럼 흉내 낼 수 있습니다.

이 예제에서는 C 언어를 사용해 DMA를 구현했습니다. C 언어로 커널 빌드 환경을 구축하는 방법은 12장을 참고하기 바랍니다.

예제 14.4 DMA와 mmap을 사용한 Zero-Copy 예제 (C 언어)

```c
#include <linux/module.h>
#include <linux/fs.h>
#include <linux/cdev.h>
#include <linux/device.h>
#include <linux/platform_device.h>
#include <linux/dma-mapping.h>

#define DRIVER_NAME "dma_mmap_driver"
#define DEVICE_NAME "dma_mmap_device"
#define CLASS_NAME  "dma_mmap_class"
#define BUFFER_SIZE 4096
```

```
static struct class *dma_mmap_class;          // 클래스 포인터
static struct cdev cdev;                       // 문자 디바이스 구조체
static dev_t dev_num;                          // 디바이스 번호
static void *dma_buffer;                       // DMA 버퍼 포인터
static dma_addr_t dma_handle;                  // DMA 핸들
static struct platform_device *pdev;           // 플랫폼 디바이스 포인터

// 가상의 DMA 인터럽트 핸들러 함수
void virtual_dma_interrupt_handler(void) {
    pr_info("DMA operation completed. Data: %s\n", (char*)dma_buffer);
}


// 가상의 DMA 전송 함수
void perform_virtual_dma_transfer(const char *data) {
    strcpy(dma_buffer, data);
    virtual_dma_interrupt_handler();
}


static int dma_mmap_open(struct inode *inode, struct file *file) {
    const char *sample_data = "Hello, DMA!";
    perform_virtual_dma_transfer(sample_data);
    return 0;
}


static int dma_mmap_mmap(struct file *filp, struct vm_area_struct *vma) {
    return dma_mmap_coherent(&pdev->dev, vma, dma_buffer, dma_handle, BUFFER_SIZE);
}


// 파일 연산 정의
static struct file_operations fops = {
    .open = dma_mmap_open,
    .mmap = dma_mmap_mmap,
};


// 플랫폼 디바이스 probe 함수
static int dma_mmap_probe(struct platform_device *pdev) {
    // 여기서 디바이스별 초기화를 수행할 수 있음
    return 0;
```

```
}

// 플랫폼 드라이버 정의
static struct platform_driver dma_mmap_platform_driver = {
    .probe = dma_mmap_probe,
    .driver = {
        .name = DRIVER_NAME,
    },
};

static int __init dma_mmap_init(void) {
    int ret;

    // 플랫폼 드라이버 등록
    ret = platform_driver_register(&dma_mmap_platform_driver);
    if (ret) {
        pr_err("Failed to register platform driver\n");
        return ret;
    }

    // 플랫폼 디바이스 생성 및 등록
    pdev = platform_device_register_simple(DRIVER_NAME, -1, NULL, 0);
    if (IS_ERR(pdev)) {
        pr_err("Failed to register platform device\n");
        platform_driver_unregister(&dma_mmap_platform_driver);
        return PTR_ERR(pdev);
    }

    // 문자 디바이스 할당 및 설정
    alloc_chrdev_region(&dev_num, 0, 1, DRIVER_NAME);
    cdev_init(&cdev, &fops);
    cdev_add(&cdev, dev_num, 1);

    dma_mmap_class = class_create(THIS_MODULE, CLASS_NAME);
    device_create(dma_mmap_class, NULL, dev_num, NULL, DEVICE_NAME);

    // DMA 버퍼 할당
    dma_buffer = dma_alloc_coherent(&pdev->dev, BUFFER_SIZE, &dma_handle, GFP_KERNEL);
```

```
    if (!dma_buffer) {
        pr_err("Failed to allocate DMA buffer\n");
        // 오류 발생 시 자원 해제
        device_destroy(dma_mmap_class, dev_num);
        class_destroy(dma_mmap_class);
        cdev_del(&cdev);
        unregister_chrdev_region(dev_num, 1);
        platform_device_unregister(pdev);
        platform_driver_unregister(&dma_mmap_platform_driver);
        return -ENOMEM;
    }


    pr_info("DMA mmap driver initialized\n");
    return 0;
}

static void __exit dma_mmap_exit(void) {
    // 모듈 종료 시 자원 해제
    dma_free_coherent(&pdev->dev, BUFFER_SIZE, dma_buffer, dma_handle);
    device_destroy(dma_mmap_class, dev_num);
    class_destroy(dma_mmap_class);
    cdev_del(&cdev);
    unregister_chrdev_region(dev_num, 1);
    platform_device_unregister(pdev);
    platform_driver_unregister(&dma_mmap_platform_driver);
    pr_info("DMA mmap driver exited\n");
}

module_init(dma_mmap_init);
module_exit(dma_mmap_exit);


MODULE_LICENSE("GPL");
MODULE_AUTHOR("RustWithLinux");
MODULE_DESCRIPTION("DMA mmap example driver with platform device");
```

빌드 후 커널 모듈을 로딩하면 다음과 같이 /dev/dma_mmap_device 파일이 생성됩니다.

```
/mnt/zero_copy # insmod zero_copy.ko
[ 2336.508217] DMA mmap driver initialized
/mnt/zero_copy # ls -al /dev/dma_mmap_device
crw-------    1 0        0       239,   0 Oct  3 15:05 /dev/dma_mmap_device
```

다음은 /dev/dma_mmap_device 파일을 열고 데이터를 커널 모듈 내에서 할당한 메모리 버퍼 복사 없이 mmap을 통해 전송하고 이를 읽어오는 유저 프로그램 코드입니다.

```c
#include <stdio.h>
#include <stdlib.h>
#include <unistd.h>
#include <fcntl.h>
#include <sys/mman.h>
#include <string.h>

#define DEVICE_FILE "/dev/dma_mmap_device"   // 디바이스 파일 경로
#define BUFFER_SIZE 4096                      // 버퍼 크기

int main() {
    int fd;                                   // 파일 디스크립터
    char *mapped_mem;                         // 매핑된 메모리 포인터
    char test_data[] = "Hello, Zero Copy!";   // 테스트 데이터

    // 디바이스 파일을 읽기/쓰기 모드로 열기
    fd = open(DEVICE_FILE, O_RDWR);
    if (fd == -1) {
        perror("Error opening device");       // 오류 메시지 출력
        exit(EXIT_FAILURE);                   // 프로그램 종료
    }

    // 메모리 매핑
    mapped_mem = mmap(NULL, BUFFER_SIZE, PROT_READ | PROT_WRITE, MAP_SHARED, fd, 0);
    if (mapped_mem == MAP_FAILED) {
        perror("Error mapping memory");       // 오류 메시지 출력
        close(fd);                            // 파일 디스크립터 닫기
        exit(EXIT_FAILURE);                   // 프로그램 종료
    }
```

```
    // 매핑된 메모리로부터 데이터 출력
    printf("Read from DMA Buffer: %s\n", mapped_mem);

    printf("Write to DMA Buffer...\n");
    // 매핑된 메모리로 데이터 복사
    memcpy(mapped_mem, test_data, sizeof(test_data));

    // 매핑된 메모리로부터 데이터 출력
    printf("Read from DMA Buffer: %s\n", mapped_mem);

    // 메모리 매핑 해제
    if (munmap(mapped_mem, BUFFER_SIZE) == -1) {
        perror("Error unmapping memory");      // 오류 메시지 출력
    }

    close(fd);                                 // 파일 디스크립터 닫기
    return 0;
}
```

실행 결과는 다음과 같습니다.

```
/mnt/zero_copy # ./zero_copy_user
[ 3159.627442] DMA operation completed. Data: Hello, DMA!
Read from DMA Buffer: Hello, DMA!
Write to DMA Buffer...
Read from DMA Buffer: Hello, Zero Copy!
```

파일 open 수행 시 커널 모듈 내에서 가상으로 DMA 용 메모리에 "Hello, DMA!" 데이터를 전송
하게 되고 유저에서 이를 읽어 출력한 후 "Hello, Zero Copy!" 데이터를 DMA 용 메모리에 전
송한 후 이를 다시 읽어 확인합니다.

14.3 드라이버 레벨에서 ioctl 구현

'input-output control'의 약자인 ioctl은 주로 유닉스 및 유닉스 계열 운영체제에서 디바이스 드라이버나 다른 커널 모드 디바이스와 소통할 때 사용되는 시스템 콜입니다. ioctl의 사용 사례로는 디바이스 설정 변경이나 확인, 표준 시스템 콜로 처리할 수 없는 특별한 작업 수행, 그리고 디바이스 관련 정보의 취득이 있습니다.

예를 들어 통신 속도나 모드를 설정하고자 할 때 직렬 포트와 같은 특정 디바이스의 설정을 조작할 수 있습니다. ioctl은 매우 다양한 디바이스와 상황에 적용될 수 있도록 설계돼 있어서 다양한 용도로 활용됩니다. 이는 범용적인 인터페이스를 제공해 특정 디바이스나 드라이버에 종속되지 않고 활용할 수 있습니다.

또한 ioctl의 확장성 덕분에 새로운 디바이스나 드라이버가 추가될 때마다 쉽게 확장해 사용할 수 있습니다. 이러한 특징은 개발자에게 유연성을 제공하며, 다양한 타입의 디바이스와 통신이 가능하게 하고 커널 내의 디바이스 드라이버에게 직접 명령을 내려 세밀한 제어를 가능케 합니다.

그러나 ioctl에는 몇 가지 단점도 있습니다. 여러 운영체제나 플랫폼 간에 ioctl 구현의 일관성이 떨어져 이식성 문제가 발생할 수 있습니다. 그뿐만 아니라 크고 복잡한 드라이버에서는 ioctl 인터페이스의 설계와 관리가 어렵습니다. 마지막으로 잘못된 ioctl 호출은 시스템에 문제를 일으킬 수 있어, 이를 사용할 때는 주의가 필요합니다.

ioctl 구현

다음은 ioctl을 구현해 사용자 공간과 통신하는 간단한 리눅스 커널 드라이버 예제입니다. 이 예제에서는 두 가지 명령을 처리합니다.

- MY_IOCTL_WRITE : 사용자 공간에서 커널 공간으로 문자열을 복사합니다.
- MY_IOCTL_READ : 커널 공간의 문자열을 사용자 공간으로 복사합니다.

예제 14.5 ioctl 구현 (C 언어)

```
#include <linux/module.h>
#include <linux/fs.h>
```

```c
#include <linux/cdev.h>
#include <linux/uaccess.h>
#include <linux/ioctl.h>

#define MY_IOC_MAGIC 'M' // 마법 숫자
#define MY_IOCTL_WRITE _IOW(MY_IOC_MAGIC, 0, char *) // 쓰기 작업을 위한 ioctl 명령
#define MY_IOCTL_READ _IOR(MY_IOC_MAGIC, 1, char *)  // 읽기 작업을 위한 ioctl 명령

static char kernel_buffer[256] = {0}; // 커널 버퍼
static dev_t dev;                     // 디바이스 번호
static struct cdev my_cdev;           // 캐릭터 디바이스 구조체
static struct class *cl;              // 디바이스 클래스

static long device_ioctl(struct file *file, unsigned int cmd, unsigned long arg) {
    switch (cmd) {
    case MY_IOCTL_WRITE:
        // 사용자 공간에서 커널 공간으로 데이터 복사
        if (copy_from_user(kernel_buffer, (char *)arg, sizeof(kernel_buffer))) {
            return -EFAULT;
        }
        printk(KERN_INFO "Received from user: %s\n", kernel_buffer); // 로그 출력
        break;

    case MY_IOCTL_READ:
        // 커널 공간에서 사용자 공간으로 데이터 복사
        if (copy_to_user((char *)arg, kernel_buffer, sizeof(kernel_buffer))) {
            return -EFAULT;
        }
        break;

    default:
        return -EINVAL;
    }

    return 0;
}

// 파일 작업 구조체
```

```
static struct file_operations fops = {
    .unlocked_ioctl = device_ioctl, // ioctl 핸들러 지정
    .owner = THIS_MODULE,
};

static int __init ioctl_init(void) {
    // 캐릭터 디바이스 번호 할당
    if (alloc_chrdev_region(&dev, 0, 1, "my_ioctl_device") < 0) {
        return -1;
    }
    // 디바이스 클래스 생성
    if ((cl = class_create(THIS_MODULE, "chardev")) == NULL) {
        unregister_chrdev_region(dev, 1);
        return -1;
    }
    // 디바이스 생성
    if (device_create(cl, NULL, dev, NULL, "my_ioctl_device") == NULL) {
        class_destroy(cl);
        unregister_chrdev_region(dev, 1);
        return -1;
    }
    // 캐릭터 디바이스 초기화
    cdev_init(&my_cdev, &fops);
    // 캐릭터 디바이스 추가
    if (cdev_add(&my_cdev, dev, 1) == -1) {
        device_destroy(cl, dev);
        class_destroy(cl);
        unregister_chrdev_region(dev, 1);
        return -1;
    }

    return 0;
}

// 모듈 종료 함수
static void __exit ioctl_exit(void) {
    // 캐릭터 디바이스 삭제
    cdev_del(&my_cdev);
```

```
    // 디바이스 및 클래스 제거
    device_destroy(cl, dev);
    class_destroy(cl);
    // 디바이스 번호 해제
    unregister_chrdev_region(dev, 1);
}


module_init(ioctl_init);
module_exit(ioctl_exit);
MODULE_LICENSE("GPL");
MODULE_AUTHOR("RustWithLinux");
MODULE_DESCRIPTION("A simple ioctl example");
```

위 코드를 빌드한 후 생성된 커널 모듈을 로딩하면 '/dev/my_ioctl_device' 파일이 생성됩니다.

```
/mnt/ioctl # insmod ioctl.ko
/mnt/ioctl # ls -al /dev/my_ioctl_device
crw-------    1 0        0        238,   0 Oct  3 15:31 /dev/my_ioctl_device
```

다음 사용자 코드는 생성된 '/dev/my_ioctl_device' 파일을 열고, 그다음 ioctl 호출을 사용해 커널 공간으로 문자열을 보낸 다음 해당 문자열을 다시 읽습니다.

예제 14.6 ioctl 응용 프로그램

```c
#include <stdio.h>
#include <fcntl.h>
#include <sys/ioctl.h>

#define MY_IOC_MAGIC 'M' // 마법 숫자 정의
#define MY_IOCTL_WRITE _IOW(MY_IOC_MAGIC, 0, char *) // 쓰기 작업을 위한 ioctl 명령 정의
#define MY_IOCTL_READ _IOR(MY_IOC_MAGIC, 1, char *)  // 읽기 작업을 위한 ioctl 명령 정의

int main() {
    // "/dev/my_ioctl_device" 디바이스 파일을 읽기/쓰기 모드로 열기
    int fd = open("/dev/my_ioctl_device", O_RDWR);
    if (fd == -1) {
        perror("open"); // 파일 열기 실패 시 에러 메시지 출력
```

```
        return 1;
    }


    // 사용자 버퍼에 데이터 저장
    char user_buffer[256] = "Hello from user!";
    // ioctl로 커널로 데이터 쓰기
    if (ioctl(fd, MY_IOCTL_WRITE, user_buffer) == -1) {
        perror("ioctl write"); // ioctl 쓰기 실패 시 에러 메시지 출력
        close(fd); // 파일 닫기
        return 1;
    }


    // 커널에서 읽은 데이터를 저장할 버퍼 초기화
    char read_buffer[256] = {0};
    // ioctl로 커널에서 데이터 읽기
    if (ioctl(fd, MY_IOCTL_READ, read_buffer) == -1) {
        perror("ioctl read"); // ioctl 읽기 실패 시 에러 메시지 출력
        close(fd); // 파일 닫기
        return 1;
    }


    // 커널에서 받은 데이터 출력
    printf("Received from kernel: %s\n", read_buffer);


    close(fd); // 파일 닫기
    return 0;
}
```

실행 결과는 다음과 같습니다.

```
/mnt/ioctl # ./ioctl_user
[ 3965.017701] Received from user: Hello from user!
Received from kernel: Hello from user!
```

14.4 간단한 문자 드라이버 만들기

문자 드라이버는 운영체제의 일부로, 주로 문자 기반 디바이스와 커널 간의 인터페이스 역할을 수행하는 소프트웨어 컴포넌트입니다. 문자 기반 디바이스는 데이터를 바이트 또는 문자 단위로 전송하며, 이에 대한 예로 키보드, 마우스 등의 입력 디바이스, 그리고 시리얼 포트를 들 수 있습니다.

문자 드라이버의 주요 역할은 사용자 공간과 하드웨어 디바이스 간의 데이터 전송을 중개하는 것입니다. 사용자 프로그램이 디바이스에 데이터를 쓰거나 디바이스로부터 데이터를 읽을 때 문자 드라이버는 이러한 연산을 처리하고 디바이스와 상호작용합니다.

사용자 애플리케이션은 디바이스를 파일처럼 열고, 읽고, 쓰고, 닫는 연산을 수행합니다. 문자 드라이버는 이러한 연산에 응답해 실제 하드웨어 디바이스와의 통신을 관리하며, 사용자 공간과 커널 공간 간의 데이터 전송을 책임집니다.

문자 드라이버의 장점 중 하나는 개발의 단순성입니다. 사용자는 단순한 파일 I/O 연산을 통해 다양한 디바이스와 소통할 수 있으며, 디바이스의 복잡한 특성을 직접 관리할 필요가 없습니다. 이는 개발자가 더 쉽고 효과적으로 디바이스를 제어할 수 있게 돕습니다.

문자 드라이버는 운영체제의 일부로, 사용자가 디바이스 하드웨어에 직접 접근하지 않고도 디바이스를 제어할 수 있도록 인터페이스를 제공합니다. 이로 인해 시스템의 안정성과 보안이 향상됩니다.

문자 드라이버도 몇 가지 단점이 있습니다. 예를 들어 성능이 중요한 응용 프로그램에서는 문자 드라이버의 오버헤드가 문제가 될 수 있습니다. 또한 모든 디바이스가 표준 파일 I/O 연산으로 제어될 수 있는 것은 아니므로 특수한 디바이스의 경우 드라이버 개발이 복잡해질 수 있습니다.

문자 드라이버 구현

다음 코드는 러스트로 작성된 리눅스 커널의 간단한 문자 디바이스 드라이버 예제입니다.

예제 14.7 문자 드라이버 예제

```
// SPDX-License-Identifier: GPL-2.0
use kernel::prelude::*;
```

```rust
use kernel::{chrdev, file};

module! {
    type: RustChrdev,
    name: "rust_chrdev",
    author: "Rust for Linux Contributors",
    description: "Rust character device sample",
    license: "GPL",
} // Rust 모듈의 메타데이터 정의

struct RustFile; // RustFile 구조체 정의

#[vtable]
impl file::Operations for RustFile {
    fn open(_shared: &(), _file: &file::File) -> Result {
        Ok(())
    }
} // RustFile에 대한 파일 작업을 구현

struct RustChrdev {
    _dev: Pin<Box<chrdev::Registration<2>>>,
} // RustChrdev 구조체 정의. 문자 디바이스 등록 정보 포함

impl kernel::Module for RustChrdev {
    fn init(name: &'static CStr, module: &'static ThisModule) -> Result<Self> {
        pr_info!("Rust character device sample (init)\n"); // 초기화 메시지 로깅

        let mut chrdev_reg = chrdev::Registration::new_pinned(name, 0, module)?; // 문자
디바이스 등록 생성

        // 두 개의 서브 디바이스(minor)를 가진 동일한 종류의 디바이스를 두 번 등록.
        // 여기서는 `chrdev::Registration<2>` 타입이므로 두 개의 서브 디바이스(minor)가 있음
        chrdev_reg.as_mut().register::<RustFile>()?;
        Ok(RustChrdev { _dev: chrdev_reg })
    }
}

impl Drop for RustChrdev {
```

```
    fn drop(&mut self) {
        pr_info!("Rust character device sample (exit)\n"); // 종료 메시지 로깅
    }
} // RustChrdev에 대한 소멸자 구현. 모듈 종료 시 호출됨
```

RustFile 구조체는 파일 작업을 수행하기 위한 기본 템플릿입니다. 이 구조체에 대해 file::Operations 트레잇이 구현돼 있어 파일을 열기 위한 open 메서드가 제공됩니다.

RustChrdev 구조체는 문자(character) 디바이스를 등록하기 위한 구조체입니다. init 메서드에서 chrdev_reg를 초기화하고 이를 사용해 RustFile 타입의 디바이스를 등록합니다.

실행 결과는 다음과 같습니다. 루트 셸이 필요합니다.

```
/mnt # insmod rust_chrdev.ko
[146914.636171] rust_chrdev: Rust character device sample (init)
/mnt # lsmod
rust_chrdev 16384 0 - Live 0xffffffffc0377000 (E)
/mnt # rmmod rust_chrdev.ko
[146932.144353] rust_chrdev: Rust character device sample (exit)
/mnt # lsmod
/mnt #
```

14.5 간단한 블록 디바이스 드라이버 만들기

블록 디바이스 드라이버는 블록 디바이스, 예를 들어 하드 드라이브나 SSD, USB 드라이브 등을 컴퓨터 시스템에서 관리하고 제어하기 위한 소프트웨어입니다. 이 드라이버는 하드웨어를 직접 제어해 데이터 읽기 및 쓰기 연산을 수행합니다.

드라이버는 I/O 스케줄링 알고리즘을 사용해 여러 I/O 요청을 효율적으로 처리합니다. 일반적인 알고리즘으로는 CFQ(Completely Fair Queuing)나 NOOP 스케줄러 등이 있습니다. 이러한 알고리즘은 드라이버가 각 I/O 요청을 어떻게 스케줄링할지 결정하게 도와줍니다.

또한 블록 디바이스 드라이버는 데이터를 임시로 저장하는 버퍼 관리 기능을 포함하고 있습니다. 버퍼는 데이터 전송을 최적화해 전체 시스템의 성능을 향상시키는 역할을 합니다. 버퍼 관

리 기능은 드라이버가 데이터를 효율적으로 읽고 쓰도록 지원하며, 이로 인해 전체 시스템의 성능이 향상됩니다.

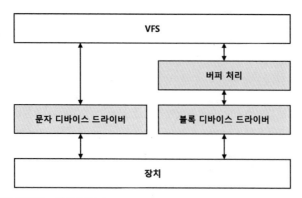

그림 14.2 문자 및 블록 디바이스 드라이버 구조도

드라이버는 또한 블록 디바이스에서 발생할 수 있는 여러 오류 상황을 감지하고 처리합니다. 이는 데이터가 손상되거나 손실되는 것을 방지하며, 시스템의 안정성과 신뢰성을 유지하는 데 도움이 됩니다.

블록 디바이스 드라이버는 들어오는 I/O 요청을 처리하기 위해 요청 큐를 관리합니다. 데이터 는 메모리와 디바이스 간에 전송되며, 발생하는 오류는 감지되어 적절한 처리 또는 복구 작업 이 수행됩니다.

블록 디바이스 드라이버 구현

리눅스 커널 모듈에서 RAM 기반의 블록 디바이스를 구현합니다. 이 디바이스는 하드 드라이 브와 유사하게 작동하되, 영구 저장소로 SSD나 HDD 대신 시스템의 RAM을 활용합니다. 현 재 러스트 언어를 사용해 블록 디바이스 드라이버를 구현하는 것이 어렵습니다. 그 이유는 러 스트 커널에 블록 디바이스 드라이버 구현을 위한 러스트 크레이트가 아직 완전히 통합되지 않 았기 때문입니다.

이 예제에서는 C 언어를 사용해 간단한 블록 디바이스 드라이버를 구현합니다. C 언어로 커널 빌드 환경을 구축하는 방법은 12장을 참고하기 바랍니다.

예제 14.8 블록 디바이스 드라이버 (C 언어)

```c
#include "asm/page.h"
#include "linux/blk_types.h"
#include "linux/sysfb.h"
#include <linux/module.h>
#include <linux/blkdev.h>
#include <linux/blk-mq.h>
#include <linux/idr.h>


// 설정된 기본 변수들
unsigned long capacity_mb = 40;
unsigned long max_segments = 32;
unsigned long max_segment_size = 65536;
unsigned long lbs = PAGE_SIZE;
unsigned long pbs = PAGE_SIZE;


// RAM 기반의 블록 디바이스를 나타내는 구조체
struct blk_ram_dev_t {
        sector_t capacity;
        u8 *data;
        struct blk_mq_tag_set tag_set;
        struct gendisk *disk;
};


// 정적 변수들
static int major;
static DEFINE_IDA(blk_ram_indexes);
static struct blk_ram_dev_t *blk_ram_dev = NULL;


// 요청을 처리하는 함수
static blk_status_t blk_ram_queue_rq(struct blk_mq_hw_ctx *hctx,
                                const struct blk_mq_queue_data *bd)
{
        struct request *rq = bd->rq;
        blk_status_t err = BLK_STS_OK;
        struct bio_vec bv;
        struct req_iterator iter;
```

```
        loff_t pos = blk_rq_pos(rq) << SECTOR_SHIFT;
        struct blk_ram_dev_t *blkram = hctx->queue->queuedata;
        loff_t data_len = (blkram->capacity << SECTOR_SHIFT);

        blk_mq_start_request(rq);

        rq_for_each_segment(bv, rq, iter) {
                unsigned int len = bv.bv_len;
                void *buf = page_address(bv.bv_page) + bv.bv_offset;

                // 데이터의 길이를 초과하는 경우 에러 처리
                if (pos + len > data_len) {
                        err = BLK_STS_IOERR;
                        break;
                }

                // 읽기와 쓰기 연산 처리
                switch (req_op(rq)) {
                case REQ_OP_READ:
                        memcpy(buf, blkram->data + pos, len);
                        break;
                case REQ_OP_WRITE:
                        memcpy(blkram->data + pos, buf, len);
                        break;
                default:
                        err = BLK_STS_IOERR;
                        goto end_request;
                }
                pos += len;
        }

end_request:
        blk_mq_end_request(rq, err);
        return BLK_STS_OK;
}

// 블록 큐 연산 정의
static const struct blk_mq_ops blk_ram_mq_ops = {
```

```
        .queue_rq = blk_ram_queue_rq,
};


// 블록 디바이스 연산 정의
static const struct block_device_operations blk_ram_rq_ops = {
        .owner = THIS_MODULE,
};


// 모듈 초기화 함수
static int __init blk_ram_init(void)
{
        int ret = 0;
        int minor;
        struct gendisk *disk;
        loff_t data_size_bytes = capacity_mb << 20;

        // 블록 디바이스 등록
        ret = register_blkdev(0, "blkdriver");
        if (ret < 0)
                return ret;

        major = ret;
        blk_ram_dev = kzalloc(sizeof(struct blk_ram_dev_t), GFP_KERNEL);

        // 메모리 할당 실패 처리
        if (blk_ram_dev == NULL) {
                pr_err("memory allocation failed for blk_ram_dev\n");
                ret = -ENOMEM;
                goto unregister_blkdev;
        }

        blk_ram_dev->capacity = data_size_bytes >> SECTOR_SHIFT;
        blk_ram_dev->data = kvmalloc(data_size_bytes, GFP_KERNEL);

        // RAM 디스크 메모리 할당 실패 처리
        if (blk_ram_dev->data == NULL) {
                pr_err("memory allocation failed for the RAM disk\n");
                ret = -ENOMEM;
```

```
        goto data_err;
}

// 태그 셋 초기화 및 설정
memset(&blk_ram_dev->tag_set, 0, sizeof(blk_ram_dev->tag_set));
blk_ram_dev->tag_set.ops = &blk_ram_mq_ops;
blk_ram_dev->tag_set.queue_depth = 128;
blk_ram_dev->tag_set.numa_node = NUMA_NO_NODE;
blk_ram_dev->tag_set.flags = BLK_MQ_F_SHOULD_MERGE;
blk_ram_dev->tag_set.cmd_size = 0;
blk_ram_dev->tag_set.driver_data = blk_ram_dev;
blk_ram_dev->tag_set.nr_hw_queues = 1;

ret = blk_mq_alloc_tag_set(&blk_ram_dev->tag_set);
if (ret)
        goto data_err;

// 디스크 할당
disk = blk_ram_dev->disk =
        blk_mq_alloc_disk(&blk_ram_dev->tag_set, blk_ram_dev);

// 큐 설정
blk_queue_logical_block_size(disk->queue, lbs);
blk_queue_physical_block_size(disk->queue, pbs);
blk_queue_max_segments(disk->queue, max_segments);
blk_queue_max_segment_size(disk->queue, max_segment_size);

// 디스크 할당 실패 처리
if (IS_ERR(disk)) {
        ret = PTR_ERR(disk);
        pr_err("Error allocating a disk\n");
        goto tagset_err;
}

// 파티션 및 더 많은 RAM 디바이스 지원은 필요 없음
minor = ret = ida_alloc(&blk_ram_indexes, GFP_KERNEL);
if (ret < 0)
        goto cleanup_disk;
```

```
        // 디스크 정보 설정
        disk->major = major;
        disk->first_minor = minor;
        disk->minors = 1;
        snprintf(disk->disk_name, DISK_NAME_LEN, "blkram");
        disk->fops = &blk_ram_rq_ops;
        disk->flags = GENHD_FL_NO_PART;
        set_capacity(disk, blk_ram_dev->capacity);

        ret = add_disk(disk);
        if (ret < 0)
                goto cleanup_disk;

        pr_info("module loaded\n");
        return 0;

cleanup_disk:
        put_disk(blk_ram_dev->disk);
tagset_err:
        kfree(blk_ram_dev->data);
data_err:
        kfree(blk_ram_dev);
unregister_blkdev:
        unregister_blkdev(major, "blkram");

        return ret;
}

// 모듈 종료 함수
static void __exit blk_ram_exit(void)
{
        if (blk_ram_dev->disk) {
                del_gendisk(blk_ram_dev->disk);
                put_disk(blk_ram_dev->disk);
        }
        unregister_blkdev(major, "blkram");
        kfree(blk_ram_dev);
```

```
        pr_info("module unloaded\n");
}

module_init(blk_ram_init);
module_exit(blk_ram_exit);

MODULE_LICENSE("GPL");
~
```

리눅스 커널의 blk-mq 프레임워크를 사용하는 기본 RAM 기반 블록 디바이스 드라이버입니다. RAM 기반 블록 디바이스이므로 휘발성이라 시스템이 종료되거나 재부팅되면 모든 데이터가 손실됩니다. 그리고 동적 크기 조정, RAM 디스크의 여러 인스턴스 또는 파티셔닝 기능을 제공하지 않습니다.

이제 빌드 후 생성된 커널 모듈을 로딩합니다. 모듈 로딩이 완료되면 다음과 같이 /dev/blkram 파일이 생성된 것을 확인할 수 있습니다.

```
/mnt/block_driver_c # insmod block_driver.ko
[ 5191.098454] module loaded
/mnt/block_driver_c # ls -al /dev/blkram
brw-------    1 0        0        251,   0 Oct  4 16:14 /dev/blkram
```

이제 해당 파일을 통해 블록 디바이스를 사용하는 유저 프로그램을 작성합니다. 다음은 이 RAM 기반 블록 디바이스를 사용해 데이터를 읽고 쓰는 간단한 유저 프로그램의 예제입니다. 이 프로그램은 blkram 디바이스에 "Hello, RAM Disk!"라는 문자열을 쓰고, 다시 읽어서 화면에 출력합니다.

예제 14.9 블록 드라이버를 사용하는 응용 프로그램 (C 언어)

```c
#include <stdio.h>
#include <stdlib.h>
#include <fcntl.h>
#include <unistd.h>
#include <string.h>
```

```
#define DEVICE_PATH "/dev/blkram"  // 디바이스 파일 경로를 정의
#define BUFFER_SIZE 128  // 버퍼 크기를 정의

int main() {
    char write_buf[BUFFER_SIZE] = "Hello, RAM Disk!";  // 쓰기를 위한 버퍼 초기화
    char read_buf[BUFFER_SIZE] = {0};  // 읽기를 위한 버퍼 초기화
    int fd;  // 파일 디스크립터

    // 디바이스 파일을 읽기/쓰기 모드로 열기
    fd = open(DEVICE_PATH, O_RDWR);
    if (fd < 0) {
        perror("Failed to open the device");  // 디바이스 파일 열기 실패 시 오류 메시지 출력
        return 1;
    }

    // 디바이스에 쓸 내용 출력
    printf("Write to device: %s\n", write_buf);

    // 디바이스에 데이터 쓰기
    if (write(fd, write_buf, strlen(write_buf)) < 0) {
        perror("Failed to write to the device");  // 데이터 쓰기 실패 시 오류 메시지 출력
        close(fd);  // 파일 디스크립터 닫기
        return 1;
    }

    lseek(fd, 0, SEEK_SET);  // 파일 포인터를 파일의 시작으로 이동

    // 디바이스에서 데이터 읽기
    if (read(fd, read_buf, BUFFER_SIZE) < 0) {
        perror("Failed to read from the device");  // 데이터 읽기 실패 시 오류 메시지 출력
        close(fd);  // 파일 디스크립터 닫기
        return 1;
    }

    // 디바이스에서 읽은 내용 출력
    printf("Read from device: %s\n", read_buf);
```

```
    close(fd);  // 파일 디스크립터 닫기
    return 0;
}
```

실행 결과는 다음과 같습니다.

```
/mnt/block_driver_c # ./block_driver_user
Write to device: Hello, RAM Disk!
Read from device: Hello, RAM Disk!
```

14.6 요약

이번 장에서는 리눅스 커널 모듈 개발 심화를 배웠습니다. 커널 메모리 할당과 커널 스레드 구현 방법을 배웠고 간단한 키보드 인터럽트 핸들러를 다루는 방법을 익혔습니다. 그리고 DMA와 제로 카피 전략을 배웠습니다. 마지막으로 간단한 문자 드라이버와 블록 드라이버를 익히고 실습했습니다.

이 장에서 학습한 내용은 다음과 같습니다.

- 커널 핵심 모듈 개발

- DMA

- 드라이버 레벨에서 ioctl 구현

- 간단한 문자 드라이버 만들기

- 간단한 블록 드라이버 만들기

다음 장에서는 커널 디버깅 방법을 배웁니다.

15

커널 디버깅

이 장에서는 커널을 디버깅하는 방법을 배웁니다. 먼저 성능 프로파일을 통해 성능을 개선할 수 있는 포인트를 찾는 방법을 배웁니다. 그다음 로깅하는 방법을 배워 효과적으로 문제점을 분석하는 방법을 배웁니다. 마지막으로 커널 패닉을 분석하는 방법을 익혀 커널에 오작동이 발생했을 때 효과적으로 대응하는 방법을 배웁니다.

15.1 성능 프로파일

성능 프로파일링은 커널과 애플리케이션 성능의 지속적인 모니터링, 분석 및 최적화 과정으로, 시스템 병목, 과도한 CPU 사용, 메모리 누수, 높은 I/O 대기 시간 등의 이슈를 식별하고 개선할 수 있습니다. 프로파일링을 통해 성능 저하의 원인을 찾아낼 수 있으며, 불필요한 자원 사용을 줄여 시스템을 효율적으로 관리합니다. 이로 인해 애플리케이션의 반응 시간이 개선되고, 사용자 경험이 향상되며, 시스템 안정성 또한 증가합니다.

성능 프로파일링은 일회성 작업이 아닌 지속적인 과정입니다. 시스템은 신규 기능 추가, 사용자 행동 변화, 환경 변동 등으로 성능이 계속 변화합니다. 지속적인 모니터링과 프로파일링을 통해 이러한 변화에 대응하며 성능을 유지 및 개선합니다. 이러한 작업은 사용자에게 더 나은 경험을 제공하고, 서버 및 인프라 비용을 절감하며, 시스템의 안정성을 확보합니다.

각 프로파일링 도구는 특별한 목적과 특징을 가집니다. `perf`는 CPU 성능 분석에 적합하며, `ftrace`는 커널 함수 호출을 추적합니다. `vmstat`, `iostat`, `mpstat`는 각각 메모리, I/O, CPU 성능을 모니터링하며, 이러한 도구를 조합하면 시스템의 전반적인 성능을 효과적으로 파악 및 개선할 수 있습니다.

다음은 성능 프로파일에서 사용되는 주요 도구를 정리한 표입니다.

표 15.1 성능 프로파일에 사용되는 주요 도구

항목	내용
perf	리눅스 커널에서 제공하는 강력한 성능 분석 도구입니다. CPU 성능 카운터, 트레이스 포인트 등을 활용해 세부적인 분석을 수행할 수 있습니다.
ftrace	커널 내부의 함수 호출을 추적하고 시각화하는 도구입니다.
vmstat	가상 메모리 통계를 제공해 메모리, 프로세스, 시스템 I/O 등의 성능을 모니터링합니다.
iostat	CPU 통계와 함께 모든 블록 디바이스의 I/O 통계를 제공합니다.
mpstat	CPU별 통계를 제공해 멀티프로세서 시스템의 성능을 모니터링합니다.
top	실행 중인 프로세스의 실시간 뷰를 제공해 CPU, 메모리 사용률 등의 정보를 확인할 수 있습니다.
htop	top과 유사하지만, 더 많은 정보와 향상된 인터페이스를 제공합니다.
sar	시스템의 다양한 성능 지표를 기록하고 분석합니다.
OProfile	시스템 전체의 성능 프로파일링을 수행하며, CPU 성능 카운터를 활용할 수 있습니다.
eBPF	eBPF(Extended Berkeley Packet Filter): 최근의 리눅스 커널에서 강화된 추적 및 모니터링 기능을 제공합니다.

ftrace

`ftrace`는 리눅스 커널 내의 함수 호출 추적 프레임워크로, 주로 커널 성능 문제 및 오류 진단에 활용됩니다. 다양한 추적기(tracers)를 지원해 커널 내 활동을 다각도로 분석할 수 있습니다.

ftrace 사용법

`ftrace`를 사용하려면 시스템에 `/sys/kernel/debug/tracing/` 디렉터리가 존재해야 합니다.

```
# ls -al /sys/kernel/debug/tracing/
total 0
drwx------   10 root root 0  9월 29 09:55 .
drwx------   42 root root 0  9월 29 09:55 ..
-r--r-----    1 root root 0  9월 29 09:55 available_events
-r--r-----    1 root root 0  9월 29 09:55 available_filter_functions
-r--r-----    1 root root 0  9월 29 09:55 available_tracers
-rw-r-----    1 root root 0  9월 29 09:55 buffer_percent
-rw-r-----    1 root root 0  9월 29 09:55 buffer_size_kb
-r--r-----    1 root root 0  9월 29 09:55 buffer_total_size_kb
-rw-r-----    1 root root 0  9월 29 09:55 current_tracer
-rw-r-----    1 root root 0  9월 29 09:55 dynamic_events
-r--r-----    1 root root 0  9월 29 09:55 dyn_ftrace_total_info
-r--r-----    1 root root 0  9월 29 09:55 enabled_functions
-rw-r-----    1 root root 0  9월 29 09:55 error_log
```

먼저 사용 가능한 tracer를 확인합니다.

```
# cat /sys/kernel/debug/tracing/available_tracers
timerlat osnoise hwlat blk mmiotrace function_graph wakeup_dl wakeup_rt wakeup function
nop
```

여기에 function tracer를 추가해 봅니다.

```
# echo function > /sys/kernel/debug/tracing/current_tracer
```

데이터를 추출해 보겠습니다.

예제 15.1 ftrace 결과

```
# echo 1 > /sys/kernel/debug/tracing/tracing_on
# cat /sys/kernel/debug/tracing/trace
# tracer: function
#
# entries-in-buffer/entries-written: 268810/524590    #P:8
#
```

```
#                                    _-----=> irqs-off/BH-disabled
#                                   / _----=> need-resched
#                                  | / _---=> hardirq/softirq
#                                  || / _--=> preempt-depth
#                                  ||| / _-=> migrate-disable
#                                  |||| /     delay
#          TASK-PID      CPU#  |||||  TIMESTAMP  FUNCTION
#             | |          |   |||||     |          |
        bash-3542      [000] ...1.   161.316825: mutex_unlock <-tracing_set_tracer
        bash-3542      [000] d..1.   161.316826: exit_to_user_mode_prepare
<-syscall_exit_to_user_mode
        bash-3542      [000] d..1.   161.316826: exit_to_user_mode_loop
<-exit_to_user_mode_prepare
        bash-3542      [000] ...1.   161.316827: mem_cgroup_handle_over_high
<-exit_to_user_mode_loop
        bash-3542      [000] ...1.   161.316827: blkcg_maybe_throttle_current
<-exit_to_user_mode_loop
        bash-3542      [000] ...1.   161.316827: __rseq_handle_notify_resume
<-exit_to_user_mode_loop
```

원하는 필터만 추가하려면 다음과 같이 set_ftrace_filter에 기입하면 됩니다.

```
echo my_function > /sys/kernel/debug/tracing/set_ftrace_filter
```

추적을 중단하려면 다음과 같이 0을 tracing_on에 기입하면 됩니다.

```
# echo 0 > /sys/kernel/debug/tracing/tracing_on
```

ftrace는 파일 형태로 저장되어 시각화하기가 어렵습니다. traceshark[1]와 같은 시각화 도구를 사용하면 성능 분석에 큰 도움이 됩니다.

---

1   https://github.com/cunctator/traceshark

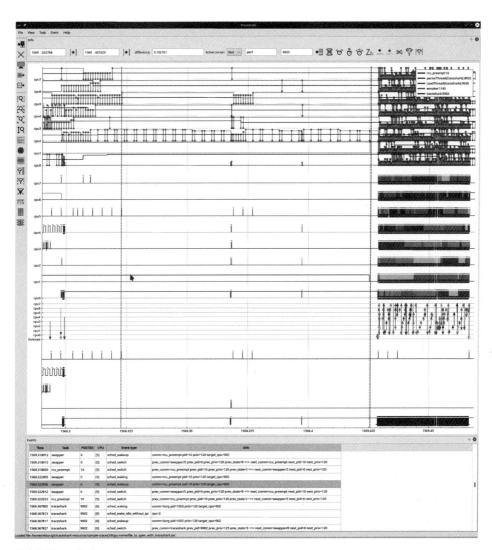

그림 15.1 traceshark

eBPF

eBPF(Extended Berkeley Packet Filter)는 리눅스 커널 내에서 구동되는 가벼운 가상 머신용 프로그래밍 프레임워크로 시작했습니다. 초기 개발 목적은 네트워크 패킷 필터링이었지만, 시간이 흐르면서 그 활용 범위는 네트워킹, 보안, 트레이싱, 관측 등 다양한 분야로 확장됐습니다. 이러한 변화는 eBPF의 독특한 특성과 기능, 그리고 그에 따른 다양한 사용 사례가 늘어나면서 일어났습니다.

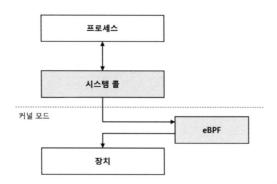

그림 15.2 eBPF 구조도

eBPF의 가장 큰 특징 중 하나는 안전성입니다. eBPF 프로그램은 제한된 명령어 세트만을 사용할 수 있으며, 이는 커널 내에서 프로그램이 안전하게 실행될 수 있도록 보장합니다. 무한 루프나 유효하지 않은 메모리 접근 같은 위험한 작업이 불가능하게 설계됐으며, 이런 프로그램은 verifier라는 컴포넌트에 의해 검증 과정을 거칩니다.

또 다른 주요 특징은 성능입니다. eBPF는 매우 빠른 실행 속도를 자랑합니다. 이는 성능 오버헤드를 최소화하면서도, 특히 추적 및 모니터링 작업에서 높은 수준의 유연성을 제공합니다. 이렇게 함으로써 사용자는 세밀한 성능 분석을 통해 시스템의 병목 현상을 정확하게 파악하고 이를 최적화할 수 있습니다.

확장성 또한 eBPF의 눈에 띄는 특성 중 하나입니다. eBPF는 다양한 유형의 프로그램과 후크를 지원합니다. 이는 eBPF가 네트워킹에서 보안, 그리고 모니터링에 이르기까지 다양한 작업에 활용될 수 있음을 의미합니다. 이와 관련해, eBPF는 네트워크 모니터링 및 필터링, 성능 모니터링 및 트레이싱, 그리고 보안과 관련된 작업 등에 활용될 수 있습니다.

그리고 eBPF는 리눅스 커널의 일부로 통합돼 있습니다. 이는 사용자가 별도의 모듈이나 패치 없이 eBPF를 사용할 수 있음을 의미합니다. 최신 버전의 리눅스 커널은 eBPF를 기본으로 지원하고 있어, 사용자는 쉽게 eBPF 기반의 프로그램을 개발하고 실행할 수 있습니다.

eBPF를 활용하는 주요 도구 및 프로젝트에는 BCC(BPF Compiler Collection), bpftrace, Cilium, 그리고 bpftool 등이 있습니다. BCC는 다양한 eBPF 유틸리티와 라이브러리를 포함하며, bpftrace는 추적 및 프로파일링 작업을 위한 고급 언어와 CLI 도구를 제공합니다. Cilium은 네트워크 연결과 보안을 위한 오픈 소스 프로젝트로, eBPF를 기반으로 합니다. 마지막으로, bpftool은 eBPF 오브젝트의 디버깅 및 조사를 단순화하는 기본 커널 도구입니다.

eBPF의 가능성은 계속 확장되고 있으며, 이는 리눅스 시스템과 네트워크 관리자에게 막대한 이점을 제공합니다. 이러한 특성과 도구, 프로젝트들을 적절히 활용하면, 사용자는 성능과 보안 문제를 보다 효과적으로 해결할 수 있으며, 시스템의 다양한 측면을 모니터링하고 관측하는 작업을 수행할 수 있습니다.

eBPF로 성능 트레이싱하기

eBPF를 사용해 리눅스 시스템에서 성능을 트레이싱하려면 주로 BCC(BPF Compiler Collection)나 bpftrace와 같은 도구를 활용할 수 있습니다. 이러한 도구는 eBPF 바이트 코드를 작성하고 로드하는 프로세스를 단순화하며, 다양한 유용한 스크립트와 유틸리티를 포함합니다.

여기서는 bpftrace를 사용합니다. 다음 명령어로 bpftrace를 설치합니다.

```
$ sudo apt install bpftrace
```

프로세스가 차지하는 디스크 사이즈를 출력해 보겠습니다.

```
$ sudo bpftrace -e 'tracepoint:block:block_rq_issue { printf("%d %s %d\n", pid, comm, args->bytes); }'
Attaching 1 probe...
4739 kworker/u16:4 8
4739 kworker/u16:4 8
68 kworker/u16:2 8
```

이번에는 페이지 폴트가 발생한 횟수를 출력하겠습니다.

```
$ sudo bpftrace -e 'software:faults:1 { @[comm] = count(); }'
Attaching 1 probe...
@[sshd]: 3
@[bash]: 110
@[ls]: 124
```

마지막으로 시스템에 모든 read 이벤트를 출력하겠습니다. 출력량이 많으니 주의합시다.

```
$ sudo bpftrace -e 'tracepoint:syscalls:sys_enter_read { printf("%d %s\n", pid, comm); }'
3417 sshd
3539 sudo
3417 sshd
3417 sshd
3539 sudo
3539 sudo
```

Bpftrace 정보를 grafana[2]와 같은 대시보드 툴에서도 출력하게 만들 수 있습니다. eBPF는 내용이 방대하므로 자세한 내용을 원한다면 alexeldeib의 bpf-demo[3] 사이트에서 확인하기 바랍니다.

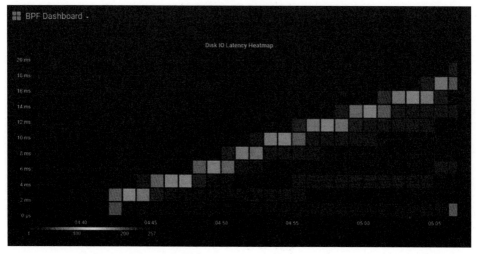

그림 15.3 eBPF 결과를 Grafana 대시보드로 출력

15.2 로깅

커널 로깅은 리눅스 커널에서 발생하는 활동과 이벤트를 기록하는 과정으로, 이는 문제 진단, 성능 모니터링, 보안 사고 조사에 필수입니다. 이 기록은 시스템에서 일어나는 오류와 예상치 못한 문제의 원인을 파악하고, 시스템의 건강 상태와 성능을 모니터링하며, 보안 사건을 기록

---

2   Grafana: 오픈소스 시각화 플랫폼. https://grafana.com/
3   https://github.com/alexeldeib/bpf-demo

해 잠재적 위협을 식별하는 데 사용됩니다. 또한 과거 로그 분석을 통해 유사 문제의 해결책을 찾을 수 있어 문제 해결에도 큰 도움이 됩니다.

커널 로깅은 시스템 관리자나 운영자가 시스템의 상태를 정확히 파악하고, 문제를 신속히 진단하고 해결하는 데 핵심적인 역할을 합니다. 로깅 설정과 로그 파일 관리는 시스템 관리의 중요한 부분으로, 이를 통해 시스템의 안정성과 효율성을 유지할 수 있습니다.

커널 로깅 작업을 수행하기 위해 다양한 툴과 방법이 사용됩니다. dmesg는 시스템이 부팅될 때부터 생성된 커널 메시지를 보여주는데, 커널의 ring buffer에서 메시지를 추출합니다. /proc/kmsg 인터페이스를 통해 사용자는 커널 로그 메시지 버퍼에 직접 접근할 수 있습니다. 하지만 이 인터페이스를 직접 사용하는 일은 드물며, 대개 시스템 로깅 데몬이 이를 활용합니다.

/var/log/kern.log 또는 /var/log/messages 파일에는 대부분의 리눅스 배포판에서 커널 메시지가 저장됩니다. 시스템 로깅 데몬은 이 파일에 메시지를 기록하며, 사용자는 이를 통해 커널 로그를 확인할 수 있습니다. syslog는 커널뿐만 아니라 다른 시스템 서비스와 애플리케이션의 로그도 처리하는 전통적인 로깅 시스템입니다.

rsyslog와 journald는 각각 syslog의 업그레이드 버전으로, 추가적인 로깅 기능을 제공합니다. 특히 journald는 systemd와 통합돼 있어 근래의 리눅스 배포판에서 주로 사용됩니다. 마지막으로, klogd는 커널 로깅 데몬으로서, /proc/kmsg에서 메시지를 읽고 syslog나 다른 로깅 시스템에 전달합니다.

커널 로그 출력 및 확인

dmesg(diagnostic message)는 리눅스 시스템에서 커널로부터 발생하는 메시지를 검색하고 표시하는 명령어입니다. 이 메시지들은 시스템의 부팅 과정, 하드웨어 에러, 드라이버 메시지, 시스템 경고 등 다양한 커널 관련 활동에 관한 정보를 제공합니다.

dmesg를 실행하면 시스템 부팅 이후 커널 로그가 출력됩니다.

```
$ dmesg
[    0.000000] Linux version 6.2.0-31-generic (buildd@lcy02-amd64-032) (x86_64-linux-
gnu-gcc-11 (Ubuntu 11.4.0-1ubuntu1~22.04) 11.4.0, GNU ld (GNU Binutils for Ubuntu)
2.38) #31~22.04.1-Ubuntu SMP PREEMPT_DYNAMIC Wed Aug 16 13:45:26 UTC 2 (Ubuntu
6.2.0-31.31~22.04.1-generic 6.2.15)
```

```
[    0.000000] Command line: BOOT_IMAGE=/boot/vmlinuz-6.2.0-31-generic root=UUID=9843d62f-
3846-4d00-a8c5-e3f2844b1d94 ro quiet splash
[    0.000000] KERNEL supported cpus:
[    0.000000]   Intel GenuineIntel
[    0.000000] BIOS-provided physical RAM map:
[    0.000000] BIOS-e820: [mem 0x0000000000000000-0x000000000009fbff] usable
[    0.000000] NX (Execute Disable) protection: active
[    0.000000] SMBIOS 2.5 present.
```

-l 또는 --level 옵션을 사용해 특정 로그 레벨의 메시지만 출력할 수 있습니다. 로그 레벨은
emerg, alert, crit, err, warn, notice, info, debug가 있습니다.

```
$ dmesg -l err,warn
[    0.067252] RETBleed: WARNING: Spectre v2 mitigation leaves CPU vulnerable to RETBleed
attacks, data leaks possible!
[    0.232158] acpi PNP0A03:00: fail to add MMCONFIG information, can't access extended
configuration space under this bridge
[    0.490102] device-mapper: core: CONFIG_IMA_DISABLE_HTABLE is disabled. Duplicate IMA
measurements will not be recorded in the IMA log.
[    0.490234] platform eisa.0: EISA: Cannot allocate resource for mainboard
[    0.490235] platform eisa.0: Cannot allocate resource for EISA slot 1
```

-T 옵션을 사용하면 메시지와 함께 사람이 읽기 쉬운 형식의 타임스탬프를 출력할 수 있습
니다.

```
$ dmesg -T | head -10
[금  9월 29 09:55:13 2023] Linux version 6.2.0-31-generic (buildd@lcy02-amd64-032)
(x86_64-linux-gnu-gcc-11 (Ubuntu 11.4.0-1ubuntu1~22.04) 11.4.0, GNU ld (GNU Binutils for
Ubuntu) 2.38) #31~22.04.1-Ubuntu SMP PREEMPT_DYNAMIC Wed Aug 16 13:45:26 UTC 2 (Ubuntu
6.2.0-31.31~22.04.1-generic 6.2.15)
[금  9월 29 09:55:13 2023] Command line: BOOT_IMAGE=/boot/vmlinuz-6.2.0-31-generic
root=UUID=9843d62f-3846-4d00-a8c5-e3f2844b1d94 ro quiet splash
[금  9월 29 09:55:13 2023] KERNEL supported cpus:
[금  9월 29 09:55:13 2023]   Intel GenuineIntel
[금  9월 29 09:55:13 2023]   AMD AuthenticAMD
[금  9월 29 09:55:13 2023]   Hygon HygonGenuine
```

```
[금  9월 29 09:55:13 2023]   Centaur CentaurHauls
[금  9월 29 09:55:13 2023]   zhaoxin    Shanghai
[금  9월 29 09:55:13 2023] BIOS-provided physical RAM map:
[금  9월 29 09:55:13 2023] BIOS-e820: [mem 0x0000000000000000-0x000000000009fbff] usable
```

-C 또는 --clear 옵션을 사용해 메시지 버퍼를 클리어할 수 있습니다. 루트 권한이 필요합니다.

```
$ sudo dmesg -C
```

러스트로 커널 로그 출력 방법

아래 예제는 리눅스 커널 모듈에서 러스트 로그 출력 매크로를 사용합니다. 여러 로그 레벨과
인자를 활용해 로그 메시지를 출력하는 방법을 보여줍니다.

예제 15.2 러스트로 커널 로그 출력

```rust
//! Rust printing macros sample.

use kernel::pr_cont;
use kernel::prelude::*;

module! {
    type: RustPrint,
    name: "rust_print",
    author: "Rust for Linux Contributors",
    description: "Rust printing macros sample",
    license: "GPL",
}

struct RustPrint;

impl kernel::Module for RustPrint {
    fn init(_name: &'static CStr, _module: &'static ThisModule) -> Result<Self> {
        pr_info!("Rust printing macros sample (init)\n");

        pr_emerg!("Emergency message (level 0) without args\n");
        pr_alert!("Alert message (level 1) without args\n");
```

```
        pr_crit!("Critical message (level 2) without args\n");
        pr_err!("Error message (level 3) without args\n");
        pr_warn!("Warning message (level 4) without args\n");
        pr_notice!("Notice message (level 5) without args\n");
        pr_info!("Info message (level 6) without args\n");

        pr_info!("A line that");
        pr_cont!(" is continued");
        pr_cont!(" without args\n");

        pr_emerg!("{} message (level {}) with args\n", "Emergency", 0);
        pr_alert!("{} message (level {}) with args\n", "Alert", 1);
        pr_crit!("{} message (level {}) with args\n", "Critical", 2);
     pr_err!("{} message (level {}) with args\n", "Error", 3);
        pr_warn!("{} message (level {}) with args\n", "Warning", 4);
        pr_notice!("{} message (level {}) with args\n", "Notice", 5);
        pr_info!("{} message (level {}) with args\n", "Info", 6);

            pr_info!("A {} that", "line");
        pr_cont!(" is {}", "continued");
        pr_cont!(" with {}\n", "args");
Ok(RustPrint)
    }
}

impl Drop for RustPrint {
    fn drop(&mut self) {
        pr_info!("Rust printing macros sample (exit)\n");
    }
}
```

init 함수에서는 로그 메시지를 출력하기 위해 여러 매크로를 사용했습니다. 각 매크로는 커널 로그 레벨과 메시지를 출력하며 매크로 이름은 커널 로그 레벨에 따라 대응됩니다.

다음 표는 매크로 이름과 로그 레벨을 보여줍니다.

표 15.2 매크로 이름과 로그 레벨

매크로 이름	설명
pr_emerg!	긴급한 상황을 나타내는 로그 레벨 (0)
pr_alert!	경고를 나타내는 로그 레벨 (1)
pr_crit!	심각한 상황을 나타내는 로그 레벨 (2)
pr_err!	오류를 나타내는 로그 레벨 (3)
pr_warn!	경고를 나타내는 로그 레벨 (4)
pr_notice!	중요한 정보를 나타내는 로그 레벨 (5)
pr_info!	정보를 나타내는 로그 레벨 (6)
pr_debug!	디버깅 정보를 나타내는 로그 레벨 (7)
pr_trace!	추적 정보를 나타내는 로그 레벨 (8)

그리고 pr_cont! 매크로 사용 코드도 있는데, 이 매크로로는 이전 메시지와 같은 줄에 메시지를 이어서 출력합니다.

실행 결과는 다음과 같습니다. 루트 셸이 필요합니다.

```
/mnt # insmod rust_print.ko
[ 2051.282179] rust_print: Rust printing macros sample (init)
[ 2051.299392] rust_print: Emergency message (level 0) without args
[ 2051.301318] rust_print: Alert message (level 1) without args
[ 2051.323664] rust_print: Critical message (level 2) without args
[ 2051.348092] rust_print: Error message (level 3) without args
[ 2051.398718] rust_print: Warning message (level 4) without args
[ 2051.399525] rust_print: Notice message (level 5) without args
[ 2051.399525] rust_print: Info message (level 6) without args
[ 2051.399525] rust_print: A line that is continued without args
[ 2051.399525] rust_print: Emergency message (level 0) with args
[ 2051.399525] rust_print: Alert message (level 1) with args
[ 2051.399525] rust_print: Critical message (level 2) with args
[ 2051.399525] rust_print: Error message (level 3) with args
[ 2051.399525] rust_print: Warning message (level 4) with args
[ 2051.435782] rust_print: Notice message (level 5) with args
[ 2051.436595] rust_print: Info message (level 6) with args
```

```
[ 2051.436641] rust_print: A line that is continued with args
/mnt # rmmod rust_print.ko
[ 2079.682787] rust_print: Rust printing macros sample (exit)
```

15.3 시스템 프로세스 정보 확인 방법

top 명령

top 명령은 시스템에서 작동 중인 프로세스들과 상태를 실시간으로 모니터링하는 데 널리 사용됩니다. top 명령을 실행하면 현재 실행 중인 모든 프로세스의 리스트가 CPU 사용량 또는 메모리 사용량과 같은 다양한 기준으로 정렬되어 표시됩니다.

다음은 top 명령 실행의 출력 결과입니다.

```
$ top
top - 10:12:56 up 7 days, 23:43,  1 user,  load average: 1.23, 1.45, 1.61
Tasks: 137 total,   1 running, 136 sleeping,   0 stopped,   0 zombie
%Cpu(s):  2.7 us,  0.6 sy,  0.0 ni, 96.6 id,  0.0 wa,  0.0 hi,  0.0 si,  0.0 st
KiB Mem :  8077520 total,  5152788 free,  2096100 used,   828632 buff/cache
KiB Swap:  7812092 total,  7812092 free,        0 used.  5551032 avail Mem


  PID USER      PR  NI    VIRT    RES    SHR S %CPU %MEM     TIME+ COMMAND
 2985 root      20   0 1542560 110372  51444 S  5.0  1.4   2:20.83 Xorg
 5357 user1     20   0 2466308 375884  96060 S  2.7  4.7   6:09.20 gnome-shell
 1289 root      20   0  530896  53316  27680 S  1.3  0.7   0:47.97 systemd-journal
 2237 user2     20   0  932324  38320  27260 S  1.0  0.5   0:17.12 gnome-terminal-
 5344 user1     20   0  938488  26020  19576 S  1.0  0.3   0:00.24 ibus-engine-sim
```

출력의 첫 번째 줄에는 시스템 시간, 시스템 실행 시간, 현재 로그인한 사용자 수, 지난 1분, 5분, 15분 동안의 평균 시스템 로드가 표시됩니다.

Tasks 줄은 현재 시스템에서 실행 중인 프로세스의 총 수와 함께 실행 중(Running), 잠자기 (Sleep), 중지(Stop) 및 좀비(Zombie)인 프로세스 수를 보여줍니다.

%Cpu(s) 행은 사용자(User), 시스템(System) 및 유휴(idle) 시간으로 분류된 CPU 사용률을 보여줍니다.

KiB Mem 및 **KiB Swap** 행은 시스템의 물리적 메모리 및 스왑(Swap) 공간의 총량과 현재 사용 중인 양을 각각 보여줍니다.

프로세스 목록에는 프로세스 ID(PID), 사용자, 우선순위(PR), Nice 값(NI), 가상 메모리 사용량(VIRT), 상주 메모리 사용량(RES), 공유 메모리 사용량(SHR), CPU 사용량(%CPU), 메모리 사용량(%MEM), 프로세스가 실행된 시간(TIME+) 및 프로세스를 시작한 명령의 이름 (COMMAND)을 보여줍니다.

top을 종료하려면 키보드에서 문자 q를 입력하면 됩니다.

ps 명령

ps 명령은 실행 중인 프로세스의 상태 정보를 확인하는 데 사용할 수 있는 또 다른 유틸리티입니다. ps 명령을 실행할 때 표시되는 출력되는 정보를 제어하는 다양한 옵션을 지정할 수 있습니다. 다음은 ps -ef 명령 실행의 출력 예입니다.

```
$ ps -ef
UID      PID  PPID  C STIME TTY       TIME CMD
root       1     0  0 14:51 ?     00:00:05 /sbin/init
root       2     0  0 14:51 ?     00:00:00 [kthreadd]
root       3     2  0 14:51 ?     00:00:00 [rcu_gp]
root       4     2  0 14:51 ?     00:00:00 [rcu_par_gp]
root       6     2  0 14:51 ?     00:00:00 [kworker/0:0H-kblockd]
root       9     2  0 14:51 ?     00:00:00 [mm_percpu_wq]
root      10     2  0 14:51 ?     00:00:00 [ksoftirqd/0]
root      11     2  0 14:51 ?     00:00:00 [rcu_sched]
root      12     2  0 14:51 ?     00:00:00 [migration/0]
root      13     2  0 14:51 ?     00:00:00 [idle_inject/0]
root      14     2  0 14:51 ?     00:00:00 [cpuhp/0]
root      15     2  0 14:51 ?     00:00:00 [cpuhp/1]
root      16     2  0 14:51 ?     00:00:00 [idle_inject/1]
```

출력은 사용자 ID(UID), 프로세스 ID(PID), 상위 프로세스 ID(PPID), CPU 사용량(C), 시작 시간(STIME), 터미널 등 각 프로세스에 대한 다양한 정보를 표시하는 열로 나뉩니다.

ps 명령은 시스템 프로세스 및 터미널과 연결되지 않은 프로세스를 포함해 모든 프로세스의 더 자세한 목록을 표시하는 ps -aux와 같은 다른 옵션을 사용할 수도 있습니다.

/proc 파일 시스템

/proc 파일 시스템은 각 프로세스의 상태를 나타내는 파일을 통해 현재 실행 중인 프로세스에 대한 정보에 접근하는 방법을 제공합니다. /proc 파일 시스템에서 특정 프로세스에 대한 디렉터리로 이동하면 프로세스에 대한 정보를 제공하는 여러 파일을 볼 수 있습니다.

다음은 시스템의 첫 번째, 즉 PID가 1인 프로세스에 대한 정보를 표시하는 cat /proc/1/status 명령의 출력 예입니다.

```
$ cat /proc/1/status
Name:   init
Umask:  0022
State:  S (sleeping)
Tgid:   1
Ngid:   0
Pid:    1
PPid:   0
TracerPid:      0
Uid:    0       0       0       0
Gid:    0       0       0       0
FDSize: 64
Groups:
NStgid: 1
NSpid:  1
NSpgid: 1
NSsid:  1
VmPeak:     8540 kB
VmSize:     8540 kB
VmLck:         0 kB
VmPin:         0 kB
VmHWM:      1656 kB
VmRSS:      1656 kB
```

```
RssAnon:            272 kB
RssFile:            328 kB
RssShmem:             8 kB
```

출력에는 이름(Name), 상태(State), 프로세스 ID(Pid), 상위 프로세스 ID(PPid), 사용자 ID(Uid), 그룹 ID(Gid) 및 메모리 사용 통계(VmPeak, VmSize, VmLck, VmPin, VmHWM, VmRSS, RssAnon, RssFile, RssShmem)와 같은 프로세스에 대한 자세한 정보가 포함됩니다.

프로세스 상태를 검사하는 데 유용한 /proc 파일 시스템의 다른 파일로는 /proc/[pid]/stat 도 있습니다.

15.4 커널 패닉 분석

커널 패닉은 운영체제의 핵심 부분인 커널에서 발생하는 심각한 오류로, 시스템의 안정성과 기능에 치명적인 영향을 미칩니다. 이러한 오류는 하드웨어 드라이버의 결함, 하드웨어 자체의 물리적 손상이나 오래된 구성 요소, 메모리 문제(손상된 RAM이나 메모리 누수), 잘못된 시스템 설정(BIOS 또는 UEFI 설정 오류, 부팅 매개변수 오류 등), 또는 커널 코드 자체의 버그와 같은 다양한 원인에 기인할 수 있습니다.

디바이스 드라이버는 하드웨어와 운영체제 간의 중재자 역할을 수행하는 소프트웨어입니다. 잘못 작성된 드라이버는 커널 패닉을 일으킬 수 있으며, 이 경우 드라이버 코드의 철저한 검토와 수정이 필요합니다. 하드웨어 손상이나 오래된 구성 요소 역시 커널 패닉의 주요 원인 중 하나로, 이 경우 하드웨어 교체나 업그레이드가 필요합니다. 메모리 누수 또한 시스템의 메모리가 점차 고갈되어 시스템이 불안정해지는 문제를 유발하며, 이는 메모리 관리 방식의 개선을 통해 해결할 수 있습니다.

커널 패닉 발생 시 가장 먼저 화면에 표시되는 오류 메시지를 자세히 확인해야 합니다. 이 메시지는 오류의 원인이나 형태에 대한 첫 번째 단서를 제공하며, 이를 바탕으로 초기 분석을 시작할 수 있습니다. 다음으로, 시스템 로그 파일을 살펴봐야 합니다. /var/log/messages나 /var/log/syslog는 시스템의 작동 기록을 저장하고 있으며, 이를 통해 커널 패닉이 발생하기 직전의 시스템 상태나 이벤트를 확인할 수 있습니다.

그리고 kdump와 crash 도구를 활용해 오류의 정확한 원인을 찾아낼 수 있습니다. Kdump는 커널 패닉이 발생했을 때 시스템의 메모리 덤프를 캡처하며, crash 도구는 이 덤프 파일을 분석해 오류의 원인을 찾아냅니다. 이 외에도, 하드웨어 진단 도구를 활용해 물리적 손상이나 결함을 찾아낼 수 있습니다. 예를 들어, memtest86은 RAM의 물리적 결함을 검사하는 데 사용되며, 다양한 하드 드라이브 진단 도구는 스토리지 디바이스의 손상을 확인합니다.

오류가 재현 가능한 경우, 커널을 디버깅 모드로 재시작해 문제를 분석할 수 있습니다. 디버깅 모드에서는 시스템의 작동을 단계별로 확인하며, 오류가 발생하는 정확한 시점과 원인을 찾아낼 수 있습니다. 또한, 검색 엔진을 활용해 오류 메시지나 로그 파일에 기록된 정보를 검색하면 다른 사용자들의 경험과 지식을 활용해 문제를 더 빠르고 효과적으로 해결할 수 있습니다.

kdump 사용법

kdump는 리눅스 시스템에서 커널 패닉이 발생할 때 메모리 덤프를 확보하는 도구입니다. 이 도구를 활용하려면 kexec라는 기술을 통해 기존의 시스템을 재시작하지 않고 덤프 캡처용 커널이 구동되어 메모리 덤프를 캡처합니다.

kdump 설정 및 사용 방법은 다음과 같습니다.

```
$ sudo apt install kdump-tools
```

/etc/default/grub 파일을 편집해 커널 부팅 매개변수에 crashkernel 옵션을 추가합니다. 예를 들어, 128M의 메모리를 예약하려면 다음과 같이 기입하면 됩니다.

```
GRUB_CMDLINE_LINUX="crashkernel=128M"
```

이후 GRUB 설정을 업데이트합니다.

```
$ sudo update-grub
```

이후 커널 패닉이 발생하면 /var/crash/ 에 메모리 덤프가 저장됩니다. 해당 파일을 crash 도구를 사용해 분석할 수 있습니다.

```
$ sudo apt install crash
```

다음 명령어를 사용해 덤프를 분석할 수 있습니다. 덤프를 분석하려면 vmlinux 이미지가 필요합니다.

```
$ crash vmlinux vmcore
```

코어 파일을 로드했다면 bt와 ps 등의 명령어를 사용해 분석할 수 있습니다. 다음은 crash에서 사용 가능한 기본 명령어입니다.

표 15.3 crash의 주요 명령어

항목	내용
bt	현재의 호출 스택을 표시합니다.
ps	실행 중인 프로세스를 나열합니다.
log	커널 로그를 표시합니다.
files	시스템에서 열린 파일을 나열합니다.

15.5 요약

이 장에서는 커널 디버깅 방법을 배웠습니다. 성능 프로파일을 통해 성능 개선 포인트를 찾는 방법을 배우고 다양한 로깅 기법을 배웠습니다. 그리고 커널 패닉을 분석하는 방법을 익혀 커널 오작동이 발생했을 때 효과적으로 대응하는 방법을 학습했습니다.

이 장에서 학습한 내용은 다음과 같습니다.

- 성능 프로파일
- 로깅
- 커널 패닉 분석

다음 장에서는 종합 예제를 다룹니다.

16

종합 예제

이 장에서는 컨테이너, 유저 영역 파일 드라이버를 간단히 구현해 봅니다. 먼저 LXC(Linux Container)는 가볍고 빠른 가상화 기술을 통해 시스템의 독립적인 환경을 구성할 수 있습니다. 다음으로 FUSE(Filesystem in Userspace)는 커널 레벨의 개발 없이 유저 공간에서 파일 시스템을 구현할 수 있는 인터페이스로, 복잡한 파일 시스템 구현의 방법을 배웁니다.

16.1 LXC를 사용해 나만의 컨테이너 만들기

컨테이너란?

리눅스 컨테이너는 현대 IT 환경에서 빠르게 성장하는 기술 중 하나입니다. 이 기술은 응용 프로그램과 그 종속성을 함께 패키징해 프로세스를 격리된 환경에서 실행할 수 있게 합니다. 그렇기 때문에 가상화와 유사한 특성을 가지지만, 전통적인 VM과는 구별됩니다.

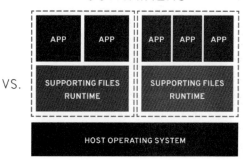

그림 16.1 VM과 컨테이너 비교[1]

컨테이너의 구조적 특성은 Namespaces, Cgroups, Union File System 및 Capabilities로 구성됩니다. Namespaces는 프로세스에게 시스템의 일부만 보여줌으로써 다른 프로세스와의 격리를 가능하게 하는 동시에, Cgroups은 프로세스 그룹의 리소스 사용량을 제한하고 모니터링합니다. Union File System은 여러 레이어로 구성된 파일 시스템을 제공해 효율적인 관리가 가능하며, Capabilities를 통해 프로세스의 권한을 세밀하게 조절할 수 있습니다.

컨테이너의 주요 특징은 그 가벼움, 빠른 시작 시간, 포터빌리티 및 리소스 효율성에 있습니다. 이러한 특성은 환경 일관성, 쉬운 스케일링, 리소스 효율 및 격리와 같은 많은 장점을 가져다줍니다. 하지만 모든 기술에는 장점만 있지 않습니다. 컨테이너의 단점으로는 VM에 비해 낮은 격리 수준으로 인한 보안 문제, 높은 학습 곡선 및 호스트 OS의 종속성이 있습니다.

또한 이 기술을 적용하면서 주의해야 할 주요 이슈는 보안, 스토리지, 네트워킹, 그리고 로깅 및 모니터링입니다. 특히 컨테이너는 자체적으로 무상태(stateless)이므로 데이터 지속성과 관련한 문제를 초래할 수 있습니다.

리눅스 컨테이너 기술은 Docker, Kubernetes, Podman과 같은 다양한 도구 및 플랫폼에서 적용되며, 클라우드 컴퓨팅 및 DevOps 환경에서 없어서는 안 될 요소로 자리 잡고 있습니다. 이러한 기술의 발전은 IT 환경의 유연성과 효율성을 크게 향상시켰습니다.

---

1   출처: https://www.redhat.com/ko/topics/containers/whats-a-linux-container

LXC

LXC는 리눅스의 cgroup과 namespace 기술을 활용해 프로세스를 격리하는 경량화된 가상화 솔루션을 제공합니다. 이를 통해 LXC는 전통적인 가상화 방식보다 더 가볍고 빠른 실행 환경을 제공합니다.

LXC의 가장 큰 특징은 경량화된 가상화입니다. 전체 운영체제를 부팅하는 대신, LXC는 호스트 시스템의 리눅스 커널을 활용해 컨테이너를 실행합니다. 더욱이, 이미지 기반의 시스템을 사용해 다양한 리눅스 배포판을 기반으로 컨테이너를 생성할 수 있습니다. 이러한 접근 방식은 OverlayFS와 같은 파일 시스템을 사용해 스냅숏과 클론 기능을 지원하는 데도 기여했습니다.

이러한 경량화된 가상화의 장점은 여러 가지입니다. 특히 빠른 시작과 종료, 더 적은 메모리와 CPU 사용, 그리고 하나의 호스트에서 다양한 리눅스 배포판을 실행하는 능력은 LXC의 큰 강점입니다. 그러나 LXC는 VM처럼 완벽한 하드웨어 수준의 격리를 제공하지 않기 때문에 보안상 취약점이 있을 수 있습니다. 또한, 호스트의 커널에 의존적이기 때문에 특정 커널 기능에 의존하는 애플리케이션에는 호환성 문제가 발생할 수 있습니다.

이러한 문제점을 해결하기 위해 LXC 사용자들은 AppArmor나 SELinux와 같은 도구를 활용해 추가적인 보안 레이어를 적용하는 것을 고려해야 합니다. 또한 LXC의 다음 세대 버전인 LXD를 사용하면 더욱 쉬운 관리와 확장성을 경험할 수 있습니다.

나만의 컨테이너 시스템 만들기

나만의 컨테이너 시스템을 만들려면 lxc를 설치해야 합니다. 셸에서 다음 명령어를 사용해 lxc와 lxc-dev를 설치합니다.

```
$ sudo apt install lxc lxc-dev
```

이후 크레이트를 만들고 의존성에 lxc를 추가합니다.

```
[dependencies]
lxc = "*"
```

컨테이너 생성과 실행

다음 코드는 lxc 라이브러리를 활용해 "apicontainer"라는 LXC 컨테이너를 초기화, 생성, 구동, 정보 출력, 종료 및 삭제하는 과정을 간략하게 보여줍니다. LXC는 리눅스 환경에서 독립적인 시스템을 경량화해 실행하는 가상화 기술이며, Rust의 강력한 타입 시스템과 오류 처리 능력을 활용하면 LXC 컨테이너 관리 작업을 효과적이고 안전하게 수행할 수 있습니다.

컨테이너를 만들 때는 시스템의 핵심 권한이 필요하므로 루트 권한으로 실행하는 것이 좋습니다.

예제 16..1 간단한 컨테이너 만들기

```rust
fn main() {
    // "apicontainer"라는 이름의 lxc 컨테이너를 초기화합니다.
    let c = lxc::Container::new("apicontainer", None).expect("lxc초기화 실패");

    if !c.is_defined() {
        println!("컨테이너 생성 (시간이 꽤 걸립니다)");
        // "apicontainer"를 ubuntu focal(amd64) 버전으로 생성합니다.
        c.create(
            "download",
            None,
            None,
            lxc::CreateFlags::QUIET,
            &["-d", "ubuntu", "-r", "focal", "-a", "amd64"],
        )
        .expect("컨테이너 생성 실패");
    }

    println!("컨테이너 구동");
    c.start(false, &[]).expect("컨테이너 구동 실패");

    // 컨테이너의 상태와 PID를 출력합니다.
    println!("Container state: {}", c.state());
    println!("Container PID: {}", c.init_pid());

    // 컨테이너의 네트워크 인터페이스 목록을 출력합니다.
    println!("Interfaces: {:?}", c.get_interfaces());
```

```
    // 30초 안에 컨테이너가 종료되지 않으면 강제로 중지합니다.
    if c.shutdown(30).is_err() {
        c.stop().expect("컨테이너 종료 실패");
    }

    // 컨테이너를 삭제합니다.
    c.destroy().expect("컨테이너 삭제 실패");
}
```

결과: 루트셸에서 실행

```
# cargo run

컨테이너 생성 (시간이 꽤 걸립니다)
컨테이너 구동
Container state: STOPPED
Container PID: -1
Interfaces: []
```

LXC 상태 확인

LXC는 다음과 그림과 같이 CREATE, STOPPED, STARTING, RUNNING, STOPPING, ABORTING, DESTROY 상태와 FREEZED 상태로 이뤄져 있습니다.

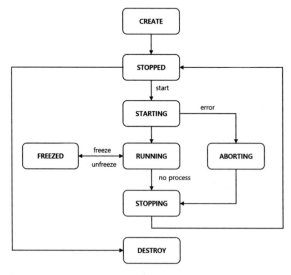

그림 16.2 LXC의 lifecycle

전체 상태 정보는 다음과 같습니다.

표 16.1 LXC의 lifecycle 설명

상태	설명
CREATE	컨테이너가 초기 생성될 때의 상태입니다. 이 상태의 컨테이너는 아직 시작되지 않았으므로 아무런 프로세스도 실행하지 않습니다.
STOPPED	컨테이너가 실행되지 않고 멈춰 있는 상태입니다. 이 상태의 컨테이너는 언제든지 시작될 수 있습니다.
STARTING	컨테이너가 시작되는 과정에 있을 때의 상태입니다. 이 상태는 일반적으로 잠깐 동안만 유지됩니다.
RUNNING	컨테이너가 정상적으로 작동 중인 상태입니다. 이 상태에서는 컨테이너 내부의 프로세스가 활성화되어 작동하고 있습니다.
STOPPING	컨테이너가 종료되는 과정에 있을 때의 상태입니다. 이 상태도 STARTING 상태처럼 일반적으로 잠깐 동안만 유지됩니다.
ABORTING	컨테이너가 예기치 않게 종료되는 상황에서 이 상태로 전환됩니다. 이는 주로 어떤 오류나 문제가 발생했을 때 나타나는 상태입니다.
DESTROY	컨테이너가 완전히 삭제되는 상태입니다. 이 상태의 컨테이너는 더 이상 존재하지 않으며, 재시작이나 재생성을 위해서는 새로운 컨테이너를 생성해야 합니다.
FREEZED	컨테이너의 실행 상태가 일시 중단된 상태입니다. 이 상태에서는 컨테이너 내부의 모든 프로세스가 일시 정지되며, 필요한 경우 다시 재개될 수 있습니다.

다음 코드는 LXC의 상태를 확인하는 코드입니다.

예제 16..2 LXC의 상태를 확인

```
fn main() {
    println!("LXC version: {}", lxc::version());
    println!(
        "LXC path: {}",
        lxc::get_global_config_item("lxc.lxcpath").unwrap_or("?".to_string())
    );
    println!();

    println!("Wait states:");
    for state in lxc::wait_states() {
```

```
        println!("- {}", state);
    }
}
```

실행 결과

```
LXC version: 5.0.0~git2209-g5a7b9ce67
LXC path: /var/lib/lxc

Wait states:
- STOPPED
- STARTING
- RUNNING
- STOPPING
- ABORTING
- FREEZING
- FROZEN
- THAWED
```

컨테이너 셸 구동하기

컨테이너 내부의 명령어를 실행하는 방법입니다. 원활한 테스트를 위해 다음 명령어를 사용해 미리 playground라는 컨테이너를 생성하고 구동해 둡니다.

```
# lxc-create -n playground -t download -d ubuntu -r focal -a amd64
# lxc-start -n playground
```

다음 코드는 컨테이너에 /bin/bash를 실행하는 코드입니다. 다음 명령어를 통해 컨테이너 내부의 셸에 바로 진입할 수 있습니다.

예제 16..3 컨테이너 셸 구동하기

```
extern crate lxc;

use std::os::unix::io::AsRawFd;
use lxc_sys::lxc_groups_t;

fn main() -> std::io::Result<()> {
```

```rust
    // playground 컨테이너를 사용합니다.
    let c =
        lxc::Container::new("playground", None).expect("Failed to setup lxc_container
struct");

    // lxc 설정: 전부 기본값으로 설정합니다.
    let mut options = lxc::attach::Options {
        attach_flags: 0,
        env_policy: 0,
        extra_env_vars: std::ptr::null_mut(),
        gid: 0,
        uid: 0,
        extra_keep_env: std::ptr::null_mut(),
        initial_cwd: std::ptr::null_mut(),
        log_fd: std::io::stdout().as_raw_fd(),
        stdout_fd: std::io::stdout().as_raw_fd(),
        stderr_fd: std::io::stderr().as_raw_fd(),
        stdin_fd: std::io::stdin().as_raw_fd(),
        namespaces: -1,
        personality: -1,
        lsm_label: std::ptr::null_mut(),
        groups: lxc_groups_t {
            list: std::ptr::null_mut(),
            size: 0,
        },
    };

    // 셸 구동
    let prog = "/bin/bash";
    let args = [];
    let r = c.attach_run_wait(&mut options, prog, &args);
    match r {
        Err(e) => println!("Error: {}", e),
        Ok(s) => println!("Ok, waitpid() status={}", s),
    }

    Ok(())
}
```

```
                         결과: 루트셸에서 실행
# cargo run
root@playground:/# ls -al
total 52
drwxr-xr-x  17 root root 4096 Aug 24 07:13 .
drwxr-xr-x  17 root root 4096 Aug 24 07:13 ..
lrwxrwxrwx   1 root root    7 Aug 23 07:43 bin -> usr/bin
drwxr-xr-x   2 root root 4096 Apr 15  2020 boot
(... 중략 ...)
root@playground:/#
```

16.2 Fuse를 이용한 유저 영역 파일 드라이버 만들기

파일 드라이버 구조

리눅스 파일 드라이버는 사용자와 하드웨어 및 가상 디바이스 간의 I/O 연산을 중개합니다. 사용자가 시스템 콜로 파일 I/O 요청을 하면 파일 드라이버가 이를 처리하는 구조입니다.

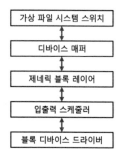

그림 16.3 리눅스 파일 드라이버 구조(VFS)[2]

파일 드라이버는 'file_operations' 구조체를 사용해 열기, 읽기, 쓰기, 닫기 등의 연산을 제공합니다. 각 연산은 구조체에 포함된 포인터로 정의되며 드라이버는 이를 통해 다양한 파일 연산을 수행합니다. 리눅스 디바이스 드라이버의 큰 특징 중 하나는 표준 인터페이스를 통해 작동한다는 것입니다. 이 표준 인터페이스 덕분에 개발자는 다양한 하드웨어에 대해 일관된 프로

---

2   출처: https://linux-kernel-labs.github.io/refs/heads/master/lectures/intro.html

그래밍 인터페이스를 사용할 수 있습니다. 이는 개발 과정을 단순화하고 하드웨어 호환성을 강화합니다.

드라이버 초기화 과정에서 필요한 자원이 할당되고 초기화됩니다. 'file_operations' 구조체에 정의된 콜백 함수를 통해 사용자의 요청을 처리하며, 인터럽트도 처리합니다. DMA(Direct Memory Access)를 지원하는 디바이스의 경우, 드라이버는 CPU를 거치지 않고 데이터를 직접 전송할 수 있습니다. 드라이버는 하드웨어로부터의 인터럽트도 처리합니다.

FUSE

FUSE(Filesystem in Userspace)는 사용자 공간에서 파일 시스템을 구현하는 소프트웨어 인터페이스로, 일반적으로 커널 공간에서 수행되는 파일 시스템 작업을 사용자 공간에서도 할 수 있게 합니다. 이로 인해 개발자는 커널 공간 작업 없이 파일 시스템을 쉽게 구현할 수 있으며, 특정 OS나 커널 버전에 종속되지 않는 플랫폼 독립적인 파일 시스템을 만들 수 있습니다. 또한, 특정 데이터 소스나 API에 대한 커스텀 파일 시스템을 만들어 다양한 환경에서 데이터에 쉽게 접근할 수 있습니다.

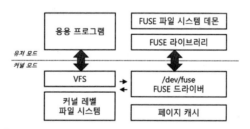

그림 16.4 FUSE 시스템 구조[3]

FUSE는 다양한 경우에 사용됩니다. 예를 들어 SSHFS와 같은 네트워크 기반의 원격 파일 시스템, 특정 데이터 소스나 클라우드 스토리지에 대한 가상 파일 시스템 인터페이스, EncFS와 같은 암호화 파일 시스템, 그리고 파일 시스템 액세스를 추적하거나 로깅하기 위한 디버깅 및 모니터링 목적 등이 있습니다.

FUSE의 장점으로는 다양한 파일 시스템을 쉽게 구현할 수 있는 유연성, 커널 모듈로 배포할 필요 없이 사용자가 쉽게 설치하고 사용할 수 있는 배포 용이성, 사용자 공간에서의 개발이 쉽

---

3 출처: Secure Outsourcing and Sharing of Cloud Data Using a User-Side Encrypted File System (Osama A. Khashan, 2020)

고 빠른 프로토타이핑이 가능한 개발 용이성이 있습니다. 그러나 성능 저하, 복잡성, 보안 이슈, 스케일링 제한성, 버전 호환성 주의 등의 단점과 이슈도 있습니다.

FUSE는 많은 유명한 프로젝트의 기반이 되기도 했습니다. SSHFS는 원격 서버의 파일을 로컬 파일 시스템처럼 마운트해 주며, EncFS는 지정된 디렉터리의 모든 파일을 암호화합니다. GlusterFS는 분산 파일 시스템 중 하나로, FUSE를 활용합니다. GDFS는 Google Drive의 콘텐츠를 로컬 파일 시스템처럼 제공하며, S3FS, ACD_CLI, Goofys는 각각 Amazon S3 버킷, Amazon Cloud Drive, Amazon S3나 호환 서비스를 마운트합니다. Rclone은 다양한 클라우드 스토리지를 마운트하는 도구로, CryFS는 클라우드 스토리지를 위한 암호화된 파일 시스템을 제공합니다. LTFS는 LTO 테이프 드라이브에 데이터를 파일 시스템처럼 저장하는 표준으로, FUSE를 통해 볼륨을 마운트합니다. 이러한 다양한 프로젝트는 모두 FUSE의 유연성을 활용해 다양한 데이터 소스와 스토리지 솔루션에 대한 일반적인 파일 시스템 인터페이스를 제공합니다.

FUSE를 이용한 유저 영역 파일 드라이버 만들기

fuse-rs[4]는 FUSE 라이브러리의 러스트 바인딩입니다. FUSE는 사용자 공간에서 파일 시스템을 구현할 수 있도록 하는 인터페이스를 제공하는 리눅스 커널 모듈입니다. fuse-rs는 사용자 공간에서 러스트로 파일 시스템을 구현할 수 있게 도와줍니다.

먼저 FUSE를 사용할 수 있도록 다음 명령어를 사용해 의존성 패키지를 설치합니다.

```
$ sudo apt install fuse libfuse-dev pkg-config
```

새로운 크레이트를 만들고 `Cargo.toml`에 `fuse-rs`와 필요한 라이브러리를 등록합니다.

[파일명: Cargo.toml]

```
[dependencies]
fuse = {git = "https://github.com/zargony/fuse-rs", version="=0.4.0-dev"}
libc = "*"
log = "*"
thread-scoped = "*"
env_logger = "*"
```

---

4   https://github.com/zargony/fuse-rs

다음은 fuse-rs를 사용해 간단한 파일 시스템을 만들고 그곳에 hello.txt라는 파일을 등록하는 예제입니다. hello.txt 파일을 열어보면 Hello World!라고 작성된 것을 확인할 수 있습니다.

```rust
extern crate env_logger;

use std::env;
use std::ffi::OsStr;
use std::time::{Duration, UNIX_EPOCH};
use libc::ENOENT;
use fuse::{FileType, FileAttr, Filesystem, Request, ReplyData, ReplyEntry, ReplyAttr,
ReplyDirectory};

const TTL: Duration = Duration::from_secs(1);          // 1초

// 루트 디렉터리에 대한 파일 특성을 정의합니다.
const HELLO_DIR_ATTR: FileAttr = FileAttr {
    ino: 1,
    size: 0,
    blocks: 0,
    atime: UNIX_EPOCH,
    mtime: UNIX_EPOCH,
    ctime: UNIX_EPOCH,
    crtime: UNIX_EPOCH,
    kind: FileType::Directory,
    perm: 0o755,
    nlink: 2,
    uid: 501,
    gid: 20,
    rdev: 0,
    flags: 0,
};

// "hello.txt" 파일의 내용을 정의합니다.
const HELLO_TXT_CONTENT: &str = "Hello World!\n";

// "hello.txt" 파일에 대한 파일 특성을 정의합니다.
const HELLO_TXT_ATTR: FileAttr = FileAttr {
    ino: 2,
```

```rust
    size: 13,
    blocks: 1,
    atime: UNIX_EPOCH,
    mtime: UNIX_EPOCH,
    ctime: UNIX_EPOCH,
    crtime: UNIX_EPOCH,
    kind: FileType::RegularFile,
    perm: 0o644,
    nlink: 1,
    uid: 501,
    gid: 20,
    rdev: 0,
    flags: 0,
};

// HelloFS 파일 시스템 구조를 정의합니다.
struct HelloFS;

// Filesystem 트레잇을 구현해 HelloFS에 기능을 추가합니다.
impl Filesystem for HelloFS {
    // 주어진 이름과 부모 inode를 사용해 파일 또는 디렉터리를 찾습니다.
    fn lookup(&mut self, _req: &Request, parent: u64, name: &OsStr, reply: ReplyEntry) {
        if parent == 1 && name.to_str() == Some("hello.txt") {
            reply.entry(&TTL, &HELLO_TXT_ATTR, 0);
        } else {
            reply.error(ENOENT);
        }
    }

    // 주어진 inode를 사용해 파일 또는 디렉터리의 특성을 얻습니다.
    fn getattr(&mut self, _req: &Request, ino: u64, reply: ReplyAttr) {
        match ino {
            1 => reply.attr(&TTL, &HELLO_DIR_ATTR),
            2 => reply.attr(&TTL, &HELLO_TXT_ATTR),
            _ => reply.error(ENOENT),
        }
    }
```

```
    // 주어진 inode와 오프셋을 사용해 파일의 내용을 읽습니다.
    fn read(&mut self, _req: &Request, ino: u64, _fh: u64, offset: i64, _size: u32, reply:
ReplyData) {
        if ino == 2 {
            // HelloWorld를 출력합니다.
            reply.data(&HELLO_TXT_CONTENT.as_bytes()[offset as usize..]);
        } else {
            reply.error(ENOENT);
        }
    }


    // 주어진 inode를 사용해 디렉터리의 내용을 읽습니다.
    fn readdir(&mut self, _req: &Request, ino: u64, _fh: u64, offset: i64, mut reply:
ReplyDirectory) {
        if ino != 1 {
            reply.error(ENOENT);
            return;
        }

        let entries = vec![
            (1, FileType::Directory, "."),
            (1, FileType::Directory, ".."),
            (2, FileType::RegularFile, "hello.txt"),
        ];

        for (i, entry) in entries.into_iter().enumerate().skip(offset as usize) {
            // i + 1 means the index of the next entry
            reply.add(entry.0, (i + 1) as i64, entry.1, entry.2);
        }
        reply.ok();
    }
}

fn main() {
    env_logger::init();

    // 파라미터의 마운트 경로를 확인합니다.
    let mountpoint = env::args_os().nth(1).unwrap();
```

```
let options = ["-o", "ro", "-o", "fsname=hello"]
    .iter()
    .map(|o| o.as_ref())
    .collect::<Vec<&OsStr>>();

// HelloFS를 지정된 마운트 지점에 마운트합니다.
fuse::mount(HelloFS, mountpoint, &options).unwrap();
}
```

실행 결과는 다음과 같습니다. FUSE는 사용자 공간에서 작동하므로 루트 권한은 필요 없습니다.

```
$ mkdir -p ~/fuse_test
$ cargo run ~/fuse_test
$ cd ~/fuse_test
~/fuse_test$ ls -al
total 5
drwxr-xr-x 2      501 dialout     0 1월  1 1970 .
drwxr-x--- 49 psbreeze psbreeze 4096 8월 27 08:23 ..
-rw-r--r-- 1      501 dialout    13 1월  1 1970 hello.txt
~/fuse_test$ cat hello.txt
Hello World!
```

16.3 요약

이 장에서는 LXC를 사용해 나만의 컨테이너 시스템 만들기를 체험했고 FUSE를 이용해 유저 영역 파일 드라이버 만들기를 실습했습니다.

이 장에서 배운 내용을 요약하면 다음과 같습니다.

- LXC를 사용해 나만의 컨테이너 만들기
- Fuse를 이용해 유저 영역 파일 드라이버 만들기

다음 장은 이 책의 내용을 총정리하는 장입니다.

17.1 정리하기

이 책에서는 러스트 언어의 기본부터 심화 내용까지 체계적으로 다루며 리눅스 커널을 러스트로 개발하는 방법을 중점적으로 탐구했습니다. 초반에는 러스트의 핵심 개념과 독특한 특징을 배웠으며, 중반부에서는 리눅스 시스템 프로그래밍과 커널 아키텍처에 대한 이해를 높였습니다. 후반부에는 러스트를 활용한 커널 모듈 개발과 성능 최적화 기법에 초점을 맞춰 학습했습니다.

각장을 요약하면 다음과 같습니다.

- 1장에서는 러스트의 특징, 역사, 그리고 다양한 활용 사례에 대해 알아보았습니다.

- 2장에서는 기본 문법, 구조체(struct), 열거형(enum)과 같은 핵심 개념을 탐구했습니다.

- 3장에서는 소유권과 메모리 할당에 대해 배웠습니다.

- 4장에서는 러스트의 모듈화, 가시성 제어, 오류 처리 방법, 그리고 컬렉션 사용 방법을 다뤘습니다.

- 5장에서는 동시성, 입출력, 네트워킹, IPC를 배웠습니다.

- 6장에서는 러스트 라이브러리 활용을 배웠습니다.

- 7장에서는 객체지향과 디자인 패턴을 배웠습니다.

- 8장에서는 매크로 기능을 깊이 있게 다뤘습니다.

- 9장에서는 러스트로 리눅스 시스템을 프로그래밍하는 방법을 배웠습니다.

- 10장에서는 커널 개발을 위한 환경 설정을 배웠습니다.

- 11장에서는 리눅스 커널 아키텍처를 배웠습니다.

- 12장에서는 C 언어를 이용한 커널 모듈 제작을 배웠습니다.

- 13장에서는 러스트 포 리눅스 프로젝트와 러스트를 이용한 커널 개발에 대해 배웠습니다.

- 14장에서는 커널 모듈 개발 심화를 배웠습니다.

- 15장에서는 커널 디버깅을 배웠습니다.

- 16장에서는 종합 예제로 나만의 컨테이너 만들기와 FUSE 드라이버 만들기를 배웠습니다.

17.2 러스트의 미래

러스트는 개발자 사이에서 점점 더 유명해지는 프로그래밍 언어입니다. 러스트는 왜 주목받고 있을까요? 그리고 미래에는 어떻게 될까요? 이 질문에 대한 답은 러스트의 세 가지 핵심 특성 인 안정성, 성능, 그리고 혁신에 있다고 생각합니다. 다음 항목 중 웹 어셈블리와 크로스플랫폼 개발은 부록을 참고 바랍니다.

안정성과 성능의 균형

러스트는 메모리 안정성과 높은 성능을 함께 제공하는 언어로, 오류를 최소화하면서도 빠른 작동을 보장합니다. 다른 시스템 언어와 비교해도 러스트는 메모리 안정성을 더 잘 보장하면서도 유사한 성능을 제공합니다. 이런 안정성은 프로그래밍을 쉽고 재미있게 만들어 줍니다.

웹 어셈블리와의 통합

러스트는 웹 어셈블리와 함께 작동해, 웹 브라우저에서도 뛰어난 성능을 보여줍니다. 자바스크립트와 잘 어울리기 때문에 웹 개발에서도 러스트는 중요한 역할을 하게 될 것으로 보입니다.

크로스 플랫폼 개발

러스트는 컴퓨터, 스마트폰, 태블릿과 같은 다양한 기기에서 잘 작동합니다. 더 많은 시스템에서 러스트가 핵심 역할을 하게 될 것으로 기대되며, 이것은 모든 사용자에게 편리함을 가져다 줄 것입니다.

생태계의 성장

러스트의 다양한 도구와 라이브러리는 계속 성장하고 있습니다. cargo에는 매일 수많은 새로운 크레이트가 등록됩니다. 이는 개발자들에게 더 많은 선택과 편의를 제공하며, 더 나은 소프트웨어를 만드는 데 도움이 됩니다.

교육과 커뮤니티

러스트의 커뮤니티는 열린 협력과 다양성을 중시합니다. 더 많은 개발자들이 러스트를 배우고 활용할 수 있도록 교육 자료도 더 좋아지고 있습니다. 이러한 정신은 러스트를 특별한 언어로 만들어줍니다.

러스트는 미래가 밝은 언어입니다. 안정성과 성능, 그리고 혁신을 계속 추구하면서 더 넓은 영역으로 확장해 나갈 것입니다. 쉽게 말해, 러스트는 기술의 변화와 산업의 요구에 민첩하게 대응하며, 다음 세대의 프로그래밍 언어로서의 위치를 더욱 강화하게 될 것입니다. 더 나은 소프트웨어를 만들고 싶은 개발자라면, 러스트는 반드시 알아두어야 할 언어입니다.

여러분도 이 책을 통해 러스트를 배우고 익혀 훌륭한 러스트시안(Rustacean)이 되길 바라며 책을 마무리합니다.

그림 17.1 **러스트의 마스코트** Ferris Crab[1]

---

1   출처: https://tenor.com/ko/view/ferris-crab-cheer-clap-looping-gif-26403768

A

웹 어셈블리

부록 A에서는 웹 어셈블리(WebAssembly)의 강력한 기능을 탐구하면서 이 기술의 중요성과 잠재력을 알아봅니다. 먼저 웹 어셈블리의 개념과 기본 원리를 소개합니다. 웹 어셈블리가 왜 중요한지, 어떻게 웹 성능을 향상시키는 데 쓰이는지 알아봅니다. 또한, 웹 어셈블리의 내부 구조와 작동 방식에 관해 공부합니다. 그다음 러스트 언어를 사용해 웹 어셈블리 코드를 작성하는 방법을 단계별로 설명합니다. 그리고 Yew를 사용하여 간단한 싱글 페이지 웹 애플리케이션을 만드는 예제를 살펴보면서, 웹 어셈블리와 러스트를 사용해 싱글 페이지 애플리케이션을 개발하는 방법을 설명합니다.

A.1 웹 어셈블리 소개

웹 어셈블리(WebAssembly)는 러스트만큼이나 혁신적인 기술입니다. 웹브라우저에서 C/C++, C#, 러스트와 같은 코드를 실행할 수 있어, 기존에 불가능했던 고성능 웹 애플리케이션을 구현할 수 있게 합니다. 기존에 웹의 주력 언어였던 자바스크립트를 보완하는 역할을 하며 기존 웹에서는 불가능했던 고성능 작업을 수행할 수 있습니다. 웹 어셈블리는 웹 개발의 새로운 패러다임을 제시하며, 더 빠르고 안전하며 풍부한 웹 경험을 사용자에게 제공합니다. 기존의 자바스크립트 중심 웹 개발 패턴을 넘어서, 다양한 언어와 도구를 활용해 복잡하고 기능이 풍부한 웹 애플리케이션을 구축하는 데 중요한 역할을 하고 있습니다.

웹 어셈블리의 주요 특징 중 하나는 다양한 고수준 프로그래밍 언어에서 작성된 코드를 언어 중립적인 바이트 코드로 컴파일하는 기능입니다. 이 바이트 코드는 웹 브라우저에서 직접 실행될 수 있으며, 자바스크립트와 비슷한 속도로 실행될 수 있게 최적화됩니다.

웹 어셈블리는 스택 기반 가상 머신 위에서 작동하는데, 이는 명령어가 가상 스택을 사용해 수행되는 방식을 의미합니다. 이러한 접근 방식은 실행 효율을 높이고, 메모리 관리를 간소화하며, 다양한 언어 간의 호환성을 높일 수 있습니다. 이러한 특성 덕분에 웹 어셈블리는 웹에서 복잡한 계산, 그래픽 처리, 게임, 실시간 응용 프로그램과 같은 고성능 작업을 가능하게 하고, 다양한 프로그래밍 언어와 툴체인을 웹에서 사용할 수 있게 만들어 줍니다.

웹 어셈블리의 장단점은 다음과 같습니다.

표 A.1 웹 어셈블리의 장단점

장점	내용
성능	웹 어셈블리는 많은 작업, 특히 게임이나 물리 시뮬레이션과 같이 상당한 수치 계산이 필요한 작업에서 자바스크립트보다 더 빠른 처리가 가능하게 설계됐습니다. 웹 어셈블리를 사용하면 일반적으로 자바스크립트보다 성능이 뛰어난 C/C++, 러스트 및 기타 정적으로 유형화되고 컴파일된 언어의 코드를 웹으로 가져올 수 있습니다.
이식성	웹 어셈블리는 웹 어셈블리 인터프리터를 실행할 수 있는 모든 플랫폼에서 실행되게 설계됐습니다. 즉, 웹 어셈블리로 컴파일된 코드는 이론적으로 어디에서나 실행될 수 있으므로 여러 플랫폼을 대상으로 하는 개발자에게 유리합니다.
언어 간 상호 운영	웹 어셈블리는 언어에 구애받지 않으므로 개발자는 웹용 자바스크립트에만 국한되지 않습니다. 개발자는 C/C++ 또는 러스트와 같은 언어로 코드를 작성할 수 있으며, 특정 시나리오에서 자바스크립트보다 다양한 이점을 제공할 수 있습니다.

단점	내용
디버깅	웹 어셈블리 코드 디버깅은 자바스크립트 디버깅보다 더 어려울 수 있습니다. 툴링은 아직 발전 중이며, 웹 어셈블리는 저수준 바이너리 형식이기 때문에 자바스크립트보다 접근성과 가독성이 떨어집니다.
개발 복잡성	C++ 또는 러스트와 같은 언어로 코드를 작성한 다음 웹 어셈블리로 컴파일하는 것은 일반적으로 자바스크립트를 작성하는 것보다 더 복잡합니다. 이는 잠재적으로 더 높은 성능을 제공할 수 있지만, 진입 장벽도 높습니다.

A.2 웹 어셈블리의 작동 과정

웹 어셈블리의 작동 과정은 다음과 같이 도식화할 수 있습니다. 크게 구현, 컴파일, 구동의 세 단계로 구성됩니다.

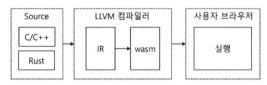

그림 A.1 WebAssembly 구조도

위의 다이어그램을 자세히 설명하면 다음과 같습니다.

단계	주체	내용
구현	개발자	개발자는 C/C++, 러스트와 같은 언어를 사용해 원하는 로직을 구현합니다.
컴파일	빌드 시스템	IR: LLVM 프런트엔드 컴파일러는 IR(Intermediate Representation)이라는 중간 언어를 사용해 개발자의 소스코드를 컴파일합니다. wasm: LLVM 백엔드 컴파일러가 IR을 사용해 웹 어셈블리 이진 표현인 wasm 파일을 생성합니다. wasm 파일은 웹 브라우저에서 로드해 실행할 수 있는 바이트 코드를 담고 있습니다.
실행	브라우저	컴파일러가 생성한 wasm 파일을 웹 브라우저가 로드하고 실행합니다. 이 과정에서 wasm 모듈은 자바스크립트와 상호작용할 수 있습니다.

A.3 웹 어셈블리 개발하기

웹 어셈블리를 개발하기 전에 개발 환경을 구성합니다. 이 과정에서 필요한 컴파일러, 툴체인, 라이브러리 및 의존성을 설치하고 설정합니다. 아쉽게도 아직은 웹 어셈블리를 지원하는 cargo 크레이트가 많지 않아 상황에 따라 빌드 오류가 발생할 수 있습니다.

개발 환경 구성

먼저 wasm pack을 설치합니다. wasm pack은 러스트에서 wasm을 빌드하고 패키징할 수 있게 해 주는 강력한 도구입니다. 이 도구는 러스트와 웹 어셈블리 간의 효율적인 연결을 지원하며, 러스트 프로젝트를 쉽게 웹에서 실행할 수 있는 형태로 변환하는 데 필수적입니다. wasm pack을 사용하면 러스트 코드를 웹 어셈블리 모듈로 빠르고 간편하게 컴파일할 수 있으며, 개발, 테스트, 배포 단계에서도 편리한 기능을 제공합니다.

```
$ cargo install wasm-pack
    Updating crates.io index
       Fetch [=====>                    ] 28.45%, 223.44KiB/s
    Compiling wasm-pack v0.11.1
    Finished release [optimized] target(s) in 2m 05s
```

간혹 버전 차이로 openssl 설치 오류가 발생할 경우 다음과 같이 기본 설치 되는 패키지 설치를 무시하고 진행해도 이 장의 실습을 진행하는 데는 문제없습니다.

```
$ cargo install wasm-pack --no-default-features
```

간단한 웹 어셈블리 만들기

먼저 라이브러리 크레이트를 만듭니다.

```
$ cargo new --lib wasm1
    Created library `wasm1` package
```

#[wasm_bindgen]이라는 함수 어노테이션을 사용해 wasm으로 노출시킬 함수들을 정의합니다. 여기서는 hello 함수를 노출시키겠습니다. alert 함수는 브라우저의 alert 함수입니다.

예제 A.1 WebAssembly 바인딩 코드

```
use wasm_bindgen::prelude::*;

#[wasm_bindgen]
extern {
    pub fn alert(s: &str);
}


#[wasm_bindgen]
```

```
pub fn hello(name: &str) {
    alert(&format!("안녕하세요!, {}!", name));
}
```

Cargo.toml 파일을 열어 **wasm-bindgen**의 의존성과 라이브러리 섹션을 추가합니다.

[파일명: Cargo.toml]

```
[lib]
crate-type = ["cdylib"]

[dependencies]
wasm-bindgen = "*"
```

이제 **wasm-pack**으로 빌드해 보겠습니다.

```
$ wasm-pack build --target web
[INFO]: ⚙  Checking for the Wasm target...
[INFO]: ◎  Compiling to Wasm...
   Compiling proc-macro2 v1.0.60
   Compiling unicode-ident v1.0.9
   Compiling wasm1 v0.1.0 (~/rust_with_linux/Appendix/wasm1)
    Finished release [optimized] target(s) in 19.41s
[WARN]: ⚠   origin crate has no README
[INFO]: ⬇  Installing wasm-bindgen...
[INFO]: Optimizing wasm binaries with `wasm-opt`...
```

pkg 폴더에 **wasm** 파일들이 생성된 것을 확인할 수 있습니다.

```
$ ls pkg
package.json  wasm1_bg.wasm  wasm1_bg.wasm.d.ts  wasm1.d.ts  wasm1.js
```

wasm을 구동할 웹 서버 설정

wasm은 웹 브라우저에서 구동되므로 실행하려면 간단한 웹 페이지와 웹 서버가 필요합니다. 웹 페이지는 웹 어셈블리 모듈을 로드하고 실행하는 역할을 하며, 웹 서버는 해당 웹 페이지와 웹 어셈블리 파일을 호스팅하고 클라이언트 요청에 응답합니다. 로컬 개발 환경에서는 간단한 개발용 웹 서버를 사용해 테스트와 디버깅을 수행할 수 있으며, 실제 배포 시에는 적절한 웹 서버 설정과 보안 고려 사항을 적용해야 할 수도 있습니다. 서버 설정과 보안 부분은 이 책의 범위를 벗어나므로 여기서는 설명하지 않겠습니다.

index.html을 다음과 같이 구성해 보겠습니다. 프로젝트의 최상위 폴더에 static 폴더를 별도로 만들고 해당 폴더에 웹 서비스 관련 파일을 배포하면 관리하기 편합니다.

예제 A.2 index.html 구성　　　　　　　　　　　　　　　　　　[파일명: static/index.html]

```html
<!DOCTYPE html>
<html></html>
<head>
    <script type="module">
      import init, { hello } from '../pkg/wasm1.js';

      async function run() {
        await init();

        hello("test");
      }

      run();
    </script>
</head>
<body>
    Hello!
</body>
</html>
```

시스템에 설치된 웹 서버가 없다면 단순한 웹 서버인 nodejs 기반 http-server를 사용할 수 있습니다. 여기서는 http-server를 사용하겠습니다.

다음과 같이 npm 명령을 사용해 http-server를 설치합니다.

```
$ sudo apt install npm
$ sudo npm install -g http-server
```

http-server를 구동합니다.

```
$ http-server
Starting up http-server, serving ./
http-server version: 14.1.1
Available on:
  http://127.0.0.1:8080
  http://10.0.2.15:8080
```

웹 브라우저로 http://127.0.0.1:8080/static/index.html에 접속해 봅니다.

그림 A.2 WebAssembly 샘플 실행 결과

러스트 함수인 hello가 정상적으로 호출됐습니다.

A.4 yew를 사용해 간단한 SPA 구동하기

SPA는 Single Page Application의 약자로, 웹 애플리케이션을 하나의 웹 페이지로 구성하는 방법을 말합니다. 보통 유명한 자바스크립트 프레임워크인 Angular, React, Vue.js 같은 프레임워크를 사용해 구현할 수 있는데, 러스트는 Yew라는 프레임워크를 사용해 웹 어셈블리상에서 SPA를 만들 수 있습니다.

Yew는 웹 어셈블리로 멀티스레드 프런트엔드 웹 앱을 만들기 위한 최신 러스트 프레임워크입니다. 이 프레임워크는 컴포넌트 기반 아키텍처를 특징으로 합니다. 이를 통해 개발자는 러스트의 안전성과 성능의 이점을 활용해 웹 어셈블리로 풍부한 사용자 인터페이스를 구축할 수 있습니다.

Yew 프레임워크를 사용하면 러스트의 타입 안정성, 성능, 동시성 지원과 같은 강력한 기능을 웹 프런트엔드 개발에 적용할 수 있어 더 안정적이고 효율적인 웹 애플리케이션을 만드는 데 도움이 됩니다. Yew는 잠재력 있고 흥미로운 오픈소스 프로젝트이지만, 아직 개발 중인 프로젝트이기에 다소 불안정하거나 미흡한 기능이 있을 수도 있습니다.

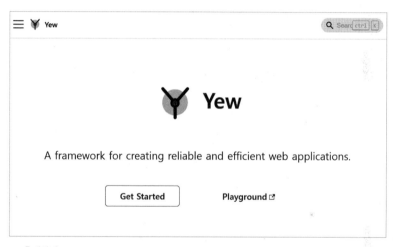

그림 A.3 Yew 홈페이지

Yew의 예제는 https://yew.rs/에서 확인할 수 있습니다. 그리고 온라인 놀이터(Playground)에는 웹 환경에서 Yew의 간단한 기본 테스트를 할 수 있는 환경을 제공합니다.

Yew에서 제공하는 샘플 앱을 실행해 보겠습니다. 깃허브에서 yew-trunk-minimal-template을 받아 프로젝트 환경을 구성합니다.

```
$ git clone https://github.com/yewstack/yew-trunk-minimal-template.git
Cloning into 'yew-trunk-minimal-template'...
remote: Enumerating objects: 76, done.
```

yew는 trunk라는 프레임워크를 사용해 CI를 구성합니다. trunk를 설치해 보겠습니다. 다음 작업은 한 번만 하면 됩니다.

```
$ cargo install trunk wasm-bindgen-cli
    Updating crates.io index
     Ignored package `trunk v0.17.2` is already installed, use --force to override
     Ignored package `wasm-bindgen-cli v0.2.87` is already installed, use --force to
override
     Summary Successfully installed trunk, wasm-bindgen-cli!
```

trunk를 사용해 샘플 앱을 실행합니다.

```
$ trunk serve
2023-07-07T21:04:39.413051Z  INFO 🐙 starting build
2023-07-07T21:04:41.165276Z  INFO 🖧 server listening at http://127.0.0.1:8080
```

그림 A.4 Yew 실행 결과

크로스 플랫폼

크로스 플랫폼(cross-platform) 개발은 여러 다른 운영체제나 기기에서 작동할 수 있는 소프트웨어를 개발하는 접근 방식입니다. 크로스 플랫폼은 한 번의 개발로 다양한 기기와 운영체제에서 애플리케이션을 실행할 수 있으므로 더 많은 사용자에게 서비스를 제공할 수 있다는 장점이 있습니다.

부록 B에서는 러스트로 크로스 플랫폼을 구현하는 방법을 설명하고 Android Native Development Kit(NDK)를 활용해 안드로이드 환경에서 러스트로 네이티브 앱을 개발하는 방법을 소개합니다.

B.1 크로스 플랫폼 소개

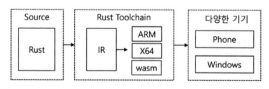

그림 B.1 크로스 플랫폼 구성도

러스트를 사용하면 단 한 번의 코드 작성으로 다양한 기기에서 구동 가능한 애플리케이션을 개발할 수 있습니다. 러스트 툴체인을 통해 arm, x64, wasm 등으로 컴파일된 코드는 스마트폰, 윈도우, 브라우저 등에서 작동할 수 있으며, 크로스 플랫폼 개발의 용이성과 고성능, 웹 어셈블리 지원 등의 혜택을 쉽게 얻을 수 있습니다.

러스트로 크로스 플랫폼을 개발하려면 툴체인을 설치해야 합니다. 러스트는 Tier1과 Tier2, Tier3 등으로 툴체인 레벨을 구분하고 있습니다. Tier1은 검증되고 러스트 지원이 확실한 타깃만 등재됩니다. 그 외에는 Tier2나 Tier3에 배정됩니다. 하지만 Tier2만 하더라도 상용화가 가능할 정도의 높은 품질을 의미하기에 원하는 툴체인이 Tier2에 있다고 하더라도 충분히 사용 가능합니다.

다음은 Tier1 툴체인 목록입니다.

표 B.1 Tier1 툴체인 목록

타깃	내용
aarch64–unknown–linux–gnu	ARM64 Linux (kernel 4.1, glibc 2.17+)
i686–pc–windows–gnu	32–bit MinGW (Windows 7+)
i686–pc–windows–msvc	32–bit MSVC (Windows 7+)
i686–unknown–linux–gnu	32–bit Linux (kernel 3.2+, glibc 2.17+)
x86_64–apple–darwin	64–bit macOS (10.7+, Lion+)
x86_64–pc–windows–gnu	64–bit MinGW (Windows 7+)
x86_64–pc–windows–msvc	64–bit MSVC (Windows 7+)
x86_64–unknown–linux–gnu	64–bit Linux (kernel 3.2+, glibc 2.17+)

ARM64용 Hello World 개발하기

ARM64용 Hello World 프로젝트를 개발하려면 먼저 rustup 명령어를 사용해 ARM64용 툴체인을 설치해야 합니다.

```
$ rustup target add aarch64-unknown-linux-gnu
info: downloading component 'rust-std' for 'aarch64-unknown-linux-gnu'
info: installing component 'rust-std' for 'aarch64-unknown-linux-gnu'
 32.8 MiB / 32.8 MiB (100 %)  17.5 MiB/s in  1s ETA:  0s
```

그다음 ARM64용 gcc를 설치합니다.

```
$ sudo apt-get install gcc-aarch64-linux-gnu
```

설치됐다면 사용자 디렉터리의 .cargo/config 파일을 수정해 링커를 등록합니다.

[파일명: 사용자 디렉터리/.cargo/config]

```
[target.aarch64-unknown-linux-gnu]
linker = "/usr/bin/aarch64-linux-gnu-gcc"
```

이제 간단한 프로젝트 하나를 생성합니다.

```
$ cargo new helloarm
```

다음 명령어를 사용해 ARM64로 빌드합니다.

```
$ cargo build --target=aarch64-unknown-linux-gnu
```

file 명령어를 사용해 ARM64로 정상 빌드됐는지 확인합니다.

```
$ file ./target/aarch64-unknown-linux-gnu/debug/helloarm
./target/aarch64-unknown-linux-gnu/debug/helloarm: ELF 64-bit LSB pie executable, ARM
aarch64, version 1 (SYSV), dynamically linked, interpreter /lib/ld-linux-aarch64.so.1,
BuildID[sha1]=8c2ae07600967774e04361371d50577f258c9956, for GNU/Linux 3.7.0, with
debug_info, not stripped
```

해당 파일을 라즈베리파이나 QEMU와 같은 시스템에 배포해 ARM64 기기에서 구동할 수 있습니다.

B.2 Android NDK 개발

Android NDK(Native Development Kit)는 앱의 성능을 높이기 위해 C/C++ 등의 네이티브 언어를 사용해 코드의 부분 또는 전체를 작성할 수 있게 해주는 도구 모음입니다. 일반적으로 안드로이드 앱은 자바 또는 코틀린과 같은 언어를 사용해 개발되지만, 더 높은 수준의 성능이 필요한 경우에는 NDK를 사용해 네이티브 코드를 작성할 수 있습니다.

NDK를 사용하면 특히 계산 집약적인 작업을 더 빨리 처리할 수 있습니다. 예를 들어, 게임, 물리 시뮬레이션, 신호 처리, AI, 그래픽 처리 등의 애플리케이션에서 흔히 사용됩니다. 그러나 NDK를 사용하면 애플리케이션의 복잡성이 증가하고 디버깅이 어려워질 수 있으므로, 성능 향상이 반드시 필요한 곳에만 사용하는 것이 좋습니다. 또한, Android NDK는 JNI(Java Native Interface)를 사용해 자바와 네이티브 코드 간의 상호작용을 가능하게 합니다. 즉, 자바로 작성된 앱이 네이티브 메서드를 호출할 수 있게 하며, 반대로 네이티브 코드가 자바 메서드를 호출하거나 자바 객체를 조작할 수 있습니다.

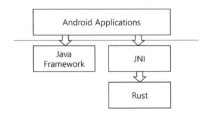

그림 B.2 NDK 아키텍처

러스트는 다른 네이티브 언어와 마찬가지로 Android NDK와 함께 사용될 수 있습니다. 러스트의 안전성과 성능을 활용하여 안드로이드 앱을 개발하는 경우도 있으며 구글은 안드로이드 프레임워크의 상당 부분을 러스트로 개발합니다.

그림 B.3 안드로이드의 러스트 지원

개발 환경 구성

Android NDK 개발을 하려면 개발 환경을 구성해야 합니다. 먼저 구글 개발자 사이트에서 안드로이드 스튜디오를 내려받아 설치합니다.

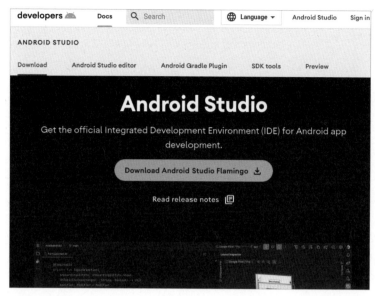

그림 B.4 안드로이드 스튜디오

이 예제에서는 리눅스를 기준으로 설명합니다. 설치 파일을 내려받고 압축을 해제합니다. 설치가 끝났으면 다음 명령어를 실행해 안드로이드 스튜디오를 실행합니다.

```
$ ./android-studio/bin/studio.sh &
```

윈도우에서는 윈도우용 설치 파일을 내려받고 [프로그램] → [Android Studio]를 실행하면 됩니다.

안드로이드 스튜디오가 정상적으로 구동됐다면 메뉴 상단의 [Tools]에서 [SDK Manager]를 선택합니다. 그러면 다음과 같은 설정 창이 뜹니다.

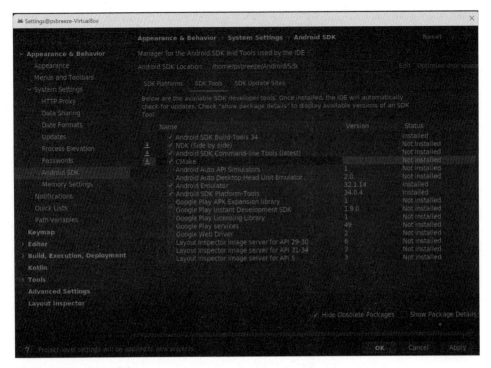

그림 B.5 SDK Manager 설정

여기서 NDK에 필요한 요소들을 선택합니다. 다음 항목은 필수적으로 설치돼야 합니다.

- NDK (Side by side)

- Android SDK Command-line Tools

- CMake

여기까지 됐으면 러스트에 android 관련 툴체인을 등록해야 합니다. `rustup` 명령어를 사용해 안드로이드 관련 타깃을 등록합니다.

```
$ rustup target add aarch64-linux-android armv7-linux-androideabi i686-linux-android
x86_64-linux-android
```

타깃 등록이 끝났으면 사용자 디렉터리의 `.cargo/config` 파일을 열어 다음 내용을 추가합니다.

[파일명: 사용자 디렉터리/.cargo/config]

```
[target.aarch64-linux-android]
ar = "[NDK 경로]/toolchains/llvm/prebuilt/linux-x86_64/bin/llvm-ar"
linker = "[NDK 경로]/toolchains/llvm/prebuilt/linux-x86_64/bin/aarch64-linux-android21-
clang"

[target.armv7-linux-androideabi]
ar = "[NDK 경로]/toolchains/llvm/prebuilt/linux-x86_64/bin/llvm-ar"
linker = "[NDK 경로]/toolchains/llvm/prebuilt/linux-x86_64/bin/armv7a-linux-androideabi21-
clang"

[target.i686-linux-android]
ar = "[NDK 경로]/toolchains/llvm/prebuilt/linux-x86_64/bin/llvm-ar"
linker = "[NDK 경로]/toolchains/llvm/prebuilt/linux-x86_64/bin/i686-linux-android21-
clang++"

[target.x86_64-linux-android]
ar = "[NDK 경로]/toolchains/llvm/prebuilt/linux-x86_64/bin/llvm-ar"
linker = "[NDK 경로]/toolchains/llvm/prebuilt/linux-x86_64/bin/x86_64-linux-android21-
clang"
```

이제 NDK를 사용할 준비가 됐습니다.

B.3 간단한 NDK 샘플 만들기

NDK를 사용하려면 라이브러리 크레이트를 생성해야 합니다.

```
$ cargo new –lib android_ndk_lib
```

그리고 Cargo.toml 파일을 열어 JNI 크레이트를 추가합니다.

[파일명: Cargo.toml]

```
[dependencies]
jni = { version = "*"}
```

```
[lib]
crate-type = ["cdylib"]
```

그리고 안드로이드에서 호출할 함수들을 추가합니다. 함수명은 JNI 명명법을 따라야 합니다. 예를 들어 com.example.myapplication.MainActivitiy에서 helloRust라는 러스트 함수를 호출하려면 러스트의 함수명이 Java_com_example_myapplication_MainActivity_helloRust 가 돼야 합니다.

예제 B.1 러스트에서 JNI 사용하기   [파일명: src/lib.rs]

```rust
use jni::JNIEnv;
use jni::objects::{JClass, JString};
use jni::sys::jstring;

// 이름 순서: Java_패키지명_액티비티명_함수명
// 다음 함수는 com.example.myapplication.MainActivity라는 액티비티와 매핑됨
#[no_mangle]
pub extern "system" fn Java_com_example_myapplication_MainActivity_helloRust<'local>(mut
env: JNIEnv<'local>,
                                                class: JClass<'local>,
                                                input: JString<'local>)
                                                -> jstring {
    let input: String =
        env.get_string(&input).expect("파라미터가 없습니다.").into();
    let output = env.new_string(format!("Hello, {}!", input))
        .expect("문자열 생성 실패");
    output.into_raw()
}
```

자바에서 사용하는 자료형은 러스트에서 바로 사용할 수 없으므로 JNIEnv 내의 마샬링 (marshaling) 함수를 사용해 직접 변환해야 합니다. 여기서는 get_string() 함수를 사용해 자바 문자열을 획득했습니다.

이제 빌드해 보겠습니다. 다음 명령어를 사용하여 arm64, arm, x64, x86용 NDK 라이브러리를 빌드하겠습니다.

```
cargo build --target aarch64-linux-android
cargo build --target armv7-linux-androideabi
cargo build --target i686-linux-android
cargo build --target x86_64-linux-android
```

이제 러스트 부분은 준비됐습니다.

안드로이드 샘플 프로젝트를 생성합니다. 안드로이드 스튜디오를 켜서 간단한 샘플 프로젝트를 생성합니다. C/C++ 프로젝트를 선택하면 좋지만, 아무 프로젝트나 선택해도 무방합니다. 메인 코드를 작성합니다. 패키지명과 액티비티명은 러스트 NDK 쪽에 등록한 이름과 완전히 일치해야 합니다.

예제 B.2 안드로이드에서 러스트 함수 호출

```
package com.example.myapplication;

import androidx.appcompat.app.AppCompatActivity;

import android.os.Bundle;
import android.widget.TextView;

import com.example.myapplication.databinding.ActivityMainBinding;

public class MainActivity extends AppCompatActivity {
    static {
        System.loadLibrary("android_ndk_lib");
    }

    private ActivityMainBinding binding;

    @Override
    protected void onCreate(Bundle savedInstanceState) {
        super.onCreate(savedInstanceState);

        binding = ActivityMainBinding.inflate(getLayoutInflater());
        setContentView(binding.getRoot());

        // native 함수 호출
```

```
        TextView tv = binding.sampleText;

        String hello = helloRust("rust");
        tv.setText(hello);
    }

    private native String helloRust(String s);
}
```

빌드가 끝났으면 생성된 so를 안드로이드 프로젝트 app/src/main/jniLibs/에 복사합니다.
경로는 다음과 같습니다.

표 B.2 NDK 라이브러리 배포 경로

타깃	복사 경로
aarch64	app/src/main/jniLibs/arm64-v8a
armv7	app/src/main/jniLibs/armeabi-v7a
i686	app/src/main/jniLibs/x86
x86_64	app/src/main/jniLibs/x86_64

실행하면 다음과 같이 성공적으로 러스트 함수가 호
출되는 것을 확인할 수 있습니다.

그림 B.6 안드로이드에서 러스트 코드 실행 결과

자바와 러스트의 성능 비교

자바는 가상 머신 위에서 실행되기 때문에 때때로 네이티브 코드에 비해 성능이 떨어질 수 있습니다. 특히 CPU 집중적인 작업에서 이러한 성능 저하가 두드러집니다. NDK를 사용하면 더 낮은 수준의 언어로 코드를 작성할 수 있으므로 성능이 중요한 부분에서 효율성을 높일 수 있습니다. 이런 이유로, NDK의 주요 사용 이유 중 하나는 자바의 상대적으로 느린 성능을 개선하는 것입니다.

그뿐만 아니라 러스트는 메모리 관리에 있어 더 효율적인 방식을 제공합니다. 자바의 가비지 컬렉션과 달리, 러스트는 컴파일 타임에 메모리 안전성을 검사합니다. 이로 인해 런타임 중 메모리 사용이 더 효율적이 됩니다.

다음은 언어별 성능 벤치마크를 제공하는 benchmarksgame-team[1]의 자바와 러스트의 성능 비교 자료입니다. 대부분 항목에서 러스트는 자바의 성능을 압도합니다.

표 B.3 러스트와 자바의 성능 벤치마크

	자바	러스트
fannkuch-redux	40.3	3.51
nbody	6.77	2.81
spectral-norm	1.54	0.71
mandelbrot	4.39	1.01
pidigits	0.92	0.71
regex-redux	8.58	1.34
fasta	3.17	0.76
k-nucleotide	5.03	2.88
binary-tree	4.47	1.08

차트로 나타내면 다음과 같습니다. 수치는 낮을수록 좋습니다.

---

1 https://benchmarksgame-team.pages.debian.net/benchmarksgame/index.html

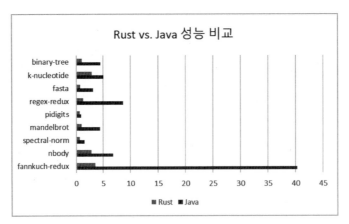

그림 B.7 러스트와 자바의 성능 비교(낮을수록 좋음)

정리하면 NDK를 사용하는 이유는 자바의 느린 성능을 개선하고, 네이티브 코드의 재사용성을 높이기 위함입니다. 자바와 러스트의 성능 비교를 통해 서로의 장단점을 이해하면 시스템의 특정 부분에 적합한 언어와 도구를 선택하는 데 도움이 될 수 있습니다.

GUI 프로그래밍

러스트는 시스템 프로그래밍 언어로 설계됐으며, 성능, 안정성, 병렬 처리 등에 중점을 둡니다. 그러나 GUI(Graphical User Interface) 개발에 대한 직접적인 지원은 러스트의 주된 관심사가 아닙니다.

그럼에도 불구하고, 러스트로 GUI 애플리케이션을 개발할 수 있는 여러 서드파티 라이브러리가 있습니다. 몇 가지 예로는 iced, gtk-rs, conrod와 같은 라이브러리가 있으며, 이를 사용하면 러스트로 GUI 애플리케이션을 만들 수 있습니다. 러스트의 안전성과 성능이 GUI 개발에 긍정적인 영향을 미칠 수 있습니다. 특히, 복잡한 시스템 또는 고성능이 필요한 그래픽 애플리케이션에서 이러한 특징이 중요할 수 있습니다.

하지만 다른 언어들과 비교했을 때 GUI 개발에 특화된 라이브러리나 도구의 지원이 상대적으로 적을 수 있으므로 프로젝트의 요구 사항과 개발 팀의 경험을 고려해 결정하는 것이 좋습니다.

러스트의 공식 사이트인 "Are we GUI Yet?"을 방문하면, 다양한 GUI 툴킷을 확인할 수 있습니다. GUI 툴킷은 러스트로 데스크톱이나 모바일 등 다양한 플랫폼에서 GUI 개발을 지원합니다. 사용자의 요구와 선호에 맞게 선택할 수 있는 라이브러리와 예제, 그리고 커뮤니티에 의해 만들어진 튜토리얼도 함께 제공되어 러스트로 GUI 개발을 시작하고자 하는 개발자들에게 큰 도움이 될 수 있습니다.

그림 C.1 Are we GUI Yet? 홈페이지

C.1 ICED

ICED는 러스트로 작성된 선언적인 GUI 라이브러리로, 데스크톱 애플리케이션 개발에 특화되어 있습니다. 빠르고 안정적인 러스트 언어의 장점을 바탕으로, 사용자 경험이 뛰어난 현대적인 인터페이스를 구축하는 데 초점을 맞춥니다. 특히나 리액트(React)와 같이 선언적 프로그래밍(declarative programming)을 지원므로 개발자는 사용자 인터페이스만 선언하면 프레임워크가 다른 작동들을 처리하게 구

그림 C.2 ICED 로고

현할 수 있습니다. 그뿐만 아니라 크로스 플랫폼을 지원하여 리눅스나 윈도우 같은 다양한 장치에서 작동하게 구성할 수 있습니다.

ICED는 투어(tour)라는 간단한 데모를 지원합니다. 투어는 다음과 같이 깃허브에서 내려받을 수 있습니다.

```
$ git clone https://github.com/iced-rs/iced.git
$ cd iced/
$ cd examples/
$ rustup update stable
$ cargo run --package tour
```

실행하면 다음과 같이 웰컴 화면이 나타납니다.

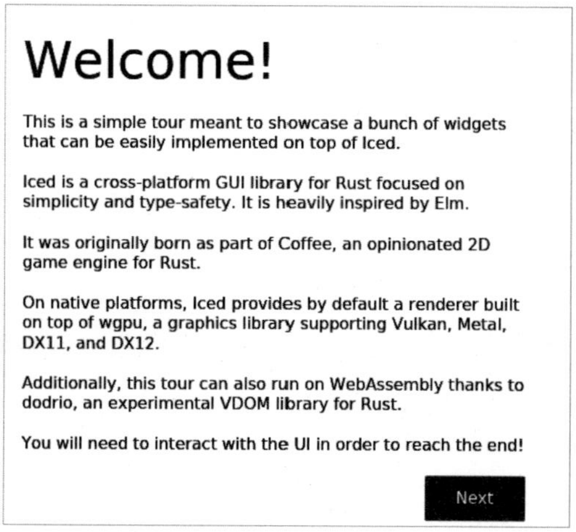

그림 C.3 ICED 실행 결과

C.2 egui

egui는 러스트로 작성된 신속하고 사용하기 쉬운 GUI 라이브러리로, 웹 및 데스크톱 애플리케이션을 위한 풍부한 사용자 인터페이스를 제공합니다. 간단한 설계와 사용자 친화적인 API를 갖춘 egui는 러스트 개발자들의 GUI 프로그래밍을 손쉽게 만들어줍니다.

egui는 즉시 모드(immediate mode)라는 기능을 제공합니다. 이로 인해 사용자 인터페이스를 선언하는 코드가 더 간결하고 유연하며, 런타임 동안 상태의 변경에 더욱 민첩하게 반응할 수 있습니다. 그뿐만 아니라 활발한 커뮤니티와 잘 정리된 문서를 통해 지속적인 개선과 지원이 이뤄지고 있습니다.

egui는 빠르게 변화하는 사용자 인터페이스를 구현하고 싶은 개발자들에게 이상적인 선택이 될 수 있으며, 다양한 애플리케이션에 쉽게 통합됩니다.

egui를 사용하려면 다음과 같은 라이브러리를 설치해야 합니다.

```
$ sudo apt-get install -y libclang-dev libgtk-3-dev libxcb-render0-dev libxcb-shape0-dev
  libxcb-xfixes0-dev libxkbcommon-dev libssl-dev
```

설치가 끝나면 깃허브에서 egui를 내려 받습니다.

```
$ git clone https://github.com/emilk/egui.git
```

다음 명령어로 demo를 실행합니다.

```
cargo run --release -p egui_demo_app
```

그림 C.4 egui 실행 결과

C.3 gtk-rs

gtk-rs는 러스트 프로그래밍 언어를 위한 GTK+ 바인딩 모음입니다. GTK+는 GIMP 툴킷의 약자로, 크로스 플랫폼 그래픽 유저 인터페이스(GUI)를 만드는 데 사용되는 라이브러리입니다. gtk-rs는 러스트 개발자들이 이러한 라이브러리를 활용하여 데스크톱 응용 프로그램을 개발할 수 있게 해줍니다.

gtk-rs는 GTK+라는 유명한 라이브러리를 기반으로 하기에 다른 GUI 툴킷 대비 많은 레퍼런스가 있습니다. 그래서 커뮤니티 지원이 다른 툴킷 대비 막강합니다. 문서화나 버그 수정, 기능 개선도 빠르게 이뤄지고 있습니다.

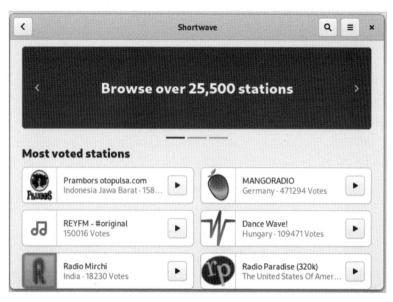

그림 C.5 gtk-rs로 개발된 앱

gtk-rs를 사용하려면 gtk를 설치해야 합니다.

```
$ sudo apt install libgtk-4-dev
```

깃허브에서 gtk-rs를 내려받습니다.

```
$ git clone https://github.com/gtk-rs/gtk3-rs.git
```

다음 명령어를 사용해 example 폴더의 notebook이라는 이름의 애플리케이션을 실행합니다.

```
$ cargo run --bin notebook
```

실행 결과는 다음과 같습니다.

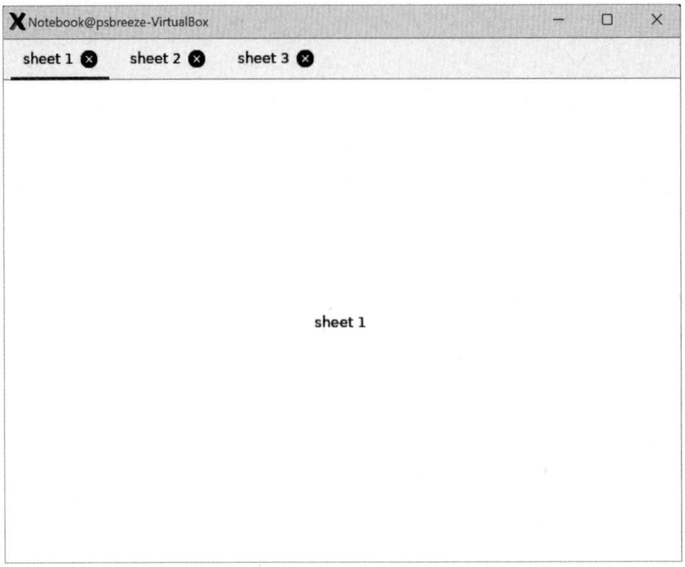

그림 C.6 gtk-rs 실행 결과

찾아보기

H - L

T - Z

ㅇ - ㅈ